未来汽车
理论与技术

NEW ENERGY VEHICLES AND INTELLIGENT CONNECTED VEHICLES

新能源汽车与智能网联汽车

主编◎刘正白

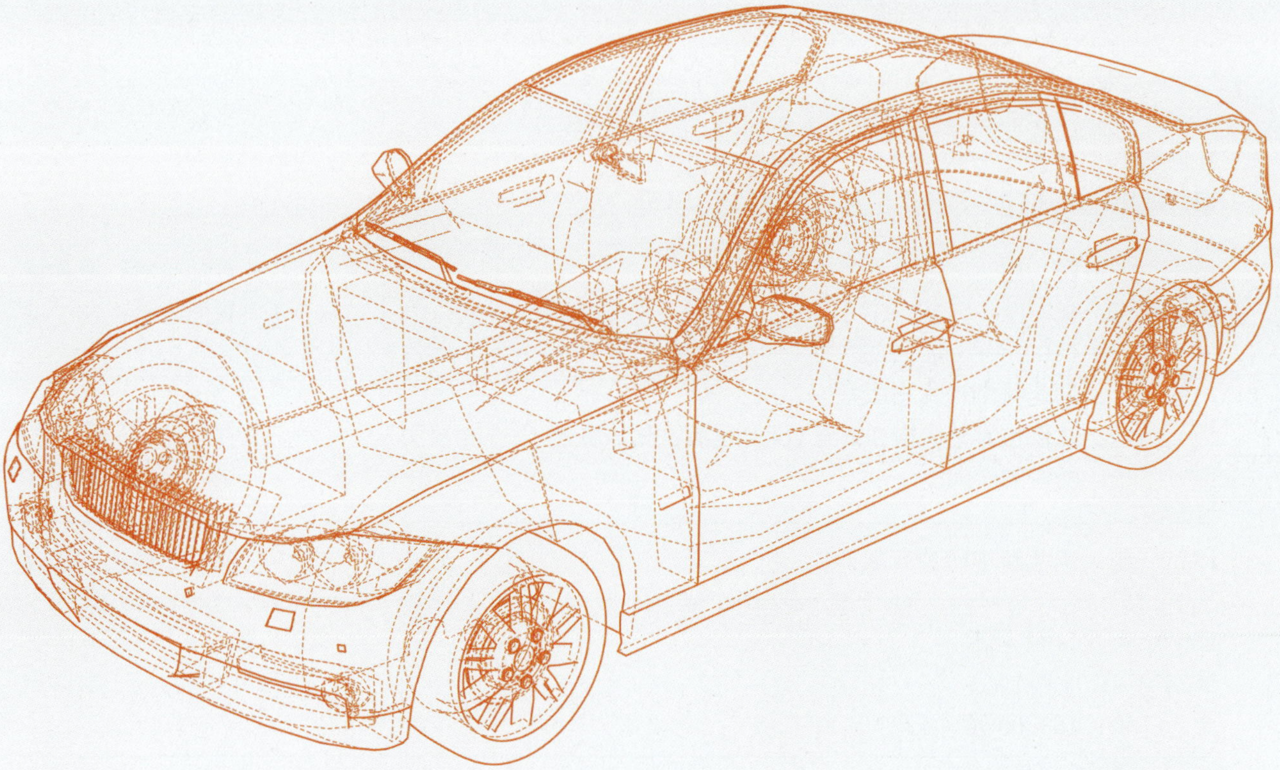

長江出版傳媒
湖北科学技术出版社

图书在版编目（CIP）数据

新能源汽车与智能网联汽车 / 刘正白主编. -- 武汉 : 湖北科学技术出版社, 2024. 12. -- (未来汽车 : 理论与技术). -- ISBN 978-7-5706-3498-9

Ⅰ. U469.7; U463.67

中国国家版本馆 CIP 数据核字第 2024ZC0445 号

新能源汽车与智能网联汽车
XINNENGYUAN QICHE YU ZHINENG WANGLIAN QICHE

策　　划：张　超　　　　责任校对：童桂清
责任编辑：常　宁　　　　封面设计：胡　博

出版发行：湖北科学技术出版社
地　　址：武汉市雄楚大街 268 号（湖北出版文化城 B 座 13—14 层）
电　　话：027-87679468　　　　邮　　编：430070

印　　刷：湖北新华印务有限公司　　　　邮　　编：430035

---

889 毫米 ×1194 毫米　1/16　　19 印张　470 千字
2024 年 12 月第 1 版　　2024 年 12 月第 1 次印刷
定　　价：158.00 元

《新能源汽车与智能网联汽车》编委会

主　　编：刘正白　南方科技大学

编　　委：（按姓氏拼音排序）

戴建生　英国伦敦国王学院

杜常清　武汉理工大学

金耀初　德国比勒费尔德大学

李克强　清华大学

李学兵　东风商用车有限公司

卢宏兴　南方科技大学

任卫群　东风商用车有限公司

王　恒　河南农业大学

王　欣　英国曼彻斯特大学

王吉红　英国华威大学

王子栋　英国布鲁内尔大学

徐宏明　英国伯明翰大学

杨　洋　北京云驰未来科技有限公司

张煜琰　深圳市鑫申新材料科技有限公司

朱　强　南方科技大学

庄　巍　广东省科学院

编写秘书：张弘源　英国曼彻斯特大学

序言
Preface

汽车是人员和货物运输的常用工具，与我们的生活紧密相关。随着环境保护意识的不断提高和政策法规的逐步完善，人们对汽车的碳排放和其他污染物排放的要求越来越高。这促进了汽车技术的飞速发展，各种高效率、低排放甚至零排放措施不断涌现，为保护自然环境、高效率开发利用能源及保障人们的身体健康开创了新篇章。

“未来汽车：理论与技术”系列丛书全面系统地总结了汽车设计的基本理论和应用技术，详细叙述了各种汽车的结构特点和工作原理，并分析了汽油车、柴油车、天然气汽车、氢燃料汽车、甲醇汽车设计的不同之处和优缺点。该丛书使用大量篇幅论述了零排放的新能源汽车开发技术，为解决能源危机开辟了新的方向。智能网联汽车的使用不但可以提高汽车驾驶的安全性、舒适性、可靠性和能效，还能为智慧城市提供理想的运输工具。

该系列丛书介绍了近年来涌现出的大量新技术、新材料和新工艺在汽车上的应用。系统优化燃烧技术可以提高燃烧效率和减少缸内污染物形成。后处理技术可以减少汽车污染物排放。新材料可以提高汽车的可靠性和轻量化。卫星导航自动驾驶已经成为智能网联汽车的核心技术。在讨论新技术的同时，该系列丛书也展望了未来汽车技术的发展方向。该系列丛书可以作为高等院校师生和汽车领域工程技术人员在汽车开发设计中的参考书。祝贺“未来汽车：理论与技术”系列丛书的出版发行。

德国洪堡人工智能教授，欧洲科学院院士

前言 Foreword

随着新能源汽车和智能网联汽车的出现，百年燃油汽车发展到今天已经进入了一个变革时期，呈现一片百花齐放的欣欣向荣景象。公路运输更加高效，人们的生活更加方便，自然环境更加清洁。一个良好的自然生存环境呈现在我们面前。

在能源安全和环境保护的压力下，新能源汽车无疑是未来汽车的发展方向之一。新能源汽车发展趋势是车型轻量化、能源高效化，高端新能源车份额将逐步增加。但是，新能源汽车取代燃油汽车还有很长的路要走。因为燃油汽车也在朝着高性能、低污染的方向大步前进。

智能化和网联化的快速发展及与汽车的结合，为汽车技术的高速发展赋予了更大的能量。智能化为汽车提供了新结构、新形态和新功能，网联化为汽车提供了新价值、新内容和新生态。

本系列丛书分为三册，第一册为新能源汽车与智能网联汽车，第二册为整车设计与发动机技术，第三册为汽车总成设计。第一册分为五篇，主要内容包括新能源汽车技术、智能网联汽车技术、新能源汽车电子电气架构技术、新能源汽车材料、全球卫星导航系统在自动驾驶中的应用。第二册分为六篇，主要内容包括汽车设计与集成开发技术、汽油发动机技术、柴油机开发技术、甲醇发动机开发技术、天然气发动机开发技术、氢燃料发动机开发技术。第三册分为六篇，主要内容包括汽车后处理技术、转向系统开发技术、传动系统设计、底盘设计技术、变速箱技术、车身技术。

本书以基本理论和基本原理为主，同时也注重新知识和新技术的应用。本书可以用作高等院校师生和企业工程技术人员的参考书。

在《新能源汽车与智能网联汽车》一书中，第一篇主要由任卫群、杜常清、李学兵撰写；第二篇主要由王恒、刘正白撰写；第三篇主要由杨洋撰写；第四篇主要由卢宏兴、张煜琰、刘正白、朱强撰写；第五篇主要由庄巍撰写。在此，真诚感谢所有参与本书编写的专家学者！没有大家的专业精神和无私奉献，这本书就不能如期问世。

由于编者水平有限，书中若有不足之处，恳请读者原谅并批评指正。不胜感谢。

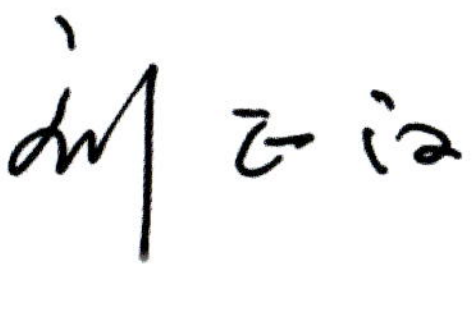

目录
CONTENTS

第一篇　新能源汽车技术

第二篇　智能网联汽车技术

第三篇　新能源汽车电子电气架构技术

第四篇　新能源汽车材料

第一篇　新能源汽车技术

第一章 新能源整车产品

《新能源汽车产业发展规划（2021—2035 年）》是继 2012 年国务院发布《节能与新能源汽车产业发展规划（2012—2020 年）》以来的又一项汽车发展规划。新能源汽车是指采用新型动力系统，完全或主要依靠新型能源驱动的汽车，主要包括纯电动汽车（battery electric vehicle，BEV）、混合动力汽车（hybrid electric vehicle，HEV）及燃料电池汽车（fuel cell vehicle，FCV）。节能汽车是指以内燃机为主要动力系统，综合工况燃料消耗量优于下一阶段目标值的汽车。节能技术主要包括传统车节能技术（先进内燃机、高效变速器、轻量化材料、整车优化设计等）和混合动力汽车技术、替代燃料（天然气等）汽车技术等。

本书新能源内容，包括以上定义的新能源汽车（纯电动汽车、混合动力汽车及燃料电池汽车）及插电式混合动力汽车（plug-in hybrid electric vehicle，PHEV）。

使用不同节能技术的汽车因其动力总成的电动化程度有高有低，所以节油效果有较显著的差异。图 1-1 展示了不同技术路线下的动力总成电动化程度与节油效果。显然由于纯电动汽车与燃料电池汽车不使用传统化石燃料作为能量源，因此节油效果最佳，达到 100%。发动机自动启停（stop and start，STT）系统只在传统发动机上植入，具有怠速起停功能的加强电机，故其节油效果最次。

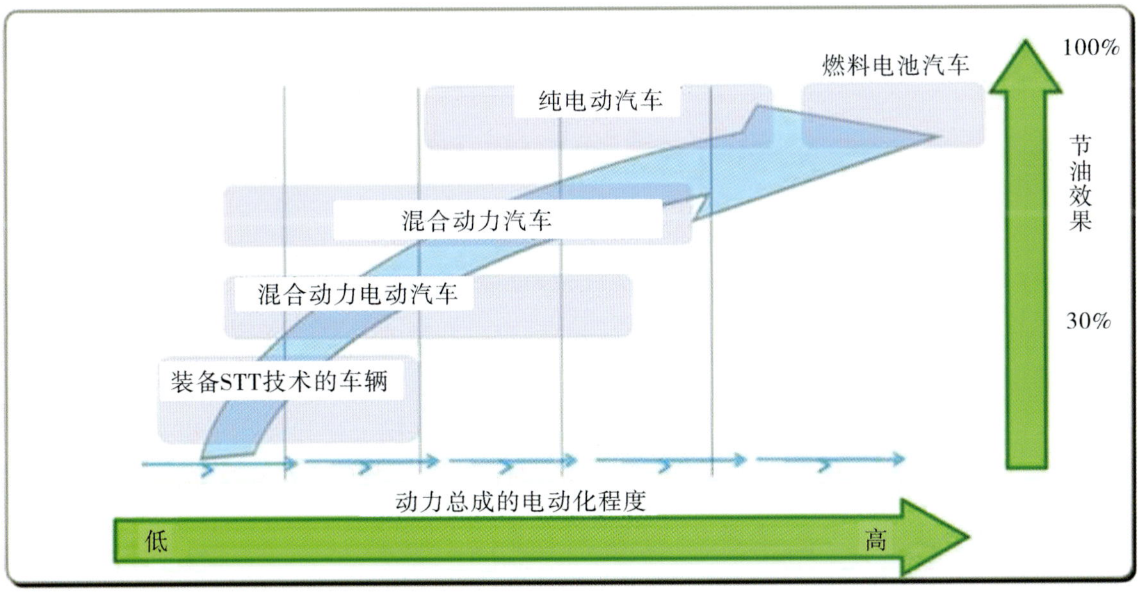

图 1-1 不同技术路线下的动力总成电动化程度与节油效果

在实际应用中，根据不同应用场景特点，要考虑车辆的日运行里程和车辆吨位，灵活合理地选择纯电、混动、燃料电池（fuel cell，FC）等技术路线应对。如图 1-2 所示，日运距 300km 以内的工程车与物流车可选择纯电路线；日运距在 200km 左右的车型既可选择纯电动汽车，也可选择混合动力汽车或者插电式混合动力汽车；日运距在 300～800km 的车型可优先考虑 HEV、PHEV。燃料电池电动汽车（fuel cell electric vehicle，FCEV）的应用范围最广，在日运距 100km 以上的应用场景中均可选择。

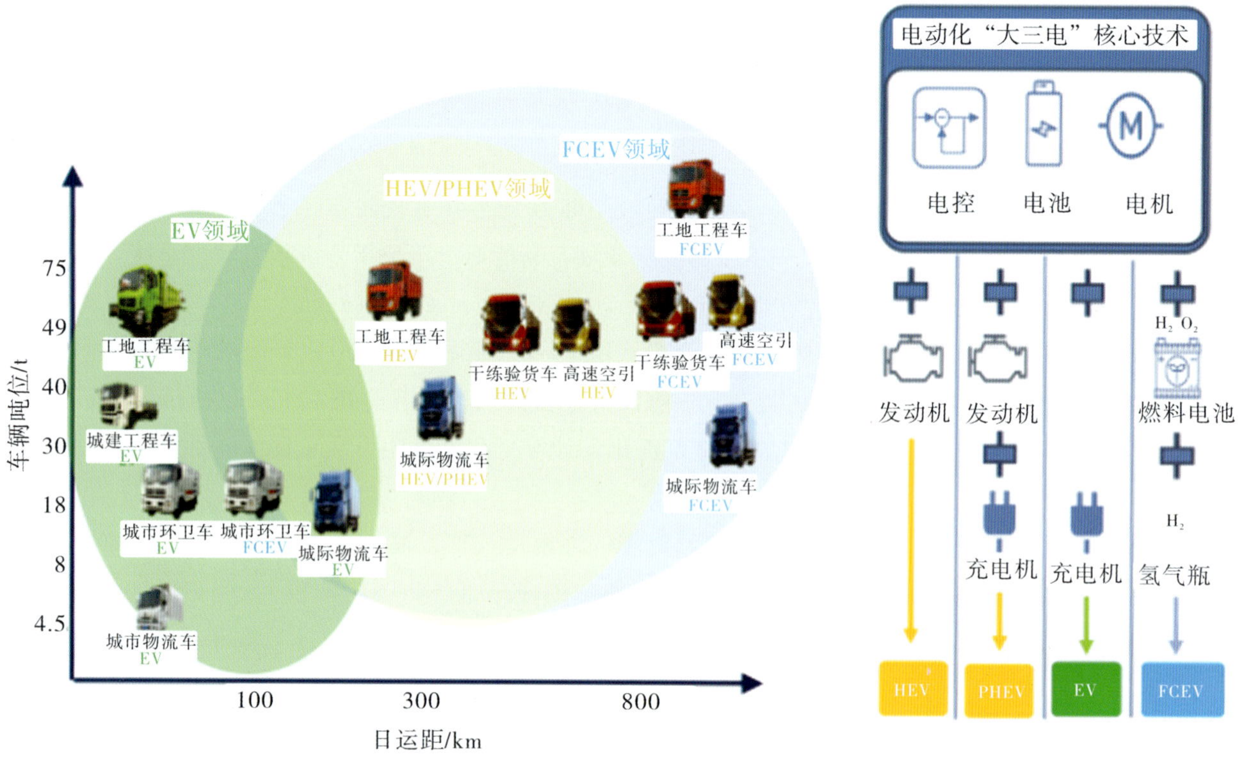

图 1-2　不同应用场景对应的新能源汽车技术路线

第一节　混合动力汽车和插电式混合动力汽车

本节介绍的混合动力商用车特指使用油电混合动力的汽车，暂不包含其他混合类型的混合动力汽车。此类车辆在传统柴油发动机基础上增加一套由驱动电机和动力电池组成的辅助动力系统，驱动能量来源仅为柴油，不具有外插充电功能。

本书介绍的插电式混合动力商用车指在上述混合动力汽车基础上增加外插充电功能且符合相关法规定义的车型。此类车辆不仅能由传统燃油发动机提供驱动能量，而且能通过外插充电功能以电力为外用能量来源。

混合动力汽车一般可按照混合度、动力系统结构、是否可外接充电以及电机位置分类，如图 1-3 所示。按混合度分类，可分为轻度混合、中度混合、中重度混合；按动力系统结构分类，可分为串联式、并联式与混联式；按是否可外接充电分类，可分为插电式混合动力与常规混合动力；按电机位置分类，可分为 P0、P1、P2、P3、P4、PS。

下面分别展开介绍这四种不同的分类方式。

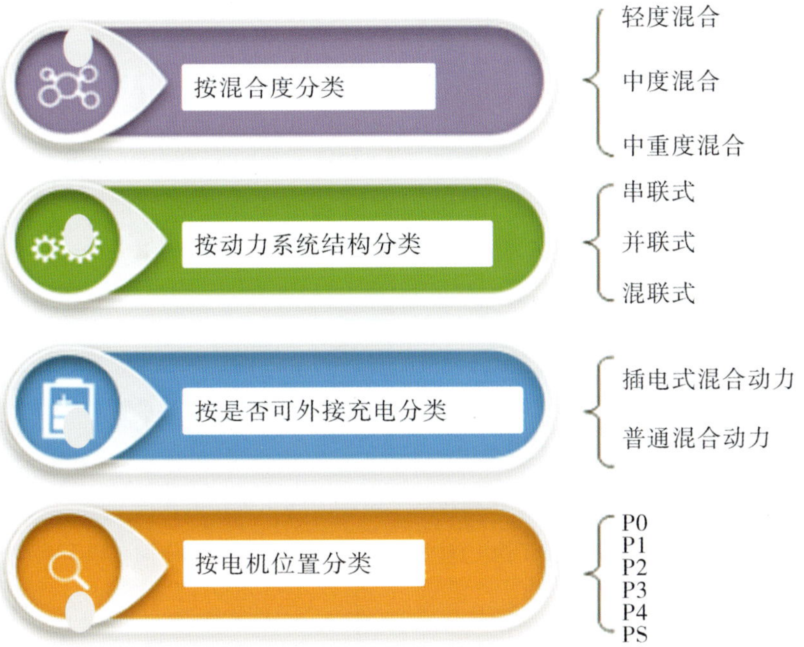

图 1-3　混合动力汽车分类

一、按混合度分类

（一）轻度混合（微混/轻混）型混合动力汽车

指以发动机为主要动力源，电动机为辅助动力源；且在车辆加速和爬坡时，电动机可为车辆行驶系统提供辅助驱动力矩，但不能单独驱动车辆行驶的混合动力汽车。一般情况下，电动机的峰值功率和发动机的额定功率比值为 5%～15%。轻度混合（微混/轻混）型混合动力汽车通常采用集成的启动发电机（integrated starter generator，ISG），除了发动机启停控制外，增加了制动能量回收及电动机助力功能。特点：电机功率低，通常采用车载电压供电（12～48V）；注重发动机启停控制，启停时的发动机工作情况如图 1-4 所示。

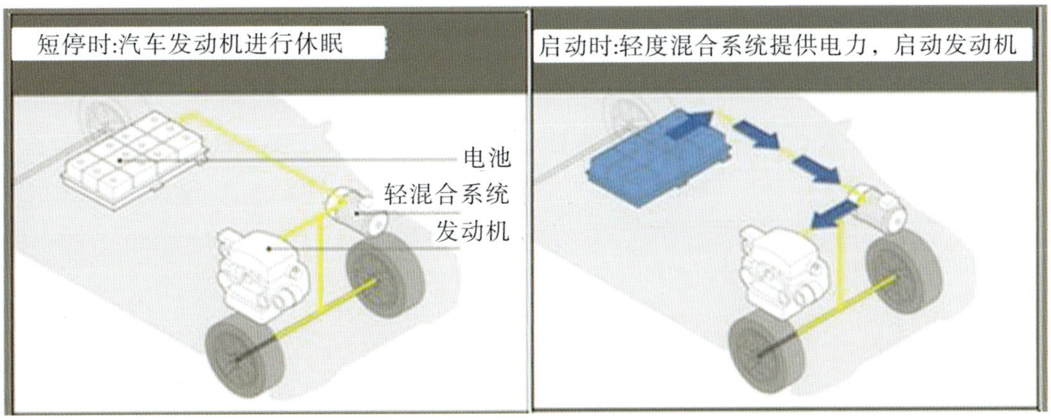

图 1-4　轻度混合（微混/轻混）型混合动力汽车原理

（二）中度混合（中混）型混合动力汽车

是以发动机和（或）电动机为动力源的混合动力汽车。一般情况下，电动机的峰值功率和发动机的额定功率比为10%～25%。中度混合动力同样采用ISG，和轻度混合（微混/轻混）不同的是，采用的是高压电机。它有一个显著的特点——具有纯电动模式，即在车速较低时电机单独驱动。中度混合型混合动力汽车的典型工作模式如图1-5所示，共有5种不同的工作模式。

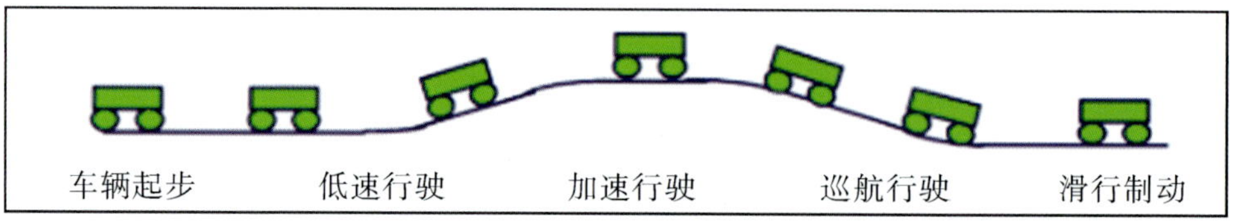

图1-5　中度混合型混合动力汽车工作模式

注：这是从起步到制动停车的一个完整工况，对于工况中的不同阶段，分别有以下典型工作模式。

车辆起步：电机起步模式。

低速行驶：电机单独驱动模式。

加速行驶：电机助力模式，发动机和电动机共同驱动。

巡航行驶：发动机单独驱动模式。

滑行制动：制动模式，电机进行再生制动。

（三）中重度混合（强混）型混合动力汽车

是以发动机和（或）电动机为动力源，且电动机可以独立驱动车辆行驶的混合动力汽车。一般情况下，电动机的峰值功率和发动机的额定功率比＞25%。和中度混合动力相比，重度混合动力的电机功率更高，行驶过程中更加依赖电机驱动。此外，按混合度分类时，要根据混合程度和功能综合考虑分类。混合度是指电系统功率占总功率的比值。混合度的概念要加上功能定义才是完整全面的。表1-1直观地比较了不同混合度车型对功能的支持程度，反映各混合度之间的差异性。

表1-1　不同混合度车型对功能的支持程度

	类型	功能						
		启停功能	电动附件	制动能量回收	电动助力	电怠速、扭矩平顺、起步/换挡电机辅助	纯电行驶	外接插电充电
	启停（STT）	仅有启停功能						
＜10%	微混	√	√	有限	很小			
10%~25%	轻混	√	√	有限	有助力	√		
10%~25%	中混	√	√	高	中等	√		
＞25%	强混	√	√	高	高	√	有	
	插电（PHEV）	√	√	高	高	√	有	有

二、按动力系统结构分类

（一）串联式混合动力汽车

串联式混合动力汽车车辆行驶系统的驱动力只来源于电动机。

它的结构特点是发动机带动发电机发电，电能通过电机控制器输送给电动机，由电动机驱动汽车行驶。另外，动力电池可以单独为电动机提供电能，驱动汽车行驶。它的动力和电力传输路线如图 1-6 所示。

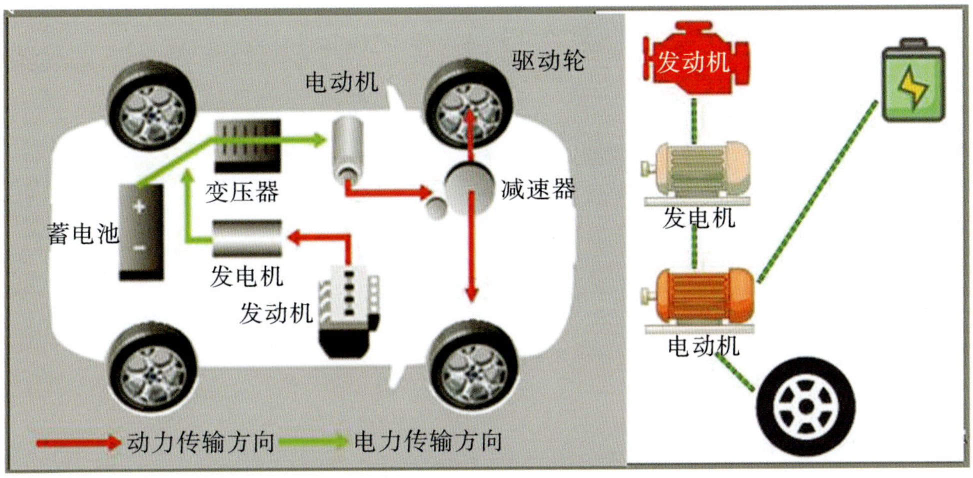

图 1-6　串联式混合动力汽车结构图

1. 串联式结构的优点

发动机工作状态和车辆行驶工况是完全解耦的，发动机可以始终在最佳的工作区域内稳定运行，因此具有良好的经济性和排放性能。

发动机与电动机之间无机械连接，整车的结构布置自由度较大。各种驱动系统元件可以放在最适合的位置，如在低地板公共汽车中，可以将发动机、发电机组装在车尾部或其他部位，并且采用电动轮驱动方式，从而降低地板高度。

使用的电机功率较大，制动能量回收的潜力大。

2. 串联式结构的缺点

发电机将发动机的机械能转变为电能，电动机又将电能转变为机械能，考虑到电池充放电过程中的能量损失，整个系统的总体能量利用率比较低。

电机是唯一驱动汽车行驶的动力装置，因此，对电机的功率要求较高。由于动力电池一方面要满足汽车行驶中峰值功率的需要，以补充发电机输出功率的不足；另一方面要满足吸收制动能量的要求，因此需要较大的电池容量。所以，电机和动力电池的成本较高，且其体积和质量较大，占据了整车空间，增加了整车质量。

(二)并联式混合动力汽车

并联式混合动力汽车车辆行驶系统的驱动力由电动机及发动机同时供给或单独供给。

它的结构特点是可以单独使用发动机或电动机作为动力源，也可以同时使用电动机和发动机作为动力源，驱动汽车行驶，动力和电力传输路线如图 1-7 所示。

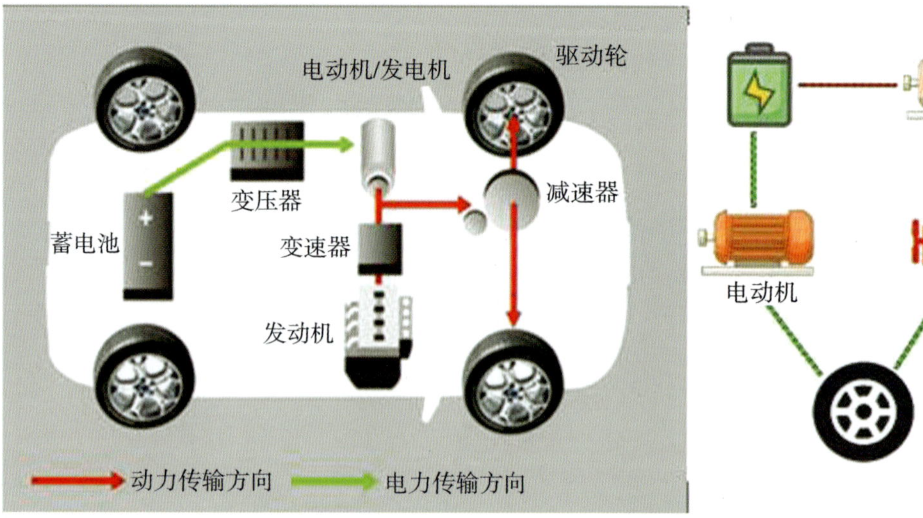

图 1-7 并联式混合动力汽车结构图

1. 并联式结构的优点

发动机通过机械传动机构直接驱动汽车，无机械能、电能的转换损失，因此发动机输出能量的利用率相对较高。

如果汽车的行驶工况能保证发动机在其最佳的工作区域内运行，并联驱动系统的节能效果就明显。

当电机仅负责起步工况、低速工况的等速行驶或者起到功率调峰的作用时，电动机、发动机的功率可适当减小，动力电池的容量也可减小，从而降低了成本，并且减少了整车质量。

2. 并联式结构的缺点

某些并联式混合动力汽车的发动机与电动机共同驱动时，需要动力复合装置，因此传动机构较为复杂。

并联驱动系统与车轮之间为直接机械连接，发动机的运行工况会受车辆行驶工况的影响。所以，车辆在行驶工况频繁变化的情况下运行时，发动机有可能不在其最佳的工作区域内运行。

3. 并联式结构的特点

并联式混合动力系统在结构上可以进一步分为双轴式并联混合动力系统和单轴式（同轴式）并联混合动力系统。

双轴式并联混合动力系统是指发动机和电动机的输出轴通过一套传动机构（通常是行星齿轮）进行耦合。其优点是发动机工况的调节更为灵活；不足之处在于传动机构变得复杂，对耦合装置的要求较高。

单轴式（同轴式）并联混合动力系统是指电动机套在发动机的输出轴上工作，两者共用一根输出轴，它的结构如图 1-8 所示。其优点是结构简单可靠；不足之处在于发动机、电动机的转速被限制相等，发动机工况调节不灵活。

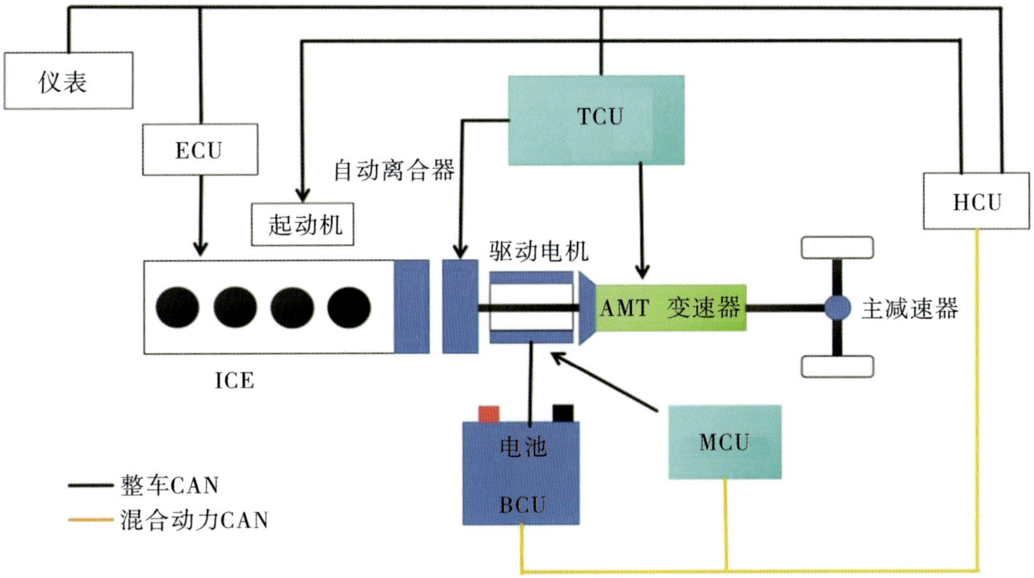

图 1-8　单轴式（同轴式）并联混合动力汽车结构图

注：ECU—electronic control unit，电子控制单元；TCU—transmission control unit，自动变速器控制单元；HCU—hybrid control unit，混合动力系统的主控制器；ICE—internal combustion engine，内燃机；AMT—automated mechanical transmission，电控机械式自动变速器；BCU—battery control unit，电池控制单元；MCU—motor control unit，电机控制单元；CAN—controller area network，一种用于汽车控制系统的通信协议，它能够将汽车仪表、变速器、辅助刹车系统、电子控制单元（ECU）、控制模块、各种传感器等多个控制单元连接在一起，实现信息的实时同步。

（三）混联式混合动力汽车

混联式混合动力汽车具备串联式和并联式两种混合动力系统。

它的结构特点是可以在串联模式下工作，也可以在并联模式下工作，同时兼顾了串联式和并联式的特点，动力和电力的传输路线如图 1-9 所示。

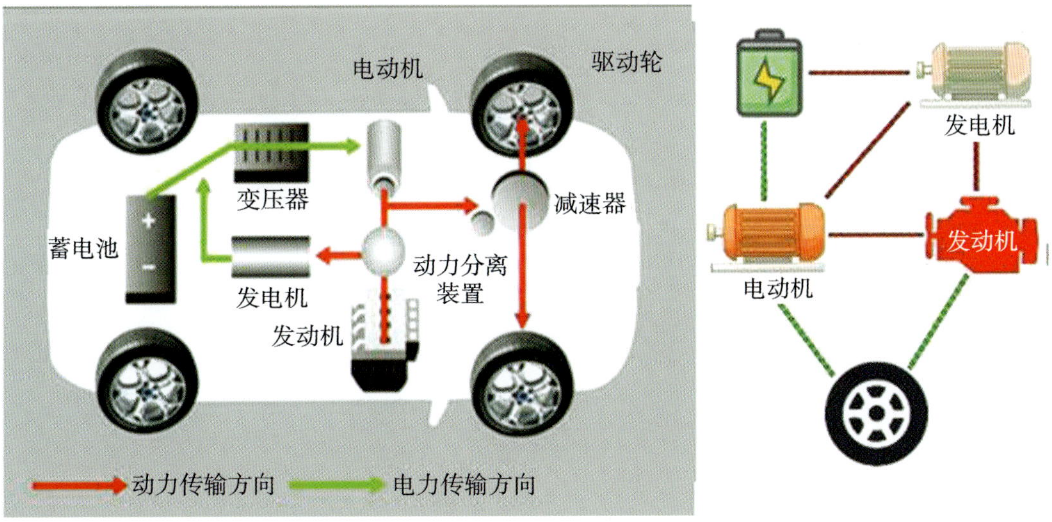

图 1-9　混联式混合动力汽车结构图

混联式混合动力汽车充分发挥串联式和并联式的优点，能使发动机、发电机、电动机等部件进行更优化的匹配，在结构上保证在更复杂的工况下使系统在最优状态工作，因此更容易实现节能减排的控制目标，它的结构如图 1-10 所示。

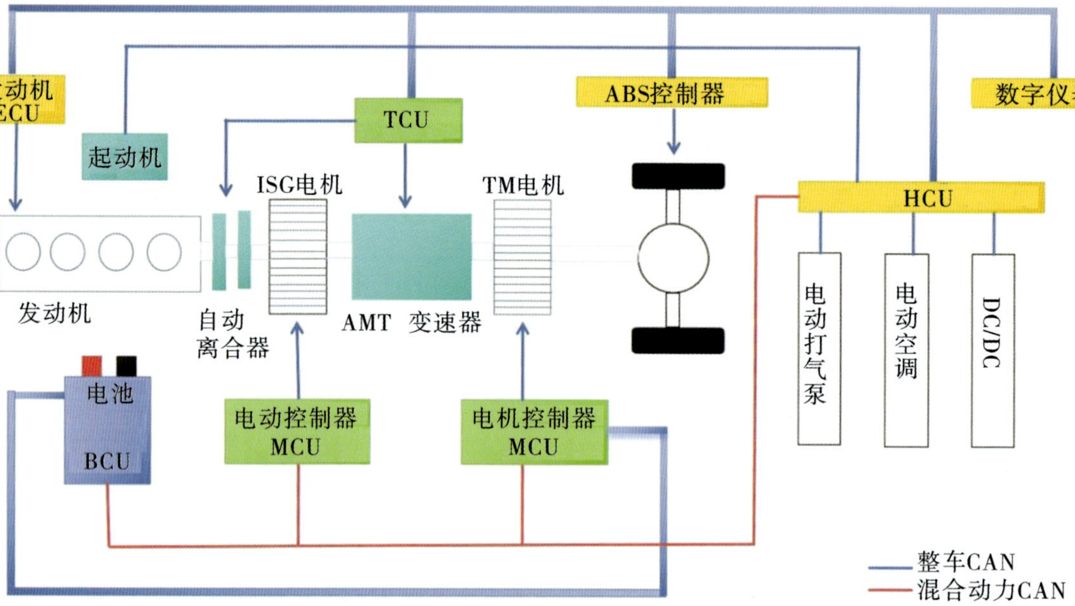

图 1-10 同轴混联式混合动力汽车结构图

注：ECU—electronic control unit，电子控制单元；TCU—transmission control unit，自动变速器控制单元；HCU—hybrid control unit，混合动力系统的主控制器；ICE—internal combustion engine，内燃机；AMT—automated mechanical transmission，电控机械式自动变速器；BCU—battery control unit，电池控制单元；MCU—motor control unit，电机控制单元；DC/DC—DC/DC 变换器；ABS—anti-lock braking system，防抱死制动系统；CAN—controller area network，一种用于汽车控制系统的通信协议，它能够将汽车仪表、变速器、辅助刹车系统、电子控制单元（ECU）、控制模块、各种传感器等多个控制单元连接在一起，实现信息的实时同步。

相应地，混联式混合动力汽车的动力复合形式更复杂，对动力复合装置的要求更高。

目前，由于国内所使用的电机、电池的效率不够高，使得串联式方案经济性较差，因此国内的混联式混合动力系统很少使用串联工作模式。

混联式混合动力系统：采用 ISG 电机＋行星齿轮的结构形式，图 1-11 中就使用了这种结构形式。

按动力系统结构分类，是指根据发动机是否直接参与驱动分类。

发动机通过带动发电机，再由发电机输出功率驱动电机从而驱动后桥的是串联式结构。并联式结构中发动机与驱动电机均能单独驱动后桥。混联式结构则兼具串联式结构与并联式结构的特点。

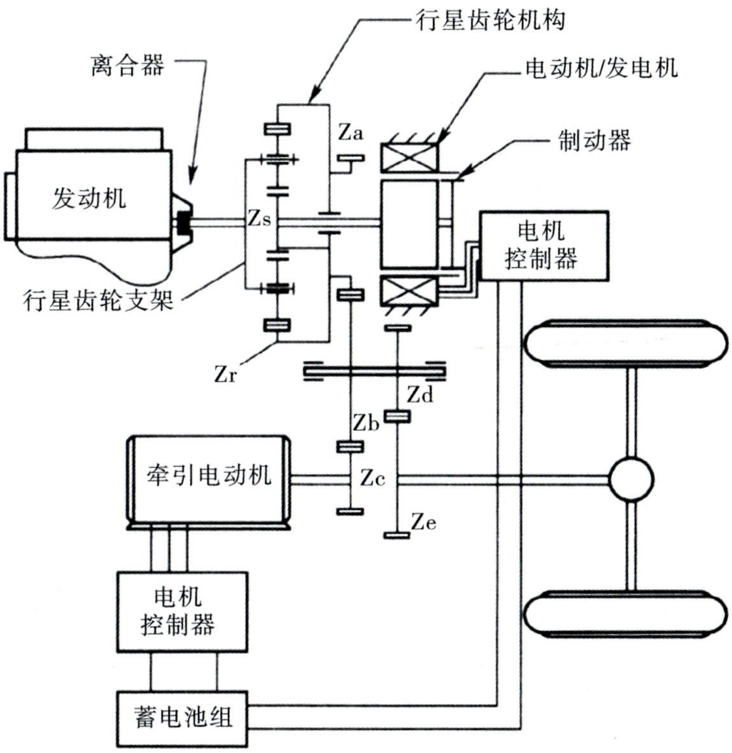

图 1-11　混联式混合动力系统结构图

三、按是否可外接充电分类

（一）插电式混合动力汽车

插电式混合动力汽车可以在正常使用情况下，从非车载装置中获取能量。

它配有充电装置，可以外接充电，所以只需要保证在行驶过程中电池电量在下限之上，通常采用荷电耗尽型的放电策略。

行驶过程中会更多地使用电机进行驱动，故而对电机的功率、电池电量的要求较高。通常情况下，插电式混合动力汽车都属于重混型。

（二）不可外接充电式混合动力汽车

不可外接充电式混合动力汽车在正常使用情况下，从车载燃料中获取全部能量。

通常意义上的混合动力汽车不可外接充电。在行驶过程中，需要保证电池电量在一定范围内波动。由于需要保持电池电量，因此基本采用荷电维持型的放电策略。

由于受到电池电量的限制，不可外接充电混合动力汽车往往需要减少对电机的依赖（即减少混合度），或者采用发动机进行主动充电。

表 1-2 对比了插电式混合动力汽车与常规混合动力汽车的优缺点。

表 1-2　插电式混合动力汽车和常规混合动力汽车的优缺点比较

优缺点	插电式混合动力汽车	常规混合动力汽车
优点	节能减排效果好 工作模式灵活	成本较低 无须额外充电设施
缺点	对电机、电池要求高 需要充电设施	节能减排效果相比较差

是否可外接充电与结构无关，串联式、并联式与混联式均可增加外接充电装置。插电式混合动力汽车一般需要较大的电池容量（如乘用车支持 50km 纯电续驶里程）。

四、按电机位置分类

按照电机位置，混合动力车型可分为 P0、P1、P2、P3、P4 以及 PS，共 6 种。这六种混合动力车型的主要区别在于电动机与发动机、变速器的相对位置，如图 1-12 所示。

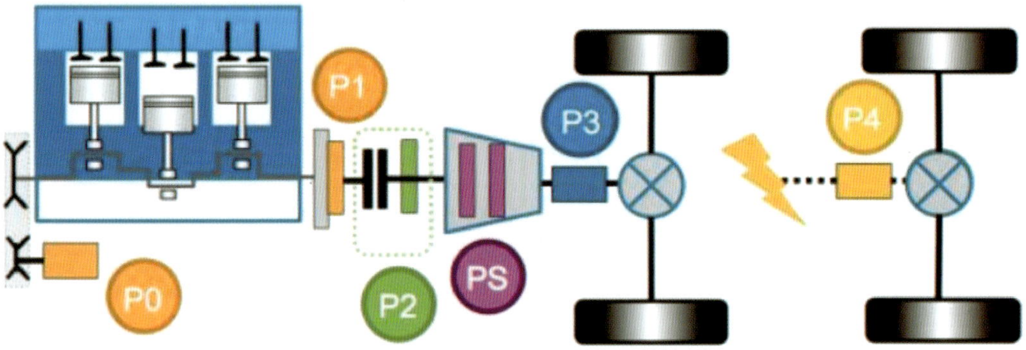

图 1-12　按电机位置分类

（一）P0—电机在变速器之前

这是一种最基础的混合动力电机布置方式，主要应用在轻混车型中。电机位于发动机前端附件驱动系统上，也就是普通汽车逆变器的位置。这个逆变器是一个位于发动机前端的小型发电机，与发动机曲轴通过皮带柔性连接，在发动机运转时，会有少量的能量传递到此来带动逆变器发电。P0 架构将这个逆变器改成了一个较大的电机。

P0 架构电机的技术和结构比较简单，应用很广泛。现在许多车型都配备的自动启停技术就是一个 P0 架构，与仅配备自动启停功能的车型相比，P0 架构采用皮带传动启动/发电一体化电机，搭配一块容量更大的电池，能够同时胜任带动压缩机、辅助发动机运转的工作。

搭载 P0 架构电机的车型可以做到在发动机停机的时候（如等红灯）带动空调的机械压缩机运转，实现发动机启停、制动能量回收发电以及辅助动力输出。与传统启动电机相比，P0 架构电机具备更高的功率。

在车辆静止起步阶段，P0 架构电机作为起动机工作，而在发动机运转的过程中，P0 架构电机承担发电机的工作；在车辆行驶过程中，P0 架构电机可以直接将发动机转速带到更高效的区间，再点火启动，不仅可以提高发动机的工作效率，还能有效提高发动机介入时整套混动系统的平顺性。

（二）P1—电机位于发动机和离合器之间

P1 架构电机位于发动机曲轴后端，它取代了传统的飞轮，继承了飞轮储存发动机做功冲程外的能量和惯性。P1 架构电机与 P0 架构电机功能相似，同样支持发动机启停、制动能量回收发电、辅助动力输出。

与 P0 架构相比，P1 架构更加紧凑，其电机被整合在发动机外壳内，在设计时需要考虑到发动机的体积、机舱内的布局。因变速器不同需要有相应的设计方案，所以 P1 架构电机的研发和制造成本相对较高。发动机曲轴充当了 P1 电机的转子，动力传递效率更高，节油效果好，对驾驶性能的提升也更加明显。另外，在下坡路段 P1 电机可通过电磁场调节施加辅助制动力矩，以此提升安全性。

虽然电机位置不同，但 P0 架构和 P1 架构中只要电机旋转，发动机曲轴就必须旋转，这导致电机没办法单独驱动车轮，也就没有纯电行驶模式。在动能回收和滑行模式下，因为必须带动曲轴空转而浪费动能，因内燃机随动而徒增了噪声和振动。

（三）P2—电机位于离合器和变速器之间

P2 架构电机位于离合器和变速器之间，因为不必像 P1 架构电机整合在发动机外壳中，所以布置上可以更灵活。电机布置在离合器后的单离合结构，可实现电机单独驱动车辆、制动能量回收发电以及助力。

P2 模块集成布置灵活，占用轴向空间小，对主机厂而言，整车动力总成开发难度小。

P2 架构电机位于动力传动主轴上，且在变速器之前，因此变速器的所有挡位都可以被电机利用，电机本身不需要太大的扭矩，可以节省成本、减小电机的体积。

P2 架构也存在劣势：①虽然 P2 架构电机与离合模块不集成，开发成本低，技术难度不大，但是对于横置发动机来说，占用机舱轴向尺寸，使整车布局困难；②P2 架构高度集成，结构复杂，开发成本高，技术难度大，目前 P2 的集成技术主要掌握在舍弗勒集团等跨国巨头手中；③因 P2 架构在变速器与发动机之间，所以驱动电机时受温度影响非常明显，发动机高温热辐射促进电机温升加速，从而导致电机降功率运行，减少动力输出，影响动力系统性能。

（四）P3—电机位于变速器输出轴

P3 架构电机位于变速器输出端，其纯电驱动和动能回收的效率高，急加速的效果非常直接。功能方面，P3 架构电机可实现制动能量回收、纯电驱动车辆，因为电机无法与变速器或发动机整合，需要占用额外的空间，所以 P3 架构比较适合后驱车（有充足的空间予以布置）。

与 P0 架构、P1 架构和 P2 架构相比，P3 架构的动力传递路径不经过变速器，纯电驱动和制动能量回收的效率高，同时还减少变速器的工作时长，有助于延长其使用寿命。但缺点明显，P3 架构电机无法驻车充电。

（五）P4—电机位于传动轴之后

P4 架构电机是与发动机不同轴并且可以直接驱动车辆的电机。P4 架构电机不与发动机驱动同一个轴，所以 P4 架构的车型都能够实现四驱。同时 P4 架构电机与发动机没有任何形式的连接。

P4 架构基本没有单独存在的，一般都是以 P0＋P4、P1＋P4 等组合工作，其最大优势是在不需要传动轴的基础上能实现四驱、车内后排地毯中间没有凸起、乘坐体验比较好。

缺点是 P4 架构需要独立的减速器、差速器、半轴等传动结构，体积较大，需要对车辆整个后副车架、悬架等进行全新设计；且在车辆没电状态下，P4 架构会成为一个很大的负担，增加油耗。

（六）PS—功率分流式

PS 布局方式是目前对内燃机＋机械变速器的传统动力总成颠覆最大的混动模式。这种混动模式的核心是通过采用单个或多个行星齿轮组，对双电机与发动机的动力输出进行柔性耦合。每个行星齿轮组具有 3 个自由度，通过对行星齿轮组中各个部件进行智能控制，可以让单电机、双电机与发动机的动力顺畅输出。

而基于多排行星齿轮的 PS 架构，其布局的核心在于对行星排电控无级式自动变速器（electronic continuously variable transmission，ECVT）的控制。一般来说，单行星排拥有 3 个自由度，双行星排理论上来讲可以拥有 9 个自由度。因此，通过控制 ECVT 中离合片的接合与断开，就可以改变行星齿轮组的自由度，从而实现不同的驱动模式。PS 架构彻底舍弃了过去的机械变速器，ECVT 的使用还让混动车型克服了机械变速器顿挫的问题。

第二节　纯电动汽车

纯电动商用车指仅将电力作为外用能量来源、从外插充电（或更换动力电池）获得电力、通过驱动电机和动力电池组成的动力系统驱动车轮行驶的商用车辆。

纯电动汽车动力系统布置形式

动力系统是纯电动汽车的核心部分，其性能决定了纯电动汽车的运行性能。纯电动汽车动力系统布置形式取决于电动机驱动系统的方式，可分为集中驱动式和分布驱动式，它们各自采用的动力系统类型如图 1-13 所示。

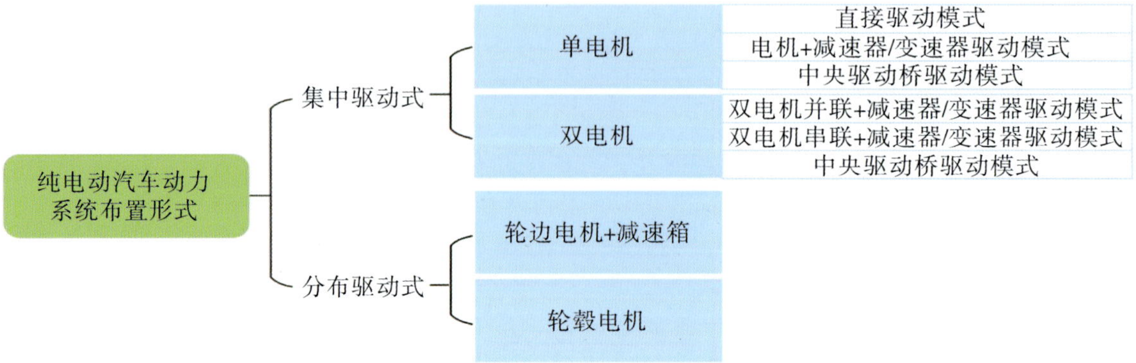

图 1-13　纯电动汽车动力系统布置形式

（一）直接驱动模式

如图 1-14A 所示，该种模式下纯电动汽车动力来源为驱动电机，没有经过变速器等机构。此种模式优点是结构简单、可靠性高、维护方便，但是动力性一般，特别是用在公路客车上时电耗较高、质量较大，且大扭矩电机成本过高。

（二）电机+ 减速器/变速器驱动模式

如图 1-14B 所示，该种模式下纯电动汽车具有减/变速机构，由一台电动机驱动两车轮旋转，延续使用发动机汽车的动力传动装置。此种模式优点是动力性强，用在公路客车上时电耗较低、质量较轻、成本较低，但存在换挡动力中断、可靠性略低的缺点。

（三）中央驱动桥驱动模式

如图 1-14C 所示，该种模式下纯电动汽车同样具有减/变速机构，并且传动效率高、动力性强、电耗低、质量较轻，但簧下质量较重，影响舒适性。

（四）双电机并联+ 减速器/变速器驱动模式

如图 1-14D 所示，该种模式下纯电动汽车由两台电机并联驱动，通过减/变速器将动力传递给车轮。此种模式优点是动力性强、电耗较低，且无换挡动力中断，但系统复杂、控制复杂、成本较高、可靠性低。

（五）双电机串联+ 减速器/变速器驱动模式

如图 1-14E 所示，该种模式下纯电动汽车由两台电机串联驱动，通过减/变速器将动力传递给车轮。此种模式优点是动力性强、电耗较低，但存在换挡动力中断的问题，且系统复杂、控制复杂、成本较高、可靠性低。

（六）电机+ 减速器/变速器+ 电机驱动模式

如图 1-14F 所示，该种模式下纯电动汽车同样由两台电机驱动，不同的是先由一台电机驱动，动力传递给减速器/变速器，再由第二台电机驱动，将动力传递给车轮。此种模式优点是动力性强、电耗较低、系统功率高、无换挡动力中断，但系统复杂、可靠性低。

（七）轮边电机驱动模式

如图 1-14G 所示，该种模式下纯电动汽车由装在驱动轮边的两个电机提供动力，电机与减速器高度集成，取消传动轴，有利于整车布置。此种模式优点是动力性强、无换挡动力中断，但系统复杂、控制复杂、成本较高、可靠性低，且簧下质量较重，影响舒适性。

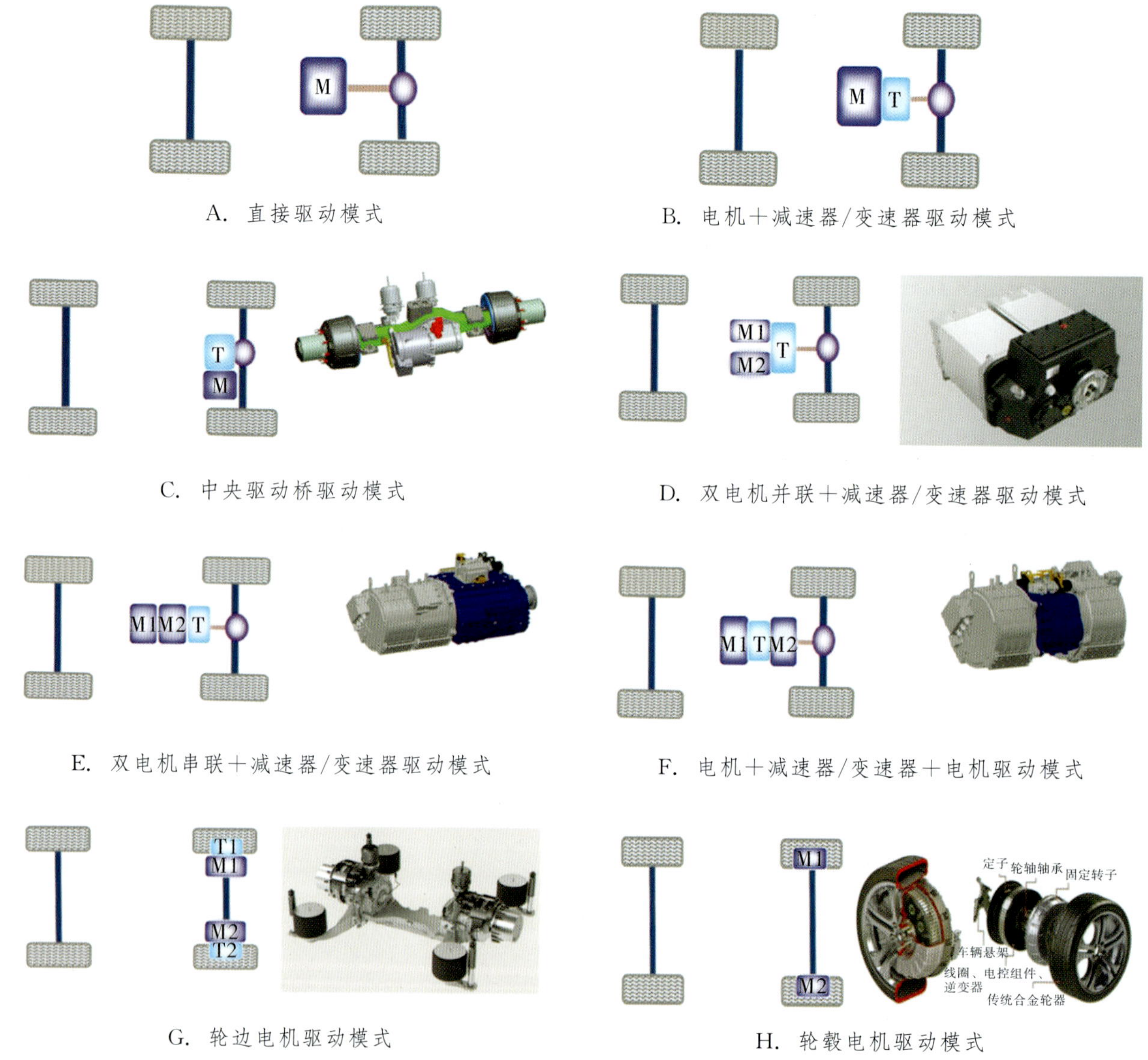

图 1-14　纯电动汽车动力系统布置形式

注：M—驱动电机，T—减速器/变速器。

（八）轮毂电机驱动模式

如图 1-14H 所示，该种模式下纯电动汽车由轮毂电机提供动力。轮毂电机特点就是将动力装置、传动装置和制动装置都整合在轮毂内，将车辆的机械部分简化。此种模式优点是集成度高、结构紧凑、提高车内利用空间、体积减小、质量降低、传动效率更高，但是开发难度大、成本较高，暂无量产车型。

表 1-3 整理了以上 8 种动力系统布置方案的特性对比情况。

表 1-3　纯电动汽车动力系统布置方案对比

系统方案	单电机方案			双电机方案				
系统简图	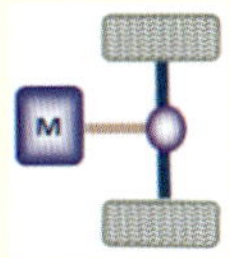			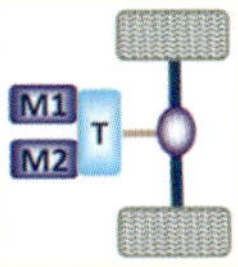	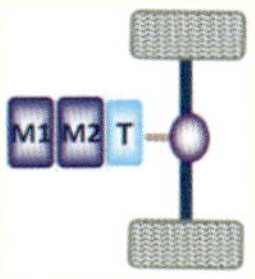	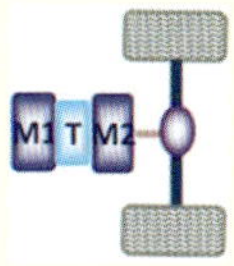	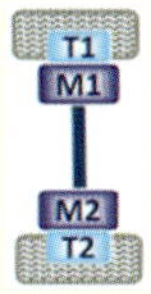	
动力性	一般	好	好	好	好	很好	好	好
电耗	一般	较好	好	较好	较好	较好	较好	好
质量	重	轻	轻	重	重	重	重	轻
成本	高	低	低	高	高	高	高	高
可靠性	高	较高	较高	低	较高	较高	较高	好
舒适性	好	较好	一般	较好	较好	好	一般	好

第三节　燃料电池汽车

燃料电池商用车指以燃料电池发动机为主要驱动系统、通过燃料电池发电将氢气作为主要能量来源、通过驱动电机驱动车轮行驶的商用车辆。

燃料电池汽车按多电源的配置不同，可分为纯燃料电池驱动（pure fuel cell，PFC）式、燃料电池与辅助蓄电池（battery，B）联合驱动（FC＋B）式、燃料电池与超级电容联合（ultra capacitor，UC）驱动（FC＋UC）式及燃料电池与辅助蓄电池和超级电容联合驱动（FC＋B＋UC）式。较为常用的是燃料电池与辅助蓄电池联合驱动式（电-电混合），燃料电池发动机产生电能，辅助蓄电池储能，共同提供驱动汽车所用的电力。

一、燃料电池与辅助蓄电池联合驱动式电动汽车

燃料电池与辅助蓄电池联合驱动式电动汽车动力系统结构如图 1-15 所示。在该结构中，燃料电池和蓄电池一起为驱动电机提供能量，驱动电机将电能转化成机械能并传给传动系统，从而驱动汽车行驶；在汽车制动时，蓄电池储存回馈的能量。在燃料电池和蓄电池联合供能时，燃料电池能量输出随时间推移变得较为平缓，蓄电池承担能量变化的高频部分。

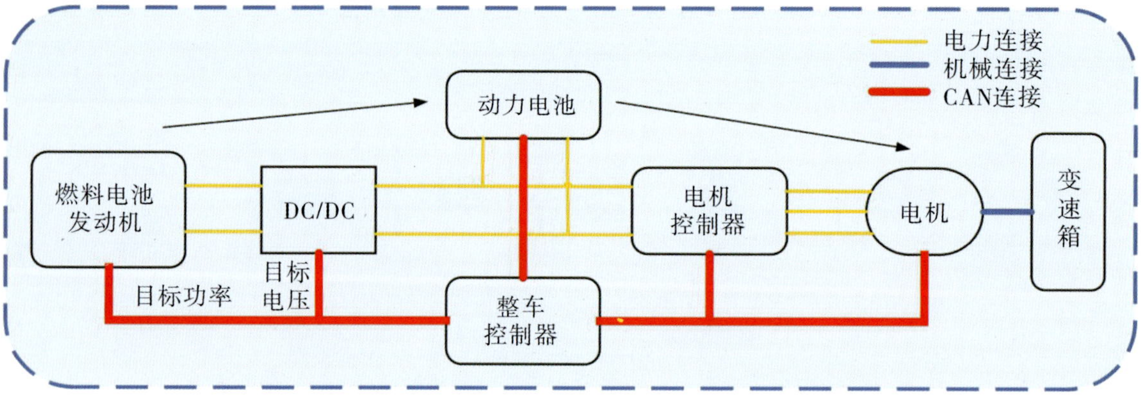

图 1-15　燃料电池与辅助蓄电池联合驱动式电动汽车动力系统结构

这种结构由于增加了比功率高、价格相对较低的蓄电池组，系统对燃料电池的功率要求较纯燃料电池结构有很大降低，从而大大降低整车成本；燃料电池可以在较好的工作条件下工作，工作时燃料电池的效率较高，系统对燃料电池动态响应性能要求较低；汽车的冷启动性能较好；可以进行制动能量回收，提高整车能量效率。但这种结构由于增加了蓄电池组，使整车质量增加，动力性和经济性受到影响；系统复杂，系统控制和整体布置难度增加。

二、燃料电池发动机关键子系统

在燃料电池汽车的燃料电池发动机中，为保证燃料电池的正常工作，除了燃料电池电堆本身外，还配有氢气供给系统、空气供给系统、水热管理系统、控制系统以及其他部件，如图 1-16 所示。只有这些辅助系统匹配恰当、运转正常，才能保证燃料电池发动机正常运转。燃料电池发动机关键子系统技术发展迅速，成本将大大降低，推动无补贴后产业化持续发展。

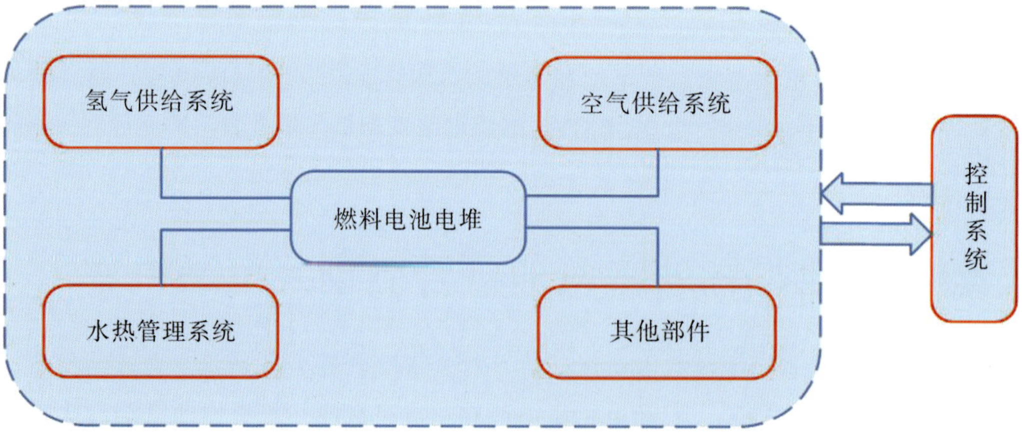

图 1-16　燃料电池发动机系统

（一）燃料电池电堆

燃料电池电堆的基本组成为电极（阴极和阳极）、多孔质气体扩散层、质子交换膜和催化层。其中，多孔质气体扩散层、质子交换膜和催化层合称膜电极，电堆最外层是双极板。在电堆中，湿润的氢气与氧气穿过双极板在气道内流动，扩散到阳极层/阴极层中，与催化剂接触并进行电化学反应，产生电能。

（二）氢气供给系统和空气供给系统

氢气供给系统包括引射器与循环泵等，空气供给系统主要包括空压机等，它们为电堆提供满足反应条件的氢气和空气。

（三）水热管理系统

燃料电池工作时产生的热会使电堆温度不断升高，而燃料电池的适宜工作温度为 70～90℃，需要水热管理系统对电堆温度进行控制，并保证系统水平衡。水热管理系统一般包括冷却水泵、节温器、散热器与汽车加热器（positive temperature coefficient，PTC）等。

（四）控制系统

控制系统保证不同负载条件下反应气体的流量、温度、压力等在适宜范围内，保证系统稳定、可靠地运行，并进行燃料电池发动机参数标定和故障诊断。

参考文献

[1] 汤姆·登顿．电动和混合动力汽车［M］．北京：北京航空航天大学出版社，2020.

[2] 陈飞，符强，杨冬根．混合动力汽车技术［M］．成都：电子科技大学出版社，2020.

[3] 伊克巴尔·侯赛因．电动和混合动力汽车技术基础与设计［M］．2 版．曹利民，曹博洋，译．沈阳：辽宁科学技术出版社，2023.

[4] 阿米尔·塔加维普尔，玛哈尔·瓦杰迪，纳赛尔·L．阿扎德．插电式混合动力汽车智能控制技术［M］．赵振东，张广辉，蔡隆玉，译．北京：科学出版社，2021.

[5] 武志斐．纯电动汽车原理与结构［M］．北京：北京理工大学出版社，2021.

[6] 史践．氢能与燃料电池电动汽车［M］．北京：机械工业出版社，2021.

[7] 钱斌，王志成．燃料电池与燃料电池汽车［M］．2 版．北京：科学出版社，2021.

[8] 朱绍鹏，吕超．轮毂电机分布式驱动控制技术［M］．北京：机械工业出版社，2022.

[9] 史立伟，尹红彬，雷雨龙．汽车电机及驱动技术［M］．北京：机械工业出版社，2021.

第二章　新能源整车技术

第一节　新能源整车方案和整车集成技术

动力电池作为新能源整车方案中质量大、成本高的核心部件，对整车续驶里程、碰撞安全性、行驶性影响显著。以动力电池为主的新能源整车方案带来了轻量化、智能化、网联化等诸多方面的改善，集成技术在其中的重要性凸显。新能源整车方案和整车集成技术主要包括整车传动系统架构、动力系统匹配选型、整车机械系统集成、整车传动效率提高、整车轻量化等方面，图 2-1 展示了新能源整车方案和整车集成技术的运用和研发流程，从架构开发到方案设计，然后进行方案验证，最后进行整车集成。

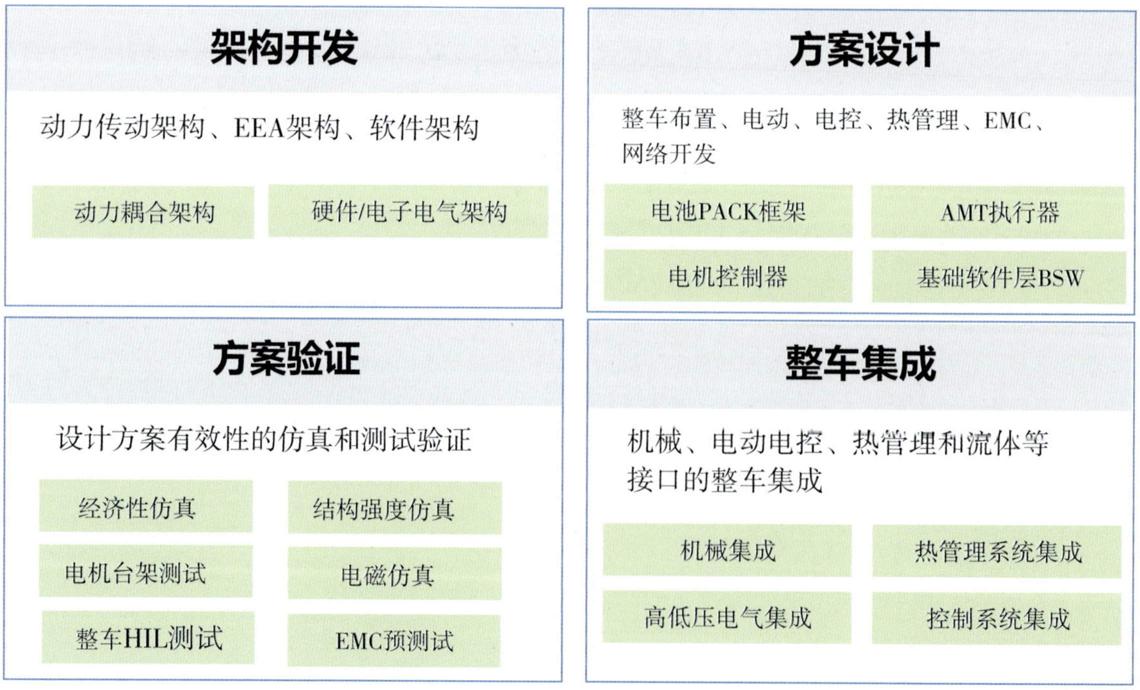

图 2-1　新能源整车方案和整车集成技术的运用及研发流程

一、新能源整车传动系统的方案和架构

传动系统是电动汽车驱动子系统的一个重要组成，指的是驱动电机转轴和车轮之间的机械连接部分。对于传统汽车来说，变速器是必要的部件，设计时主要考虑采用什么类型的变速器。电动汽车则不同，由于驱动电机的转矩和转速完全可以由电子控制器进行全范围的控制，因此变速系统的设计可以有多种不同的选择，不仅可以用传统的变速齿轮箱变速，还可以用电子驱动器控制电动机直接变速。方案的选择上，还应考虑电动汽车的能量和经济性，还涉及电机和电子控制器的设计。

（一）新能源汽车传动系统发展现状

驱动电机工作范围很广（一般在 0～15000r/min），如图 2-2 所示，在低转速时可以输出很大转矩，高转速时能够输出恒定功率，电机特性能够基本与车辆需求吻合，只需要增加一个单级减速器即可运转。目前，主流纯电动汽车采用电机匹配单级减速器的架构。从结构上来说，单级减速器不需要换挡机构、同步器和离合器，结构相对简单，容易实现。单级减速器成本低、体积小、结构简单、易安装，故障率小、动力损失小，但车速受到制约，无法兼顾动力性和经济性，高转速时会产生振动等机械问题。

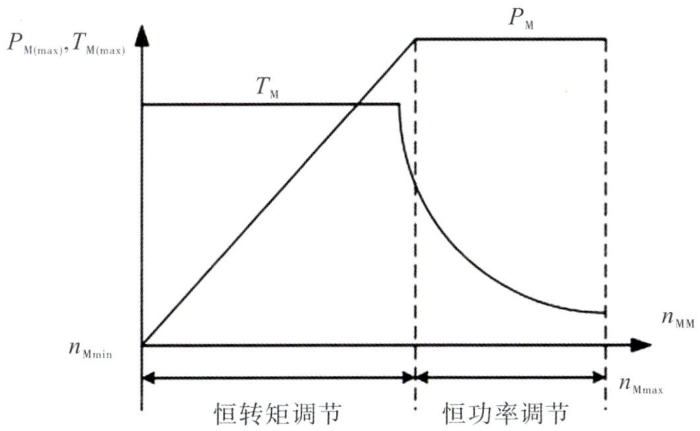

图 2-2　电机特性曲线

$$T=\frac{9550P}{n} \tag{2-1}$$

式中：T——扭矩，N·m；P——功率，kW；n——转速，r/min。

为了提高电驱效率，同时考虑电机、电池成本，乘用车使用两挡变速器是一大途径，也是未来趋势。图 2-3 展示了纯电动商用车使用的几种传动系统方案。商用车的大负载与爬坡需求使得多挡变速器的使用更加普及。轻型电动商用车中市场占比较高的方案为电机＋单级减速器、电机＋多挡变速器；重型电动商用车中市场占比较高的方案为电机＋多挡 AMT、轮边电驱桥。多挡变速器能够提升电动汽车动力性以及经济性，同时降低电机和电池成本，是电动汽车传动系统的一个重要发展方向。

电机直驱	集成变速器	同轴/平行轴电驱桥	轮边电机桥	轮毂电机桥

图 2-3　纯电动商用车传动系统方案

（二）新能源汽车传动系统未来展望

（1）多挡化：现有电机特性很难满足所有工况下的整车动力性、经济性需求，搭载多挡变速器可以有效调节电机的输出表现；使用多挡变速器，可以增加速比范围，并可以根据不同工况进行速比的改变；在车辆起步时拥有更好的加速水平，并且在高速时降低电机的转速，从而减少噪声和电能的消耗。

（2）高速化：电驱动系统工作转速的提高能够显著减小系统的尺寸和质量，提高系统的功率密度，实现系统较好的轻量化；采用高速小型化电机，配以大速比减速器或多挡变速器，采用适当的控制策略，可以适应更多工况，使整车节能更加有效，增加续驶里程。

（3）模块化：轮内驱动使汽车获得更多的自由空间、较低的重心；独立控制每个车轮的驱动扭矩和制动扭矩，具有更高的机动性和车辆稳定性；考虑到电驱动系统与制动系统、转向系统和悬架系统可能存在干涉，仍然很难将其集成到有限的车轮空间中；随着轮边结构增加，簧下质量增加，轮惯性随之增加；此外，模块化带来的轮边集成优化与控制问题成为待解决的难题。

（4）智能化：通过预测前车间距、前方道路坡度、前方道路曲率、限速等信息，进行速度规划和换挡点优化，可以提高节能率；在此基础上，通过车联网实时获取信号灯时序、前方车流速度及密度等交通信息，可将节能率进一步提高。

二、动力总成系统匹配选型

（一）车辆运行区域分析

新能源汽车行驶工况会受到许多不确定因素的影响，即便是同一种车辆，在城市的不同区域运行、车辆使用频次不同也会造成工况差异。新能源汽车动力总成系统与整车的匹配要求需充分考虑运行地域的差异，并有针对性地调整匹配数据，提升车辆的整体性能，让车辆在不同工况行驶时都能确保整车性能的高利用率。其中，最直观的数据来源就是车速信息，根据车辆在不同路段的行驶车速，判断实际运行的工况，如交通拥堵、交通畅通、道路崎岖，通过数据分析整合，确定动力总成系统的合理匹配方式。

（二）模拟仿真技术

在新能源动力总成系统匹配过程中，选择核心部件并对核心参数进行设置非常重要。在匹配过程中，可采用模拟仿真技术来缩小参数选择范围，进而在一定范围内对参数进行优化。模拟仿真技术是应用较为广泛的参数设置方式之一，通过使用此项技术，能够更加完善地研发出动力总成系统及制订相应的匹配控制方案，对我国在新能源汽车动力总成系统方向的创新技术研究有着突破性的价值与意义。

（三）台架性能试验

台架性能试验是动力总成系统匹配过程中的重要环节，也是不可或缺的关键步骤。通过台架性能试验，可获得匹配效果的评价，便于对动力总成系统进一步优化，为当前新能源汽车开发提供更多的优化控制策略。如今，许多汽车企业都提高了对纯电动汽车试验的重视程度，并在研发基地设置了相应的新能源汽车试验台，助力新能源汽车动力总成系统的研发与创新。

（四）底盘测功机与道路试验

采用底盘测功机对新能源汽车进行试验，可使动力总成系统实现稳定运行，避免受到外界环境等因素的影响，提升纯电动汽车的功效和运行性能。底盘测功机可以通过施加不同载荷对整车状态进行模拟，完成对动力总成系统匹配效果的分析和评估。道路试验也是实现动力总成系统匹配的一种重要技术手段。通过道路试验，可以了解车辆在实际道路上运行的续航能力和运行功率等详细情况，更全面地对车辆的性能进行分析、调整和优化。

采用双向滑行的调和算数平均值计算道路载荷的算数平均值。

$$F_j = \frac{1}{3.6} \times (m_{av} + m_r) \times \frac{2 \times \Delta v}{\Delta t_j} \tag{2-2}$$

式中：m_{av}—— 道路载荷测定开始和结束时试验车辆的平均质量；m_r—— 转动零部件的等效有效质量；Δt_j—— 基准速度的算数平均滑行时间。

三、整车机械系统集成

整车机械系统集成是指通过车辆机械系统的结构件或功能件进行结构共用、功能融合，以减少零部件总数、减少空间、降低成本、提升整车强度与实现更高效的管理性能。

（一）机械系统集成的优劣

集成化设计使整体结构更为紧凑，可以有效地减小机械系统的体积；各部件之间的连接材料因为集成化设计而减少，系统质量也得到了降低；集成化机械系统结构简洁，汽车各系统布局更灵活，整车的乘坐及储物空间得到最大化利用；同时汽车质量的降低在一定程度上降低了汽车能耗、增加了续驶里程；此外，通过集成化机械系统，降低了接口复杂度，减少了连接件及相应接口的使用，优化了传输路径，提高了系统的效率。

但集成化机械系统导致各部件与空气接触面积减少，整个散热系统需要重新设计优化；噪声振动（noise、vibration、harshness，NVH）、电磁兼容测试（electro magnetic compatibility，EMC）、安全性能指标的控制以及零部件开发协同都是目前整车厂和供应商需要重点攻克的难题。后期用车方面，机械系统集成会导致各部件的可靠性降低，当某个零部件需要维修或者更换时，维修时间和成本增加，可能对消费者产生不利影响。

综合来看，机械系统集成对新能源汽车行业有积极的推动作用，但是考虑现阶段新能源汽车供应链的技术水平，集成化过程中产生的问题对整车厂和供应商来说仍是挑战。

（二）二合一电驱动系统

集成化电驱动系统发展之初，结构形式较为简单，是将永磁电机和减速器集成在一起，与车桥结合，形成一体式电驱动桥。从图中可以看出，虽然该系统的连接部分比较复杂，但是至少实现了二合一的设计，缩短了各部件之间的距离。二合一这种简单的集成形式使得电驱动系统和机械系统整体结构更加紧凑。

（三）三合一电驱动系统

随着电驱动集成技术的不断演变发展，三合一电驱动系统出现。主流电驱供应商多采用三合一电驱系统，即将电机、电控系统和减速器集成在一起并与车桥相结合的电驱系统，不仅性能优异，而且电能转化效率极高。国内对三合一电驱动系统的研究与国外相比起步较晚，随着国内新能源技术的飞速发展，自主品牌电驱动系统已取得较大进步。

（四）集成化机械系统的发展趋势

（1）电机高速化：高转速电机能够提高功率密度，同时减小体积、降低成本，对于电动汽车动力性来说优势尤为明显，因此采用更高速的驱动电机为集成电驱发展的必然趋势。

（2）减速器多挡化：减速器多挡化设计能够使电机尽量工作在高效率的转速区间，同时兼顾动力性和经济性，挡位的切换能够确保驱动电机多数情况下处于高效率工作点，因此多挡减速器必然会成为更多集成化机械系统的选择。

（3）平台化设计：汽车产业是典型的规模经济产业，汽车产品平台化设计能够有效降低研发成本，缩短上市周期。对于不同转矩、功率需求以及不同级别的车型，可以规划不同的系列化平台机械系统集成产品。通过平台化设计，可以降低各部件的采购成本，实现技术经验共享。

四、整车传动效率提高

提高传动效率可以提升新能源汽车的动力性和经济性。传动效率受到内部因素和外部因素的影响。内部因素主要包括传动比、密封件、轴承、润滑油，外部因素主要包括温度与布置形式。

（一）内部因素

（1）传动比：电驱传动效率与电驱总成效率对应的传动比是不同的，传动比的选择上应当耦合电机效率，匹配电驱总成效率最高。

（2）密封件：油封摩擦扭矩损失与电驱传动效率成反比，传动效率对输入油封产生的损失比起差速油封更为敏感。

（3）轴承：球轴承摩擦扭矩损失比锥轴承小，应用于输入端有利于提升电驱传动效率；相同的锥轴承预紧量应用在不同位置时对电驱传动效率影响差异较大。

（4）润滑油：电驱传动效率与润滑油的黏度相关，黏度越高，电驱传动效率越低；黏度变化与效率趋势有一致性，利用该特性可以预测不同黏度下的电驱传动效率，减少试验费用。

（二）外部因素

（1）温度：对同一台整车进行常温、低温电驱传动效率测试，低温下电驱传动效率相对常温下降约 3%。温度变化引起的油品黏度降低、轴系间隙减少等因素对电驱传动效率均有影响。

（2）布置形式：同一电驱系统前驱和后驱布置引起的旋转方向不一致对电驱传动效率有影响；基于效率计算流体动力学（computational fluid dynamics，CFD）仿真和样机实测结果，逆时针方向旋转的电驱传动效率高于顺时针方向的。

五、整车轻量化

整车轻量化是指在保证车辆的整体强度和安全性能的前提下，尽可能地减小车辆的整体质量，从而提高汽车的动力性，减少电量消耗，是综合车辆的耐撞性、刚度强度性能、安全性、经济性的系统工程。整车轻量化主要通过三个方面，材料轻量化、工艺轻量化和结构轻量化，它们之间的关系如图 2-4 所示。

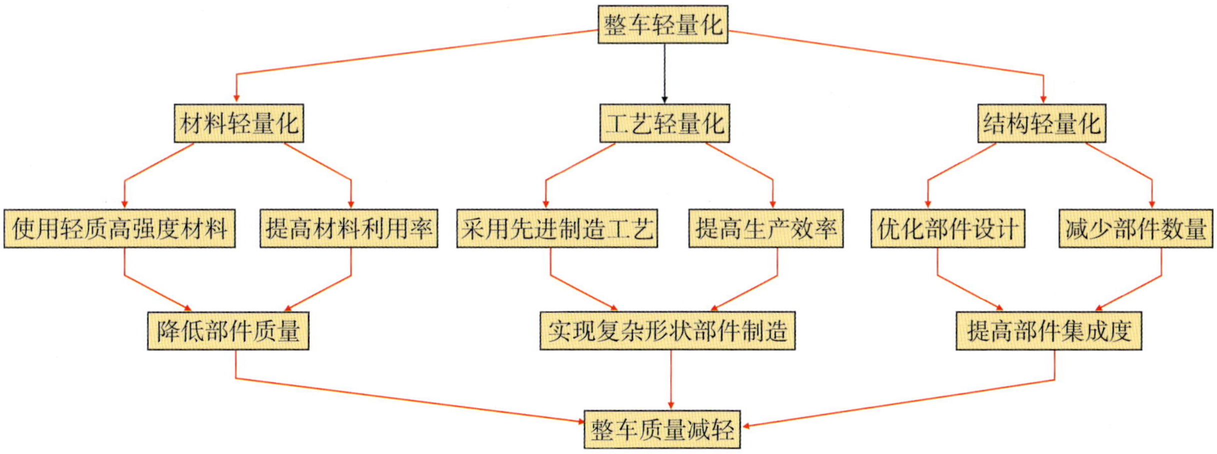

图 2-4 整车轻量化

$$L_{ev}=\frac{M_{ev}}{V}\times\frac{M_{ev}}{P_{ev}}\times\frac{Y}{A} \tag{2-3}$$

式中：L_{ev}——电动汽车轻量化系数，$\left[\frac{g^2\cdot kW\cdot h}{m^6\cdot w}\cdot 10^{-1}\right]$；$M_{ev}$——电动汽车整备质量，kg；$P_{ev}$——电机峰值功率，所有驱动电机峰值功率之和，kW；Y——电能消耗量，kW·h/100km。

（一）材料轻量化

采用轻质的混合材料以达到材料轻量化。当前的探索方向主要包括高强度钢、铝合金、碳纤维复合材料，用于替代主流低碳钢。三种材料分别可以减重 25%、40%、60%。

（二）工艺轻量化

优化结构设计以达到工艺轻量化。通过局部加强设计、提升环状路径接头结构的封闭性，可以有效提升闭合型腔的断面力学性能，改善车辆刚度表现，从而有利于工艺轻量化。如一体化压铸技术可以减少焊接部位，提升整体结构强度，同时能降低成本。

（三）结构轻量化

优化车身整体布局形式以达到结构轻量化，如采用承载式车身从而取消车架、减小车身板料厚度等。

第二节　新能源整车仿真分析技术

新能源整车仿真分析技术是指借助计算机、计算机辅助工程（computer aided engineering，CAE）等对新能源整车及动力传动系统匹配、动力性、经济性、结构强度等进行模拟仿真的技术，主要包括以下内容。

一、整车及动力传动系统的建模与仿真

整车及动力传动系统的建模与仿真技术是汽车工程中重要的部分，可以提高车辆的设计效率、减少开发成本、缩短开发周期，并能为新技术的应用提供支持。目前整车及动力传动系统的建模与仿真技术发展现状如下。

（1）建模技术：目前应用广泛的建模技术主要有基于物理原理的建模技术、基于数据驱动的建模技术和基于混合方法的建模技术。

（2）仿真技术：目前应用广泛的仿真技术主要有基于 Matlab/Simulink 的仿真技术、基于 AMESim 的仿真技术和基于 C++语言的仿真技术。

（3）软件工具：目前可用的建模与仿真软件工具包括 Simulink、AMESim、GT-SUITE、CarSim、ADAMS 等。

未来发展趋势如下。

（1）模型集成：未来的建模与仿真技术将更多地关注不同系统间的集成，如整车与动力传动系统的集成、动力电池与电机控制系统的集成等，以实现更准确的系统仿真。

（2）电动化：随着电动汽车的普及，建模与仿真技术将更多地关注电动汽车的驱动系统，如电机、电池、充电桩等方面的建模与仿真。

（3）自动驾驶：随着自动驾驶技术的发展，建模与仿真技术将更多地关注自动驾驶系统的仿真，包括传感器模型、控制策略模型等方面的研究。

（4）人工智能：人工智能技术将为整车及动力传动系统的建模与仿真提供更多可能，如使用机器学习技术优化模型参数、预测车辆性能等。

总之，随着汽车技术的不断发展和应用，整车及动力传动系统的建模与仿真技术将不断发展，以满足不断增长的需求。

二、整车动力性、经济性匹配

新能源整车动力性与经济性匹配技术是指在新能源汽车的设计和制造过程中，优化动力性和经济性，以获得更好的性能和更高的效率。目前，随着全球能源和环境问题的不断加剧，新能源汽车已经成为汽车行业的发展趋势，新能源整车动力性与经济性匹配技术的研究逐渐受到重视。

$$u_a = 0.377 \frac{rn}{i_g + i_0} \tag{2-4}$$

式中：u_a——汽车车速；r——车轮半径；n——发动机转速；i_g——变速器传动比；i_0——主减速器传动比。

$$B = \int_0^t (p \times b) dt \tag{2-5}$$

式中：B——电能消耗量；p——需求功率；b——电能消耗率。

目前，新能源整车动力性与经济性匹配技术的发展主要集中在以下几个方面。

（1）动力系统的优化：新能源汽车的动力系统主要包括电机、电池和电控系统等。针对这些，研究人员正在研发新的技术来提高其效率和性能。如研究人员正在研发更高效的电机和电池技术，以增加电动汽车的续驶里程和提升加速性能，同时减少成本。

（2）能量回收技术：可以将汽车制动过程中产生的能量转化为电能，用于电动汽车的再充电或者驱动电动汽车。目前，这项技术已经被广泛应用于新能源汽车中，使其能够更加高效地利用能量，提高经济性。

（3）车身材料和设计的优化：新能源汽车的轻量化设计可以减轻车辆的质量和减少空气阻力，从而提高动力性和经济性。为此，研究人员正在研发新的车身材料和设计方案，以实现更轻量化的车身和更小的空气阻力。

（4）智能控制系统的应用：智能控制系统可以对新能源汽车的动力和能耗进行实时监控和调节，以提高汽车的性能和经济性。目前，这种技术已经广泛应用于新能源汽车中，使其能够更加智能、高效地运行。

未来，新能源整车动力性与经济性匹配技术的发展趋势主要集中在以下几个方面。

（1）更高效的电机和电池技术：研究人员将继续研发更高效的电机和电池技术，以增加电动汽车的续驶里程和提升加速性能，同时减少成本。

（2）更智能的控制系统：未来的新能源汽车将更加智能，能够自主地进行驾驶、能耗管理和系统维护。这需要更加高效、可靠的智能控制系统。

（3）更轻量化的车身设计：未来的新能源汽车会更加注重轻量化设计，以减轻车辆质量和减少空气阻力，从而提高汽车的动力性和经济性。

三、整车多能源管理控制策略仿真

新能源整车多能源管理控制策略仿真技术是针对新能源汽车多种动力来源和储能装置的整合管理以及控制技术，目的是优化车辆的能源利用效率、降低能耗和排放、提高车辆性能和可靠性。该技术主要包括控制策略设计、系统建模和仿真技术等，如图 2-5 所示。

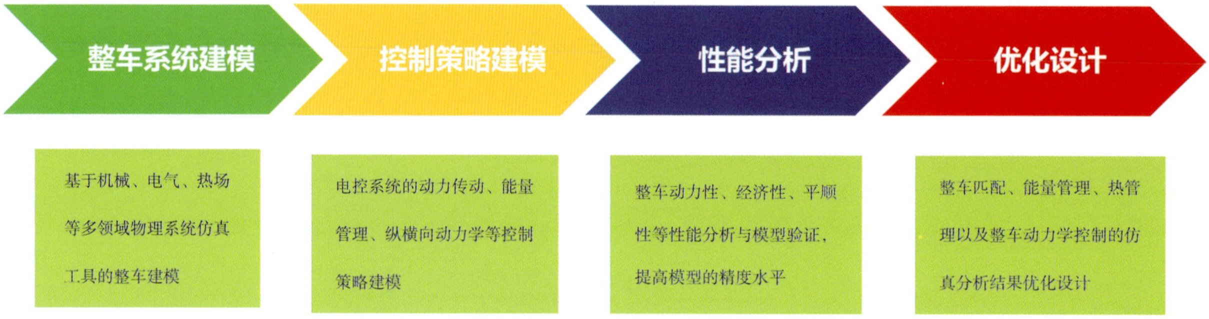

图 2-5　整车多能源管理控制策略仿真技术

（一）控制策略设计

研究人员主要采用优化算法和控制理论相结合的方法，制订出一系列高效、可靠、稳定的控制策略。未来，研究人员将进一步发展基于深度学习和人工智能的控制策略，提高控制精度和智能化水平。

（二）系统建模

研究人员主要应用多物理场耦合分析技术和混合建模方法，建立了新能源汽车多能源系统的高精度模型，实现了多种动力源和储能装置的整合模拟。未来，研究人员将进一步开展多尺度和多级联的系统建模和仿真研究，提高模型的可靠性和精度。

（三）仿真技术

研究人员主要采用基于 Matlab/Simulink 等仿真软件的仿真技术，模拟并评估了多种控制策略对整车性能的影响。未来，研究人员将进一步发展基于虚拟现实和云计算技术的仿真技术，实现多维度、多场景、多目标的仿真和优化。

新能源整车多能源管理控制策略仿真技术将在未来的发展中不断创新和完善，为新能源汽车的性能提升和环保效益提高做出更大的贡献。此外，该技术的应用范围将不断扩大，包括新能源公共交通、物流车辆等，成为推动新能源汽车产业发展的重要技术支撑。

不过，新能源整车多能源管理控制策略仿真技术面临着一些挑战：①新能源汽车技术发展的不确定性，可能会给控制策略和系统建模带来不确定因素。②新能源汽车市场竞争加剧，要求新能源整车多能源管理控制策略仿真技术在技术、效益、成本等方面进一步提高。③新能源汽车多种动力源和储能装置的整合管理以及控制技术还存在一些问题，如电池寿命、电力系统安全等，需要继续深入研究和解决。

四、整车结构强度的建模及仿真

新能源整车结构强度是指整车在运行中受到各种载荷作用时的抗变形、抗破坏能力。建模和仿真技术可以帮助工程师在设计和开发过程中更准确地预测车辆结构强度和安全性能，降低设计成本，缩短研发周期。

目前，新能源整车结构强度建模和仿真技术已经广泛应用于汽车工业，以下是主要的建模和仿真技术。

（1）有限元分析：是一种广泛使用的建模和仿真技术，可以将复杂的结构分解成许多小单元，然后用数学方法计算每个小单元的应力和变形，最后将所有小单元的结果组合起来，得出整个结构的应力和变形。有限元分析可以对结构进行线性分析和非线性分析，可预测结构在受载荷作用下的变形和破坏行为，是新能源整车结构强度建模和仿真中最常用的技术之一。

（2）多体动力学仿真：是一种计算机辅助设计工具，用于研究汽车系统和子系统的动力学行为，如悬挂系统、车身振动等。它可以预测车辆在不同道路条件下的行驶稳定性，有助于设计出更优秀的整车结构。

（3）优化设计：是一种基于数学优化的建模和仿真技术，可以通过最小化目标函数，使整车结构的强度、质量、性能等指标达到最优。优化设计可以在保证结构强度和安全性能的前提下，减轻整车质量和降低材料成本，提高整车的燃油经济性和性能。

未来，新能源整车结构强度的建模和仿真技术将在以下方面继续发展。

（1）智能化和自动化：随着人工智能和自动化技术的发展，新能源整车结构强度建模和仿真将变得更加智能化和自动化。未来，工程师可以借助人工智能技术，快速优化整车结构，并预测结构在各种复杂载荷作用下的响应。此外，自动化技术可以帮助工程师自动化构建模型、设置仿真参数，提高工作效率，减少人为错误。

（2）高性能计算：随着计算机技术的不断发展，新能源整车结构强度建模和仿真将会使用更高性能的计算机系统。这将使得工程师可以对更大、更复杂的整车结构进行建模和仿真，提高计算效率和准确性。

（3）多物理场耦合仿真：新能源整车结构强度建模和仿真将不再局限于单一物理场，而是将多个物理场耦合在一起进行建模和仿真。如同时考虑车辆结构、热传递、流体力学和电气学等多个方面，预测电动汽车在各种情况下的性能和安全性。

（4）虚拟现实技术：可以帮助工程师更直观地理解整车结构强度和安全性能。未来，工程师可以通过虚拟现实技术在计算机环境下进行真实感十足的仿真，更加直观地观察和分析结构的响应，提高设计效率和质量。

总之，新能源整车结构强度建模和仿真技术发展前景广阔。随着技术的不断发展和创新，我们可以期待更加准确、高效、智能化和多功能的建模和仿真技术出现，帮助工程师更好地设计和开发新能源整车，为汽车工业的可持续发展做出贡献。

（5）整车电子电气系统电磁场和电磁干扰的建模及仿真：对于整车而言，电磁兼容（electro magnetic compatibility，EMC）技术的研究十分必要，有利于提高整车产品的抗干扰能力和可靠性，保证整车的安全性，降低产品的维护成本。与传统车相比，新能源整车的电磁环境更为复杂，骚扰源更多（如驱动电机、DC/DC 变换器、电动附件等电驱动产品），电气线束分布较广，电磁耦合路径复杂，敏感元件数量和种类增加（如多路 CAN 网络、不同种类的传感器）。

（6）整车热管理和流体系统的建模及仿真：新能源整车热管理是提高整车经济性和动力性、保障汽车关键部件安全正常运行、保障整车安全行驶的重要技术，是整车技术发展的核心内容。

整车热管理是从系统集成和整车角度，统筹热管理系统与热管理对象、整车的关系，采用综合控制和系统管理的方法，控制和优化汽车的热量传递过程，保证各关键部件和系统安全高效运行，完善管理并合理利用热能。

（7）整车 NVH 的建模及仿真：NVH 是噪声（noise）、振动（vibration）与声振粗糙度（harshness）的英文缩写。NVH 仿真分析主要研究对象为以下 5 个：车身系统及其 NVH 性能、底盘系统及其 NVH 性能、电机系统及其 NVH 性能、电控系统及其 NVH 性能、热管理系统及其 NVH 性能。

（8）整车可靠性的建模及仿真：新能源整车可靠性主要指针对关键系统制订可靠性指标，并分解到关键零部件，然后通过对零部件到系统再到正常的可靠性验证，符合可靠性的指标要求。由于新能源商用车在传统商用车基础上增加了电力驱动系统和用电器件，因此对新能源零部件可靠性的验证要更为充分和完善，以保证可靠性达成整车要求。

（9）新能源整车试验验证技术：是指用于验证新能源汽车或其他新能源交通工具的性能、可靠性和安全性的技术手段。它包括试验方法、试验设备、试验流程和试验标准等。

新能源整车试验验证技术的目的是确保新能源汽车或其他新能源交通工具在正常使用过程中满足各项要求，如能效、安全、环保等。主要包括以下内容。①整车性能测试：包括动力性能、悬挂系统性能、制动性能等方面的测试。②安全性能测试：包括碰撞试验、翻滚试验、侧倾试验等。③耐久性测试：通过模拟不同使用环境并进行试验，评估车辆的使用寿命和可靠性。④电池系统测试：包括电池组、电池单体、电池管理系统等方面的测试。⑤车辆环保测试：包括废气排放测试、噪声测试等。

为了确保测试结果的准确性和可重复性，新能源整车试验验证技术需要制订相应的标准和规范，如国际标准或国家标准。同时，随着新能源汽车的发展，新的测试技术不断涌现，如基于仿真的试验技术、无人驾驶技术等。这些技术的发展将为新能源整车试验验证技术的提高和完善提供更多可能。

第三节 新能源整车控制技术

一、技术内容

新能源整车控制技术指在体现司机需求且满足整车功率、动力性、安全性需求前提下（混合动力整车还要维持电量在稳定区间），为达到整车最佳的经济性及电池的最佳寿命而进行的整车控制策略开发，主要包括以下内容。

（1）提高驱动能量利用效率：保证电机在高效区工作（混合动力整车还要优化力矩分配控制策略，保证发动机和电机在高效区工作），并合理匹配变速器和优化变速器换挡控制策略。

（2）提高制动能量回收效率：优化制动能量回收控制策略，尽可能多地回收制动能量。

（3）道路预见系统：针对可预见的使用工况优化控制策略，优化能量管理。

（4）驾驶行为优化：针对高效行驶，对驾驶者的驾驶行为进行优化和提醒。

二、整车控制策略

在保证安全性和动力性前提下，提高动力系统能量利用率，实现整车性能最优。整车控制策略主要分为能量管理控制策略和整车安全控制策略两类，如图 2-6 所示。其中，能量管理控制策略负责根据行驶工况切换驱动模式、控制混合动力汽车驱动力的分配以及控制电机制动力和机械制动力在驱动轴上的分配。整车安全控制策略负责对车辆实时运行状态进行检测，在控制端和执行端设计冗余控制，并及时对故障进行诊断与响应。

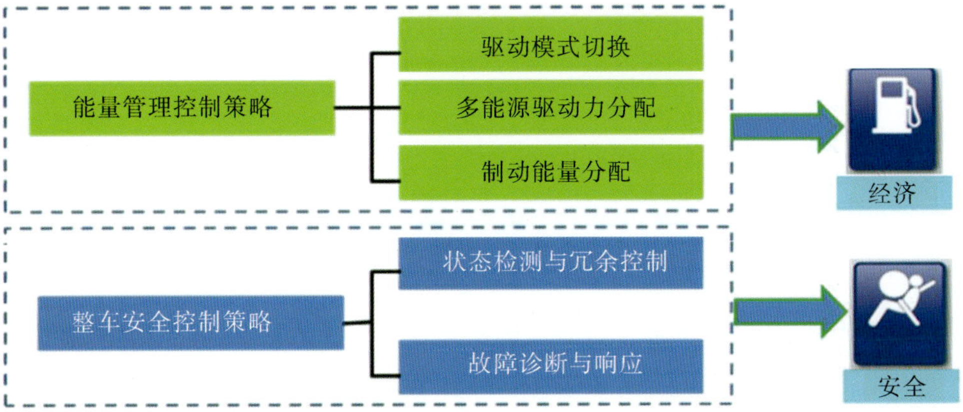

图 2-6 整车控制策略

三、整车控制器

整车控制器（vehicle control unit，VCU）是新能源整车控制的核心控制器，如图 2-7 所示，它通过 CAN 总线与电空调、电动转向、电池管理系统、驱动电机控制器等连接，实现对整车的电驱系统、电池系统、热管理系统等的控制。

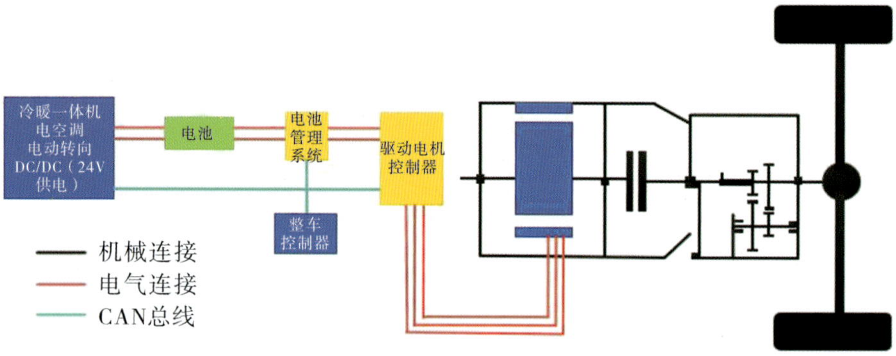

图 2-7　整车控制器的连接

在整车控制器的开发过程中，由控制目标确定整车控制器应该具有的功能（图 2-8）。控制目标应包括：实现整车的动力驱动、实现不同系统间的协调、管理整车通信数据、确保整车运行安全可靠和提高整车驾驶舒适性。

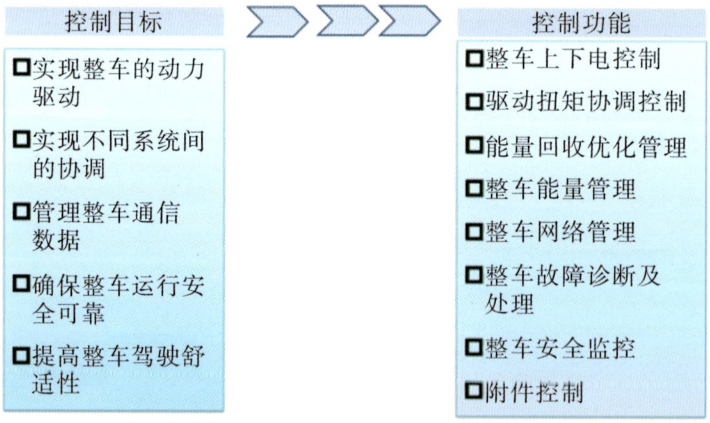

图 2-8　整车控制器的控制目标与控制功能

针对以上控制目标确定的控制功能如下。

（1）整车上下电控制：根据驾驶者意图及车辆状态进行车辆上下电的控制，包括车辆高压回路上电时序控制、车载电器上下电控制、紧急模式下电控制等。

（2）驱动扭矩协调控制：协调控制驱动扭矩在不同的动力来源之间的分配。

（3）能量回收优化管理：在行驶过程中根据加速踏板、制动踏板的开度和电池荷电状态（state of charge，SOC）值优化制动能量回收的策略。

（4）整车能量管理：对电动附件的输出功率进行合理控制，提高能量利用率，获得更多的续驶里程。

（5）整车网络管理：实现车上各控制器的协同睡眠和唤醒，使其在没有通信需求时进入低功耗模式，以节省能量。

（6）整车故障诊断及处理：检测并显示故障诊断信息，及时进行相应的安全保护处理。

（7）整车安全监控：监测车辆的实时状态，监控车辆的动态安全。

（8）附件控制：对 DC/DC 变换器、车载充电机、水泵、空调压缩机等进行控制管理。

整车控制器开发流程：基于 V 模式建立整车控制器开发流程，能够提高开发的效率和质量，保证验证的及时性与适用性。整个过程如下：根据功能的定义，基于模型，设计快速控制原型，并对其进行控制算法在环测试，以验证功能的实现情况；利用专业软件生成代码，将各个功能的控制程序集成后，通过接口程序下载到整车控制器硬件中，准备进行调试；再进入硬件在环仿真测试，利用模拟器模拟车辆运行环境，对整车控制器进行功能测试；最后将整车控制器装车，进行实车测试，完成通信协议的标定。

四、整车控制的工作过程

整车控制的工作过程如图 2-9 所示，整车控制器接收驾驶者操作、整车状态和各零部件状态的输入，根据设定的控制策略，如驱动控制、能量优化管理、故障诊断及处理和状态监控及显示，输出相应的控制指令给动力总成、继电器和其他零件。输入信息由驾驶者的操作、电池系统、电机系统以及其他车辆状态提供。具体的控制策略包括整车状态识别、上下电控制、扭矩协调管理、驻车控制、热管理、充放电控制、巡航控制、能量回收控制、网络管理、续驶里程估算和附件控制等。最后由 MCU&电机、BMS&电池和其他附件执行输出的指令，或在仪表上显示获得的状态信息。

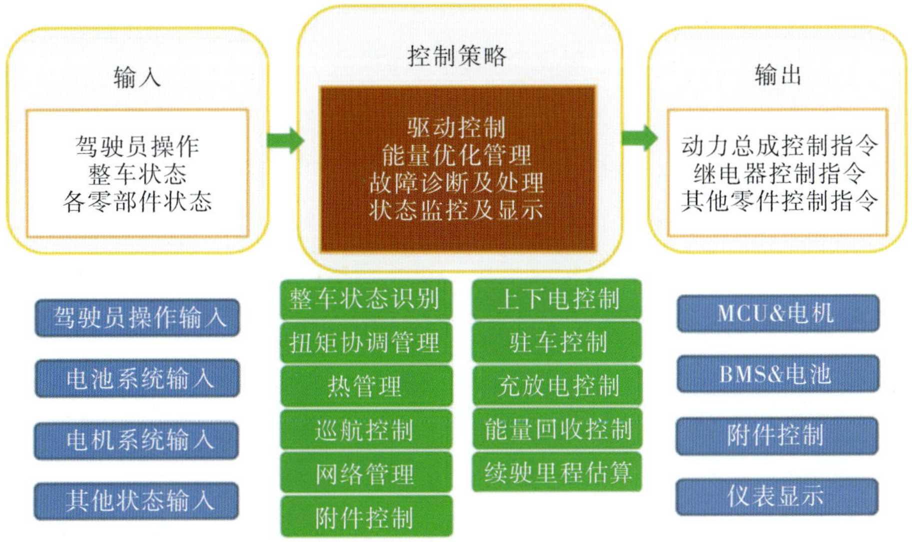

图 2-9　整车控制的工作过程

第四节　新能源整车高压安全技术

混合动力汽车和纯电动汽车采用高压动力电池对驱动电机、车载电动空调压缩机、PTC 加热器、空气压缩机、电动转向泵等高压部件供电。低压辅助蓄电池通过 DC/DC 变换器将高压降为低压 24V 后为全车低压系统供电。纯电动汽车和插电式混合动力汽车通过外部电网给高压动力电池充电。新能源高压元器件主要包括：高压动力电池、高压配电盒、主驱动电机及电机控制器、电动附件、DC/DC 变换器、充电插座及车载充电机、高压电缆。

高压安全技术内容见图 2-10。

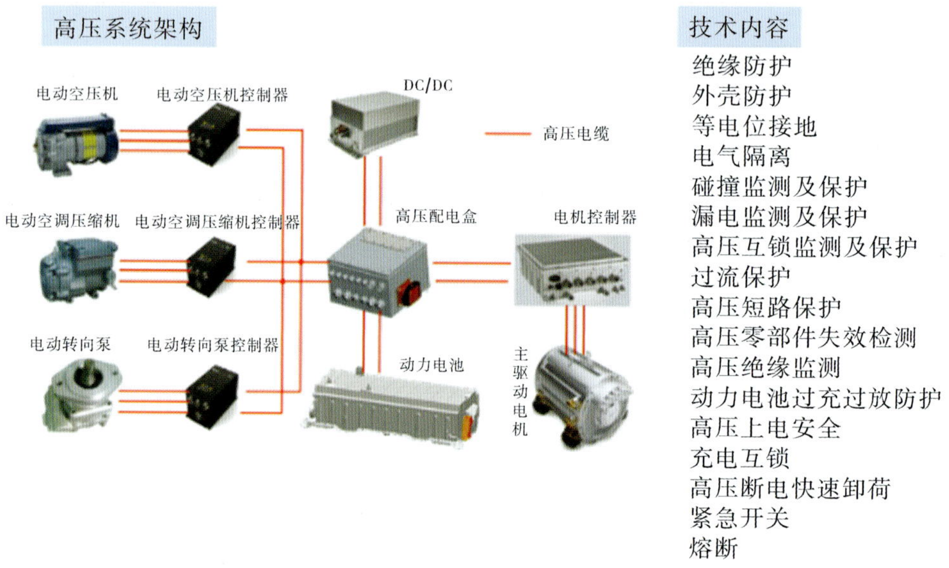

图 2-10　高压安全技术

新能源整车高压安全技术是保障车辆及人员安全的关键。在整车设计阶段对车辆高压安全系统进行设计，并制订高压安全控制策略，然后在车辆总布置、零部件开发、样车试验、车辆生产等过程予以验证，是高压安全技术研究的方向。在新能源整车控制策略和各高压零部件的控制策略中，应该包含高压安全控制策略：要设计完善的高压安全系统，对车辆运行和充电过程中的高压电统一管理，实时监测、及时诊断和有效控制；同时在车辆遇到突发情况时（如碰撞、短路等）能够迅速断开高压电，保证车辆及人员安全。新能源整车高压安全技术主要涉及以下几个方面。

（一）高压上电

对于新能源汽车来讲，上电是行驶前的必备工作。整个电气系统包含高压电气系统、低压电气系统以及 CAN 通信网络系统。其中高压电气系统包含电池组、电驱动系统、电压转换器以及安全管理系统等。对于燃油汽车而言，发动机未启动，车辆无法行驶；而对于新能源汽车来讲，高压电池为动力源，高压无法上电，汽车无法驱动。高压上电的过程实际上就是将动力电池输出的高压电直接供给用电设备的过程。

（二）高压绝缘监测

高压绝缘监测技术通过实时监测整车的绝缘电阻情况，在车辆发生第一个绝缘故障时，就可以及时监测到并采取合理的处理措施。高压绝缘监测技术主要包括检测硬件设计和控制策略设计两个部分。在检测硬件设计方面，主流的高压绝缘监测方法有注入法和电压比较法。2 种检测方法各有优缺点，其中注入法采用独立的电源，将检测信号注入整个高压回路中，对整个高压回路包括交流回路的测量精度都很高，但测量周期较长，内部电路相对复杂，因此成本略高。电压比较法根据动力电池正负极对电平台的电压进行数据的计算，容易受到电池电压波动影响，从而影响精度，且很难监测到交流回路的绝缘变化，但测量周期短，成本较低，在设计时应注意 Y 电容对精度的影响，需要进行实车标定。控制策略设计是绝缘监测技术的重要组成部分，它涉及监测系统如何响应检测到的绝缘状态变化以及如何确保系统的安全性和可靠性。绝缘监测技术中的控制策略设计有以下 2 个关键点。①实时故障检测与自动响应：利用先进的算法对从传感器收集的数据进行实时分析，以快速准确地检测绝缘故障。设定绝缘电阻的安全阈值，一旦检测到的值低于这些阈值，系统自动触发预定义的响应措施，如发出报警、隔离故障区域或启动备用系统。②环境调节与安全保障：通过集成的温湿度传感器监测设备运行环境，自动调节加热器、冷凝器和风机等设备，以防止环境因素导致的绝缘性能下降。实施安全措施，如在检测到绝缘故障时自动切断电源或切换到安全模式，以保护人员安全和设备完整。

（三）高低压监测

采用 IMC BUSflex 系列记录仪作为数据采集主机。记录仪可根据需求配备不同的通信接口，如 CAN、LIN、FlexRay 等，接口数量可选，同时支持多种 ECU 协议；通过结合 IMC 上位机测量软件 IMCSTUDIO，可实现许多复杂的触发和控制功能。记录仪通过 CAN 通信的方式连接 CANSASfit 数采模块和高压模块，集成及配置硬件过程简单且便捷。整个系统可实现同时对总线信息、各种低压模拟、数字量信号以及高压回路电流电压信号的采集记录。

（四）过流监测

由于受到运行道路环境及驾驶者操控的影响，汽车运行状态会随时发生变化，动力电池的放电电流会随驾驶者的操控发生明显变化。如电流超过预设定的允许范围，就会引起温度过高，此时不仅影响电池的寿命，极端情况下还会引起异常的反应，造成汽车功率器件损坏，危及汽车高压系统安全。因此，高压管理系统需对动力电池实时进行电流监控，当检测到电流异常时，高压管理系统会及时切断所有高压回路并发出声光报警，提示驾乘人员和其他汽车。为了提高测量的准确度和精确度，通常选取霍尔电流传感器对动力电池充放电电流进行检测。

（五）动力电池过充过放防护

目前常用的基于电化学性能的动力电池过充过放检测方法通过检测阻抗、电压和容量等电化学性能参数来反映过充过放，而这些电化学性能参数容易受到老化等干扰因素的影响，导致过充过放检测结果不准确、不可靠。动力电池的电化学性能是其内部结构的外部表现，动力电池的内部结构则是其电化学性能的内部依据。将电化学性能检测方法与结构检测方法结合起来，有利于提高动力电池过充过放检测的准确性和可靠性。

（六）温度监测

新能源汽车的温度监测系统主要由三部分组成：硬件主机、数据传感和软件部分，侧重在数据传感和软件部分的优化与升级。硬件主机集成了北斗GPS双模组定位芯片、4G-CAT1网络通信芯片和串口信息传输协议。数据传感器优化需要采用更可靠的传感器材料，提高传感器的耐用性和稳定性。在软件部分需要开发更先进的数据处理算法，提高数据的分析和响应速度，确保实时监控和快速报警；并引入机器学习或人工智能技术，对温度数据进行预测分析，提前发现潜在的过热风险。

（七）高压短路监测

包括针对桥式检测电路中的第一开关管和第二开关管，输入门极驱动信号，以驱动第一开关管和第二开关管进行周期性通断操作。桥式检测电路连接在高压电池包的输出端与新能源汽车的底盘之间。连续检测各个开关周期下桥式检测电路的绝缘阻值，根据绝缘阻值，验证高压回路是否符合高压绝缘条件。高压绝缘条件定义了预设的标准绝缘阻值范围。

（八）危险工况下的高压安全保障

根据各种材料的设置来提供安全保障，如高压电池组外壳、高压电缆绝缘材料的选择和高压保险丝的设置等。

（九）高压互锁

高压互锁是连同所有高压部件的回路，在高压回路中断时切断高压。

高压互锁的主要目的是保证系统的安全性，包括结构互锁及功能互锁。其中，结构互锁主要是指当BMS检测到系统中出现断路问题时，启动安全防护，立即断开高压电气回路并报警，从而确保人身安全。功能互锁则主要为了避免充电过程中发生意外起动或线束拖拽等安全事故。

（十）充电互锁

充电互锁指充电时不能移动车辆。

随着电池、电控等技术发展，纯电动汽车发展优势愈来愈明显，同时纯电动汽车的用电安全性能得到了足够的重视。譬如行车和充电时的高压安全，在行车时，必须切断充电口与动力电池的连接；而在充电时，必须切断与行车相关的高压。在新能源电动系统电路的配电中，充电口插座有的常带电；有的需启动一个按钮开关，开通充电的接触器；或直接在电池输出主路添加一个单刀双掷开关，一路输出到充电口插座，另一路给整车供电。如果充电口插座常带电，一旦车出现事故，很可能导致充电口插座出现很大的安全事故。如果附加一个按钮开关来启动充电接触器，或者通过单刀双掷开关将电池与充电口插座接通，这样一方面导致操作冗繁，另一方面在充电过程中，容易误操作而将充电回路断开，很容易损坏接触器或接触开关。纯电动汽车充电时长为3～4h，在充电过程中需要开启电池管理系统、整车控制器等设备，如果只用蓄电池供电，蓄电池可能亏电；如果启用DC/DC电源，那么充电时就不能有效地保证行车充电互锁。故需完善充电互锁。

（十一）高压断电快速卸荷

步骤如下。

（1）动力回路的上电负载：纯电动汽车在接到有效启动的命令组合信号之后，高压电安全管理系统上电。首先对高压电路系统进行上电前预诊断，如果蓄电池剩余电量充足，电压正常。

（2）系统运行参数实检过程：为保证高压电路系统用电安全，避免人员和车辆损害，系统进入实时故障诊断状态，重点针对电压、电流、绝缘电阻。

（3）关机断电判断过程：在正式切断高压电源输出之前，需要先对车辆动力蓄电池温度值进行判断。

（十二）高压零部件失效检测

1. 供电问题

汽车电路板工作时需要合适的电压，超过或者低于一定电压时，电路处于非稳定工作状态，尤其是过压状态时，电路更容易损坏。如额定22μF/63V的铝电解电容在高压300V时，可能瞬间就会爆炸。供电问题是最重要的问题，出于成本考虑，有些电路板供电端不加任何保护，极易烧毁电路板和与其相连的前后级电路。

2. 负载问题

在电力系统和电子电路的语境中，“源”通常指的是提供能量的设备或组件，它可以是电源、电池、发电机等。与“源”相对应的是负载，在电路中带负载能力是电路性能好坏的一项重要指标。电路板在设计调试完成以后，其带负载能力已然固定在一个合理范围，空载和超载工作时，电路都容易损坏。例如，常见的短路就等同于超载。

3. 电子元器件问题

电子元器件是有故障率和使用寿命的，通常每百万个电子元器件中一个失效是可以接受的，如此一来，一个包含几百个电子元器件的电路板，其失效率可能达到1‰，甚至1%。而供电、负载的变化，对电子元器件的寿命有极大影响，长期的非正常使用加剧电子元器件老化，缩短其使用寿命，极易使电路板发生故障，严重时烧毁。

（十三）紧急开关

电气断开部位有2处：一处是紧急维修开关；另一处则是主继电器。

主继电器的软件控制来源如下。

（1）启动按钮：当挡位切换至 OFF 挡时，主继电器就会断开，高压回路被切断。

（2）碰撞断电信号：当碰撞传感器识别到碰撞发生时，就通过电源管理控制 ECU 断开继电器，从而切断高压回路。

（3）互锁装置激活切断信号：互锁装置检测到存在高压部件开盖等危险情况时，就通过电源管理控制 ECU 控制主继电器，从而切断高压回路。

（十四）高压维修安全保障（维修开关等）

有对应的高压断路开关。

（十五）触电防护

纯电动汽车电压和电流等级都比较高，动力电压一般都在 300～400V（直流），电流瞬间能够达到几百安。人体能承受的安全电压值的大小取决于人体允许通过的电流和人体的电阻。有关研究表明，人体电阻一般在 1000～3000Ω。人体电阻值的大小与皮肤状态有关，在干燥、洁净及无破损的情况下，可高达几万欧；而潮湿的皮肤，特别是受到污染的情况下，电阻可能降到 1000Ω 以下。由于我国安全电压多采用 36V，大体相当于人体允许电流 30mA、人体电阻 1200Ω 的情况。因此要求人体可接触的电动汽车任意 2 处带电部位的电压都要小于 36V。

根据国际电工标准的要求，人体没有任何感觉的电流安全阈值是 2mA，这就要求人体直接接触电气系统任何一处的时候，流经人体的电流应该小于 2mA，如此才认为整车绝缘合格。因此，在纯电动汽车的开发过程中，应特别考虑电气系统绝缘问题，严格按照电动汽车相关国标标准要求设计，确保绝缘电阻能够满足人身安全需求，保证绝缘电阻值大于 100Ω。

电动汽车电气化程度相对传统汽车高，其中电池包、电驱动系统、高压用电辅助设备、充电机及高压线束等在汽车发生碰撞、翻转及恶劣环境（汽车振动、外部环境的湿度及温度）运行的影响下，都有可能导致高压电路与汽车底盘间的绝缘性能降低，由此可能造成汽车火灾的发生，直接影响驾乘人员的生命安全。因此，在电动汽车高压系统设计时，首先应确保绝缘电阻值大于 100Ω；其次当发生汽车绝缘电阻值低于规定值时，高压管理系统应及时切断所有的高压回路，发出声光报警并持续一定时间，待原先故障消失后，才能允许进行下一次上电。高压电路进行绝缘检测时具体实施标准参照《电动汽车　安全要求　第 1 部分：车载可充电储能装置（REESS）》（GB/T 18384.1—2015）。

（十六）电气间隙和爬电距离合理设置

电气间隙是在 2 个导电零部件之间或导电零部件与设备防护界面之间测得的最短空间距离。即在保证电气性能稳定和安全的情况下，通过空气能实现绝缘的最短距离。电气间隙的大小与老化现象无关。电气间隙能承受很高的过电压，但当过电压值超过某一临界值后，很快就引起电击穿，因此在确认电气间隙大小的时候必须以设备可能会出现的最大的内部电压和外部过电压（脉冲耐受电压）为依据。这包括对设备在正常运行以及在遭受雷击、操作故障或电气设备的参数配合不当等引起的过电压情况下的安全性评估。电气间隙的设定需要考虑到设备的额定电压、系统的冲击耐受电压、污染等级以及海拔高度等多重因素，以确保在最坏情况下设备仍能保持安全运行，避免发生闪络或击穿现象。在不同场合使用同一电气设备或运用过电压保护器时所出现的过电压大小不相同。因此根据不同的使用场合将过电压分为Ⅰ～Ⅳ四个等级。

爬电距离是绝缘表面的 2 个导电零部件之间或导电零部件与设备防护界面之间的最短路径。在不同的使用情况下，由于导体周围的绝缘材料被电极化，导致绝缘材料呈现带电现象。此带电区（导体为圆形时，带电区为环形）的半径，即为爬电距离。在绝缘材料表面会形成泄漏电流路径。若这些泄漏电流路径构成一条导电通路，则出现表面闪烁或击穿现象。绝缘材料的这种变化需要一定的时间，它是由长时间加在器件上的工作电压引起的，器件周围环境的污染能加速这一变化。因此在确定端子爬电距离时要考虑工作电压的大小、污染等级及所运用的绝缘材料的抗爬电特性。根据基准电压、污染等级及绝缘材料组别来选择爬电距离。基准电压值是从供电电网的额定电压值推导出来的。

（十七）禁止意外反向行驶

针对正常行驶中电机控制器突然出现问题导致的意外反向行驶，应采取严格的安全措施来禁止这种行为。对《电动汽车安全要求》（GB 18384—2020）的部分技术条款进行解读，如果车辆是通过改变电机旋转方向来实现前进和倒车两个行驶方向转换的，应满足以下要求以防止意外反向行驶。①“D”挡或其他前进挡位与“R”挡直接切换应需要 2 个不同的操作动作；②车辆只有在静止或者低速［如低于 10km/h（以仪表显示为准）］时才能实现行驶方向的切换。

目前，高压安全技术整体趋于成熟，未来可能在以下 5 个方面有所突破。

（1）高压安全技术中的个别技术措施会随着相关研究的深入被挖掘出对整车安全尤其是充电安全的显著影响，在未来会被重视并大范围应用于整车。

（2）部分非法规项通用性技术措施可能随着越来越多的市场反馈，被发现起到防护作用的概率过低，主机厂会逐渐简化设计甚至取消设计。

（3）随着电动汽车技术的不断发展，会逐渐形成一些可实现多个高压安全要求的总体技术方案，从而优化整车成本。

（4）高压安全测试技术会不断发展，提高测试精度，简化测试方法，可以更好地保证标准要求的落实。

（5）未来高压安全技术将与大数据结合，从而实现快速云端诊断、精确维修方面的突破。

第五节　新能源整车功能安全技术

功能安全主要针对电子器件、电气器件及可编程器件，指当任意随机故障、系统故障或共因失效发生时都不会导致安全系统的故障，不会引起人员的伤害或死亡、环境的破坏、设备财产的损失，也就是装置或控制系统的安全功能无论在正常情况还是有故障存在的情况下都应该正确实施。新能源整车的功能安全遵循 ISO 26262《汽车电子电气系统的功能安全标准》，ISO 26262 是从 IEC 61508《电气/电子/可编程电子安全系统的功能安全》派生出来的，主要定位在汽车行业中特定的电气器件、可编程器件等专门用于汽车领域的部件，以提高汽车电子产品、电气产品的功能安全性。ISO 26262 目前仅应用于 3.5t 以下的乘用车，在商用车领域未全面开展。但 ISO 26262 中提到的一些功能安全的理念，对于商用车是有参考意义的。

新能源商用车在传统商用车电子电气系统基础上，由于增加了电力驱动系统（尤其是纯电动汽车完全由电力驱动，没有内燃机驱动，由此造成整车所有运动部件都由电力驱动），因此涉及功能安全的部件范围较传统商用车扩大。

现阶段，编制满足 ISO 26262 标准的功能安全处理规划成为现代汽车电子产品开发进程中的焦点，因为新能源汽车具有较以往汽车更为重大的三电体系安全性与稳定性问题，所以，功能安全要求的落实对新能源汽车领域三电技术的提升有着推动性作用。

一、动力电源功能安全技术

（一）动力电池碰撞断电防护

第一，运用 CAN 总线通信完成碰撞断电防护。ECU 搜集碰撞传感器传输的碰撞讯号之后，鉴别此碰撞讯号是否达到阈值。在明确达到阈值之后，设置一定掌控引脚作为低电位。主掌控器检测出安全气囊（supplemental restraint system，SRS）ECU 讯号引脚电平转变，并且以相应速度为 BMS 传达碰撞文件。在其收到 3 帧以上的有用碰撞文件之后，便立刻终止整车高压回路。第二，运用脉宽调制（pulse width modulation，PWM）波完成碰撞断电维护。为杜绝第一点中 SRS ECU 讯号引脚电平被外部电磁影响产生碰撞预警状态，使用具备相应时序的 PWM 波顶替 SRS ECU 碰撞讯号。若 BMS 持续检查到 2 个以上健全的 PWM 碰撞脉冲，认定碰撞出现，立刻终止整车高压回路。第三，此方案是以上 2 点的融合：利用讯号冗余保证碰撞防护。SRS ECU 一同传输 CAN 与 PWM 报文到 BMS，如果 BMS 识别 2 路碰撞讯号中 1 路讯号有效，则落实终止高压电的命令。

（二）动力电池充放电安全监管

此方面的安全性能一般通过整车控制器（VCU）、电机控制器（micro control unit，MCU）以及 BMS 联合保证，其中 MCU 供应电能利用与收回有关讯息，BMS 供应电池体系的状况、问题讯息，VCU 则整合以上讯息，对充放电有关指数（温度、电流、功率、电压等）解耦处置之后，开展电池安全逻辑鉴别，然后把充放电命令传输到电能监管体系。然后此体系依据 VCU 的命令执行动力电池安全监管的充放电行为。为满足 ISO 2626 要求，要对充放电进程中可能出现的问题和干扰程度进行剖析。充电进程中，可把电池问题分级当作重点指数并编制一定的安全监管对策。首先，对于一些对安全不造成影响的细小问题，可实施预警；其次，对于一些问题，如电池温度大于规定值等，在预警过程中要正确减少充电功率；最后，对于一些危险问题，如冒烟、反接等，要马上断电。放电进程中，安全监管对策通过 VCU 搜集 MCU 与 BMS 供应的电池状况与驱动情况讯号，剖析驾驶目的，下发动态协调命令，让电池的放电强度及 SOF、SOC、SOH 有关指数在规定范围。另外，在电池使用进程中，要尽量杜绝乱用工况。在电池体系与电芯策划时，要利用实质安全的材质和手段来提升电池的有效性和实用性。

二、动力驱动功能安全技术

新能源汽车电驱体系性质影响整车的功能。将其和一般电气传动体系做比较，它具备高宽调速范围与转矩-惯量比、良好速率地区、加减速属性高、稳定性好等特征。要想确保电驱动体系的顺利运作，一般利用冗余对策来提升体系的稳定性和安全级别。电动汽车电驱动体系惯用的冗余对策主要有以下几点：一是关于 CAN 通信。在 CAN 通信报文里设置 CRC 校对码，以此提升通信信息输送的可靠性。二是关于电压采样。利用硬件投入较少的分压电路，并且搜集三个驱动桥臂中的母线电压，可以明显提升电压采样的有效性。三是关于电流采样。一同收集三相电流，不但能检测电流不均衡问题，还能保证在一相电流采样出现问题时，依然保持电驱动体系常规运作。四是关于旋转变压器。在旋转变压器里添加精准性较低的霍尔传感器，在此情况下完成正弦波掌控。能在旋转变压器出现问题时，保持驱动电机体系常规作业，还能利用无位置传感器技术，在收集的电压与电流前提下，预估转矩位置角，汽车能跛行、及时刹车。五是关于解码芯片。软件解码属于冗余手段，在解码芯片出现问题之后，能转换到软件解码运算形式并获得转矩位置角。六是关于软件运算。关键运算包括矢量掌控、采样运算等。利用双核车辆级芯片，通过双核锁步形式运作主控芯片中重要板块，让两个内核在一样时间内落实统一命令，在各个时钟周期验证两者运作差异，进而完成安全状态掌控。七是关于功率板块、电机绕组以及驱动电路。利用多项电机体系规划，掌控精准性有所下滑而体系投入显著提升。

三、电控功能安全技术

整车掌控单元现实作业进程中，可把电机问题级别与电池问题级别当作重点指数，编制适宜的安全监管对策。首先，是细微问题。具体指用电附件问题，因为其对驾驶性能干扰不明显，开启故障预警灯，引领司机便可。其次，是制动能量回收问题。通常是制动踏板传感器问题导致的，其讯号无法反馈司机切实的操作目的，要在终止制动能量回收的过程中，一同开启故障预警等。再次，是驱动体系二级问题，落实跛行回家对策，SOC 超过设置值时，落实减小功率的指令。功能安全技术见图 2-11。最后的重大问题是落实停车命令。新能源车辆电控体系的硬件要采用高功效专门掌控芯片与双核结构。对软件来讲，要在规范化软件前提下，利用不同通信措施，如 Flexray＋Wi-Fi＋移动通信网、CAN 等，还有软件冗余等手段，以此满足性能安全的需求与信息全面化的要求。

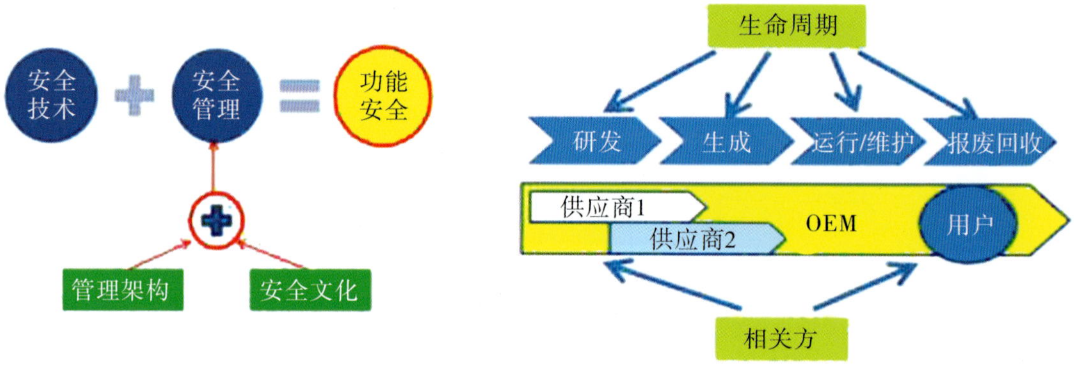

图 2-11 功能安全技术

综上所述，探究新能源汽车三电体系功能安全技术，是时代发展的必然趋势。相关人员一定要在实践中充分结合实际状况与自身特点，及时发现问题，及时解决问题，从而确保此领域实现可持续发展。

第六节 新能源整车电磁兼容技术

电磁兼容（EMC）是研究在有限的空间、时间和频谱资源等条件下，各种电气设备可以共同工作且不发生降级的科学。它包括：设备内电路模块之间的兼容性、设备之间的兼容性、系统之间的兼容性。对于整车而言，EMC 技术的研究十分必要，有利于提高整车产品的抗干扰能力和可靠性，保证整车的安全性，降低产品的维护成本。与传统汽车相比，新能源整车的电磁环境更为复杂，骚扰源更多（如驱动电机、DC/DC 变换器、电动附件等电驱动产品），电气线束分布较广，电磁耦合路径复杂，敏感元件数量和种类增加（如多路 CAN 网络、不同种类的传感器）。且区别于传统燃油汽车，电动汽车的电磁兼容发射特性主要来源——电力驱动系统在不同的车辆运行工况下呈现不同的发射特性。与传统汽车相比，新能源车中的高压动力驱动系统、信息化和智能化设备（多种类型的电力设备、电气设备、电子设备）等集中布置，形成极其恶劣的电磁环境。一方面，车辆系统外部环境恶劣，频谱范围、能量密度及干扰类型成倍增加；另一方面，车内高压系统和高功率系统、信息化和智能化设备高度集成，其电气特征和功能特性都与电磁干扰（electromagnetic interference，EMI）紧密相关。高压电驱动技术是顺应能量流产生与分配新模式下的技术革新，其在新能源车上的集成与应用可满足国家节能减排的要求。高压电驱动系统由高功率驱动电机、非线性逆变器、高压动力电池及控制软件等组成，具有高电压、大功率、控制复杂等现代电力电子特征。高压电驱动系统中的控制器、电机等部件带来的电磁干扰具有干扰强度高、耦合路径复杂、与运行工况密切相关的特点，对整车电网及用电负载的可靠运行、通信系统的信号传输质量产生严重威胁。从车辆电磁兼容性的角度分析，这是一个潜在的强电磁干扰源，其集成安装在车辆内部，可能导致车辆内部电磁环境严重恶化，特别是对低压电子电气设备的正常工作产生不可忽视的影响。新能源车集成了更多的电子系统、传感器和执行机构，以适应自动化、智能化的需求。由于动力系统的变革及高低压电子器件的混合应用，控制系统成为安全关键系统。而混合动力系统的能量转换模式与其动力驱动密切相关，形成独特的多路径耦合干扰特性，将带来更加复杂的电磁干扰问题。随着高压电驱系统的广泛应用，无论是基础理论、系统设计还是试验标准都有待加强研究。高压电驱动系统采用脉宽调制（PWM）变换技术，其中大电流绝缘栅双极型晶体管（insulated gate bipolar transistor，IGBT）在高压偏置的情况下不断（频率高达百千赫兹）关断（硬关断）和开启，会产生很大的开关损耗和噪声，降低整车系统的电磁兼容性。高压电驱动系统中，电源变换单元的非线性特性、大功率电机负载的动态阻抗失配特性将引发瞬态强电磁干扰、谐波干扰和浪涌，并以传导和辐射的方式进行传播。其中，传导干扰发射会导致整车电网电能质量的恶化，造成其他车载仪器和设备工作失常、失效甚至损坏。辐射干扰发射将引起车载通信系统、低压控制系统等传输信号受到干扰，影响设备正常协同工作。特别是混合驱动车辆，共模干扰随着功率器件开关频率和系统工作电压等级的提高，干扰强度加大。不仅涉及电子系统，而且与机械连接结构密切相关，解决电磁干扰问题需要从设计、工艺集成、实验、成本等方面全面考虑。综合近年来国内外相关资料和文章，混合动力车辆的电磁兼容问题涉及关键技术，将成为广泛应用上的技术瓶颈。

$$EMC = EMI + EMS \tag{2-6}$$

式中：EMC——电磁兼容；EMI——电磁干扰；EMS——电磁抗扰度。

因此测试中车辆工作状态的选取是电磁兼容测试领域的一个重要研究问题。国外相关法规于近 2 年在最新的电动汽车电磁兼容测试评价方法中对待试车辆的运行工况提出一系列新的要求，但新的评估方法仍然仅对车辆的稳定工作状态提出了模拟实际工况的要求，依然不能全面地反映电动汽车实际运行中其他运行工况（特别是动态运行工况）下的电磁干扰特性，有必要设计一种新的评估方案，来对电动汽车产品的典型动态工作状态进行考核。

新能源整车的 EMC 技术主要包括以下几个方面。

1. EMC 设计技术

EMC 三要素分别为干扰源、耦合路径、敏感设备，缺少任何一个都构不成 EMC 问题。EMC 设计技术就是根据电磁干扰传输及耦合的原理，采取可行的传输通道抑制及隔离措施，以改善整车系统的电磁兼容性能。EMC 设计技术主要包括接地设计、滤波技术、屏蔽设计、合理的印刷电路板（printed circuit board，PCB）设计。

2. EMC 仿真技术

EMC 仿真技术在不同的尺度上，对特定的问题采用特定的流程及合适的 EMC 仿真软件并相互配合，提前预测待测产品的电磁辐射特性和兼容特性，定位问题根源，并权衡各种改进措施对系统电磁兼容性能改善的效果。EMC 仿真技术主要包括传导干扰仿真、辐射干扰仿真及磁敏感度仿真。常用的 EMC 仿真软件主要包括：Ansoft High Frequency and High Speed Designers，SimLab EMC Simulation Software，CableMod，RaidaSim，FLO/EMC Design Class Electromagnetic Analysis Software for Electronic，SONNET High Frequency Electromagnetic Software 等。

3. EMC 测试技术

EMC 测试技术即利用可获取的 EMC 测试设备及测试方法进行部件及整车的辐射发射测试和抗扰度测试，主要包括测试标准体系、EMC 测试设备、EMC 测试项目及方法等。目前新能源整车 EMC 中国强制认证（China Compulsory Certification，CCC）业务中，主要包括《电动车辆的电磁场发射强度的限值和测量方法》（GB/T 18387—2017）和《车辆、船和内燃机 无线电骚扰特性用于保护车外接收机的限值和测量方法》（GB 14023—2011）两个标准，涉及频段范围为 9kHz～30MHz 的整车辐射发射测试、充电系统传导发射测试以及频段范围为 30MHz～1GHz 的整车辐射发射测试。测试设备包括频谱分析仪（扫描频率必须覆盖 9kHz～1GHz，扫描带宽为 200Hz～1MHz 及扫描速率可调）、扫描接收机、电场及磁场天线等。测试项目包括辐射发射测试、传导发射测试、辐射抗扰度测试、瞬态发射测试、瞬态抗扰度测试、静电放电测试等。测试方法为根据现有的测试设备和测试场地，针对不同的测试项目及测试对象编写测试计划，选择合适可行的方法进行测试。另外，电动汽车的电磁兼容测试标准中，对低频电场和低频磁场测试的测试状态要求多，且需要 4 个不同的参考面，分别进行对应测试。单一测试项目（以 30MHz 以下电场测试为例）需要进行近 50 次的测试方能完成，消耗大量能源、时间及人力资源。因此提升测试效率和自动化程度非常重要。有必要利用现有测试设备可远程自动编程控制的特点，对传统的测试方法进行技术改造，提升相关测试的测试效率和自动化程度。区别于传统汽车测试方法，电动汽车电磁兼容测试需要增加对低频电场和低频磁场的测试。针对新增加的这 2 个近场测试，目前国内外尚无针对性的参考样品用于验证试验室的测试可重复性，从而造成相关试验室无法有效开展期间核查等质量控制措施，影响试验室的质量控制水平。因此，整车设计人员在零部件供应商的选择及整车电气设计阶段应充分考虑电磁兼容设计，否则，一旦出现电磁兼容问题引起的故障，排查及整改难度都非常大。

以上测试主要针对整车电磁兼容是否达到标准法规要求。在临时性措施中，主要针对整车测试的未达标项，通过屏蔽、接地等手段进行抑制，使整车达到标准法规要求。在整车电磁兼容的正向设计中，需要将对整车的法规要求分解到对零部件的要求。对零部件逐一测试，验证其是否达到要求，否则零部件需要经过 PCB 设计优化、滤波设计等改进，通过零部件控制器及电路的软硬件设计优化保证达到要求，从而在零部件装配到整车后，整车能够达到相关的法规要求。

EMC 技术研究趋势：首先，针对高压电驱动系统的电磁干扰特性及电磁噪声耦合问题，开展基础研究。①分析能量回路中主要设备及线缆束的拓扑、布局布线和电磁特征，探究电磁干扰产生机制。②建立多级数字模型，涵盖系统的结构布局级、线缆束级和电路级模型；采用场路协同仿真手段，建立电驱动系统电磁干扰预测和噪声抑制的新方法。针对电子电气架构的多路径电磁干扰耦合及多域信息传输不确定性问题，开展整车电磁噪声建模预测及抑制方法研究，突破基于多域、多路径的电磁干扰耦合效应及优化设计方法等，为电动汽车电磁兼容设计提供理论指导，将我国电动汽车的电磁兼容核心技术提升到国际先进水平。其次，加强高压电驱动系统的动态试验验证技术研究，以典型车用高压电驱动系统为研究对象，考虑其动态工作状态，研究电驱动系统共模电流、辐射发射试验控制方案。包括构建集成有高压直流供电系统、负载测功系统的精确 EMI 测试环境；研制高压电缆共模电流试验装置、电机轴电流测试模块、壳体干扰噪声试验系统等，以保障多工况下系统功能可靠性；开展系统带载荷状态下电磁特性测量技术和试验方法研究，突破高压电驱动系统电磁干扰精准定位及精确测量技术。通过分析试验数据，修正试验方法，提出分级传导发射电压限值，形成工程试验标准，确保测试方法和干扰抑制方案在工程应用中的有效性，实现对高压电驱动系统的 EMI 综合控制。

第七节　新能源整车电子电气系统架构及集成技术

新能源整车由于增加了高压元器件，尤其是纯电动汽车，因此零部件都由电力驱动，这样使得在电子电气系统方面较传统车更为复杂。在这样的需求下，集中式电子电气架构成为必需品。在集中式电子电气架构中，上百个低算力的 ECU 被精简为数个高算力的 ECU，可以在生命周期内实现更灵活的功能更新迭代，具有更强的信息交互处理能力，理论上更加安全。同时，它还大幅减少了汽车内线束的长度，减轻了整车的质量和降低了成本。

一、新能源整车电子电气系统架构发展

博世的新能源整车电子电气系统架构（electrical and electronic architecture，EEA）路线图为行业共识，见图 2-12，共分为三个阶段：分布式阶段（包括模块化、集成化）、域集中式阶段（包括集中化、域融合）、中央集中式阶段（包括车载电脑、车云计算）。

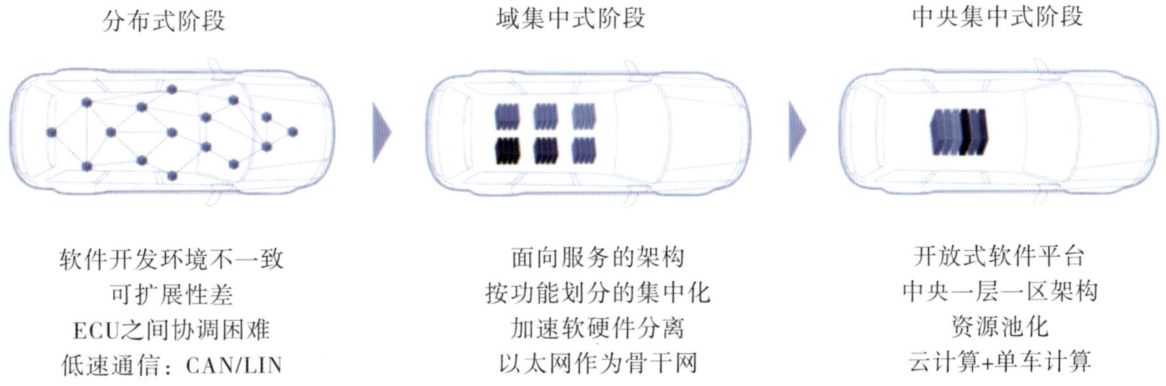

图 2-12　新能源整车电子电气系统架构

（一）分布式架构阶段

在分布式架构中，每个功能或子系统都由独立的电子控制单元（ECU）控制，它们通过车辆总线系统（如 CAN 或 LIN）相互连接。这种架构曾广泛用于传统汽车中，随着汽车智能化的发展，ECU 数量激增，分布式架构开始面临算力分散、布线复杂、软硬件耦合深等问题。

（二）域集中式架构阶段

为了解决分布式架构的不足，域集中式架构应运而生。在这种架构中，将功能相似或地理位置接近的 ECU 集成到更强大的域控制器中，如动力域、底盘域、车身域、信息娱乐域和 ADAS 域等。域控制器可以跨传统车辆域进行功能集成，提高了系统的集成度和计算效率。

（三）中央集中式架构阶段

随着技术进一步发展，中央集中式架构成为可能。这种架构通过一个或几个高算力的中央处理单元（如车载中央计算机）控制和协调车辆的所有功能。中央集中式架构支持更高效的数据处理、更强大的计算能力以及软硬件解耦，为汽车智能化和自动驾驶提供了基础。

这三个阶段反映了汽车从传统的机械控制向智能化、集成化控制的转变。随着汽车电子化和智能化的不断深入，电子电气架构逐步从分布式架构向中央集中式架构演进，以满足对高性能计算、数据处理和通信能力的需求。

图 2-13 展示了博世定义的更加详细的整车电子电气架构发展趋势和每个阶段的特点。

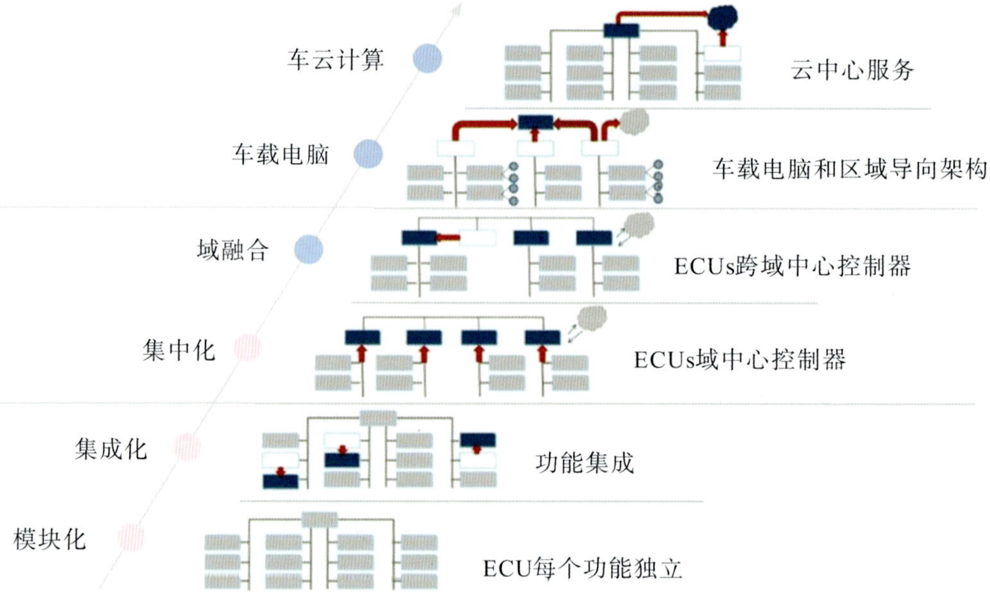

图 2-13　博世定义的新能源整车电子电气系统架构发展图

二、新能源整车电子电气系统集成技术

新能源整车电子电气系统需要在法规、功能需求等的特定约束下，对整车电子电气系统功能、性能、成本、装配等各方面进行优化与集成。这部分内容主要涉及高低压电子电气系统，包括整车电子电气系统物理架构、功能架构、逻辑架构；涵盖整车电源分配与管理、功能逻辑分析与优化、网络架

构设计及仿真、诊断分析与设计等。图 2-14 展示了新能源整车电子电气系统架构集成技术路线。

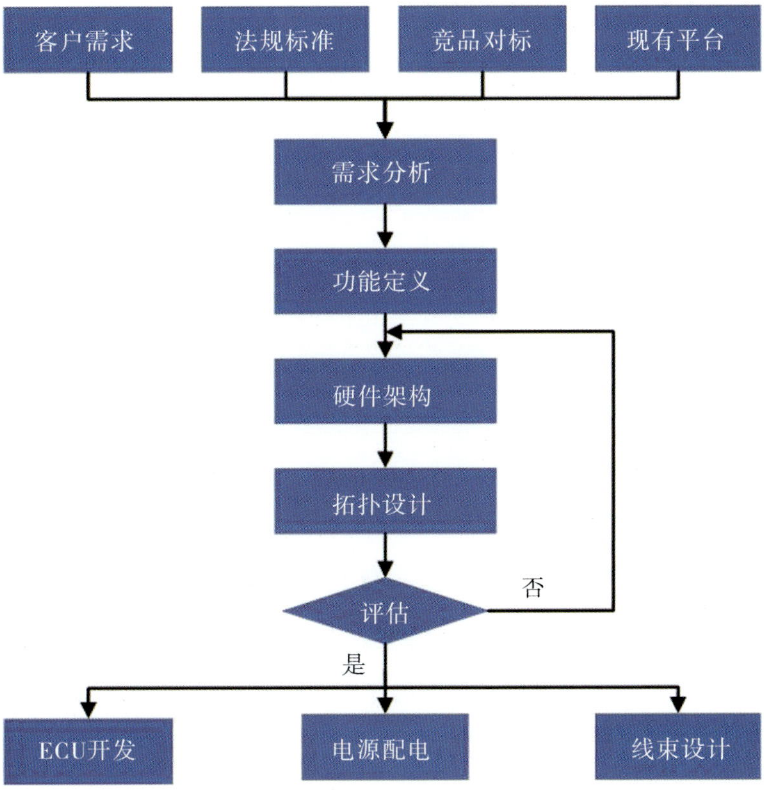

图 2-14　新能源整车电子电气系统架构集成技术路线

第八节　新能源整车热管理技术

新能源整车热管理是提高整车经济性和动力性、保障汽车关键部件安全正常运行、保障整车安全行驶的重要技术，是整车技术发展的核心内容。

新能源整车热管理是从系统集成和整车角度，统筹热管理系统与热管理对象、整车的关系，采用综合控制和系统管理的方法，控制和优化汽车的热量传递过程，保证各关键部件和系统安全高效运行，完善管理并合理利用热能。新能源整车热管理系统的组成如图 2-15 所示。

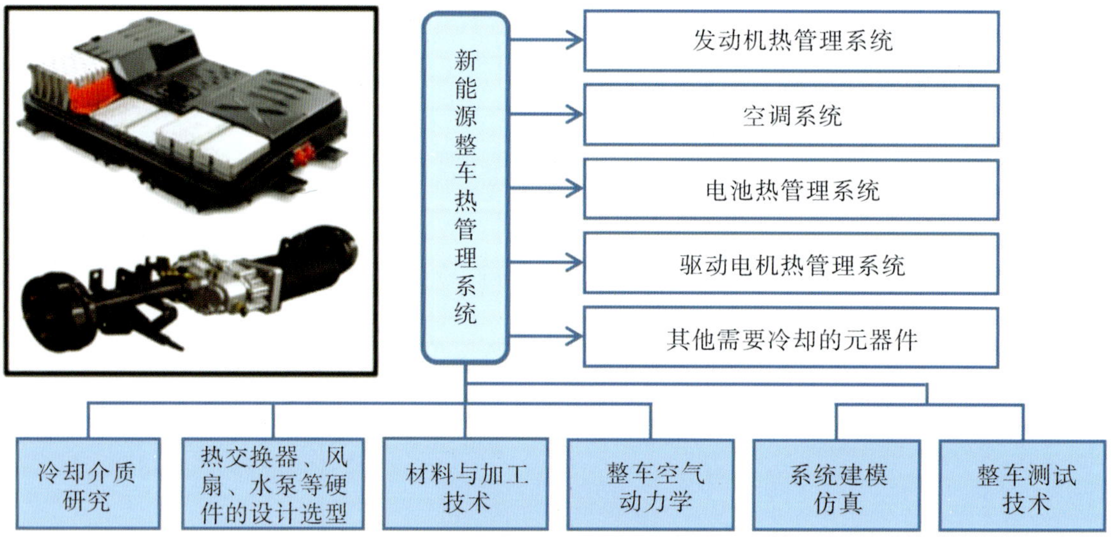

图 2-15　新能源整车热管理系统

广义上的整车热管理指对所有车载热源系统进行综合管理与优化，其中车载热源系统包括发动机热管理系统、润滑系统、进排气系统、发动机机舱空气流动系统及驾驶室的空调系统，新能源车辆还包括电池热管理系统和驱动电机热管理系统等。

目前主要涉及冷却介质研究，热交换器、风扇、水泵等硬件的设计选型，材料与加工技术，整车空气动力学，并通过系统建模仿真、整车测试技术等研究发动机热管理系统、空调系统、电池热管理系统、驱动电机热管理系统的相互作用和影响，将各个子系统的热管理从功能、能量、控制和硬件等几个方面集成，逐步建立整车热管理分析平台。

电池的产热量计算公式如下：

$$q=I\times\left[(U_{oc}-U)-T\times\frac{\mathrm{d}U_{oc}}{\mathrm{d}t}\right] \tag{2-7}$$

式中：I——电流（放电取正，充电取负）；U_{oc}——开路电势；U——电池端电压；T——温度；q——平均产热速率。

一、发动机热管理系统

发动机热管理系统由散热风扇、散热器、节温器、电子水泵、膨胀箱、冷却液水道等装置组成。散热器主要利用水与防冻液的混合液体来冷却发动机，冷却液通过水泵进入发动机机体吸收多余的热量，同时降低风险部位温度。过热的发动机冷却液离开发动机机体后，重新流回到散热器。散热器内部有非常大的表面积，冷却液的热量通过散热器的壁面向外散出。

当车辆运行时，穿过汽车前部进气格栅的空气会把散热器冷却。发动机热管理系统还包括一个储液用的膨胀箱，在压力短暂下降时提供额外的冷却液，并吸收突然上升的压力。发动机热管理回路如

图 2-16 所示。接下来，冷却水泵将保持冷却液在散热器中循环。当发动机关闭时，加热模块可以加热冷却液。这个系统的一部分热量还可以通过加热器芯体传送到乘员舱。

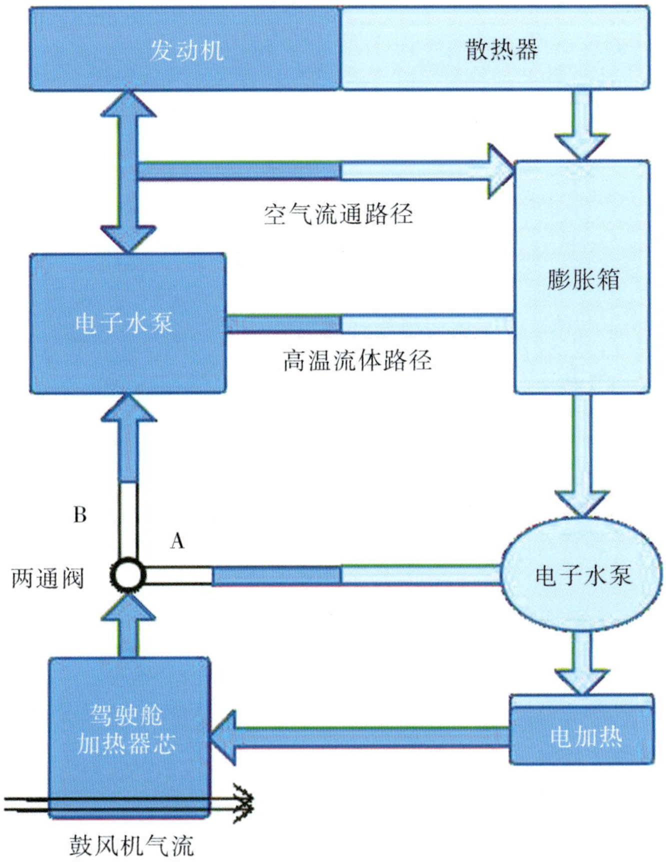

图 2-16　发动机热管理回路

二、空调系统

空调系统的性能对整车性能、安全和成本有重大影响。对空调系统以及与其相关的电池冷却回路进行研究，可以优化相关部件如冷凝机、电池的运行条件。

新能源汽车空调系统的主要作用是维持冷凝机所需温度的同时使电池组在最佳温度范围，在权衡循环寿命和性能的基础上，在较宽松的气候和运行条件下，保持单个芯体均匀的温度分布和最小的温度差异。空调冷却并电池液态冷却回路如图 2-17 所示。

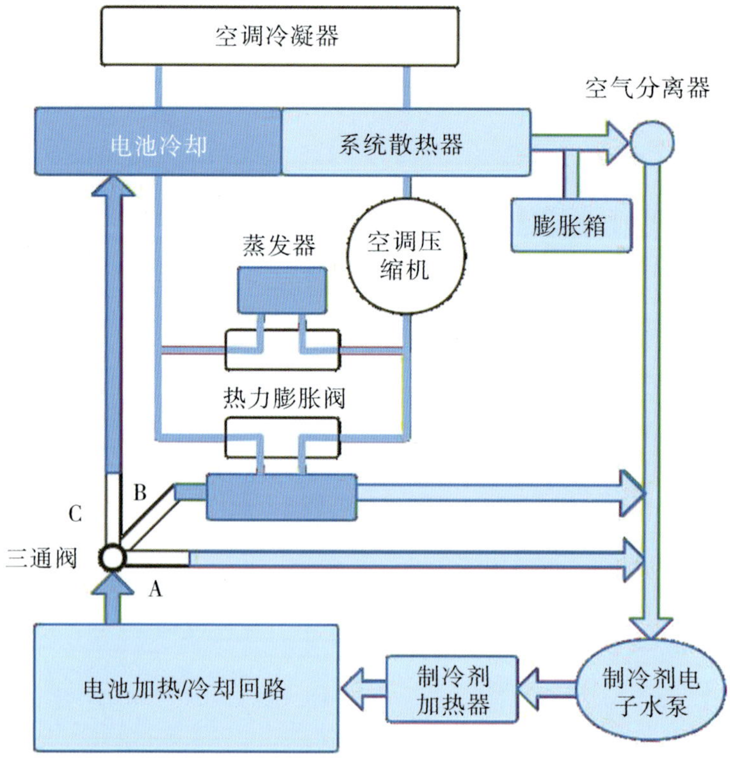

图 2-17　空调冷却并电池液态冷却回路

三、驱动电机热管理系统

驱动电机及电机控制器工作时由于绕组、机械摩擦等损耗均以热量的形式散发出来，从而引起驱动电机及电机控制器温度上升。驱动电机热管理系统可以冷却驱动电机和在驱动装置中的电子设备。

同时，该系统的冷却回路为各相关部件提供润滑。正常工作时，驱动电机以高功率水平运行，会产生大量的热，因此驱动单元使用加压的自动变速器油冷却回路中的电子系统，以防止过热。驱动电机冷却回路如图 2-18 所示。

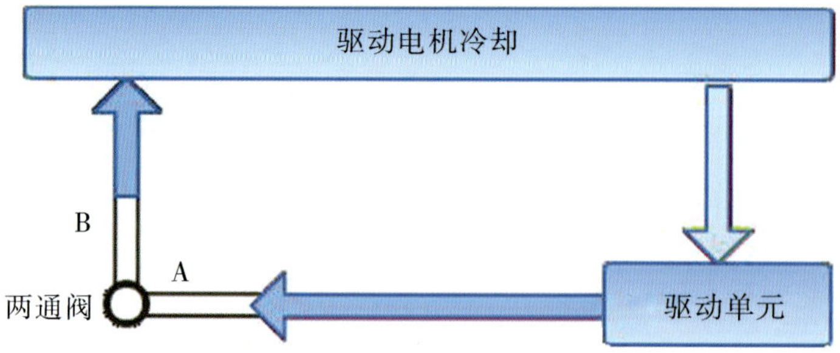

图 2-18　驱动电机冷却回路

四、其他需要冷却的元器件

在车辆进行慢充时，车载充电机（on-board charger，OBC）启动，为动力电池充电。与此同时，车辆会启动DC/DC变换器，DC/DC变换器负责将高压直流电转换为12V低压直流电，为辅助电池及整车低压用电器供电。DC/DC变换器及OBC内部的绝缘栅双极型晶体管（IGBT）持续工作，产生大量的热量，必须及时散发出去以确保自身及线路正常工作。假如无法及时散热，持续升温，将导致OBC及DC/DC变换器相关线路烧毁，无法正常工作，汽车无法及时补充电能。

因此，需要热管理系统将电机控制器、DC/DC变换器等需要冷却的元器件温度控制在合适范围，以保证其正常运行。

五、热管理技术发展及挑战

随着汽车产业的深入发展，电动化、智能化、网联化、共享化（“新四化”）将成为未来汽车产业发展的重要方向。汽车“新四化”的提出对新能源汽车热管理系统有了更高的要求，同时在一定程度上为其发展指明了方向。关于新能源汽车热管理系统的长远发展，除了要提高整体能效、增加电动汽车的续驶里程外，还应具备高度集成化、热害控制、远程控制、座舱环境个性化、宽温区高效化、关键零部件开发、环保工质替代等关键技术。总体而言，在当前新能源汽车发展以及碳中和目标的背景下，新能源汽车热管理应向绿色高效化、功能一体化、结构模块化、控制智能化的方向发展。

第九节 新能源整车振动噪声技术

新能源整车振动噪声（NVH）技术中N指噪声（noise）、V指振动（vibration）、H指声振粗糙度（harshness）。噪声，是令人感到烦躁的声音，人的听觉频率范围一般为20～20000Hz，在此区间的噪声对乘坐和驾驶体验影响较差。噪声主要由频率、振幅和声音品质决定，车辆运行过程中诸多部件都会产生噪声。振动是人身体感受到的物体运动，我们感知的较敏感振动范围一般为0.5～50Hz，它主要由频率、振幅和方向决定。当频率较高时，相同的振动能量下，振幅就会变小，人们感受不明显。声振粗糙度是粗糙、刺耳、不协调的感受，是噪声和振动的混合效果，主要与发动机及路面激励力相关。

NVH是衡量汽车制造质量的一个综合性问题，它给汽车用户的感受是最直接和最表面的。车辆的NVH问题是汽车业各大整车制造企业和零部件企业最关注的问题之一。统计资料显示，整车约1/3的故障问题和车辆的NVH问题有关，而各大公司近20%的研发费用用于解决车辆的NVH问题。新能源汽车行业的迅猛发展为消费者提供了更加多样的选择。由于可以提供最直接的驾驶体验，新能源汽车的NVH性能仍然是许多消费者购买的评价指标之一。新能源汽车的NVH性能相对于传统的燃油汽车更好，驾驶人员以及乘客的体验感日益提升。然而，新能源汽车的NVH性能仍然存在诸多问题，面临挑战。

一、纯电动汽车的结构及对 NVH 的挑战

近几年随着新能源汽车的普及，内燃机逐渐被取代，传动系统将发生革命性的变化。如今纯电动汽车的噪声相比燃油汽车，已经是另一个级别了，不过 NVH 性能还面临着更多的挑战。

1. 纯电动汽车的结构特征

纯电动汽车的驱动电机代替了传统的内燃机，变速器方面采用了单级减速器，并且多了一个电动压缩机，电控与电池系统的设计变得更加复杂，主要表现在整车的功能（包括汽车的动力系统、照明系统等）全都由电池供电。纯电动汽车的能量主要是通过柔性的电线而不是通过刚性联轴器和转动轴传递的，因此，纯电动汽车各部件的布置具有很大的灵活性。

纯电动汽车驱动系统的布置有所不同，如独立的四轮驱动系统和轮毂电动机驱动系统等，会使系统的结构产生较大的改变；采用不同类型的电动机，如直流电动机和交流电动机，会影响纯电动汽车的质量、尺寸和形状；不同类型的储能装置（如蓄电池）也会对布置产生影响。并且纯电动汽车的蓄电池组可分散布置，作为配重物使用。

2. 纯电动汽车对 NVH 的挑战

驱动电机的主要噪声是风噪、路噪，在汽车行驶过程中，电机和驱动系统会有啸叫。在电控系统和电池系统方面，高频噪声尤为突出。纯电动汽车在环保方面要优于其他能源汽车，但是由于热管理系统的存在，新的 NVH 问题随之出现。对于电动压缩机而言，需要通过改进电动压缩机的性能来减小振动。尽管电机噪声比内燃机噪声易控制，但仍需花费大量精力开发电机机械隔离与隔声策略。轮胎对地面的压力增大及汽车其余结构质量的减轻，会导致路面与轮胎间的噪声难以减小。可以通过改善轮胎技术、对悬置系统实施机械隔离与使用创新型噪声控制材料制作汽车内饰和外饰解决这一问题。当然，与此同时必须避免增加汽车的质量和成本。由于没有内燃机为空调与供暖系统及其他机械系统提供动力，因此为使这些功能正常运行，全套的电动辅助装置非常必要。每个辅助装置都会产生振动与噪声，这些振动与噪声单独存在时相对较小，但一旦同时存在就不容忽视。

二、混合动力汽车的结构及对 NVH 的挑战

1. 混合动力汽车的结构特征

混合动力汽车是从燃油车到新能源车过渡阶段的车型，车内有 2 种动力来源。混合动力汽车与传统的燃油汽车相比，在发动机、变速器、电机数量及能量回收系统与动力切换系统等方面，都有较大的改变。发动机在体积上逐渐小型化，三缸机在混合动力汽车上也是较为常见的，而且发动机的排量一般在 1L 以下，这样就会导致缸内的压力升高。随着双离合自动变速器（dual clutch transmission，DCT）在混合动力汽车上的广泛使用，变速器的设计也更加复杂，电机数量较多且较为复杂，能量回收系统与能量切换系统也有较大的改变。

2. 混合动力汽车对 NVH 的挑战

首先是发动机面临的 NVH 挑战，由于存在三缸机，汽车振动激励增加，激励频率因此降低；并且三缸机的使用会使缸内压力升高，进而导致燃烧噪声增大。其次，随着双离合自动变速器（DCT）的广泛使用，空套齿轮数增多，导致敲击控制难，变速器敲击灵敏度变高。再次，混合动力汽车一般会使用多个电机，驱动电机的数量增加会造成高频成分增加，啸叫难以控制。最后，混合动力汽车在正常路况中除了一些不可避免的振动和噪声以外，在动力切换上也存在一定程度的冲击和噪声。

混合动力汽车的 NVH 问题主要表现形式如下。

（1）车辆在怠速（发动机转速 800r/min 左右）、怠速充电（发动机转速 1000r/min 左右）下存在抖动，车辆噪声加剧。

（2）离合器结合分离的车辆抖动主要出现在车辆起步过程和纯电动模式起步后拖起发动机的过程。

（3）高速（90km/h 以上）运行工况时车辆存在抖动现象。

（4）存在变速器、传动轴之间的刚性连接螺栓松动的现象。

（5）纯电动模式下电机在高速运行工况时啸叫现象明显。

（6）在车辆怠速或安静环境下，电动附件如电动空压机、助力转向泵、电动空调等噪声明显。

如图 2-19 所示，惯性力随着激励频率的改变而发生变化，可通过适当改变激励频率缓解车身的振动问题，进而提升驾乘体验感。

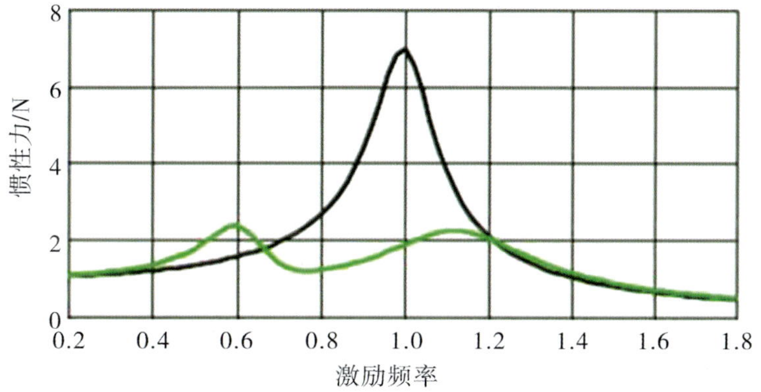

图 2-19　惯性力与激励频率的关系

混合动力汽车在无负载充电时，车内振动水平较高。车辆在怠速工况时，车内振动偏大。随着电量降低，发动机请求扭矩增大，负载增大，车内振动增大，可通过减小扭矩波动、减少扭矩等措施解决此问题。混合动力汽车在能量切换时会发生抖动，可通过同时监测发动机扭矩和转速、电机扭矩和转速、电池电流和电压值或调节整车控制器（VCU）、电子控制单元（ECU）、电机控制器（MCU）参数来调整发动机扭矩波动。

三、新能源汽车系统的 NVH 问题及应对措施

新能源汽车与传统汽车相比，在结构上增加了许多新的部件，车身系统、底盘系统、电机系统等

结构都有了很大的改变。同时由于背景噪声变化而凸显的路噪、风噪及异响等问题相比传统汽车存在差异。为了应对新能源汽车系统的 NVH 问题，需要研究不同振动问题产生的机制，采用仿真分析与测试相结合的手段，形成振动噪声问题的正向设计方法。下面将从以下几个方面进行分析。

（一）车身系统及其 NVH 性能

在车身结构方面，新能源汽车的乘员舱、动力系统、电池包等的安装布置与传统汽车有所不同。在质量方面，新能源汽车由于电池质量重、电池线路增加等，整车的质量随之增加。在车身使用材料上，为了给车身减重，使用的铝合金、碳纤维等材料会给 NVH 带来一定的挑战。在声学包装上，新能源汽车的乘员舱声源降低，需要重新设计声学平衡；电池布置在地板上会导致地板抬高，地毯等声学包装的空间被压缩。随着汽车设计制造水平的进一步提高，技术人员对车身系统 NVH 有了更为深入的研究，并且在发展的过程中，车身结构模态分析及试验逐渐成了新能源汽车车身 NVH 特性研究的重要内容。车身结构模态分析及试验的流程如图 2-20 所示，这一方式的研究有利于新能源汽车 NVH 水平的进一步提高。

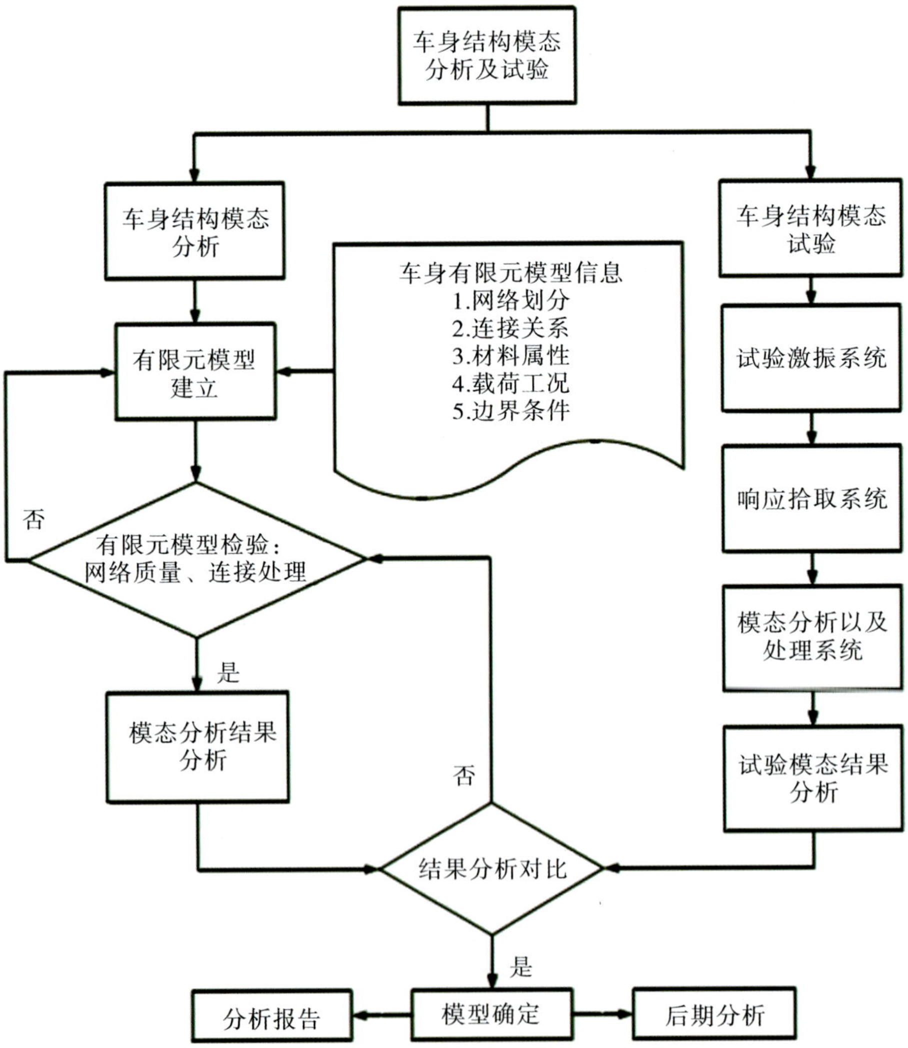

图 2-20　车身结构模态分析及试验流程图

（二）底盘系统及其 NVH 性能

随着电动汽车车身的质量增加，底盘的刚度在设计中必须增大。衬套刚度的增加对 NVH 的影响非常大，会带来轰鸣声。此外，轮边电机和轮毂电机的啸叫，轮毂电机或轮边电机的设计方式可能会引起结构声与空气声的耦合问题。制动能量回收系统与电动真空泵也会引起一些高频啸叫与高频噪声。因此在底盘设计的过程中，在考虑其承受力的前提下，还应当对 NVH 进行考量。考虑到电机替代了传统的发动机，不再关注低频的动力系统情况，从新的角度去考虑整个底盘的密封性。可采用新的分析模型进行仿真分析，从而得到例如垂直或水平的质量分布等，通过这些数据可以分析仿真得到的底盘振动结果，并判断在此情况下噪声的可接受范围，进而提升汽车 NVH 的性能。

（三）电机系统及其 NVH 性能

电机系统的噪声主要包括 3 个部分：电磁噪声、机械噪声及冷却噪声，其中电磁噪声又包括电机本体噪声和控制系统噪声。电机本体噪声的来源主要有径向及切向电磁力、转矩波动、静偏心、动偏心以及齿槽噪声；控制系统的噪声包括 2 个部分，即脉宽调制噪声和谐波失真。机械噪声的主要来源是轴承噪声、动不平衡噪声和结构共振噪声。新能源汽车中对电机系统进行冷却的液冷系统也存在一定的噪声。电机振动噪声仿真在获得电磁力（密度）以及验证后的电机结构模型的基础上，就可以利用声学分析工具进行结构声振耦合分析，预测电机的辐射噪声。同时，在仿真中可以通过模态贡献量分析、板块贡献量分析、有效辐射声功率分析等手段对电机噪声的机制进行深入的剖析。进一步地，电机噪声仿真模型可以结合优化分析的流程，对电机结构进行参数化的修改，预测其对辐射噪声的影响。

（四）电控系统及其 NVH 性能

新能源汽车的电控系统层次、能量、介质分汇流较为复杂，工况多、控制变量较多使得协同控制难度较大，尤其在驱动模式切换上更为烦琐，控制系统复杂，性能平衡控制（即动力性、可靠性及舒适性兼备的控制）的难度较大。驱动模式切换等低速大扭矩及动力分汇流工况下的 NVH 表现较差。在能量切换方面，转矩协同、卸载扭矩等工况会带来振动和冲击问题，制动能量回收会引起电机啸叫，NVH 表现与动力性和可靠性之间存在着矛盾。

（五）热管理系统及其 NVH 性能

热管理系统就是整车的温度控制系统，是汽车不可缺少的一部分，对整车内部温度及部件工作环境温度进行控制，以保证某些零件正常、高效工作，并且为驾乘人员提供舒适的驾乘环境。热管理系统如图 2-21 所示。

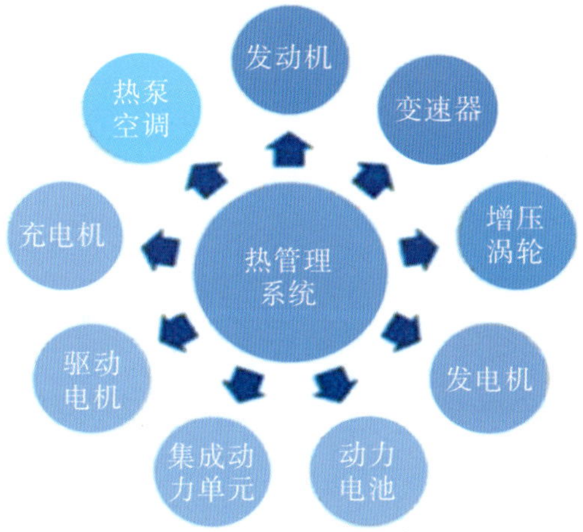

图 2-21　热管理系统的组成

由于新能源汽车的热管理系统较为复杂，如复杂的全程控制逻辑、多套循环冷却系统、高速电动涡旋压缩控制及不同工作模式的复杂切换等，在诸多方面都存在一定的噪声。可以基于电机电控的工作工况得到热损耗，并以热损耗为输入对电机电控进行详细的热分析，评估电机电控的散热方案，并对关键设计参数进行自动优化，实现散热性能和泵消耗的匹配，以此来提升新能源汽车的 NVH 性能。

第十节　新能源整车可靠性技术

新能源整车可靠性是实现整车商品化最基本的要求。可靠性指车辆在其整个寿命期内完成规定功能的能力，它的技术路线如图 2-22 所示。

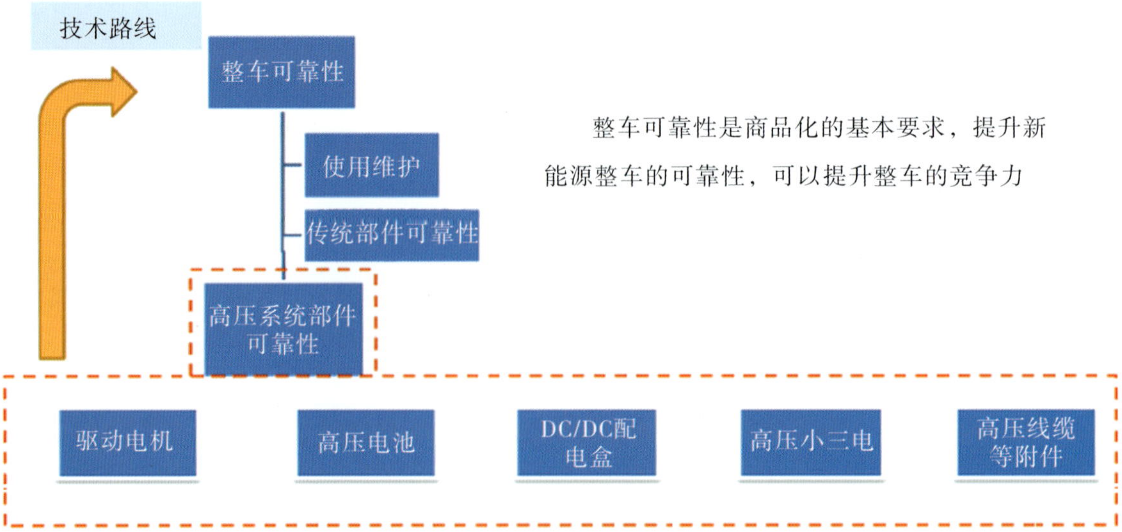

图 2-22　整车可靠性技术路线

新能源整车可靠性主要针对关键系统制订可靠性指标，并分解到关键零部件中，然后通过对零部件到系统的可靠性验证，符合可靠性的指标要求。由于新能源商用车在传统商用车基础上增加了电力驱动系统和用电器件，因此对新能源零部件可靠性的验证要更为充分和完善，以保证可靠性符合整车要求。

整车可靠性是指整车产品在特别约定的方法下以及特别约定的里程和时间内，完成规定功能的能力。为了提升汽车产品的整体品质和满足客户的需求，为验证汽车产品的整体可靠性而进行的相关的整车产品和零部件产品激发故障的各种试验，统称为整车可靠性试验。整车可靠性试验验证由验证动力系统的动力试验、环境试验（冬季、夏季、高原的可靠性试验）、底盘车身结构试验、模拟用户场景的轮胎损耗试验、变速器滥用试验以及子系统的附件耐久制动系统耐久试验等组成。整车可靠性包括汽车在高温、高湿、高原环境下的可靠性，明确试验样车整体的性能变化情况，包括驾驶性能、动力经济性、空调制冷能力、发动机低温启动能力。设计合理的可靠性试验对验证整车可靠性和辅助厂家的可靠性保证有着重要意义。

相较于传统汽车，新能源汽车的可靠性还体现在高压系统的零部件可靠性。

首先，电动汽车驱动电机系统是一个复杂的机电系统，受到机械应力、热应力、电应力和化学应力的作用，其故障模式非常复杂。有研究表明，在中小型交流电机中，轴承故障与绝缘故障占总故障数的 97%；在直流电机中，轴承故障与绝缘故障占总故障数的 56%，电刷故障占总故障数的 42%。可以认为电机的故障主要是轴承故障和绝缘故障，薄弱环节为轴承系统和绝缘系统。电机的绝缘老化问题是电机故障的主要失效模式之一。电机工作时，由于电机离汽车发动机很近，电机环境温度会高于 40℃，且在受高频损耗影响和峰值状态工作环境中，电机会处在很高的温升下，这会加速其绝缘老化。同时，绕组绝缘中存在着气泡，而气体的介电常数很小，使得气泡中的电场强度要比周围介质中高很多，气体击穿场强比较低，容易产生局部放电。局部放电将导致绝缘材料腐蚀加速和表面空间电荷的积累，从而影响材料表面的电压差，进一步影响绝缘材料的老化。影响轴承可靠性的主要因素包括轴承载荷变化、转速变化、润滑条件、高温、强酸和强碱等。电机轴承在超低速时，难以建立起润滑良好的油膜层；超高速时，轴承温度较高，且磨损加剧。润滑油在高温环境下会蒸发加速，导致轴承处于干摩擦状态，加速磨损失效。由于车辆颠簸等，电机不可避免地承受着变化的载荷，受到一定的振动、冲击，从而导致轴承的局部变形。

其次，对电动汽车而言，动力电池作为“三电”核心之一，是能源来源，同时也是最核心的部件。消费者在购买电动汽车时，很大程度上会考虑动力电池的续驶里程和安全可靠性。在能量一定的情况下，续驶里程和动力电池的质量呈负相关，因此，在同等情况下，质量轻的动力电池更具优势。动力电池安全可靠性与自身的强度、疲劳性能和抗冲击性能等有关。如果在车辆行驶时，动力电池的结构件因强度不足而断裂，可能会造成动力电池内部发生短路，严重时甚至会导致起火、爆炸等问题。

其他部件如 DC/DC 变换器、车载充电器、高压配电盒和高压线缆等也应具备良好的可靠性，保证在设计的使用寿命内不发生失效性故障。

参考文献

[1] 杜慧起，单仲. 新能源汽车结构与原理 [M]. 北京：北京理工大学出版社，2022.

[2] 丁在明，刘本超. 新能源汽车概论 [M]. 北京：北京理工大学出版社，2021.

[3] 徐晶晶，姜禹，黄东升，等. 纯电动汽车传动系统用油的发展概况及油品开发 [J]. 液压气动与密封，2021，41 (9)：1-4.
[4] 卢炽华，王良旭，刘志恩，等. 燃料电池汽车整车热管理系统设计与仿真分析 [J]. 重庆大学学报，2022，45 (10)：48-61.
[5] 阮观强，张振东. 汽车电器与电子控制技术 [M]. 北京：机械工业出版社，2021.
[6] 翟丽作. 新能源汽车关键技术研发系列：新能源汽车电磁兼容性设计理论与方法 [M]. 北京：机械工业出版社，2021.
[7] 包丕利. 新能源汽车整车控制系统检测与维修 [M]. 北京：北京理工大学出版社，2020.
[8] 李光耀，曾爱萍. 汽车轻量化材料及应用 [M]. 北京：化学工业出版社，2022.
[9] 王锦畅，范庆宝，林一帆. 城市轨道交通全自动运行车辆司机室区域技术方案分析 [J]. 城市轨道交通研究，2023，26 (2)：121-124.
[10] 范文健，孔祥馗，毛万鑫，等. 轴承对 MT 变速器传动效率的影响及优化研究 [J]. 机械传动，2022，46 (7)：113-120.
[11] 李军，周佳，王利刚，等. 中国乘用车轻量化水平发展趋势研究 [J]. 汽车工程学报，2021，11 (5)：313-319，362.
[12] 郑晨飞，姚晓山，曹晓雨，等. 两轴驱动混合动力汽车动力系统的优化设计 [J]. 江苏大学学报（自然科学版），2021，42 (1)：22-27.
[13] 姚固文. 新能源汽车电子控制技术研究 [J]. 时代汽车，2023，11：95-97.
[14] 赵金宝. 纯电动环卫车整车控制策略 [J]. 汽车实用技术，2022，47 (22)：11-15.
[15] 段本明. 插电式混合动力汽车整车控制器标定方法研究 [D]. 长春：吉林大学，2017.
[16] 王佳. 纯电动汽车能量管理关键技术及高压安全策略研究 [D]. 北京：北京理工大学，2014.
[17] 梁修天. 分布式驱动电动汽车纵横向运动协调控制关键技术研究与实现 [D]. 合肥：合肥工业大学，2021.
[18] 杨开宇. 增程式电动汽车动力系统电磁兼容研究 [D]. 长春：吉林大学，2015.
[19] 罗轩. 配气机构 NVH 性能分析方法研究及应用 [D]. 杭州：浙江大学，2021.
[20] 胡建国. 新能源汽车动力电池与整车先进集成技术综述 [J]. 时代汽车，2022，23：112-117.

第三章　新能源总成技术

第一节　动力电池及电池集成管理技术

近几年，由于国家政策的大力支持和鼓励，新能源汽车行业得以快速发展。目前各大厂商开发的新能源汽车以电动汽车为主。动力电池作为电动汽车的核心部件之一，对整车性能起着至关重要的作用。动力电池及电池集成管理技术主要涉及以下几个方面。

一、电池单体及电池模组的匹配应用

动力电池包括铅酸蓄电池、镍基蓄电池（镍-镉蓄电池、镍-氢蓄电池、镍-金属氢化物电池、镍-锌电池）、钠电池（钠-硫电池、钠-氯化镍电池）、锂离子电池和空气电池等类型。锂离子电池比能量高，是目前市场上看好的动力电池。在不同类型的新能源汽车中，由于车用动力电池的使用方式有较大区别，因此对于性能要求有较大区别。HEV 有发动机作为动力来源，更强调加速性能和爬坡能力，因此更注重电池的比功率；BEV 完全以电池作为动力，更强调充电后的续驶能力，因而更关注电池的比能量。因此，需要针对新能源汽车的特性需求进行电池单体的选型。

锂离子电池工作原理如图 3-1 所示。充电时，锂离子从氧化物正极晶格脱出，通过有机电解液后迁移嵌入到碳材料负极。这时负极处于富锂态，正极处于贫锂态。同时电子的补偿电荷从外电路供给到碳材料负极，保证负极电荷平衡。放电时，锂离子从碳材料负极脱出，回到氧化物正极。这时正极处于富锂态。

三元锂电池是一种常见的锂离子电池，其充电和放电过程中涉及的化学反应可以用以下化学方程式表示。

充电：

正极反应：$LiCo_2 \rightarrow CoO_2 + Li^+ + e^-$　(3-1)

负极反应：石墨$+ Li + e^- \rightarrow LiC_6$　(3-2)

放电：

正极反应：$CoO_2 + Li^+ + e^- \rightarrow LiCo_2$　(3-3)

负极反应：$LiC_6 \rightarrow$ 石墨 $+ Li + e^-$　(3-4)

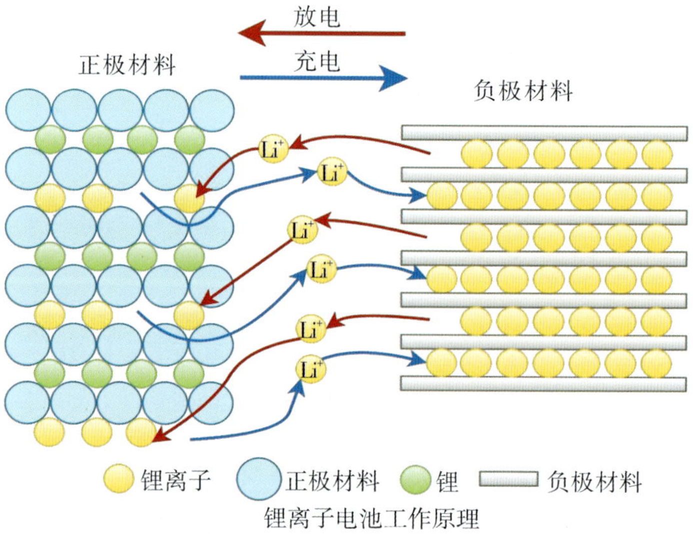

图 3-1　锂离子电池工作原理

对常用的 3 种类型电池的特性进行比较，对比的数据如表 3-1 所示，可以看出锂离子电池相比镍氢电池和铅酸电池，有比能量高、比功率高、循环寿命长的优点，更适合作为新能源汽车的动力电池，同时它还有高温性能好、自放电低和再生循环能力好的优点。而在缺点方面，它的安全性和容错能力有待提高，并且价格相较其他种类的电池偏高。

表 3-1　3 种类型电池特性对比

电池类型	电压/V	比能量/(W·h·kg^{-1})	比功率/(W·kg^{-1})	循环寿命/周期	价格	过充性能	过放性能	快充性能	快放性能
铅酸电池	2	35～40	200～400	350～600	低	优	差	差	优
镍氢电池	1.2	60～80	250～480	1000～1500	中	差	优	中	良
锂离子电池	3.7	100～130	400～800	1000～2500	高	良	良	良	良

对锂离子电池，根据正极材料的不同进行分类，对成本、寿命、性能等特点进行比较，得到的网状数据图如图 3-2 所示。可以看出每种电池都存在着不同的优点和缺点，从整体上看，镍钴锰酸锂电池在图上的面积最大，各项性能都比较突出。

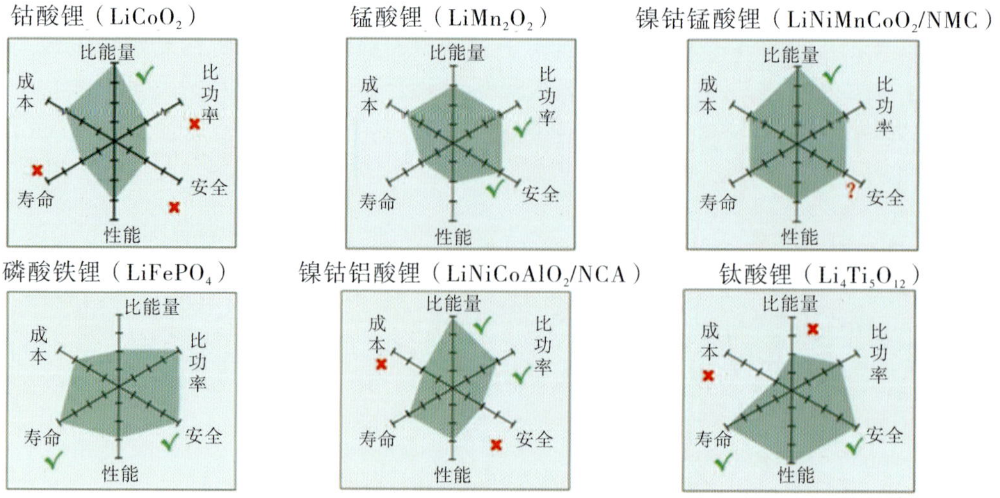

图 3-2　锂离子电池不同种类特性优缺点对比

如图 3-3 所示，在新能源汽车上使用的动力电池方面，首先由若干电芯打包组成一个模组，电芯主要有圆柱、软包和方壳三种类型。多个模组组合在一起组成动力电池包，和电池管理系统（BMS）一起构成了动力电池系统。

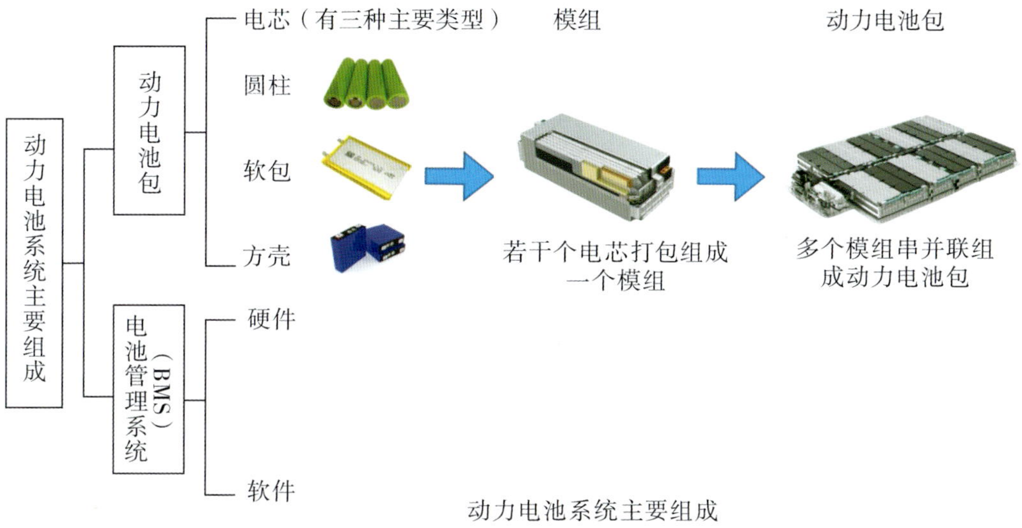

图 3-3　动力电池系统的组成

动力电池系统主要由电池单体和电池模组、BMS 和电池包组成，如图 3-4 所示。

对于电池单体和电池模组，要考虑电池单体的配方、生产工艺和质量筛选，对电池模组还要进行机、电、热设计。

电池管理系统的设计分为软件层面和硬件层面。软件主要是控制策略和算法的设计，包括 SOC、SOP、SOH 算法与修正策略，单体失衡检测、评估、均衡策略，电池热管理系统控制算法与策略，故障检测及滥用限制等。硬件方面要进行 BMU 和 LECU 的设计，保证其可靠性。

电池包要解决热管理问题，包括加热、冷却和保温的需要，还要对其进行绝缘和 IP 防护，采取措施来确保电池有良好的电磁兼容性。在结构设计上，要尽可能提高空间利用率，同时进行一些轻量化设计，以提高整车性能。

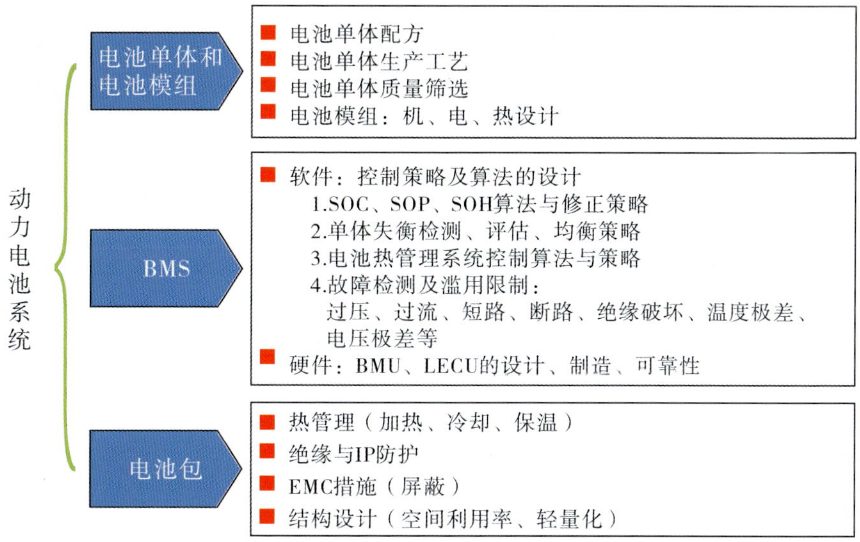

图 3-4　动力电池系统技术内容

二、电池管理系统的开发

（一）BMS 的主要功能

一套功能完善的 BMS 应具备如图 3-5 所示的基本功能。

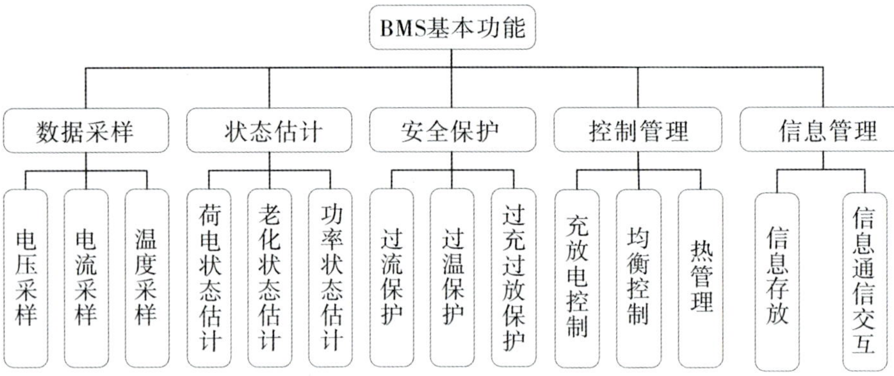

图 3-5　BMS 基本功能

BMS 在整车中的结构如图 3-6 所示，BMS 根据电池电压、电流、温度等信息进行电池的状态估计并制订相应的控制策略，与整车控制器及充电机为整车能量管理与充放电控制提供参考。

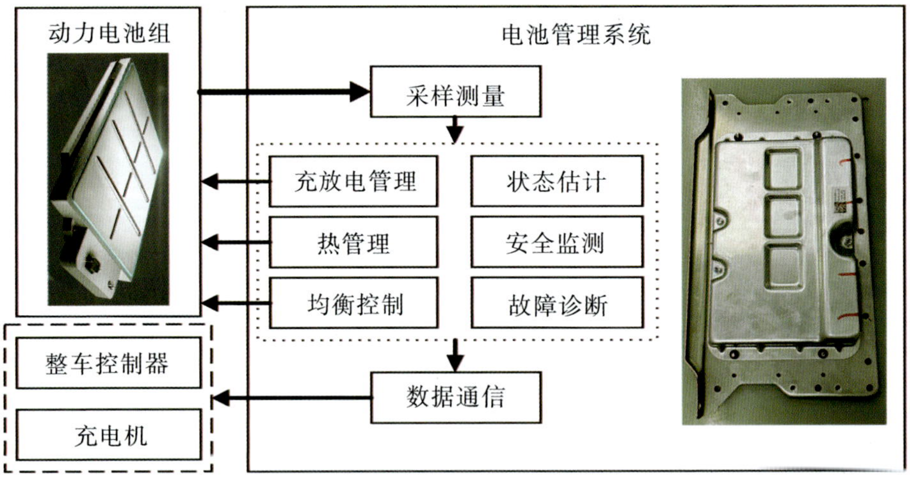

图 3-6　电池系统与整车结构关系图

状态估计是 BMS 中的基本功能，主要包括荷电状态（state of charge，SOC）估计、健康状态（state of health，SOH）估计等。其中，电动汽车的充放电管理、电池均衡控制、故障诊断、续驶里程预测等功能均需要依靠准确的 SOC 估算值作为依据。然而，电池系统的非线性、SOC 初始值存在误差、硬件采样噪声等问题给 SOC 的准确估计带来了困难，同时电池老化导致的容量降低、内阻增大等现象更为全生命周期的 SOC 估计加大了难度，因此认为表征剩余电量的 SOC 与表征电池老化程度的 SOH 存在一定的耦合关系，准确估算电池的 SOC 与 SOH 具有重要意义，电池状态估计目前已成为 BMS 领域研究的热点与难点。

t 时刻电池荷电状态和健康状态的计算公式为：

$$SOC(t)=SOC(t_0)-\frac{1}{C_M}\int_{t_0}^{t}\eta\cdot I(t)\,dt \tag{3-5}$$

$$SOH=\frac{C_M}{C_N}\times 100\% \tag{3-6}$$

式中：C_M——电池当前总容量；C_N——电池刚出厂时的总容量。

（二）BMS 的拓扑结构

设计电动汽车时，通常需要满足一定的加速能力、爬坡性能以及最高车速等动力性指标，若只配备单个动力电池单体作为能量源，这是远远无法达到要求的。因此，工程上通常将动力电池单体串并联成组，以满足设计要求。而对于大规模的动力电池单体管理问题，BMS 的拓扑结构非常重要。一般情况下，电池检测回路（battery monitoring circuit，BMC）与电池组控制单元（battery control unit，BCU）共同构成硬件电路部分。根据 BMC、BCU 与动力电池单体三者之间的结构关系，BMS 的拓扑结构可分为集中式拓扑结构和分布式拓扑结构。

（三）BMS 的开发流程

无论是动力电池的开发还是动力电池管理系统的开发，都要从整车的功率要求、能量要求以及其他设计要求出发，再进一步确定整车对动力电池及动力电池管理系统的具体要求。在动力电池系统开发方面，首先需要对动力电池进行选型，开展一系列的动力电池单体特性测试以及循环寿命测试，获取所选的性能特性，进而确定动力电池的组成方式，包括动力电池单体串并联数量以及具体布置形式。确定系统拓扑结构以及需要满足的基本功能和指标之后，可有针对性地进行系统的机械结构设计，电子元器件、电路板、底层驱动和应用层软件设计。在完成系统开发之前，还需要对 BMS 进行不同类型的测试，以确保系统设计的完整性和安全性。

三、电池包开发

电池包是用于盛装电池组、电池管理模块以及相应的辅助元器件，并包含机械连接、电气连接、防护等功能的总成。电池包开发要求：①维护的方便性；②电池包开发需要与电池热管理相结合，在设计中要考虑到电池组的加热、冷却和保温功能；③应留有铭牌和安全标志布置位置；④应给保险、动力线、采集线、各种传感元件的安装留有足够的空间和固定基础；⑤对所有无基本绝缘的连接件、端子、电触头应加强防护；⑥机械强度，应具有足够的耐振动强度和耐冲击强度；⑦锁止固定，锁止装置应可靠；⑧绝缘与 IP 防护等都要满足国标要求；⑨应具有排放压力的功能。

第二节　燃料电池发动机及控制技术

燃料电池主要有 6 种类型：质子交换膜燃料电池（proton exchange membrane fuel cell，PEMFC）、

直接甲醇燃料电池（direct methanol fuel cell，DMFC）、磷酸燃料电池（phosphoric acid fuel cell，PAFC）、碱性燃料电池（alkaline fuel cell，AFC）、固体氧化物燃料电池（solid oxide fuel cell，SOFC）和熔融碳酸盐燃料电池（molten carbonate fuel cell，MCFC）。作为最常用的燃料电池类型，PEMFC具有功率密度高、低温运行、启动快、零排放等诸多优点。PEMFC 的电堆由许多重复单元电池堆叠而成，可以实现更高的输出电压，并且在汽车中可以应用 300 多个单元电池。

质子交换膜燃料电池（PEMFC）因其多重优势被广泛应用于交通运输行业，其中，最常应用在可再生能源汽车发动机中。它放电时的化学反应方程式为：

阳极反应：

$$H_2(g) \rightarrow 2H^+(aq) + 2e^- \tag{3-7}$$

阴极反应：

$$\frac{1}{2}O_2(g) + 2H^+(aq) + 2e^- \rightarrow H_2O(l) \tag{3-8}$$

总反应：

$$H_2(g) + \frac{1}{2}O_2(g) \rightarrow H_2O(l) + \text{电能} + \text{余热} \tag{3-9}$$

质子交换膜燃料电池发动机以燃料电池电堆为核心，引入氢气和空气，在电堆发生化学反应，从而为整车提供动力。因此除燃料电池电堆外，还需要氢气供给系统、空气供给系统、热管理系统、加湿系统以及其他附件（控制空气压力和流量的压缩机、氢气存贮用储氢瓶和氢气循环泵等）。其中氢气供给系统和空气供给系统为电化学反应提供了燃料和氧化剂，而热管理系统将电堆温度保持在合适的范围内，加湿系统增加反应气体的湿度以提高电堆性能。为了让燃料电池能够快速满足车辆的实际功率需求，PEMFC 通常与其他储能单元，如锂离子动力电池和超级电容器结合，从而制造燃料电池混合动力电动汽车。实际上燃料电池发动机是一个动力生成的装置（其自身靠氢气和空气的反应来提供驱动能量），而锂离子动力电池是一个能量存储的装置（单靠锂离子动力电池无法提供能量，必须外接充电，然后将能量存储在锂离子动力电池中），两者配合使用形成电电混合，再通过驱动电机来共同驱动车轮行驶。燃料电池发动机的应用与控制技术主要涉及以下几个方面。

一、方案设计与系统集成

由于燃料电池系统的瞬态性能和过载性能较弱，因此需要对电池系统理想混合度进行优化设计，合理匹配燃料电池发动机和动力电池的能量分配，从而在不同的行驶工况下保证整车经济性与动力性的同时延长燃料电池系统寿命。燃料电池混合动力汽车是配备可回收能量的能量存储系统（energy storage system，ESS）和燃料电池系统（fuel cell system，FCS）的车辆，通过不同能源的优化与配合，对环境低影响、零排放，从而备受关注。在这个配置中，燃料电池系统通常以较高效率运行来提供行驶工况的平均需求功率，而动力电池系统则通过充放电来辅助燃料电池系统提供峰值功率，以避免燃料电池系统由于快速负载变化而出现氧饥饿等损害燃料电池系统的情况，从而提高整体效率，减小供能系统的尺寸和提高整个系统的耐久性，其典型结构如图 3-7 所示。

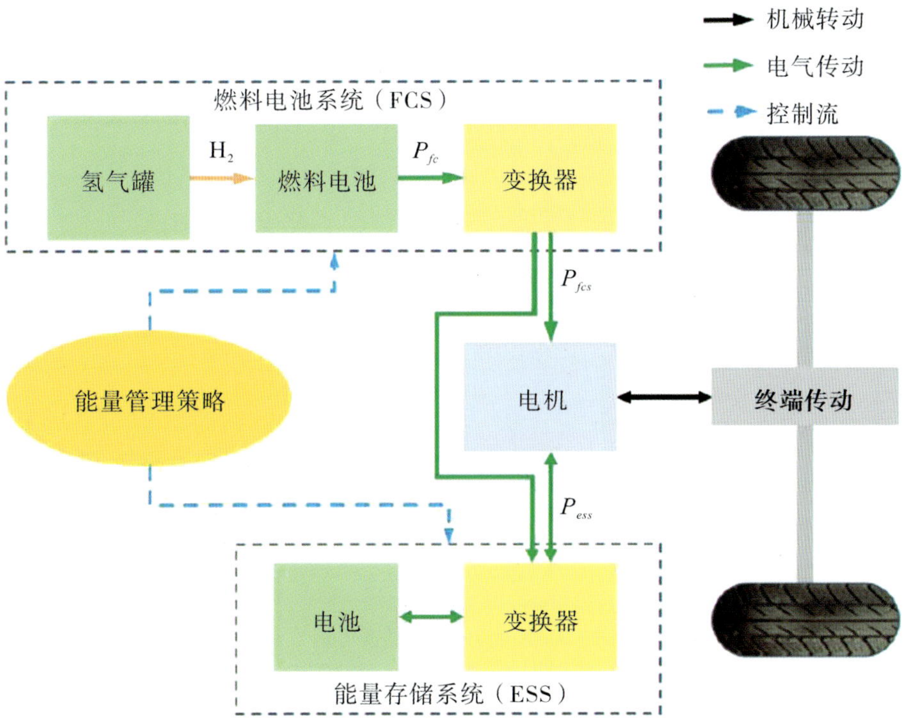

图 3-7　燃料电池混合动力汽车结构

燃料电池与动力电池混合驱动模式是指以燃料电池系统为主，动力电池系统辅助燃料电池工作的驱动模式。燃料电池通过一个单向 DC/DC 变换器并入母线，其输出电压经过 DC/DC 变换器稳压后与母线电压匹配；动力电池直接并入母线，其输出电压需要符合母线电压要求，即适合电机工作的电压范围，以提高电机的工作效率。

此种混合驱动模式被广泛使用。动力电池的使用，可以有效地覆盖需求功率的波动，降低对燃料电池功率的要求，延长燃料电池寿命，并且动力电池响应迅速，可以回收制动能量，在车辆启动初期能够为燃料电池的附件提供能量，以上特性有效补齐了燃料电池的短板。动力电池非常适合作为燃料电池的辅助动力源。但此种混合驱动模式结构较纯燃料电池系统驱动模式复杂。

二、仿真分析

针对燃料电池发动机与动力电池的电电混合，进行整车动力总成（燃料电池发动机、动力电池、电机等）的建模和仿真分析。

（一）基于 ADVISOR 建模仿真分析

在 ADVISOR 软件中有燃料电池模型，控制策略可底层查看并进行二次开发，整车参数可进行修改，整车参数的设置界面如图 3-8 所示。整车模型如图 3-9 所示，其中各个模块参数可在 m 文件中进行修改。图 3-10 展示了燃料电池控制策略模型。修改完成后运行，可计算得出相应的仿真结果。展示仿真结果和进行数据后处理的界面如图 3-11 所示，可在该界面编辑和输出各种结果的数据、曲线。

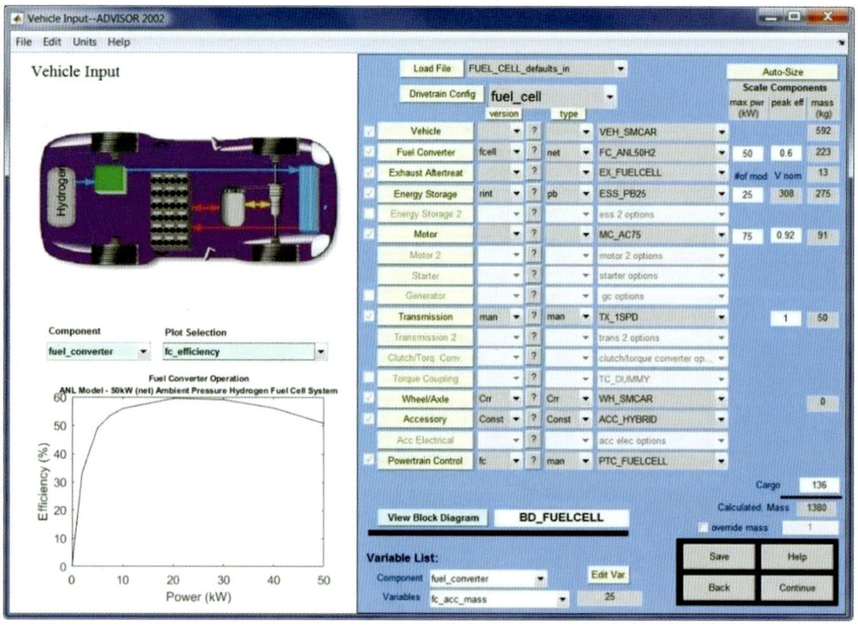

图 3-8　整车参数设置界面

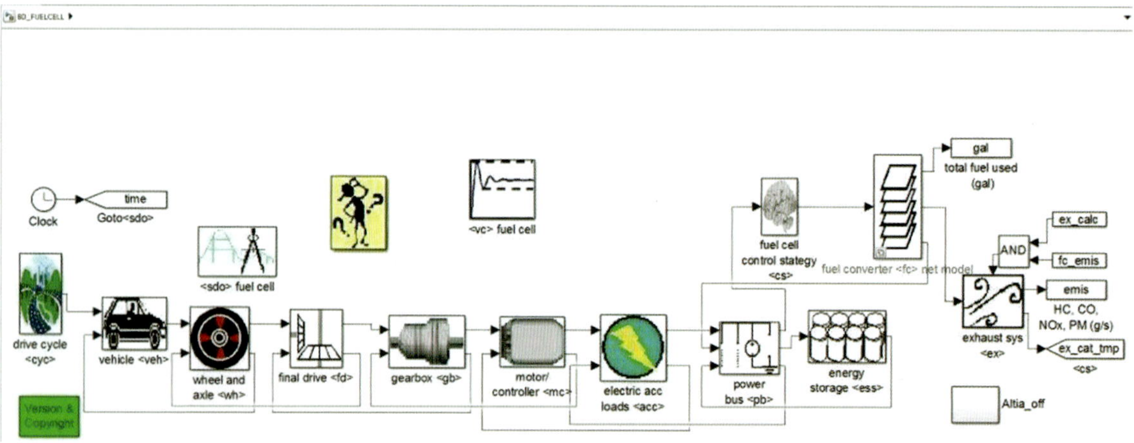

图 3-9　ADVISOR 燃料电池汽车整车模型

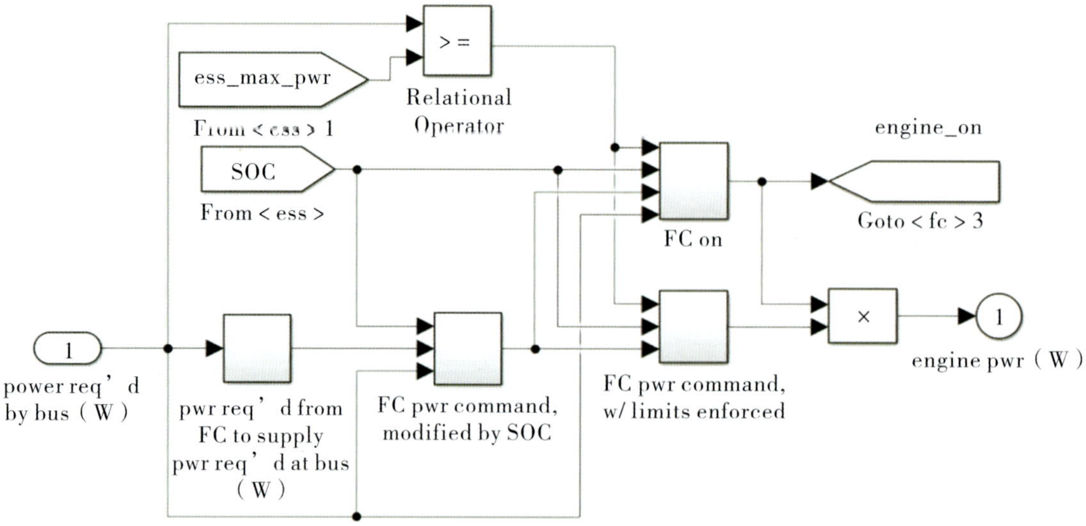

图 3-10　ADVISOR 燃料电池控制策略模型

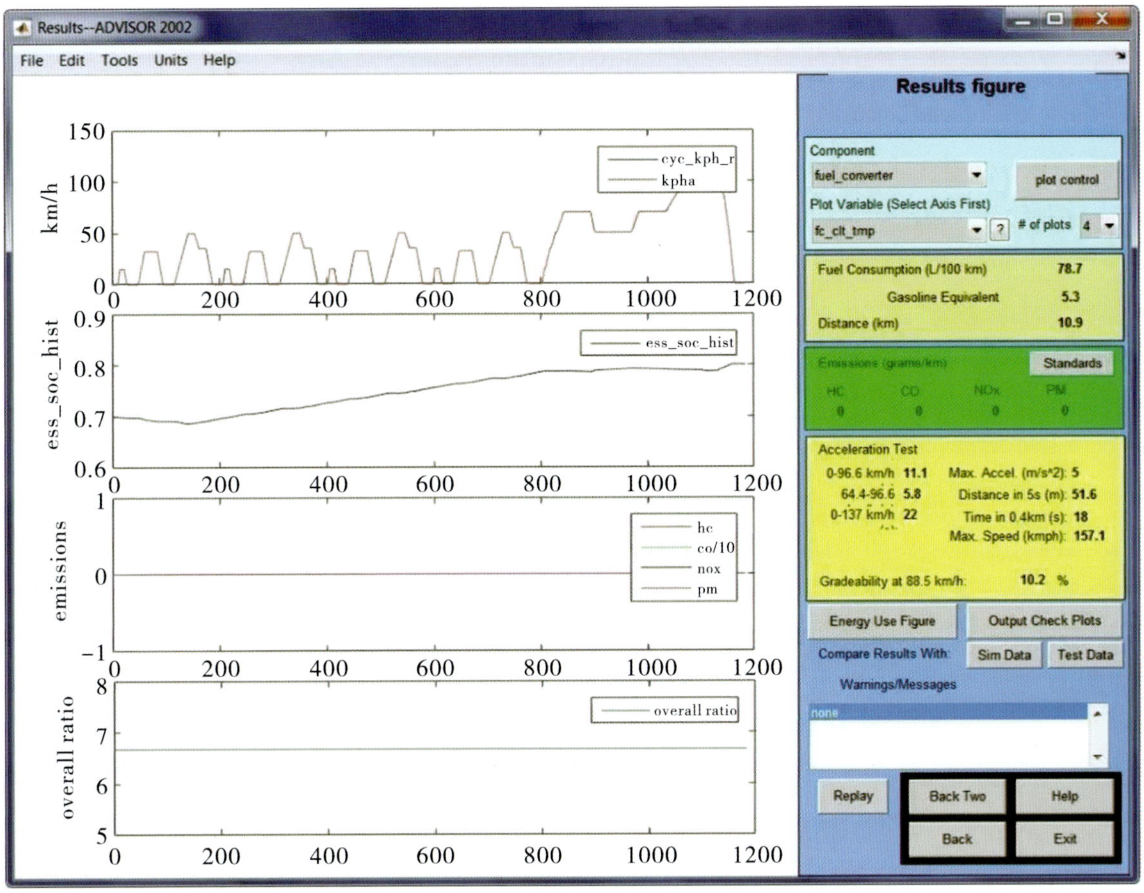

图 3-11　ADVISOR 仿真结果和数据后处理的界面

（二）基于 CRUISE 建模仿真分析

从 CRUISE 2017 版本开始，软件自带模型中增加了燃料电池汽车模型，整车模型的界面见图 3-12。和其他车型一样，有了整车及各部件相关的参数，可在软件中进行设置，添加计算任务，得出相应动力性、经济性的仿真结果。

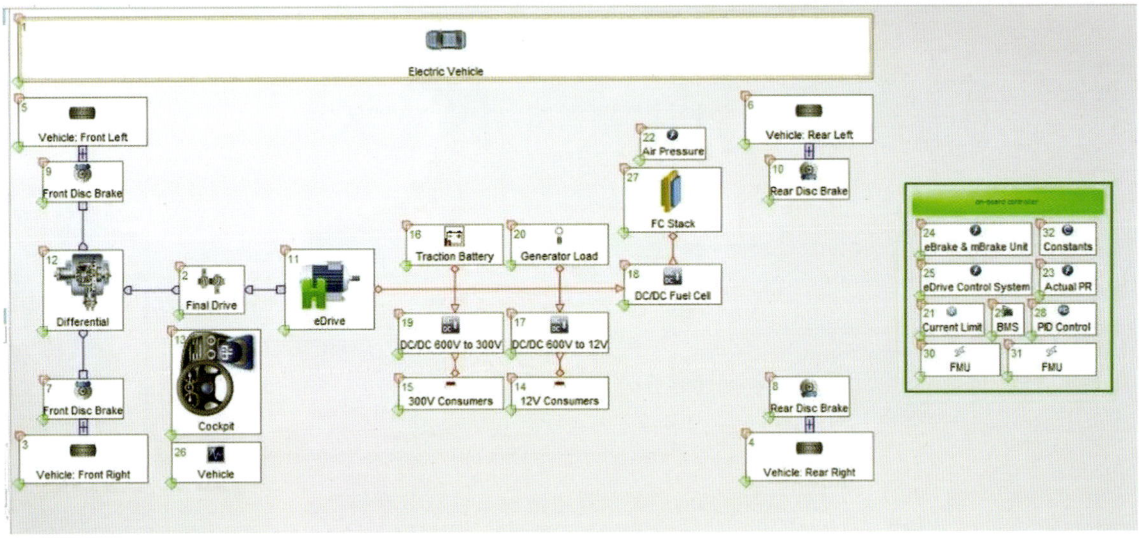

图 3-12　CRUISE 燃料电池汽车整车模型

（三）基于 Matlab/Simulink 建模仿真分析

对 Matlab/Simulink 以及对燃料电池非常熟悉的人员，可以直接建立整车模型和零部件模型，进行仿真分析，图 3-13 展示了在 Simulink 中建立的燃料电池汽车整车模型，图 3-14 展示了 Simulink 中的燃料电池控制策略模型，图 3-15 和 3-16 分别展示了 DC/DC 变换器模型和各零部件模型。

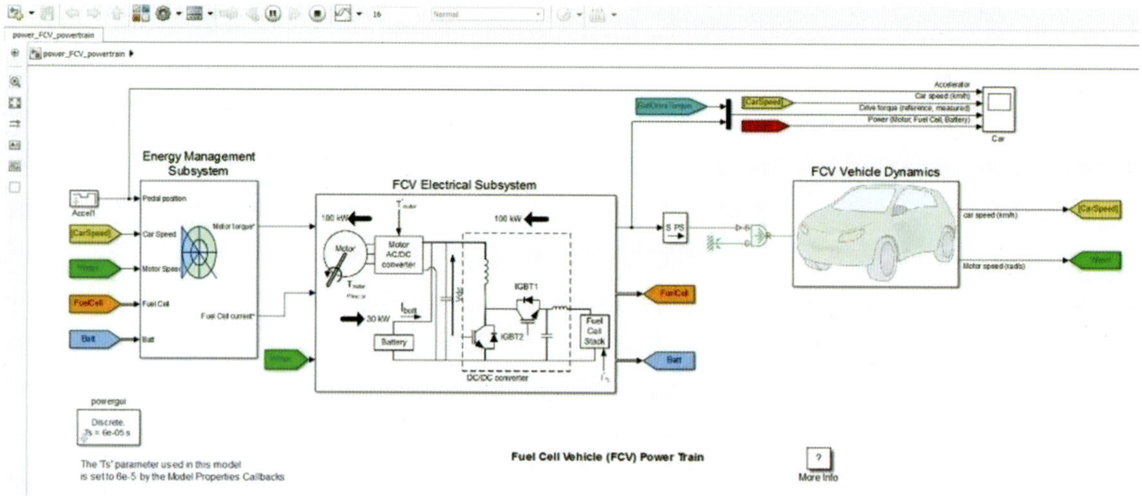

图 3-13　Simulink 燃料电池汽车整车模型

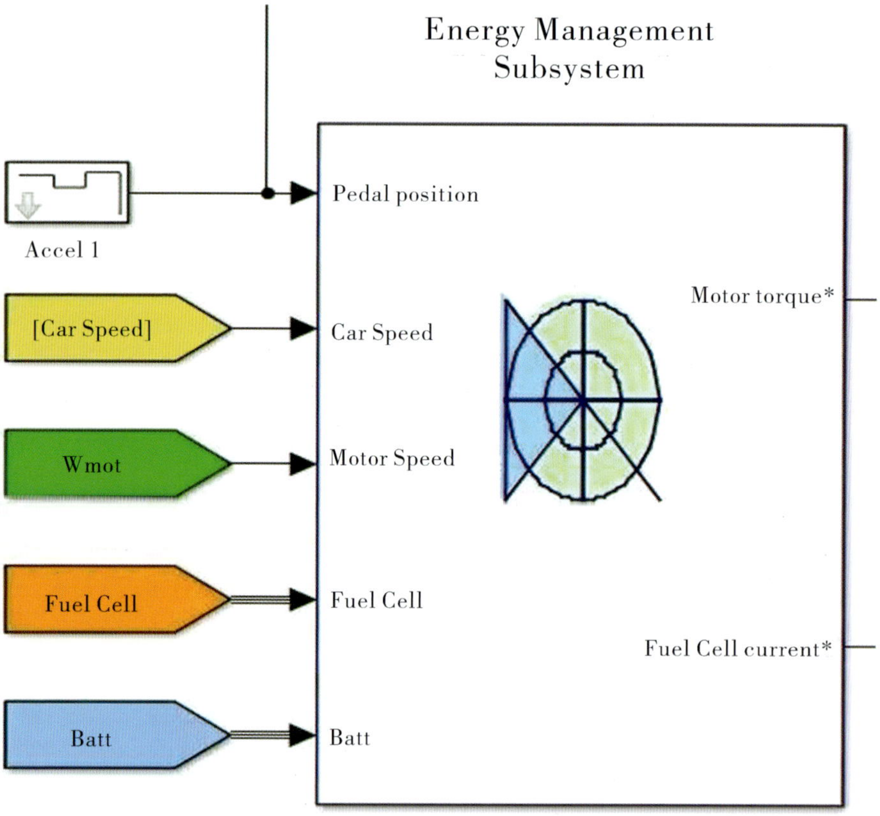

图 3-14　Simulink 燃料电池汽车控制策略模型

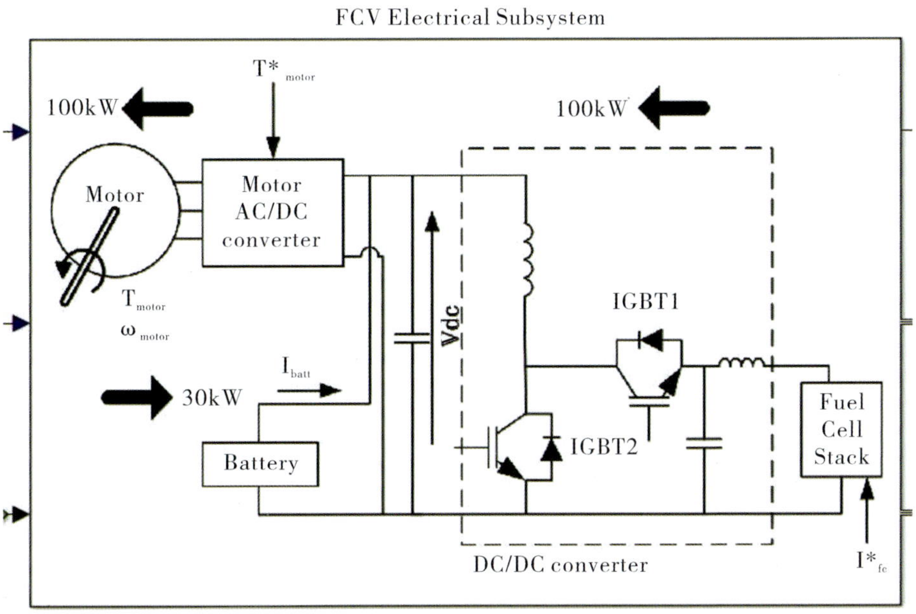

图 3-15　Simulink DC/DC 变换器模型

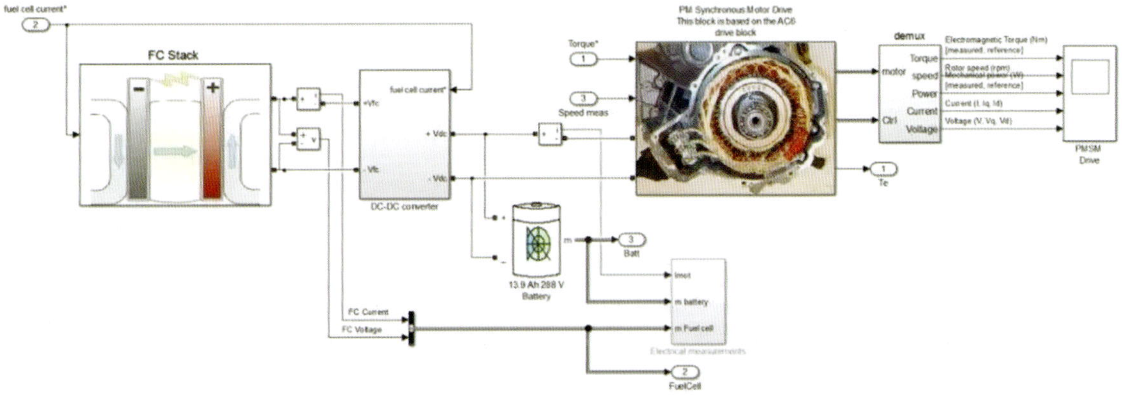

图 3-16　Simulink 各零部件模型

三、控制策略

分析燃料电池发动机与动力电池输出特性的特点和差异化，在不同行驶工况下合理分配两者间的动力输出，利用优化分配技术来提高整个驱动系统效率，并保证两套系统的寿命不受负面影响。

$$P_{req}=P_{fc}\cdot\eta_{DC/DC}+P_{bat} \tag{3-10}$$

式中：P_{req}—— 车辆总需求功率；P_{fc}—— 燃料电池输出功率；$\eta_{DC/DC}$——DC/DC 变换器效率；P_{bat}——动力电池输出功率。

燃料电池系统与动力电池系统的结合是一种广泛应用的混合动力结构。辅助能源（动力电池系统）

的使用增加了能量分布的自由度。能量管理策略在很大程度上决定车辆的性能，并能充分挖掘混合动力汽车在降低燃油消耗和减少尾气污染物排放方面的潜力，已成为混合动力汽车的关键核心技术之一。

能量管理策略的主要任务是以降低汽车燃油消耗和减少尾气污染物排放为目标，在满足车辆行驶性能需求的前提下，合理分配燃料电池系统和动力电池系统的输出功率。基本可以分为两类，即按照事先制定的规则进行分配的基于规则的能量管理策略和以优化算法为核心的基于优化的能量管理策略，见表 3-2。基于规则的能量管理策略优点是在线计算成本低，能实现实时控制，通常不依赖特定的运行工况，简单而直观，但是由于它“一刀切”式的控制模式，不能保证功率流的分配是最优的，导致在燃油经济性方面还有进一步提升的空间。基于优化的能量管理策略，其优化目标通常为燃油消耗或系统效率，通过极小值原理等进行求解，因此在燃油经济性提升效果上会比前者好，但对计算要求更高，存在计算量过大的问题，这是当前其实际应用受限的原因。

表 3-2　能量管理策略分类表

基于规则的能量管理策略		基于优化的能量管理策略	
确定性规则	模糊性规则	全局优化	实时优化
逻辑门限控制策略	传统模糊控制策略	遗传算法	等效燃油消耗最小
恒温器型控制策略	自适应模糊控制策略	博弈理论	模型预测控制
功率跟随控制策略	预测型模糊控制策略	动态规划算法	机器学习

基于规则的能量管理策略也称为逻辑门限控制策略，其本质上须先设定一系列的逻辑规则，通常为带有控制参数表的流程图，根据混合动力汽车行驶的需求功率，按照预先制订的逻辑规则表进行能量的管理或模式切换，如高速模式、低速模式等，以满足混合动力汽车不同行驶状况下的要求。基于规则的能量管理策略具有装机成本低、鲁棒性高、工业应用广泛等特点，适用于实时控制。但其结果取决于设计中确定性规则、模糊性规则或其他参数，这意味着工程师的经验将在很大程度上影响能量分配结果。

基于确定规则的控制策略主要利用逻辑门限的方法。逻辑门限法采用状态条件的判定方式，读取复合能源状态，并执行该状态对应的输出。而基于模糊规则的控制策略不需要将对象建立精确的数学模型，因此比较适用于混合动力这类多领域、建模困难的非线性时变系统。

基于优化的能量管理策略主要工作原理是建立包含燃油消耗、系统效率等指标的目标优化公式，确定约束边界条件后，利用优化理论算法来搜索最优策略。随着科技的发展，整车控制器技术不断突破，运算效率和速度不断提高，使得在线计算量较大的基于优化的能量管理策略算法拥有一个良好的发展前景。基于优化的能量管理策略根据控制方式的不同可以分为实时优化和全局优化两大类。

基于全局优化即用最优控制原理改善车辆在整个循环工况的燃油消耗和功率损失，实现对动力源功率的动态优化分配，以使整车性能达到最佳状态。而基于实时优化是在满足车辆所需的动力需求前提下，根据当前时刻的需求功率对发动机功率和电机功率进行协调分配，以达到每个时刻等效燃油最小及功率损失最小的目的。

其中基于实时优化的能量管理策略包括等效燃油消耗最小策略（equivalent consumption minimization strategy，ECMS）和模型预测控制等，其中 ECMS 的主要思路为动力电池只是一个辅助动力单元，消耗的燃料才是车辆在整个行驶过程中所需能量的最终来源，动力电池电量的上升和下降都只是暂时的、可逆的，因此在车辆行驶过程中电量的消耗将按等效因子等效成燃料消耗，并通过优化算法求解最优控制。

该优化问题所要实现的性能指标为等效总氢耗最小，因此问题可表示为：

$$Minimize J(ux) \tag{3-11}$$

$$J(ux)=\int_0^T[\dot{m}_{fc}(u(t))]^2\mathrm{d}t \tag{3-12}$$

系统的约束条件为：

$$S.t\begin{cases}P_{fc,min}\leqslant P_{fc}\leqslant P_{fc,max}\\P_{bat,min}\leqslant P_{bat}\leqslant P_{bat,max}\\SOC_{min}\leqslant SOC\leqslant SOC_{max}\\\Delta P_{fc,min}\leqslant\Delta P_{fc}(t)\leqslant\Delta P_{fc,max}\end{cases} \tag{3-13}$$

对燃料电池输出功率变化率进行控制，可以减少燃料电池输出功率的频繁波动，延长使用寿命。该优化问题的哈密尔顿函数为：

$$H(x\lambda u,t)=\dot{m}_{fc}(u(t))+\lambda\cdot f(x,P_{bat},t) \tag{3-14}$$

其物理意义为等效氢耗，协态变量 λ 可视作电能与氢能转换的等效系数，因此引入等效因子 $s(t)$，将哈密尔顿函数改写为：

$$H(xus)=\dot{m}_{fc}(t)+\dot{m}_{bat}(t)=\dot{m}_{fc}(t)+s(t)\cdot\frac{P_{bat}}{LHV} \tag{3-15}$$

$$\dot{m}_{fc}=\frac{P_{fc}}{LHV\,\eta_{fc}}=cP_{fc}{}^2+bP_{fc}+a \tag{3-16}$$

其中，系数 a、b、c 由试验测得的电堆功率-效率曲线拟合得到；LHV 为氢气的低热值。

为了维持电量平衡，需要引入惩罚函数来对等效因子进行修正，使得电量偏离设定电量较大时提高“电费”，当电量充足时降低“电费”。值得注意的是，不同的工况有不同的最优等效因子，由于行驶工况具有随机性，因此最优等效因子的选择会有所不同。基于全局优化的策略主要包括动态规划算法、线性规划、基于庞特里亚金最小值原理的方法等。目前，基于动态规划算法的策略由于在线计算成本高且需要提前知晓工况信息，仍停留在理论研究层面，通过仿真研究为其他能量管理策略提供对比评估标准，并为基于规则的能量管理策略提取控制规则提供有效途径。近来，随着算法理论的发展，蚁群算法、粒子群算法、强化学习等智能算法被广泛应用于能量管理策略研究。

四、燃料电池发动机先进零部件技术

燃料电池发动机的组成如图 3-17 所示。对燃料电池发动机先进零部件的研究与应用，可以降低动力系统成本，提高系统可靠性。先进零部件技术包括两方面：一方面是燃料电池电堆本身内部的先进零部件技术，如非加湿电解质膜技术、先进触媒涂敷技术、高性能导流板技术等；另一方面是燃料电池发动机内、电堆以外的先进零部件技术，如低温启动优化吹扫技术、电催化剂技术、气体扩散层技术等。

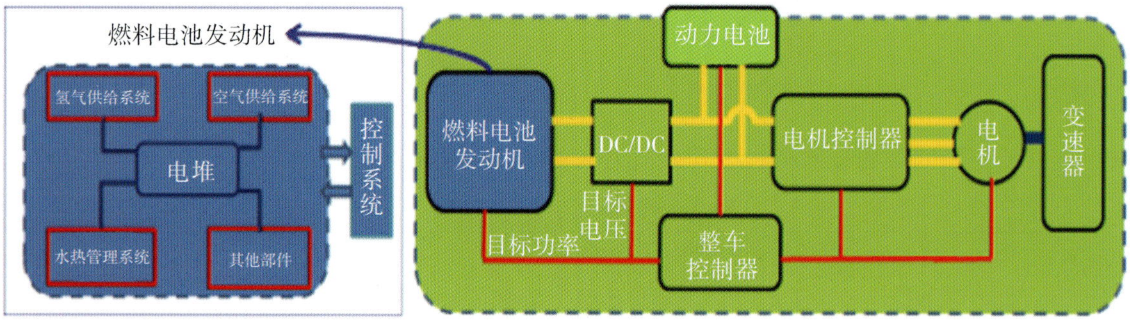

图 3-17 燃料电池发动机的组成

空气供给系统提供反应所需的氧，可以是纯氧，也可以是空气。氧气供给系统可以用马达驱动的鼓风机或者空气压缩机，也可以用回收排出余气的透平机或压缩机的加压装置。

典型的氢燃料电池空气供给系统主要由化学空滤器、空压机、加湿器和连接管道组成。其中，空压机是空气侧供气系统的重要部件。为了提高氢燃料电池发动机的效率和功率密度，需要对氢燃料电池电堆入口空气增压，进而增加系统的体积功率密度。然而，空压机功耗非常大，大概占氢燃料电池辅助系统能耗的 80%，其效能直接影响发动机系统电堆内部的水含量，并且会影响系统的紧凑性和效率。因此，空压机的选型非常重要，在此分析了氢燃料电池空压机选型所需的技术要求，如表 3-3 所示。

表 3-3 氢燃料电池空压机选型的技术要求

空压机评价项目	技术要求
无油	避免润滑油使电堆中毒
高效	空压机寄生功率巨大，会直接影响氢燃料电池系统性能
小型化	有助于氢燃料电池汽车整车布局
低成本	有利于降低整车成本
低噪声	空压机是氢燃料电池系统中大的噪声源之一
喘振线在小流量区	可以实现氢燃料电池在小流量高压比工况下高效运行
良好的动态响应能力	空气流量和压力需无延迟地进行调整，以跟踪输出功率变化
产业化	零部件配套产业链健全，可获得

空压机的种类很多，按工作原理可分为 3 大类。

（1）容积型：活塞式空压机、螺杆式空压机、涡旋式空压机。

（2）速度型：离心式压缩机、鼓风机。

（3）电磁型：电磁式空压机、热力型压缩机（如喷射器）。

常见的空压机类型、优缺点比较见表 3-4。

当前用于氢燃料电池的空压机有容积型和速度型两种，电磁型仍未完全进入市场。基于国内外的研究和发展，离心机将会占据越来越重要的位置。大量研究表明，氢燃料电池对空气系统的要求越来越高，未来发展可能会偏向离心机和涡轮机。

氢燃料电池空气系统的另一个关键部件是增湿器，因为氢燃料电池的质子交换膜需要含有足够的水才能促进氢质子的传输，因此需要增湿器对进入电堆的空气增湿，保障质子交换膜的湿润性。通过提高质子交换膜的电导率、降低膜电阻来提高相对湿度，从而提高 PEMFC 的性能输出。

表 3-4　空压机类型及优缺点比较

空压机（结构）	类型（原理）	优点	缺点
螺杆式空压机	容积型	压力和流量可以灵活调整、启停方便、安装简单	噪声大、体积大、质量重、价格高
涡旋式空压机	速度型	容积效率较高，在宽的工况下都能有较高的效率	尺寸大和质量较重
离心式空压机	速度型	价格相对便宜，响应较快，寿命长	低流量时的喘振现象影响性能和寿命
罗茨式空压机	容积型	工作转速低，较宽的高效运行区，技术成熟	叶片少，脉动大，噪声大，体积大，质量重，高压段效率低
螺旋式交叉滑片空压机	容积型	转子结构化优化明显，摩擦损失减少	进出口压力损失较大

相对湿度是单位体积空气内实际的水蒸气密度和同温度下饱和水蒸气密度的百分比：

$$\Phi_{rh}=\frac{p_v}{p_{sat,(t)}}\times 100\% \tag{3-17}$$

式中：Φ_{rh}——相对湿度；p_v——单位体积空气中的水蒸气密度；$p_{sat(t)}$——同温度下的饱和水蒸气密度。

相对湿度不是越高越好，相对湿度高于100%意味着气体中已有液态水的存在，如果这些液态水无法有效排走，容易导致水淹。

目前应用于PEMFC系统的空气加湿通常是内部加湿和外部加湿。内部加湿是指通过改变电堆两侧端板的结构实现电堆的内增湿；外部加湿是指在反应气体进入电池反应前，通过电池外部附加装置实现对燃料气体的增湿。

国外已有多个厂家开发出加湿器，并形成产品，能够满足从备用电源到氢燃料电池公交车用的加湿需要。国内加湿器市场已经形成了完整的产业链，包括上游的原材料供应商、中游的加湿器企业及生产商以及下游的销售渠道和消费者。

对于车载PEMFC系统来说，外部加湿因具有增湿量大且稳定、易于操作的特点成为目前最常用的加湿方式之一。增湿器不仅导致氢燃料电池系统复杂且效率低下，还会造成系统的体积密度和功率密度双降，同时会造成利润率降低，对氢燃料电池的商业化发展是个阻碍。这种背景下，增湿器小型化或取消增湿器转而进行自增湿的研究和开发成为发展趋势。某些企业采用了先进系统设计方法，已经取消了加湿器，有效提高了低温冷启动性能。

在PEMFC实际工作时，热能积累使电池内部逐渐升温，有利于提高电化学反应速度和质子在电解质膜内的传递速度，并且反应产物水能随着过量反应气体及时排出。但温度过高会使质子交换膜脱水，导致电性能变差；温度过高还会造成质子交换膜因高温被烧灼出孔洞，造成氢气向空气侧泄漏，因此，维持电堆内部温度在70～80℃是非常合理的。

合理的吹扫以及过量的空气可以及时排出电堆阴极侧的水分，避免造成水淹。通过加湿可以维持质子交换膜在最佳的水合状态，从而获得较高的传导性和良好的运行特性。

热管理系统通过循环水将电堆内部的温度降低，保障质子交换膜不会因为高温被烧灼出孔洞。热管理系统还包括水泵、节温器、散热风扇、流量计、阀门部件。常用的传热介质是去离子水或特殊的防冻液。

氢燃料电池汽车的核心突破技术之一是充分利用水热管理，取消外部加湿器。通过使膜变薄（0.01mm）有利于电池阴阳极之间的水传递；将热管理控制器放置在空气入口处，降低温度，从而使膜不容易变干；采用空气和氢气逆流的方式将反应生成的水带回反应中，从而实现了自增湿，此举大大简化了系统的复杂度，降低了成本，又很好地维护了电堆内部的水热平衡。

氢燃料电池水热平衡紧密相连，并且对其性能、耐久性和安全性有着至关重要的作用。保持水热最佳的平衡需要精确地对空气、氢气以及水的流速和流量进行控制。

第三节　驱动电机及控制技术

一、驱动电机概述

新能源汽车驱动电机主要有 4 类，分别是直流电机、交流电机、永磁同步电机、开关磁阻电机，它们的性能对比如表 3-5 所示。其中直流电机在新能源汽车发展初期应用较为广泛。随着电力电子技术和自动控制技术等的发展，交流电机、永磁同步电机和开关磁阻电机显现出比直流电机更优异的性能，直流电机因体积大、质量重、维修复杂等缺点，被逐步取代。

直流电机以控制简单、启动扭矩大、转速范围宽、效率高、响应速度快以及结构简单等特点，在需要精确控制转速和扭矩的场合中得到广泛应用。它们能够提供较大的启动扭矩，适用于启动时需要较大力矩的情况，并且可以通过调整电压或使用调速器来实现宽范围的转速调节。直流电机的动态响应快，可以迅速适应负载变化，且小型直流电机常用于控制电路和小型机械设备。然而，由于存在换向器和刷子，直流电机的维护成本相对较高，且在运行时可能会产生电磁干扰和热量，需要适当的散热措施。此外，直流电机的成本通常高于交流电机，尤其是在需要调速功能时。

交流电机以结构简单、运行可靠、维护成本低、效率高和适用范围广等优点，在工业和商业领域得到广泛应用。它们通常不需要复杂的控制系统，因为转速主要取决于供电频率和电机的极数，这使得它们在恒速运行的应用中非常理想。交流电机没有碳刷和换向器，因此避免了磨损部件，延长了电机的寿命，提高了可靠性，同时减少了电气火花产生的电磁干扰。此外，交流电机的启动和运行成本相对较低，适合长时间连续运行。然而，对于需要精确控制转速的应用，交流电机可能需要额外的变频器或其他控制设备来实现调速功能。

永磁同步电机以高效率、高功率和转矩密度、良好的控制性能、低噪声、较小的体积和小质量等优势，在现代工业和交通运输领域得到了广泛应用。这些电机使用永磁体来提供转子磁场源，从而省去了励磁损耗，提高了整体效率，效率可达 90%以上。同时，由于永磁同步电机的转子无铜损和铁损，也没有集电环和电刷的摩擦损耗，因此运行效率高。此外，它们还具有较高的起动转矩和较低的噪声，使得在启动过程中具有较高的可靠性，并且在对噪声要求较高的场合具有优势。

开关磁阻电机是在电机技术、电力电子技术、现代控制理论和数字控制技术发展的基础上产生的，它在电机本体上使用了现代电子控制技术，兼有交流电机变频调速系统和直流电机调速系统的优点，是一种结构简单、运行可靠、价格低廉的新型电机，但因控制复杂、精度低等原因，开关磁阻电机还没有普及。

与直流电机相比，永磁同步电机没有直流电机的换向器和电刷等。与异步电机相比，它具有效率高、功率因数高、转动惯量比大、定子电流和定子电阻损耗小、转子参数可测、控制性能好等优点，因为它不需要无功励磁电流，所以与普通同步电机相比，省去了励磁装置，简化了结构，提高了效率。永磁同步电机矢量控制系统可以实现高精度、高动态性能和宽范围的调速或定位控制，引起了国内外学者的广泛关注。

表 3-5　四种不同电机的特性对比

电机	转速范围/（$r\cdot min^{-1}$）	功率密度	质量	体积	可靠性	结构坚固性	控制器成本
直流电机	4000～6000	低	重	大	差	差	低
交流电机	12000～20000	中	中	中	好	好	高
永磁同步电机	4000～10000	高	轻	小	一般	好	高
开关磁阻电机	＞15000	较高	轻	小	好	好	一般

二、永磁同步电机的结构

永磁同步电机（permanent magnet synchronous motor，PMSM）主要由定子和转子两大部分组成。定子与普通交流电机的基本相同，由电枢铁芯和电枢绕组构成。电枢铁芯采用叠片结构以减小电机运行时的铁耗；电枢绕组可以采用集中绕组或分布短距绕组，对于极数较多的电机，还可以采用分数槽绕组。

永磁同步电机转子主要由永磁体、转子铁芯和转轴构成。转子结构的选择上，要兼顾低速恒转矩控制运行的出力和高速恒功率区域的弱磁扩速性能，尽量提高直轴电枢反应电感率和凸极率，增大弱磁能力和磁阻转矩分量，提高电机与逆变器容量的利用率。同时，还要避免转子中永磁体的不可逆退磁，确保转子有足够的机械强度，以保证电机在最高转速下的安全可靠运行。

与交流异步电机相比，永磁同步电机必须装转子位置检测器，用来检测转子位置，并以此控制电枢电流，达到对永磁同步电机驱动控制的目的。

三、电机系统

驱动电机系统是纯电动汽车三大核心部件之一，是电动汽车的动力来源。驱动电机系统是直接将电能转换为机械能的部分，决定了电动汽车的性能指标。驱动电机系统由驱动电动机（DM）和驱动电机控制器（MCU）构成，通过高低压线束、冷却管路，与整车其他系统做电气连接和散热连接。

整车控制器根据加速踏板、制动踏板、挡位等的信号通过 CAN 网络向电机控制器、驱动电车控制器发送指令，实时调节驱动电机的扭矩输出，以实现整车的怠速、加速、能量回收等功能。

电机控制器能对自身温度、电机的运行温度、转子位置进行实时监测，并把相关信息传递给整车控制器（VCU），进而调节水泵和冷却风扇的工作，使电机在理想温度下工作。

四、电机设计

电机设计包括轻量化设计、耐久性设计和 IP68 防护设计，如图 3-18 所示。

（一）轻量化设计

目前电机轻量化设计重点主要有 2 个：第一，研发轻质高效、性能优异的材料。第二，对电机结构、电磁参数进行优化设计以此给电机减重。电机材料轻量化采取的主要方法是将电机或其零部件的原材料更换为轻质材料。电机结构轻量化则是对其内部结构或者壳体结构进行相应的改进优化，优化后的电机性能提升明显，结构轻量化旨在通过改进结构设计来满足要求。应用结构优化技术实现轻量化，具有成本低、周期短且易于实现的优势。

对电机进行材料替换所能减轻的电机质量相对有限，比如电机中电磁的质量基本上无法减轻，这时就需要从结构方面入手，在不降低刚度与强度的基础上，对机械结构进行轻量化设计。如采用扁线绕组的方式，具有利于电机绕组散热、能够提高绕组的耐压能力以及缩短绕组端部长度等方面的优势，进而可以提升电机转矩密度和功率密度。目前现有技术中的扁线发卡式电机绕组结构及其连接方式复杂多样。对于电机外壳，可以使用集成离合分离系统，从而缩短离合壳长度。

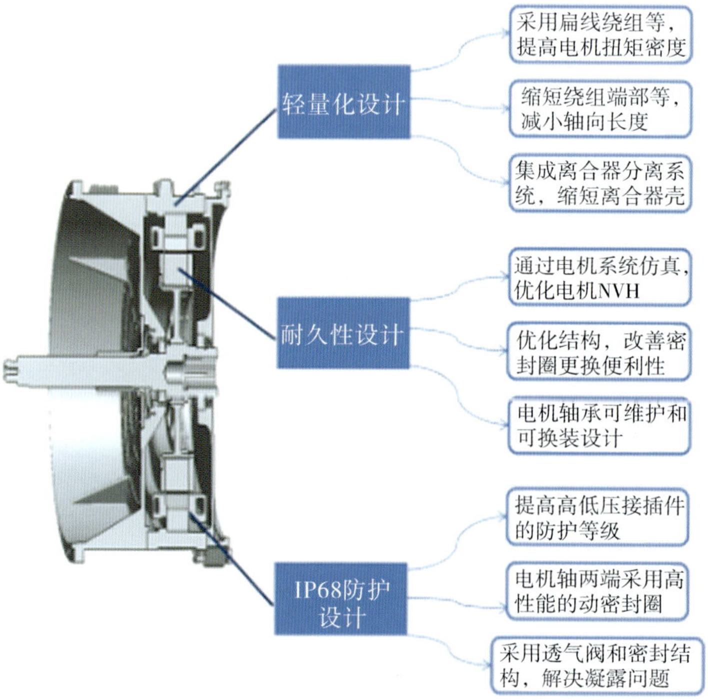

- 技术要求
- 主要尺寸计算
- 永磁体计算
- 磁路计算
- 参数计算
- 工作性能计算

图 3-18　电机设计要求

（二）耐久性设计

耐久性用于衡量产品的生命周期。耐久性有以下几种衡量标准，包括使用年限、使用小时数和运行周期数。可靠性测试确保产品质量在整个生命周期内与其描述的规格保持一致。这种测试可以在设计和生产两个层面进行：识别并减少设计中的缺陷或纠正制造过程中的潜在故障。

为了提高电机的耐久性，可以通过电机系统仿真，优化电机噪声、振动与声振粗糙度（noise、vibration、harshness，NVH）。噪声源于振动，振动会造成零件松动，还会直接损害电机的轴承，甚至会使转子发生弯曲或断裂，加速电机轴承的磨损，使其正常寿命大大缩减。通过电机系统的软硬件仿真可以优化 NVH，从而提高耐久性。

此外，在结构方面，通过改善密封圈更换便利性以及电机轴承维护性，对其进行可换装设计，可以降低维修成本和维护难度，延长电机的使用寿命。

（三）IP68 防护设计

由于水和溶剂的存在，运动控制部件面临腐蚀和失效的危险。防水电机是解决水致电机故障问题的关键部件。电机行业有一个标准化的液体防护措施等级，称为 IP 防护。

IP68 是防水连接器中防水等级的最高级别。评估防水连接器防水性能如何，主要看 IPXX 的后面两位数字 XX：第一位 X 从 0 到 6，最高等级为 6；第 2 位 X 从 0 到 8，最高等级为 8。IP68 中防水条件：在无流动清水且水深 1.5m 下浸泡试验 30min，水温与产品温差不大于 5℃。IP68 中灰尘防护是指能够做到完全防止粉尘进入，在任何情况下都不会导致设备内部损坏或污染。

最常见、最有效的电机防水方法有 2 种：一是使用特殊外壳，用特殊外壳覆盖电机是防止水损害的最常见方法之一，不过专门的外壳很贵；二是采用防水轴封保护电机的运动部件，尤其是轴和轴承，防水轴封为电机的内部工作创造了一个封闭区域。

五、电机控制器

电机控制器是动力电池与电机之间的能量传输装置，主要由电源电路、控制电路和驱动电路三部分组成。作用：接收整车控制器指令，把动力电池提供的直流电逆变成三相交流电，驱动电机；在制动和减速时，将电机发出的交流电整流成直流电，给动力电池充电。电机控制器保证车辆正常前进、后退、停止、能量回收、通信、故障检测和报警，是电动汽车重要的组成部件。

电机控制器的主要部件包括：电容、放电电阻、电源板、主控电路、IGBT 模块。电容的作用是在 IGBT 开关时平滑母线电压，降低电机控制器 IGBT 端到动力电池端线路电感参数，削弱母线的尖峰电压，吸收母线高脉冲电压，防止瞬间高压损坏电机控制器。放电电阻可以保证断电后 5min 内能安全泄压。电源板给控制板检测电路供电，如霍尔传感器电源、部分稳压芯片电源。主控电路的作用是进行电流、电压采样；接收线圈位置和电机转速信号；对外通信；驱动 IGBT 板；保护电路。IGBT 模块即功率逆变模块，是一个双向的三相全桥逆变电路。

电机控制器的应用软件可实时监控电机运行状态，并对电机运行状态进行控制，包括上电管理、故障诊断、过程监控、信号采集显示等。电机控制器的基础软件包括看门狗监控软件、EEPROM（带电可擦可编程只读存储器)、PWM 生成模块、系统自测试等。

六、驱动电机及控制技术的研究方向

(一) 驱动电机及控制技术研究

1. 提高能量利用效率，降低电机系统内部损耗

要提高电机效率，本质上就要降低电机损耗。对于定子绕组中电流通过产生的铜损耗，可以在电机绕组匝数不变的情况下，通过加大导线线径，减小绕组电阻而降低。对于转子绕组中产生的导体损耗，可通过控制转子铸造时的压力、温度以及气体排放路径等措施，减少转子导条中的气体，从而提高导电率，降低损耗。此外还可以采用高性能磁性材料和工艺来降低铁耗，减小风扇，降低通风损耗等。

电机中各种损耗之间的功率关系如下：

输入功率P_1：

$$P_1=P_{Cu1}+P_{Fe}+P_{em} \tag{3-18}$$

式中：P_{Cu1}——定子铜损；P_{Fe}——铁损；P_{em}——电磁功率。电磁功率P_{em}由转子铜损P_{Cu2}和机械功率P_M组成：

$$P_{em}=P_{Cu2}+P_M \tag{3-19}$$

式中：P_{Cu2}——转子铜损；P_M——机械功率。

机械功率由输出功率P_2和空载损耗P_0组成，空载损耗包括机械损耗P_{moc}和负载损耗P_{ad}：

$$P_M=P_2+P_0 \tag{3-20}$$

$$P_0=P_{moc}+P_{ad} \tag{3-21}$$

电机的效率则是输出功率和输入功率的比值：

$$\eta=\frac{P_2}{P_1}\times 100\% \tag{3-22}$$

式中：P_2——输出功率；P_0——空载损耗；P_{moc}——机械损耗；P_{ad}——负载损耗；η——电机效率。

电控技术作为新能源电动汽车的三大核心技术之一，未来的发展趋势是高功率密度、高度集成化、轻量化。电机控制器要想实现高功率密度通常采用电力电子模块集成技术和模块化的设计理念，将汽车级功率器件 IGBT、IGBT 驱动和控制单元、复合母排、膜电容器以及低热阻的散热器等关键部件高度集成，开展大功率、高功率密度驱动电机控制器的产品优化与集成设计。电机控制器中的功率模块是提高功率密度的关键器件。随着新能源汽车朝大功率、小型化发展，功率模块也呈现高能量、小型化的趋势，更高功率密度的模块需要散热能力更强的散热结构。在整车及控制系统中大多采用水冷方式，因此高功率密度电热控制器的散热对其可靠运行至关重要，而优化散热底板设计、减小散热底板体积、减轻散热底板质量，可以达到提高系统功率密度的目的。

2. 电机控制器功能安全设计和测试技术

功能安全的关注点是失效引起的安全问题，该失效可从设计、生产、质量等角度避免。ISO 26262

定义了整个功能安全流程，包括项目启动、系统设计、软硬件设计、生产运营、质量维护等。

其中，软件设计作为关键的环节出现在了产品研发阶段。由于汽车电子产品的代码量越来越多，基于软件出现的风险，应采取相应的监控、预测、报警、处理等措施以使得风险降低到可接受的范围。

随着软件复杂程度和功能的大幅度提升，软件设计的复杂度进一步提高，同时软件内容和机电一体化的应用，使得系统性的和随机的失效风险日益增加。ISO 26262 通过提供可行的要求和流程指导来避免这些风险。

软件设计部分包括软件需求管理、软件架构设计、软件单元设计、软件单元测试、软件集成测试，软件安全需求验证等。软件设计的前提是系统设计以及对失效的判定。所有的软件失效都是系统失效，软件是不会随机失效的。软件功能的改变会影响整个车辆的运行稳定性。目前主流的满足电机控制器 ASILD 等级的软件设计为 MBD＋AUTOSAR 架构＋ASPICE 流程。

3. 电机 EMC 性能设计、仿真和测试能力分析

电动汽车的电磁兼容（EMC）问题近年来越来越受到重视，电动汽车的电驱动系统在工作时，功率开关管 MOSFET 或 IGBT 在一个宽频带上产生电流噪声或电压噪声，而这些噪声信号在高压母线上流过时会产生电磁干扰，从而造成不可预知的电磁危害。

目前，电动汽车在设计时都要进行电磁兼容测试，只有达到国标要求的电动汽车才能够上市。然而目前的电动汽车电磁兼容设计过程较多地依赖测试和整改，这样不仅耗费测试资源，效费比低，还会影响汽车的整体设计及推迟产品的上市时间。

4. 电机系统热管理技术

电机系统热管理技术的主要任务是分析电机内部的产热机制，设计冷却系统对其降温，保证电机及电控系统处于合适的温度范围。目前电机热管理主要有三个办法：风冷、油冷、液冷。

（1）风冷的优点是结构简单、不需要设计独立的冷却零件、维护方便及成本低，缺点是冷却效果较差。为保证足够的散热量需求，驱动电机与电机控制器需要增加与气流的接触面积，导致驱动电机和电机控制器体积和成本的增加；驱动电机和电机控制器在车辆上使用时应对的工况较为复杂，风冷无法在各工况下保证所需的散热量，故仅热负荷小的小型车驱动电机或辅助电机采用风冷。

（2）日系车型的电机采用自动变速器油（ATF）作为冷却介质，与冷却液相比，油冷电机体积更小，前机舱布置较为紧凑。

（3）液体具有更高的比热，且可以根据需要主动调节系统温度，故而液冷具有更好的稳定性。对于新能源汽车的驱动电机和控制器等元件，采用液冷可以迅速带走热量，实现温度的快速降低，提高电机和控制器的效率并延长使用寿命。现阶段新能源汽车电机和控制器普遍使用液冷冷却。

（二）纯电动汽车驱动电机及控制技术的研究

由于纯电动汽车和混动汽车两种车型不同，驱动电机还需要根据不同的需求，进行专项的技术积累。针对纯电动汽车，具体研究如下。

1. 电机提供辅助动力（PTO、电动附件驱动等）

在辅助动力装置中起动发电机系统利用了电机的可逆原理，起动发电机系统在作为起动电机使用的同时也作为发电机使用。起动发电机系统在起动时作为电动机运行，电动机将电能转换为机械能，

带动发动机运转；当转速达到某一值时发动机喷油点火，进入自行工作状态，这一过程称为启动过程。启动结束后，发动机转为原动机，拖动起动发电机，此时起动发电机作为发电机运行，将机械能转换为电能输出，通过整流和调节得到直流电，向系统提供电能。

目前，纯电动汽车为了节约车辆的设计成本，普遍在原有的燃油车型上设计改制，特别是公交车、通勤车、物流车等商用车。在设计改制的过程中去掉了内燃机的同时，也去掉了转向助力泵、空气压缩机、水泵、空调压缩机、发电机等电动附件，因此，原先由内燃机驱动的动力转向系统、空气压缩机、空调压缩机、发电机都需要进行电动化设计。现有的电动车针对附件大部分采用的是分体式单独驱动方案，即分别安装转向泵控制器、空气压缩机控制器、电动空调压缩机控制器、电动水泵、DC/DC 变换器，在主控箱内部针对上述附件分别设置对应的接触器和保险丝，这种设计的纯电动车在行业内广泛存在，其主要缺陷是电动附件系统结构复杂、布置分散、系统可靠性降低、附件总体体积较为庞大，而且部分附件的相关国家标准还没有出台，电动附件的安全性和可靠性选择充满了不确定性。

2. 双电机集成系统及其控制技术

目前典型的双电机驱动系统构型主要包括双电机独立驱动的结构和双电机耦合驱动的结构。双电机独立驱动构型主要有轮边电机独立驱动、轮毂电机独立驱动和双电机双轴独立驱动三种。双电机耦合驱动构型主要有行星齿轮耦合机构、双电机分别搭载传动系统的结构和变速器耦合机构三种。耦合类型分为转速耦合、转矩耦合以及转速转矩双耦合三种。转速耦合类型可以把两个电机的转速叠加合成，提高车辆的最高速度，但是对电机的转矩要求较高；转矩耦合类型可以把两个电机的力矩耦合起来，实现转矩合成，但是两个电机的转速不能合成，故对电机转速控制的要求较高；转速转矩双耦合类型既可以实现转速耦合又可以实现转矩耦合，能够形成多种驱动模式，从而更好地满足车辆复杂的行驶工况需求。

而对于混动车型，电机系统则需要考虑：①电机抑制发动机振动技术；②电机辅助变速器换挡技术。

在现代交通技术领域，传统车型的发动机通过离合器与变速器进行机械耦合，换挡过程中离合器主从盘转速不一致，变速器输入轴和输出轴存在转速差，导致离合器和变速器同步器磨损过快，严重影响了换挡品质和离合器、变速器的使用寿命。近年来，对于混合动力汽车或者纯电动汽车，电机成了除发动机之外的另一个动力源，由于电机增加了变速器输入端的转动惯量，发动机、离合器、电机与多挡变速器若协调控制不当，会造成换挡动力中断时间较长、换挡冲击、变速器和离合器磨损严重等问题，严重影响换挡品质。

现在的自动变速器在换挡时都要通过加大油门、利用发动机使其动力输入侧齿轮和输出侧齿轮同步（精度很差），这时的耗油往往达到正常行驶的 5 倍以上。利用电动机进行同步速度快不但不耗能还能回收能量，存入电池。

为了解决现有技术中的不足，未来的研究将致力于开发电动辅助自动变速控制系统和电子控制手动变速器的换挡执行机构。这些系统将摒弃传统的换挡过渡组件，如离合器和锥形轮等，将通过巧妙应用步进电机和弹簧组合执行机构，实现节能、快速且精准的换挡操作。

（三）新型电机驱动

除此之外，还有以下新型电机驱动形式，作为中近期和中远期能够实现的技术方案，应关注其可行性和研发进展。

1. 电驱动桥

电驱动桥主要由逆变器、电机、电驱变速器三大核心部件组成。此外，针对逆变器和电机的散热以及电驱变速器的润滑，分别需要水路和油路的循环运行，从而有一些泵阀附件。现在市面上大部分商用车新能源驱动系统的结构是中央电机通过传动轴连接一个传统的后桥，传动效率差，系统构成复杂。

按照电机的布置形式，可以将电驱动桥分成三类：轮边电驱动桥、中央电驱动桥以及轮毂电驱动桥。轮边电驱动桥常用于客车或商用车，如比亚迪 K9 和长江逸阁；中央电机驱动桥普遍用于乘用车，比如特斯拉的经典车型 P85D；而轮毂电驱动桥由于设计难度较大，尚不能广泛应用于电动汽车。

2. 轮毂/轮边电机

轮毂/轮边电机的主要结构特征是将驱动电机直接安装在驱动轮内（轮毂）或驱动轮附近（轮边），具有驱动轮传动链短、传动效率高、结构紧凑等优点，为汽车结构的变革创造了条件。轮毂/轮边电机的驱动方式主要有减速驱动和直接驱动两种。

在减速驱动方式下，一般采用普通的内转子高速电机。它安置在电动轮附近，通过减速机构与电动轮相连，通常称为轮边电机。为了获得较高的功率密度，电机的转速通常高达 10000r/min。该类型结构紧凑，可大幅度提高轮边电驱动桥总成的转矩密度和效率，已成为电动轮总成技术发展的重要方向。但是，高速行星齿轮装置设计和制造难度大、噪声难以控制、相关核心技术有待突破。

在直接驱动方式下，电机多采用外转子结构，转子直接安装在驱动轮内，没有减速装置，通常称为轮毂电机。直接驱动方式的主要特征是结构简单、可控性好，转子与车轮的轮毂固定或者集成在一起，车轮的转速与电机相同，一般为 1000～1500r/min。但是，低速大转矩的轮毂电机功率密度和转矩密度一般不高，致使电动轮总成体积和簧下质量大幅增加，对电动轮接地性能和车辆行驶平顺性会产生不良影响。

第四节　混合动力发动机及控制技术

本节的发动机及控制技术特指与电机配合、共同用于混合动力整车的发动机，以及发动机与电机一体化铸造的专用混合动力发动机（其中发动机本体暂时采用共轨燃油喷射系统，电机为永磁同步电机）。发动机控制技术特指系统增加电机后变更的发动机特性及由此带来的与传统发动机控制有差异的控制技术。

一、发动机小型化及与电机的集成

发动机小型化或小排量化是汽油机最为主流的节能技术之一，也是近 10 年来汽油机发展的重要趋势，美国、日本、欧洲各国的主要汽车厂商不断推出新型的小排量增压发动机。通常小型化是指发动机即使排量减小了，仍能发出高的功率，因此具有高的比功率、高的全负荷平均有效压力和比扭矩。

小型化带来的节能是多方面的：第一，更小的体积意味着更小的接触面积，因此传热损失得以减少；第二，摩擦损失因为同样的原因得以减少；第三，结合涡轮增压，增大了发动机负荷，减少了泵气损失；第四，减轻了发动机质量，节约了有用功。

发动机小型化的效果主要是运转工况点移向更高的平均有效压力所致的。由于运转工况点的移动，壁面传热和换气造成的损失以及机械损失都减少了，而燃烧持续期延长或点火角位置延迟所造成的实际燃烧损失有所增加，综合起来，在对减少燃油消耗具有重要意义的实际行驶工况范围内，仍有明显的节油效果。因此，目前多将增压强化方案作为汽车发动机小型化和提高现有发动机系列动力性能的最佳方法。

发动机小型化产生的问题及其对可能达到的最大平均有效压力的限制，对汽油机和柴油机而言在某些方面是不同的。一般发动机小型化需要对发动机机械结构、燃油喷射系统、燃烧过程和增压系统进行仔细的匹配。随着小型化程度的提高和比功率、比扭矩的增大，对单个子系统提出了更高的要求。对汽油机而言，爆燃问题将限制全负荷平均有效压力的提高；而对柴油机而言，汽缸爆发压力或机械负荷成为制约因素。

就降低燃油消耗而言，废气涡轮增压比机械增压更有优势。但是废气涡轮增压的问题在于发动机低转速时废气中的能量不够充足，这将导致起步扭矩（即所谓的“低端扭矩”）较小。此外，涡轮增压器转子的转动惯量在发动机负荷突变时会延迟增压压力的建立，使发动机的加速响应性能相应变差。

燃油喷射系统或混合气形成系统必须满足从怠速到全负荷之间宽广的运转范围内喷油量变化幅度更大的要求。由于燃油喷射系统在很大程度上影响燃油消耗和有害物质的排放，因此未来对喷油压力可变性的要求是必不可少的。

二、发动机控制策略针对混合动力要求重新标定

混合动力汽车是一个复杂的非线性集成体，要实现比传统燃油车低油耗、低排放这一目标，需要很多的关键技术，其中较为主要的有动力系统匹配技术、动力系统控制策略技术、整车仿真建模技术等。除了这些与混合动力技术相关的关键技术之外，为了从根源上进一步降低油耗，对仍作为主要动力来源的发动机的优化标定也是重要技术之一。

通过对混合动力传动部件及整车的仿真建模，再经过仿真计算得出发动机工作点的具体分布情况，进而得到发动机的优化目标，再针对性地对其进行优化标定。在发动机全局模型标定的基础上研究的逐点模型标定技术，运用空间实验设计方案来对各工况点的实验点进行设计，既缩短了发动机标定周期，还可以进一步提高整体标定效率。针对优化目标为降低车辆燃油消耗，在保证动力的前提下改善车辆的燃油经济性，即降低发动机再待优化标定点处的油耗，再根据约束条件，采用梯度类算法、直接搜索法和全局搜索法来进行算法优化。

梯度类算法的数学理论支持较为完备，在设计空间为单向连续时能迅速找到最优解，并且可以进行并行计算，因此应用十分广泛。该类型算法的缺点是优化结果的优劣对于初始点的选择依赖性较大，且容易陷入局部最优。

直接搜索法能用大步长对围绕在初始点的局部范围进行有效寻优，搜索范围大于梯度类算法，且

不需要求解梯度，比较适用于中等数据规模和中等非线性优化问题的寻优。该算法的缺点是不善于对仿真时间较长问题的寻优，且不适合并行计算。

相比前两种算法，全局搜索法的局部最优解搜索能力稍差一些，但它是一种具有全局优化性能、通用性强且适合并行处理的算法，搜索范围更大，能更容易地找到全局最优点。

三、发动机控制策略针对混合动力的优化

在混合动力汽车各部件的配置确定下来之后，优化控制策略是实现混合动力汽车低油耗、低排放目标的关键。在满足汽车的动力性和其他基本技术性能以及成本等要求的前提下，针对各部件的特性及汽车的运行工况，控制策略要实现能量在发动机、电机之间的合理而有效分配，使整车系统效率达到最高，获得整车最大的燃油经济性、最低的排放以及平稳的驾驶性能。

串联式混合动力汽车的控制策略：由于串联式混合动力汽车的发动机与汽车行驶工况没有直接联系，因此控制策略的主要目标是使发动机在最佳效率区和排放区工作。此外，为了优化控制策略，还必须考虑合并在一起的电池、电传动系统、发动机和发电机的总体效率。一般会将恒温器控制模式和发动机跟踪器控制模式结合，目的是充分利用发动机和电池的高效率区，使整体效率最高。发动机在荷电状态值较低或负载功率较大时会起动；当负载功率较小且荷电状态值高于预设的上限值时，发动机被关闭。在发动机关和开之间设定了一定范围的状态保持区域，这样可以避免发动机的频繁起停。发动机一旦起动便在相对经济的区域内对电动机的负载功率进行跟踪，当负载功率大于或小于发动机经济区域所能输出的功率时，电池组可以通过充放电对该功率差进行缓冲或补偿。采用该控制策略可以减少电能的循环损耗，避免电池大电流放电和发动机的频繁起动，降低了油耗，提高了排放性能。

并联式混合动力汽车的控制策略：目前用于并联的策略一般有并联电辅助驱动式控制策略、并联自适应式控制策略（实时控制策略）和模糊逻辑控制策略三种，下面分别加以介绍。

1. 并联电辅助驱动式控制策略

在并联电辅助驱动式控制策略中，利用电动机提供额外功率并保持电池的荷电状态处于允许的工作范围。具体的控制策略如下。

（1）当车速低于某一最小车速时，电动机提供全部的驱动力。

（2）当转矩需求高于发动机的最大值时，电动机提供额外的驱动转矩。

（3）当发动机在给定的车速上效率很低时，发动机关机，由电动机提供驱动转矩。

（4）当电池的 SOC 值过低时，发动机提供额外扭矩，带动电机工作，对电池充电。

（5）回收制动能量，为蓄电池充电。

2. 并联自适应式控制策略（实时控制策略）

优化了燃油经济性和减少发动机废气排放，在每一个时间段内对发动机和电动机的转矩分配进行优化控制。主要特点如下。

（1）当车速低于某一最小车速时，由电机提供全部驱动力。

（2）当车速大于最小车速，并且行驶需要扭矩小于电机的最大扭矩时根据发动机的燃油消耗率和当前电池的 SOC 值来决定动力源。

（3）当行驶需要扭矩大于电机的最大扭矩，并且小于发动机在给定转速下所能产生的最大扭矩时，由发动机独自提供全部驱动力。发动机是否驱动发电机对电池充电，取决于电池的 SOC 值以及此时电池和电机的效率。

（4）当行驶需要扭矩大于发动机在给定转速下所能产生的最大扭矩时，由电机提供扭矩助力。

（5）减速时回收制动能量。

3. 模糊逻辑控制策略

出发点是通过综合考虑发动机和蓄电池的工作效率来实现混合动力系统的整体效率最高。模糊逻辑控制策略目标与实时控制策略类似，但是与实时控制策略相比，模糊逻辑控制策略具有鲁棒性好的优点。主要特点如下。

（1）所需功率近似当前转速下发动机最优功率时，电机基本不工作。

（2）所需功率大于当前转速下发动机最优功率时，发动机工作点位于最优工作点附近，余下的部分功率由电机提供，同时使电机运行效率在较高范围。

（3）当电池的 SOC 值超出限定值时，采取相应措施，使其回到正常范围。

混联式结构最能体现混合动力系统的最优化思想，同时是最复杂、形式最多样和研究难度最大的结构。混联式混合动力系统结合了串联式、并联式混合动力汽车结构的优点，在能量流的控制上有更大的灵活性，可以实现油耗和排放的最佳优化目标。

发动机恒定工作点控制策略：该策略将发动机作为主要动力源，通过电机和电池提供附加转矩的形式进行功率调峰，使系统获得足够的瞬时功率。由于使用了行星齿轮机构，发动机转速可以不随车速变化，这样使发动机工作在最优的工作点，提供恒定的转矩输出，而剩余的转矩则由电机提供。电机负责动态部分，避免了发动机动态调节带来的损失。而且与发动机相比，电机的控制更为灵敏，也更容易实现。

发动机最优工作曲线控制策略：该策略从静态条件下的发动机万有特性出发，经过动态校正后，跟踪由驱动条件决定的发动机最优工作曲线，从而实现对发动机及整车的控制。在这种策略下，让发动机工作在万有特性图中最佳油耗线上。发动机在高于某个转矩或功率限值后才会启动；发动机关闭后，离合器可以脱开（避免损失）或接合（工况变化复杂时，发动机启动更为容易），只有当发电机电流需求超出电池的接受能力或者电机驱动电流需求超出电机、电池的允许限制时，才能调整发动机的工作点。

瞬时优化控制策略：该策略就是在发动机最优工作曲线模式的基础上，对混合动力车在特定工况点下整个动力系统的优化目标（如效率损失、名义油耗）进行优化，便可得到瞬时最优工作点，然后基于系统的瞬时最优工作点，对各个状态变量进行动态再分配。通常，瞬时优化策略将名义油耗和功率损失作为控制目标。

四、发动机启停技术，减少怠速燃油消耗

汽车行驶中，总要停车等红绿灯，而发动机怠速消耗的能源是毫无意义的。启停技术可以最大限度减少发动机怠速时燃油的损耗，避免能源浪费，同时对减少排放有着重要的意义。遇到红灯时，驾驶者制动使车辆停下来后，将挡位换入空挡并完全释放离合踏板，这时控制系统会自动将发动机熄火，

节省了怠速运转而浪费的燃油；绿灯放行后，驾驶者踩下离合器，发动机自动重新启动，挂入挡位后即可前行。如果是自动挡车型则操作更为简单，驾驶者只要制动使车辆停止，发动机就自动熄火。在释放制动后，驾驶者加油，发动机将自动启动。这种节能的驾驶方式没有改变人们日常的驾驶习惯，没有给驾驶者增添任何使用上的麻烦，却具有显著的节油减排效果。

发动机自动启停系统作为混合动力车（微混合动力车）的入门技术，由于成本低、节能减排效果显著，应用前景广阔。目前，发动机自动启停系统主要有 3 种形式。

分离式起动机/发电机启停系统很常见。这种系统的起动机和发电机是独立设计的，发动机启动所需的功率由起动机提供，而发电机则为起动机提供电能。

集成起动机/发电机启停系统是一种先进的汽车节能技术，它通过将起动机和发电机集成到一个单元中，提高了启停系统的效率和性能。这种系统通常采用永磁同步电机技术，并将驱动单元集成在动力传动系统中，电控装置集成在发电机内部，从而实现更快、更平顺的发动机启动和停止操作。

上述 2 种启停系统是单纯起动机来启动发动机的，而 Mazda 的 SISS 智能启停系统（又称为 i-stop 技术），主要是在气缸内进行燃油直喷，通过燃油燃烧产生的膨胀力来重启发动机的，发动机上的传统起动机在发动机启动时起到辅助作用。

五、其他改进

1. 电子节气门控制系统（ETCS-i）

ETCS-i 是使用计算机控制节气门开度的系统。节气门体包括控制进气量的节气门、检测节气门开度状态的节气门位置传感器、打开或关闭节气门驱动马达、使节气门返回固定位置的回位弹簧。节气门驱动马达采用了反应灵敏度高、耗能小的直流马达。节气门位置传感器由霍尔元件和可绕其转动的磁铁制成的霍尔集成电路构成，磁铁安装在节气门轴上，与节气门一起转动。当节气门开启时，磁铁同时转动，改变位置，使磁通量发生变化，霍尔集成电路因磁通量变化从 VTA1 和 VTA2 端子输出霍尔效应电压，此电压信号被输送到发动机 ECU 作为节气门位置信号。节气门位置传感器不仅能精确检测节气门开启程度，还采用了无接触方式，结构简单，不易发生故障。常规机械连接的节气门系统中，节气门开启与关闭是由从加速踏板到节气门体之间的一根油门拉索控制的。在 ETCS-i 系统里，油门拉索已不再使用，根据加速踏板的踩压量大小，发动机 ECU 使用节气门驱动马达来柔性控制节气门的开启或关闭。尤其是在混合动力汽车上，发动机怠速及低负荷停止工作使得节气门的开度与加速踏板位置非线性关系，由混合动力系统高压电子控制单元（high voltage electronic control unit，HV-ECU）根据驾驶者的操作信息，如加速踏板位置、制动踏板位置、挡位、空调工作状态、SOC 状态、减速与加速等通过多路通信传输给发动机 ECU，ECU 根据这些信息计算出发动机的转矩，再根据当前曲轴位置、凸轮轴位置、进气充量、冷却液温度和节气门位置等信息对节气门转角期望值进行补偿，得到节气门的最佳开度，并换算成节气门驱动马达的电流矢量，控制马达转动或维持，然后通过减速齿轮打开或关闭节气门。节气门的实际开启角由节气门位置传感器检测并反馈给发动机 ECU，形成闭环的节气门位置控制。

2. 废气再循环技术

废气再循环技术（exhaust gas recirculation，EGR）是将内燃机中燃烧产生的一部分废气重新导入进气系统，与新鲜充量混合后一同进入汽缸，再次参与缸内燃烧。这项技术主要用来降低缸内最高燃烧温度，抑制 NOx 的生成与排放。而对汽油机而言，引入 EGR 还能够在部分负荷下减少泵气损失，从而降低燃油消耗率。废气的引入量称为废气再循环率（EGR 率）。

$$\text{EGR 率}=\frac{\text{EGR 气体量}}{\text{吸入空气量}+\text{EGR 气体量}} \tag{3-23}$$

EGR 系统的分类有很多。根据废气进入汽缸是否通过发动机的进气系统，EGR 系统可以分为外部 EGR 系统和内部 EGR 系统。内部 EGR 循环是通过可变气门正时机构改变配气相位来实现的，优点是结构简单，不需要改变发动机的机体构造，但对 EGR 率的控制非常困难。外部 EGR 循环是在发动机上加装外部管路，将废气从排气管引入进气系统，中间还需要加装冷却系统、EGR 阀等，结构虽然相对复杂，但是可以通过电控系统精确调节 EGR 率。

燃烧后发动机排出的废气中氧含量极低，近乎为零，因此排出的废气与新鲜空气充量混合后会使总的进气中氧气浓度降低，这样比空气的含氧量还低的进气充量在缸内燃烧时会使燃烧速率下降、最高燃烧温度降低，从而破坏了 NOx 生成的条件，抑制了 NOx 的生成。另外试验结果表明，与不引入 EGR 的缸内燃烧相比，EGR 中高比热容的 CO_2 和 H_2O 会大量吸收缸内燃烧释放的热量，如果两种情况中燃烧释放的热量相同，那么引入 EGR 的缸内燃烧的最高燃烧温度必然降低。同时 EGR 中的 CO_2、H_2O 以及 N_2 等成分基本不参与燃烧，引入 EGR 相当于稀释了总的进气充量，这导致缸内燃烧的火焰传播速度下降，燃烧放热率下降，同样使得最高燃烧温度下降。

图 3-19 为混合动力系统中发动机需要实现的技术目标和技术内容。

技术目标

- 发动机+电机无缝连接，完整的动力单元
  - 发动机特性→混合发动机特性
  - 分布式动力→一体化动力
- 整车竞争力提升
  - 动力性提升（增加低速扭矩，13L）
  - 瞬态响应性及瞬态油耗改善
  - 整体经济性改善

技术内容

- 结构优化
  - 聚焦发动机–电机结构优化
  - 可靠性改善
- 发动机工况聚焦经济区
  - 燃烧系统优化→油耗、原装排放系统
  - 增压系统匹配
    动力性提升策略
- 发动机+电机的扭矩协调控制
  - 发动机高效、低油耗区域工作
  - 电机高效、低电耗区域工作
  - 制动能量回收，与制动系统的协调

图 3-19　混合动力系统中发动机需要实现的技术目标与技术内容

第五节 变速器/减速器及控制技术

变速器是传动系统的重要组成部分，具有减速增扭、改变动力传递方向、动力输出系统（power take-off，PTO）动力输出等功能，以适应整车动力匹配。新能源汽车通常匹配机械式自动变速器（AMT），以更好地满足能量管理的应用需求。

目前主流的自动变速器有自动变速器（automatic transmission，AT）、机械式自动变速器（AMT）、无级变速器（continuously variable transmission，CVT）和双离合变速器（DCT），其中AMT具有生产成本低、生产继承性好、传动效率高、燃油经济性高等优点，在商用车领域获得了较好的发展。在新能源汽车领域，AMT是在传统手动变速器基础上增加的可以自动控制的执行机构及控制单元，可以实现自动换挡。传动系统多挡化有利于提升车辆动力性和增加续驶里程。AMT具有控制响应快、无离合器控制的天然优势，符合我国新能源汽车发展需求，发展前景广阔。但是由于AMT的非动力换挡，换挡过程中存在动力中断、换挡冲击大、控制参数多、控制技术复杂等问题，许多阻碍其发展的关键技术还在深入研究中。AMT的控制技术十分关键——是否准确响应挡位控制命令、挡位控制响应时间等直接影响整车的性能。

针对AMT控制技术复杂、换挡品质不佳的问题，目前AMT的研究工作主要围绕无动力中断换挡技术、多系统综合控制、智能挡位决策策略研究等方面展开。

其中无动力中断换挡技术通过换挡结构优化、控制参数优化来实现。一般在AMT换挡系统中增加辅助离合器，在换挡期间作为动力补偿，直到换挡结束；或调整同步器位置，通过切换同步器与离合器减小换挡过程中的最大冲击度与滑摩损失，实现无动力中断换挡。针对离合器的非线性特点和执行机构在跟踪、控制等方面遇到的困难，目前主要通过控制参数优化来缩短换挡时间、减小换挡时的冲击度和滑摩损失，使离合器输出平顺，无动力中断。运用遗传算法对离合器的工作效率和加速性能进行优化，对换挡执行机构使用PID控制器进行控制，提升换挡性能；或建立以冲击度和滑摩功为优化目标的多目标优化模型，辅以算法进行优化求解，实现换挡的无动力中断。

多系统控制中AMT变速器在换挡时遇到的困难在很大程度上来自在离合器接合时驱动系统调速难以做到实时适应。在换挡期间发动机的转速、转矩不但要保持相对稳定，还要对变速器的转速、转矩做出适应性改变，以求减小换挡冲击、提升换挡效率，可运用动力传动系统的协调控制，以转矩、转速双闭环控制为底层逻辑的自动换挡协调控制策略来实现车辆的平稳起步。车辆在换挡过程中驱动系统与制动系统的协调控制是提升驾驶感受、确保行车安全性的重要方面，引入动态规划，对离合器参数换挡策略进行匹配优化。根据混合动力汽车动力混合度对换挡时机的影响规律和换挡后挡位变化对混合动力汽车驱动系统工作状态影响的规律，提出换挡控制策略，解决换挡规律和驱动系统协调控制问题。

智能挡位决策策略研究是指根据“人一车一路”环境影响，对AMT换挡进行处理和调整。传统的挡位决策策略聚焦的经济最佳挡位和动力最佳挡位愈加无法适应日益复杂的驾驶环境。目前智能化换挡的研究热点是在挡位决策系统中加入神经模糊技术控制算法，将神经网络技术和模糊控制技术相结合，制订不同工况下的换挡策略。由于训练样本的数量限制以及无法进行动态训练来及时适应车况、路况和驾驶者特性的变化，决策模型的精度较低，容易出现最佳挡位判断失误。因此对 AMT 挡位决策系统的优化研究成为提高换挡准确性的关键。

经过多年的研究与探索，AMT 技术已取得了长足的进步，但其换挡性能、驾驶体验还未能达到 DCT、CVT 变速器的水准，应用上还局限于部分商用车和微型车。在汽车工业智能化、网联化、电动化的发展潮流推动下，AMT 技术正朝着换挡预测网联化、智能换挡动态学习与决策控制、直驱换挡控制、电机-变速器协调控制等方向发展，不断提高控制精细度和鲁棒性。

1. 换挡预测网联化

换挡预测网联化可以在车辆换挡前实现对路况、车况信息的精准把控，为车辆中央处理器提供数据支撑，实现车辆换挡智能动态决策。这始终是各大车企和院校的追求目标。因此研究车内通信、车际通信、云端通信三网融合技术，将车辆作为网络节点提前感知路况、车况。研究数据在车内传输时的信息传输时延、失效以及云端通信时网络基站切换对车辆信息传输稳定性的影响，利用反馈控制等手段提高抗干扰能力。

未来的 AMT 换挡动态学习与智能决策控制中车机协同方向必然是无人驾驶，通过车辆的整体网联化将实时数据载入控制系统，实现车辆自主行驶。自动换挡系统作为整车控制系统中极其重要的子系统，将通过数据实时共享辅以实时优化算法，解决自动换挡控制的不确定性问题，包括模型预测控制算法、神经网络算法、基于庞特里亚金极小原理的控制算法以及解耦算法。根据车况、路况的实时数据反馈通过优化算法实现换挡的动态学习和实时决策控制。路况信息和车况信息通过车载互联系统传入车辆的中央处理器，同时中央处理器与云端保持互联，通过大数据进行优化匹配，既为车辆做出最佳的换挡策略同时利用其进行动态学习，通过控制器控制换挡执行器进行换挡。并且在此趋势下进行实时预测和车辆速度跟踪误差补偿、减少换挡时执行器响应延迟、提高车辆下层协同控制的鲁棒性成为新一轮研究热点。

2. 直驱换挡控制

近年来，AMT 换挡直驱技术愈加受到重视，出现了电液直驱、电磁直驱等多种换挡驱动方案，其中电磁直驱装置因可实现较高集成度、拥有较高功率密度使得驱动力变化范围大和响应速度快，成为换挡执行器的首选方案。目前电磁直驱 AMT 控制中所面临的换相推力波动、摩擦力估计与补偿、高精度定位、高精度轨迹跟踪、多目标优化等问题成为新一轮攻关目标，而实时预测精度补偿、无传感位置预测方法、点位最优运动控制、自抗扰轨迹追踪、显式抗扰控制、基于伪谱法的多目标换挡控制优化等技术已成为解决上述问题的研究热点。

3. 电机-变速器协调控制

电机-变速器协调控制中清洁能源正成为车辆动力的优选，并且针对当前电池技术的局限性，车辆传动系统多挡化已成为提升车辆动力性和增加续驶里程的有效手段。在新能源车辆多挡化控制中 AMT 技术具有动力性强、集成度高、全路况适应力强等特点，发展前景广阔。但具有起步离合器滑摩、换挡过程转矩突变、理想驱动特性、能量管理、电机调速同步时间过长等问题。而电机-变速器协调控制是解决上述问题的关键。因此驱动电机-变速器联合同步控制、驱动电机转速转矩双闭环控制、转矩变化率控制、驱动电机加载曲线优化、电机-变速器扭矩协调控制仍需不断深入研究。

图 3-20 展示了运用在新能源汽车上的变速器技术。如果采用传统的 6 挡 AMT，挡位过多，并不能很好地应用到新能源车辆上，因为电动机与传统发动机的特性有所不同，电动机在额定的电压和电流下，可以在一瞬间输出额定的功率和扭矩，也就是说，电动机不需要通过变速器调节挡位来实现不同工况下的车辆行驶，而是直接通过控制输入电动机的电压、电流或频率，即可实现对车辆的不同转速和扭矩的控制。同时，电动机还具有调速范围广的特性。通俗地说，即在不额外损耗过多能量的情况下，通过对输入电压、电流或频率等的调节，就能实现对电动机转速和扭矩的调节，且调节范围较广。电动机无须多挡变速器就可实现较大范围的转速和扭矩调节，且效率更高 。因此 2/4 挡 AMT 技术的开发，更适合新能源车辆；同时需要针对新能源车辆的工况，开发满足需求的控制系统。

电机与变速器的集成是 AMT 在新能源车辆上应用的一种趋势。集成式驱动系统将驱动电机与变速器直接相连，省去了离合器，传动结构简单紧凑，传动效率高，汽车响应速度快，简化了变速器的结构。如果匹配变速器做到一体化集成发展，还可以有效扩大电机的高效工作区范围，同时减轻车身质量，提高爬坡能力，朝着轻量化、安全化发展；同时改善 AMT 的换挡品质。

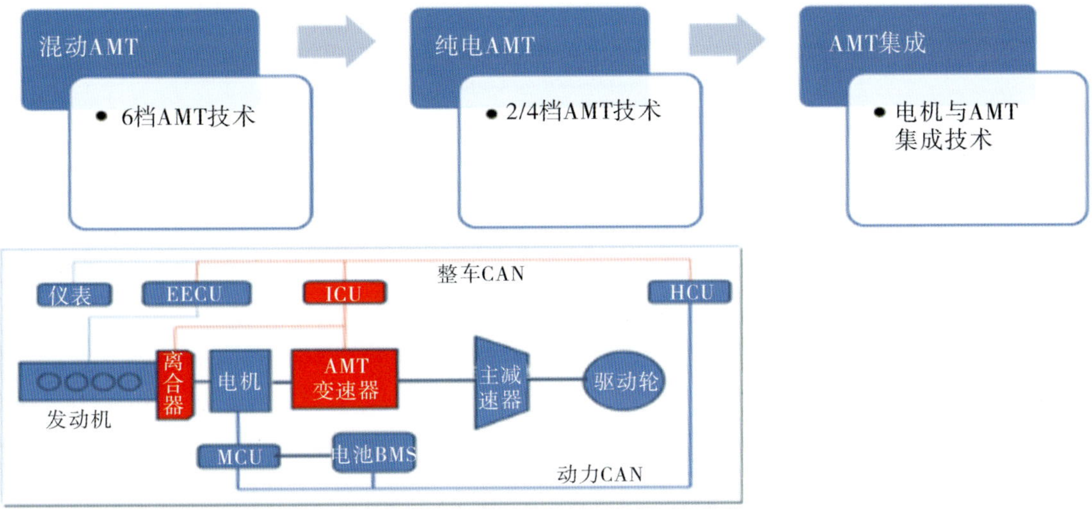

图 3-20　运用在新能源汽车上的变速器技术

第六节　电动附件及控制与集成技术

新能源车的附件是指 DC/DC 变换器、直流加热器（PTC）、高压配电盒。在纯电动汽车和插电混动汽车中，由于有纯电工况的存在，所有附件需要电动驱动。在附件电动化应用中，需要进一步降低能耗，以增加纯电行驶里程。

一、转向电动化

在传统的燃油车中，液压泵一直随着发动机的旋转而旋转，并与转速成正比，导致了能量的浪费。在燃油汽车的总能耗中，有 3%是被液压泵式的动力转向系统消耗的。电动汽车中液压泵的驱动动力不来自主动力驱动电机，而来自独立的驱动电机。图 3-21 是电液式动力转向系统的结构简图，它的液压泵由电机驱动，电机由动力电池供电，转向器与传统的液力转向器相同。基于这样的动力转向系统，液压泵可以在车辆直线行驶时低速运行或者停止运行，而车辆转向时它高速运转，提供动力，实现动力转向。

该电液式动力转向系统由循环球摇臂式转向器、转向电机、转向油罐、转向油泵、压力油管、回油管和吸油管等组成。转向器由方向盘控制，在液压随动助力下，使转向摇臂转动，然后通过转向连杆使转向轮转动，从而实现车辆的转弯。转向油泵在电机的驱动下，为转向器产生压力油。压力油管、回油管和吸油管构成了动力转向的液压系统，使转向油流动和冷却。

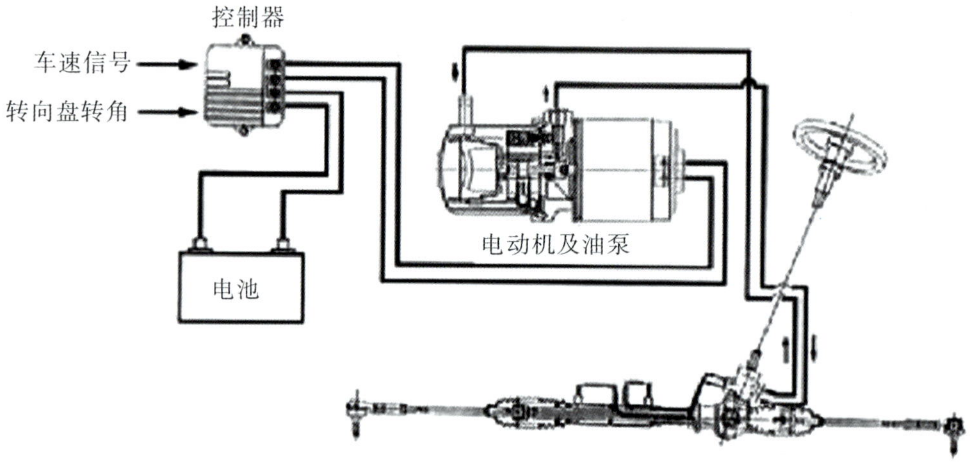

图 3-21　电液式动力转向系统图

以上是在新能源商用车上转向泵电驱动化的最简单形式，即用电机替代发动机为转向油泵提供压力。对于简单的电动转向，电机以恒定转速运行，这使得方向盘的手感不佳，需根据助力曲线优化电机转速控制。

较复杂的形式是在与方向盘连接的转向柱旁增加一助力电机，实现主动转向与助力优化功能，提高车辆转向的可靠性、精确性、舒适性和节能效果。

理想的形式是采用电液伺服控制，由电机替代发动机为转向油泵提供压力，同时由电控控制液压油泵的开启和动作，从而在需要时液压系统动作，不需要时不动作，达到降低能耗、节省能源的目的。在电机所需功率太大的情况下，可以考虑小电机＋储能器的方案。

二、制动电动化

在新能源商用车上最简单的形式为气动制动的空压机由电动驱动，以及轻型卡车/客车上液压制动的电动真空泵。目前技术重点在于电动空压机的选型应用。空压机主要类别包括活塞式、叶片式、涡旋式、螺杆式，每种类型的空压机各有特点；同时，相对传统空压机，它涉及油润滑的问题，因此做好整车的匹配非常重要。

这里简单介绍叶片式空压机，顾名思义，是通过转动叶片来实现气体压缩，最终将机械能转化成风能的一种空压机。它属于容积式空压机的一种。叶片式空压机的空气端（主机）主要由转子和定子组成，其中转子上开有纵向的滑槽，叶片在其中自由滑动；定子为一个气缸，转子在定子中偏心放置。

当转子旋转时，叶片在离心力的作用下甩出并与定子通过油膜紧密接触，相邻 2 个叶片与定子内壁间形成一个封闭的压缩腔，图 3-22 为叶片式空压机剖面图。

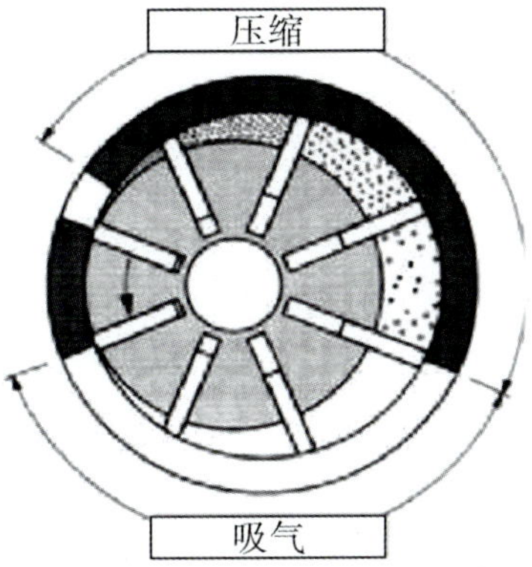

图 3-22　叶片式空压机剖面图

转子转动时，压缩腔的体积随着滑片滑出量的大小改变而变化。在吸气过程中，空气经由过滤器被吸入压缩腔，并与喷入主机内的润滑油混合。在压缩过程中，压缩腔的体积逐渐缩小，压力逐渐升高，之后油气混合物通过排气口排出。叶片式空压机没有轴向和径向的泄漏；通过控制转子和定子的切点间隙，有效地消除余隙容积；大吸入容积；低转速，确保了它的初始效率是最高的。

未来，它可结合 EBS 与驱动电机制动能量回收做相应系统协调，使电动车在安全可靠的同时更加节能。

三、空调系统电动化

在新能源商用车上，空调系统采用的是电动空调压缩机，而其他零部件包括冷凝器、蒸发器等较传统汽车，并无太多改变。

汽车空调制冷系统由压缩机、散热风扇、冷凝器、储液罐、膨胀阀、蒸发器等几大部件组成，如图 3-23 所示。

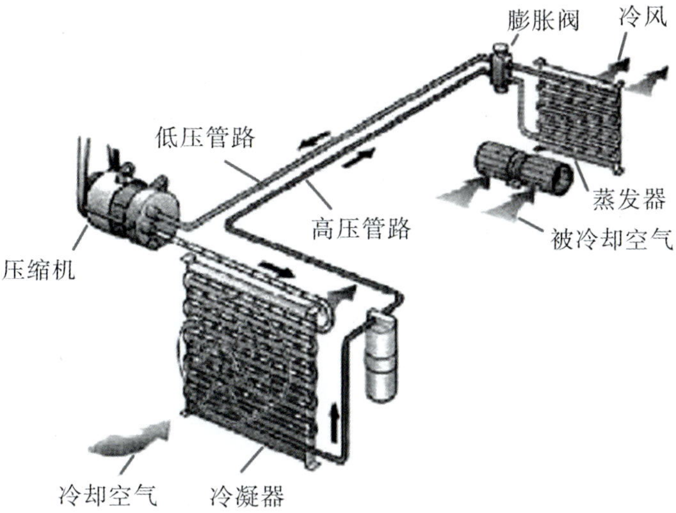

图 3-23　汽车空调制冷系统组成

空调系统作为传统汽车和电动汽车中功耗最大的辅助子系统，占所有辅助子系统功耗的60%～75%。传统汽车与电动汽车空调系统的区别在于电动空调压缩机可以由电动机直接驱动，对压缩机高转速性和密封性的要求较高；电动汽车没有发动机的余热可以利用，需采用热泵型空调系统或辅助加热器。电动汽车核心技术是空调变频电源系统，包括高电压自整流发电机及其稳压模块、逆变电源模块两大部分。通过交直逆变电源的模块控制，对电动涡旋式压缩机进行电压空间矢量调制，实现电动涡旋式压缩机无级变频启动、基频制冷和降频保持等，彻底改变传统车用空调控制模式，节能效果明显，提高了舒适度。

空调系统的功耗会影响电动汽车的性能。为使空调系统在各种工况下都能保持高效率，必须采用有效的控制策略。现阶段在燃油汽车基础上改装的电动汽车空调系统常采用开关式控制，而在电动车电动压缩机空调系统中，压缩机的转速是制冷量的主要控制量。由于压缩机的转速可以通过变频器来控制，因此可以采用模糊控制技术对汽车室内温度进行自动调节智能控制，从而有效改善汽车空调系统性能。

电动压缩机空调系统的基本原理：电池组的直流电经逆变器为空调压缩机驱动电机供电，空调电机带动压缩机旋转，从而形成制冷循环，产生制冷效果。电动压缩机空调系统相对于传统汽车空调系统，改变量小，在结构上只是压缩机驱动动力源由发动机变为驱动电机。

未来应用上考虑近身空调，合理分布驾驶室内空调风道，优先保证驾驶者周围温度的控制以及降低空调系统能耗。

四、集成化电动附件及控制技术

对于“小三电”（高压配电盒、车载充电机、DC/DC变换器）的匹配方案，传统方式为独立的控制器与独立的附件电机，各系统间独立工作。随着空间布置与成本的不断优化，目前主流的方式为将各附件控制器集成，主要是电动空压机控制器、电动转向控制器与DC/DC变换器集成，如图3-24所示。集成的DC/DC变换器除可将高压电转为低压电供电，还可将蓄电池的低压电转为高压电供转向系统应急使用，提高电动车的安全性。此外，DC/DC变换器可与高压配电箱集成。

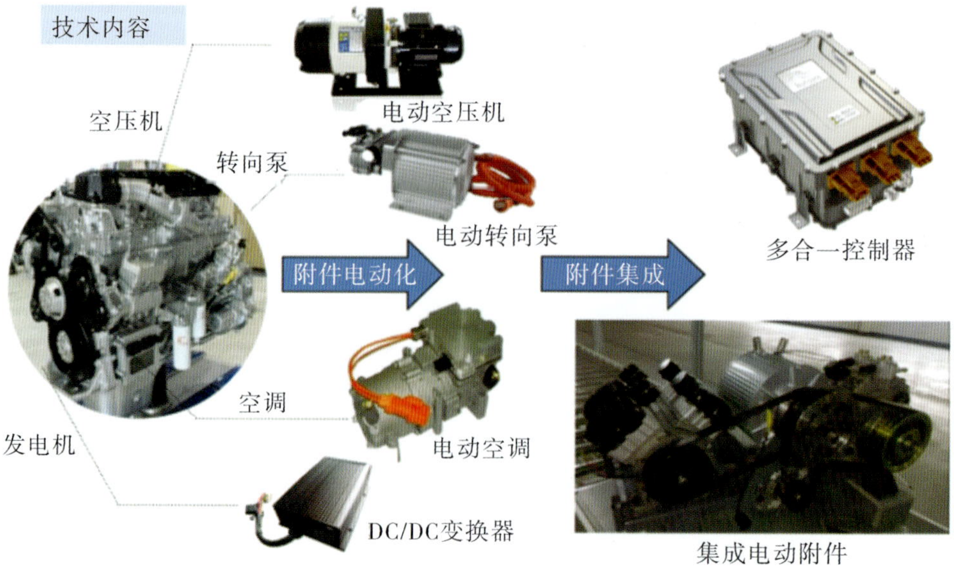

图3-24 电动附件集成化

更进一步的集成附件系统是将附件电机集成，以一套电机及控制器驱动多个传统的附件系统，可大幅减少空间与成本。

集成化虽具有明显优势，但在潜在的可靠性风险、EMC 限制、水冷要求等方面，还需要通过试验进一步验证。

参考文献

[1] 彼得·霍夫曼. 混合动力汽车技术 [M]. 耿毅，耿彤，译. 北京：机械工业出版社，2016.
[2] 刘伟. 混合动力汽车系统建模与控制 [M]. 北京：机械工业出版社，2014.
[3] 邹国棠. 电动汽车电机及驱动：设计、分析和应用 [M]. 北京：机械工业出版社，2018.
[4] 陈全世. 先进电动汽车技术 [M]. 2 版. 北京：化学工业出版社，2013.
[5] 谭晓军. 电动汽车动力电池管理系统设计 [M]. 广州：中山大学出版社，2011.
[6] 徐国凯. 电动汽车驱动与控制 [M]. 北京：电子工业出版社，2010.
[7] 温有东. 电动汽车永磁同步电机的研究 [D]. 哈尔滨：哈尔滨工业大学，2012.
[8] 刘鹏. 燃料电池汽车动力电池 SOC 估算及能量管理策略研究 [D]. 武汉：武汉理工大学，2014.
[9] 孙绪旗. 氢燃料电池汽车动力系统设计及建模仿真 [D]. 武汉：武汉理工大学，2012.
[10] 崔胜民. 新能源汽车概论 [M]. 北京：人民邮电出版社，2019.
[11] 崔胜民. 基于 MATLAB 的新能源汽车仿真实例 [M]. 北京：化学工业出版社，2020.
[12] 约翰·M. 米勒. 混合动力汽车驱动系统 [M]. 刘玉梅，赵聪聪，徐振，等，译. 2 版. 北京：机械工业出版社，2016.
[13] 中国汽车技术研究中心有限公司. 节能与新能源汽车发展报告. 2021 [M]. 北京：人民邮电出版社，2021.
[14] 杜常清，甘雯雯，张佩. 基于动态规划不同优化目标的 HEV 转矩分配策略对比研究 [J]. 计算机应用研究，2017，34 (5)：1308-1310，1336.
[15] 西蒙娜·奥诺里，洛伦佐·塞拉奥，乔治·里佐尼. 混合动力汽车能量管理策略 [M]. 胡晓松，唐小林，刘腾，译. 北京：机械工业出版社，2020.
[16] 王天怡. 基于轮毂电机汽车的全轮线控转向系统控制策略开发 [D]. 长春：吉林大学，2019.
[17] 谭晓军. 电动汽车动力电池管理系统设计 [M]. 广州：中山大学出版社，2011.
[18] 杜常清，曹锡良，何彪，等. 基于混合粒子群算法的双离合变速器参数优化设计 [J]. 吉林大学学报（工学版），2020，50 (5)：1556-1564.
[19] 曹汝恒，刘松，张书义. 新能源汽车空调系统的现状及发展趋势 [J]. 汽车实用技术，2016，6：106-108.
[20] 邵玉龙. 电动汽车 BMS 关键技术研究及硬件在环系统构建 [D]. 长春：吉林大学，2018.
[21] 谢卓，陈江平，陈芝久. 电动车热泵空调系统的设计分析 [J]. 汽车工程，2006，8：763-765.

第二篇　智能网联汽车技术

第四章　智能网联汽车的基础知识

第一节　智能网联汽车的基本概念

一、智能网联汽车的定义

智能汽车是指具备智能功能的汽车。具体是指搭载了先进的传感系统、决策系统、执行系统，具有环境感知、智能决策、自动控制以及协同控制等功能的新一代汽车，如图 4-1 所示。智能汽车通过车载环境传感系统和信息终端，实现车与人、车、路等信息的探测、感知、交互和融合，能够对行驶环境和行驶状态进行智能分析，实现部分或完全自动驾驶。

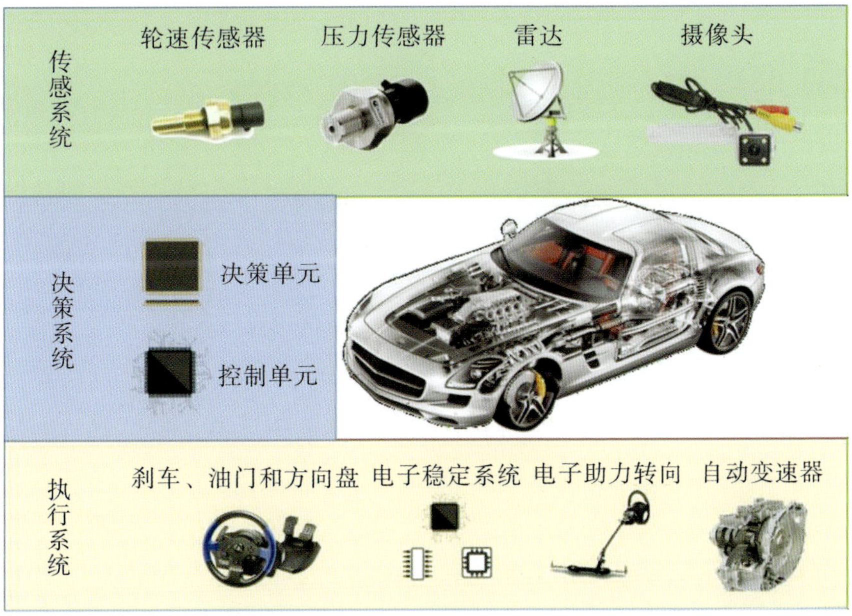

图 4-1　智能汽车

网联汽车是指具备网联功能的汽车。具体是指利用移动通信、数字微波、卫星通信、软件定义广域网、第五代移动通信技术（5th generation mobile communication technology，5G）、物联网等现代通信与网络技术，实现与交通设施、交通参与者、交通管理者、交通服务者等信息交互的新一代汽车，如图 4-2 所示。

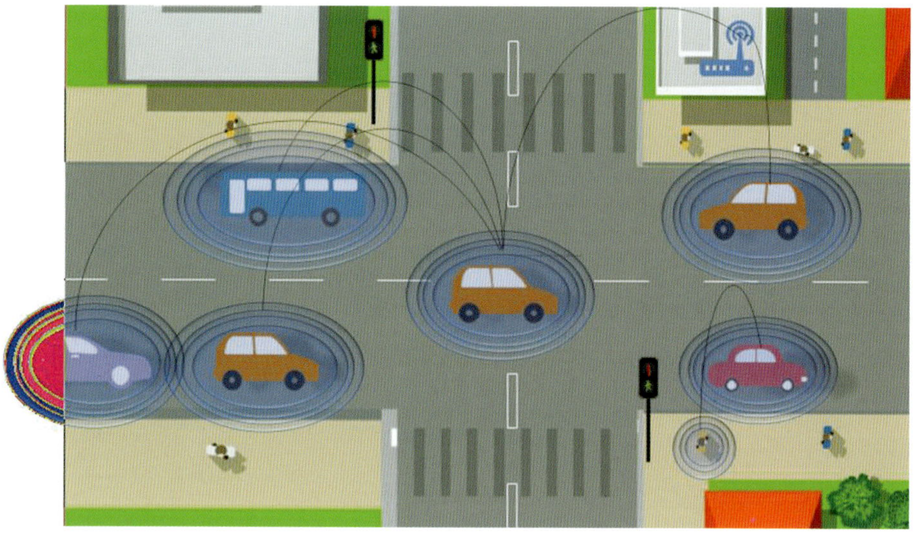

图 4-2 网联汽车

《国家车联网产业标准体系建设指南（智能网联汽车）》给出了智能网联汽车（intelligent connected vehicle，ICV）的定义：智能网联汽车是指搭载先进的车载传感器、控制器、执行器等装置，并融合现代通信与网络技术，实现车与X（人、车、路、云端等）智能信息交换、共享，具备复杂环境感知、智能决策、协同控制等功能，可实现"安全、高效、舒适、节能"行驶，并最终可实现替代人来操作的新一代汽车。可见，智能网联汽车是智能汽车和网联汽车的融合体，如图 4-3 所示。

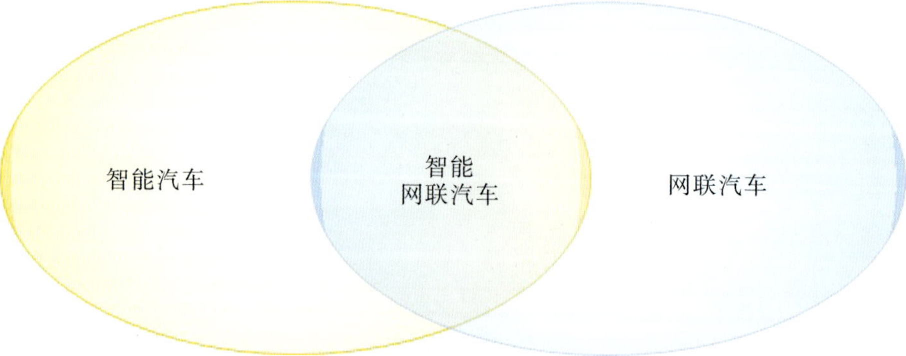

图 4-3 智能网联汽车

从汽车智能的角度上讲，智能网联汽车搭载了先进的车载传感器、控制器、执行器等装置，并融合现代通信与网络技术，实现车与外界智能信息交换、共享（vehicle to everything，V2X），具备复杂的环境感知、智能决策、协同控制等功能，可实现"安全、高效、舒适、节能"行驶。从汽车网联的角度上讲，智能网联汽车以车辆为主体和主要节点，融合现代通信和网络技术，使车辆与外部节点实现协同控制和信息共享，以实现车辆"节能、高效、有序、安全"行驶。

二、智能网联汽车分级

智能网联汽车分级有助于理解和认识智能网联汽车领域标准化的边界和对象，以及各标准化对象之间的层级关系和内在联系。通常，智能网联汽车从以下三个方面分级：汽车驾驶自动化分级、汽车智能化分级和汽车网联化分级。

（一）汽车驾驶自动化分级

2021 年 4 月，美国汽车工程师学会（Society of Automotive Engineers，SAE）发布了 J3016 标准，将汽车驾驶自动化划分为 L0～L5 六个等级。L0 级代表传统的人工驾驶。L1～L5 级表示驾驶自动化的成熟度，数值越高，驾驶自动化越成熟。

L0 级：人工驾驶，由驾驶者负责车辆驾驶。

L1 级：辅助驾驶，车辆对方向盘和加减速中的一项操作提供支持，驾驶者负责其余的驾驶操作。

L2 级：部分自动驾驶，车辆对方向盘和加减速中的多项操作提供支持，驾驶者负责其余的驾驶操作。

L3 级：条件自动驾驶，车辆完成绝大部分驾驶操作，驾驶者需要在适当的时候提供辅助支持。

L4 级：高度自动驾驶，车辆完成所有驾驶操作，驾驶者无须对所有的系统请求做出应答，但限定道路和环境条件。

L5 级：完全自动驾驶，车辆完成所有驾驶操作，驾驶者无须保持注意力。

汽车驾驶自动化分级（SAE J3016 标准）如表 4-1 所示。可以看出，在 SAE J3016 标准的 L0～L2 级，无论是否开启驾驶辅助功能，都需要驾驶者控制车辆。在 L3～L5 级中，车辆的控制权由系统主导，而非驾驶者。

表 4-1 汽车驾驶自动化分级表（SAE J3016 标准）

分级	名称	主体			
		驾驶操作	周边监控	支持	系统作用域
L0 级	人工驾驶	驾驶者	驾驶者	驾驶者	无
L1 级	辅助驾驶	驾驶者＋系统	驾驶者	驾驶者	部分
L2 级	部分自动驾驶	驾驶者＋系统	驾驶者	驾驶者	部分
L3 级	条件自动驾驶	系统	系统	驾驶者	部分
L4 级	高度自动驾驶	系统	系统	系统	部分
L5 级	完全自动驾驶	系统	系统	系统	系统

2021 年 8 月，国家市场监督管理总局、国家标准化管理委员会发布了《汽车驾驶自动化分级》（GB/T 40429—2021）。该标准基于驾驶自动化系统能够执行动态驾驶任务的程度，根据在执行动态驾驶任务中的角色分配以及有无设计运行范围限制，将驾驶自动化分成 0～5 级。

0 级驾驶自动化（应急辅助）：系统不能持续执行动态驾驶任务中的车辆横向或纵向运动控制，但具备持续执行动态驾驶任务中的部分目标和事件探测与响应的能力。

1 级驾驶自动化（部分驾驶辅助）：系统在其设计运行条件下持续地执行动态驾驶任务中的车辆横向或纵向运动控制，且具有与所执行的车辆横向或纵向运动控制相适应的部分目标和事件探测与响应的能力。

2 级驾驶自动化（组合驾驶辅助）：系统在其设计运行条件下持续地执行动态驾驶任务中的车辆横

向和纵向运动控制，且具备与所执行的车辆横向和纵向运动控制相适应的部分目标和事件探测与响应的能力。

3 级驾驶自动化（有条件自动驾驶）：系统在其设计运行条件下持续地执行全部动态驾驶任务。

4 级驾驶自动化（高度自动驾驶）：系统在其设计运行条件下持续地执行全部动态驾驶任务且自动执行最小风险策略。

5 级驾驶自动化（完全自动驾驶）：系统在任何可行驶条件下持续地执行全部动态驾驶任务且自动执行最小风险策略。

在《汽车驾驶自动化分级》（GB/T 40429—2021）标准中，0 级驾驶自动化不是指无驾驶自动化。0 级驾驶自动化的车辆仍然能够感知环境，并提供提示信息或短暂介入车辆控制以辅助驾驶者避险（如车道偏离抑制、自动紧急制动、前向碰撞预警、车道偏离预警等紧急情况下提供的辅助功能）。《汽车驾驶自动化分级》（GB/T 40429—2021）如表 4-2 所示。

表 4-2　汽车驾驶自动化分级表（GB/T 40429—2021）

分级	名称	主体			
		驾驶操作	周边监控	支持	系统作用域
0 级	应急辅助	驾驶者	驾驶者＋系统	驾驶者	部分
1 级	部分驾驶辅助	驾驶者＋系统	驾驶者＋系统	驾驶者	部分
2 级	组合驾驶辅助	系统	驾驶者＋系统	驾驶者	部分
3 级	有条件自动驾驶	系统	系统	动态驾驶任务后援用户（执行接管后成为驾驶者）	部分
4 级	高度自动驾驶	系统	系统	系统	部分
5 级	完全自动驾驶	系统	系统	系统	系统

（二）汽车智能化分级

2020 年 11 月，由国家智能网联汽车创新中心发布的《智能网联汽车技术路线图 2.0》将智能网联汽车的智能化划分为：1 级驾驶辅助（driver assistance，DA）、2 级部分自动驾驶（partial automation，PA）、3 级有条件自动驾驶（conditional automation，CA）、4 级高度自动驾驶（high automation，HA）、5 级完全自动驾驶（full automation，FA）。

1 级驾驶辅助（DA）：在特定的设计运行范围内，自动驾驶系统持续执行横向或者纵向运动控制的动态驾驶任务，其余动态驾驶任务由驾驶者执行。

2 级部分自动驾驶（PA）：在特定的设计运行范围内，自动驾驶系统持续执行横向和纵向运动控制的动态驾驶任务，驾驶者执行失效应对和监视自动驾驶系统。

3 级有条件自动驾驶（CA）：在特定的设计运行范围内，自动驾驶系统持续执行全部动态驾驶任务，当系统发出接管请求或者系统出现故障时，用户需要接管系统并做出响应。

4 级高度自动驾驶（HA）：在特定的设计运行范围内，自动驾驶系统持续执行全部动态驾驶任务和负责失效应对接管，用户不需要响应系统发出的接管请求。

5 级完全自动驾驶（FA）：在任何可行驶条件下，自动驾驶系统持续执行全部动态驾驶任务和负责失效应对接管，用户不需要响应系统发出的接管请求。

汽车智能化等级如表 4-3 所示。

表 4-3　汽车智能化等级表

<table>
<tr><th>智能化等级</th><th>等级名称</th><th>控制</th><th>监视</th><th>失效应对</th><th>设计运行范围</th><th>典型工况场景</th></tr>
<tr><td colspan="2">驾驶者监视驾驶环境，执行部分动态驾驶任务</td><td rowspan="2">人与系统</td><td rowspan="2">人</td><td rowspan="2">人</td><td rowspan="2">有限制</td><td rowspan="2">自适应巡航、车道保持等</td></tr>
<tr><td>1 级 DA</td><td>驾驶辅助</td></tr>
<tr><td>2 级 PA</td><td>部分自动驾驶</td><td>系统</td><td>人</td><td>人</td><td>有限制</td><td>交通拥堵辅助、协同式自适应巡航、自动泊车等</td></tr>
<tr><td colspan="2">自动驾驶系统监视驾驶环境，执行全部动态驾驶任务</td><td rowspan="2">系统</td><td rowspan="2">系统</td><td rowspan="2">人</td><td rowspan="2">有限制</td><td rowspan="2">高速公路、交通拥堵、商用车队列有条件自动驾驶等</td></tr>
<tr><td>3 级 CA</td><td>有条件自动驾驶</td></tr>
<tr><td>4 级 HA</td><td>高度自动驾驶</td><td>系统</td><td>系统</td><td>系统</td><td>有限制</td><td>高速公路、城市、城郊、特定场景（如代客泊车）高度自动驾驶等</td></tr>
<tr><td>5 级 FA</td><td>完全自动驾驶</td><td>系统</td><td>系统</td><td>系统</td><td>无限制</td><td>所有行驶场景</td></tr>
</table>

（三）汽车网联化分级

2020 年 11 月，由国家智能网联汽车创新中心发布的《智能网联汽车技术路线图 2.0》按照网联通信内容的差异，分为：网联辅助信息交互、网联协同感知、网联协同决策与控制三个等级。

网联辅助信息交互是指基于车—路、车—后台通信，实现导航等辅助信息的获取以及车辆行驶与驾驶者操作等数据的上传。

网联协同感知是指基于车—车、车—路、车—人、车—后台通信，实时获取车辆周边交通环境信息，与车载传感器的感知信息融合，作为自车决策与控制系统的输入。

网联协同决策与控制是指基于车—车、车—路、车—人、车—云平台通信，实时并可靠获取车辆周边交通环境信息及车辆决策信息，车—车、车—路等各交通参与者之间信息进行交互融合，达到智能协同，从而实现车—车、车—路等各交通参与者之间的协同决策与控制。

汽车网联化等级如表 4-4 所示。

表 4-4　汽车网联化等级表

分级	名称	控制主体	典型信息	传输需求
1	网联辅助信息交互	人	地图、交通流量、交通标志、油耗、里程等信息	传输实时性、可靠性要求较低
2	网联协同感知	人或者系统	周边车辆/行人/非机动车位置、信号灯相位、道路预警等数字化信息	传输实时性、可靠性要求较高
3	网联协同决策与控制	人或者系统	车－车、车－路、车－云间的协同感知、决策与控制信息	传输实时性、可靠性要求最高

第二节　智能网联汽车的基本组成

一、智能网联汽车系统的层级结构

智能网联汽车系统的核心任务是由系统进行信息感知、决策预警和智能控制，逐步代替驾驶者的驾驶任务，最终实现完全自主地执行全部驾驶任务。系统主要由环境感知层、智能决策层、控制和执行层组成。

环境感知层的主要功能是通过视频摄像头、雷达传感器、激光测距器、车载传感器等设备感知与采集车辆自身信息（如车速、方向、发动机状态等）及车辆外在信息（如道路、车辆、行人、交通设施、交通标识等），并通过现代通信与网络技术（5G、V2X、卫星定位技术）将信息传递给智能决策层。

智能决策层的主要功能是接收环境感知层传递的信息，并对其进行识别、融合、分析、优化、决策，判断车辆驾驶模式以及将要执行的驾驶操作，并向控制和执行层输送指令。

控制和执行层的主要功能是接收智能决策层传递的指令，并按照指令对车辆进行驾驶操作和协同控制。

智能网联汽车系统的层级结构如图 4-4 所示。

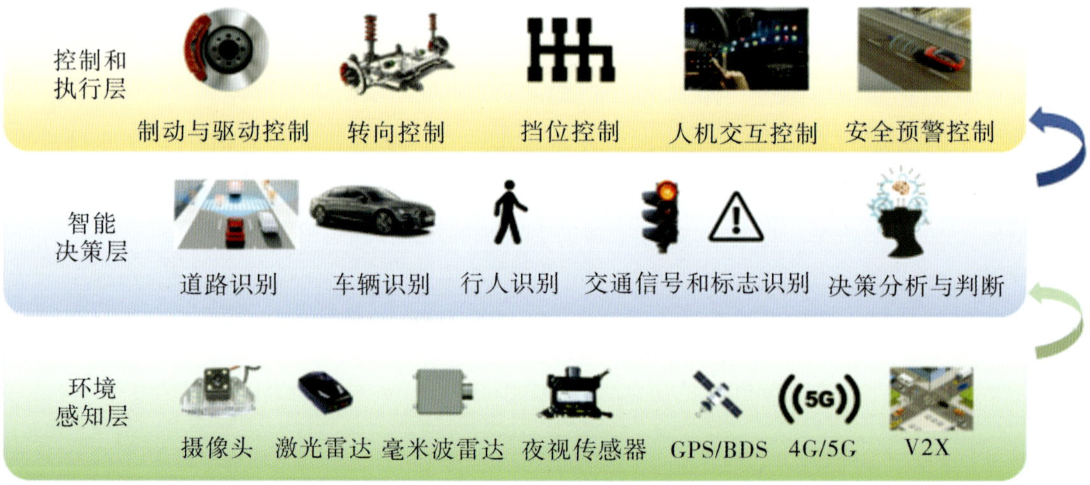

图 4-4　智能网联汽车系统的层级结构

二、智能网联汽车的技术逻辑结构

智能网联汽车技术逻辑的 2 条主线由“信息感知”和“决策控制”组成，其发展的核心是由系统进行信息感知、决策预警和智能控制，逐渐替代驾驶者的驾驶任务，并最终实现完全自主执行全部驾驶任务，如图 4-5 所示。

在信息感知方面，根据信息对驾驶行为的影响和相互关系划分为驾驶相关类和非驾驶相关类两个方面。其中，驾驶相关类包括传感探测类和决策预警类，非驾驶相关类主要包括车载娱乐服务和车载互联网信息服务。根据信息获取方式，传感探测类进一步细分为依靠车辆自身传感器直接探测获取信息以及车辆通过车载通信装置从外部其他节点接收信息。

在决策控制方面，依据车辆和驾驶者在车辆控制方面的职责和作用分为辅助控制类和自动驾驶类，分别对应不同等级的决策控制。其中，辅助控制类主要是指车辆利用各类电子技术辅助驾驶者进行车辆控制，如横向控制与纵向控制及其组合，可划分为驾驶辅助（DA）和部分自动驾驶（PA）；自动驾驶类则根据车辆自主控制以及代替人进行驾驶的场景和条件进一步细分为有条件自动驾驶（CA）、高度自动驾驶（HA）和完全自动驾驶（FA）。

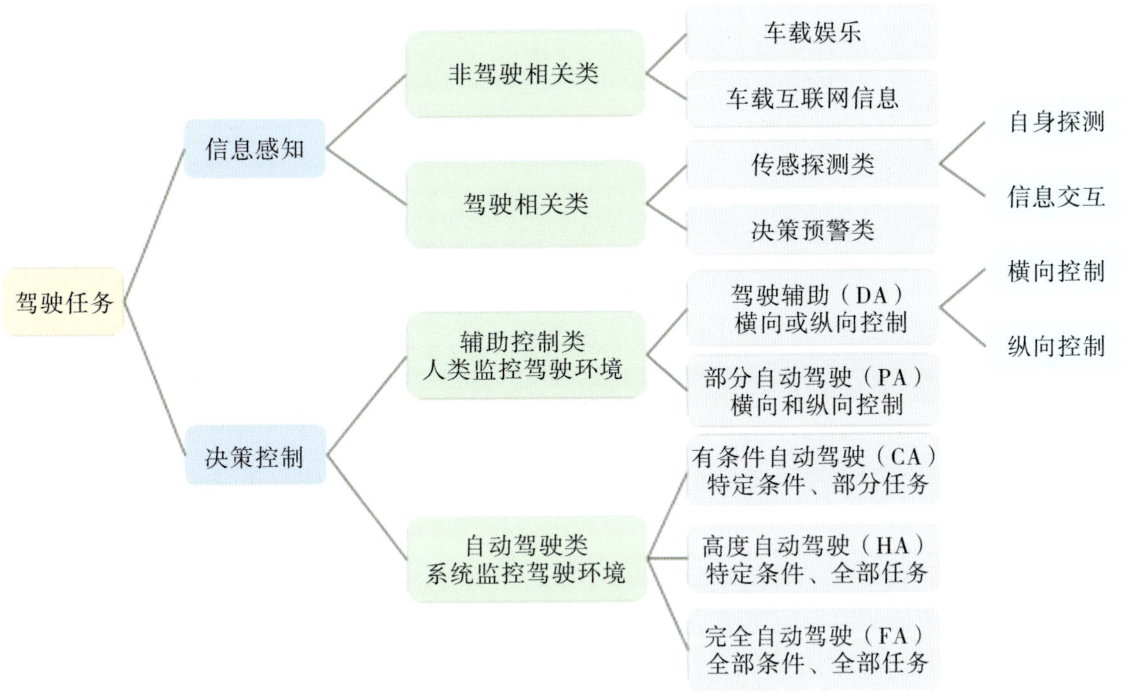

图 4-5 智能网联汽车的技术逻辑结构

三、智能网联汽车的物理结构

智能网联汽车的物理结构是把技术逻辑结构所涉及的各种信息感知与决策控制功能落实到物理载体上。车辆控制系统、车载终端、交通设施终端、外接终端等按照不同的用途，通过不同的网络通道、软件或平台对采集、接收到的信息进行传输、处理和执行，进而实现不同的功能或应用，如图 4-6 所示。

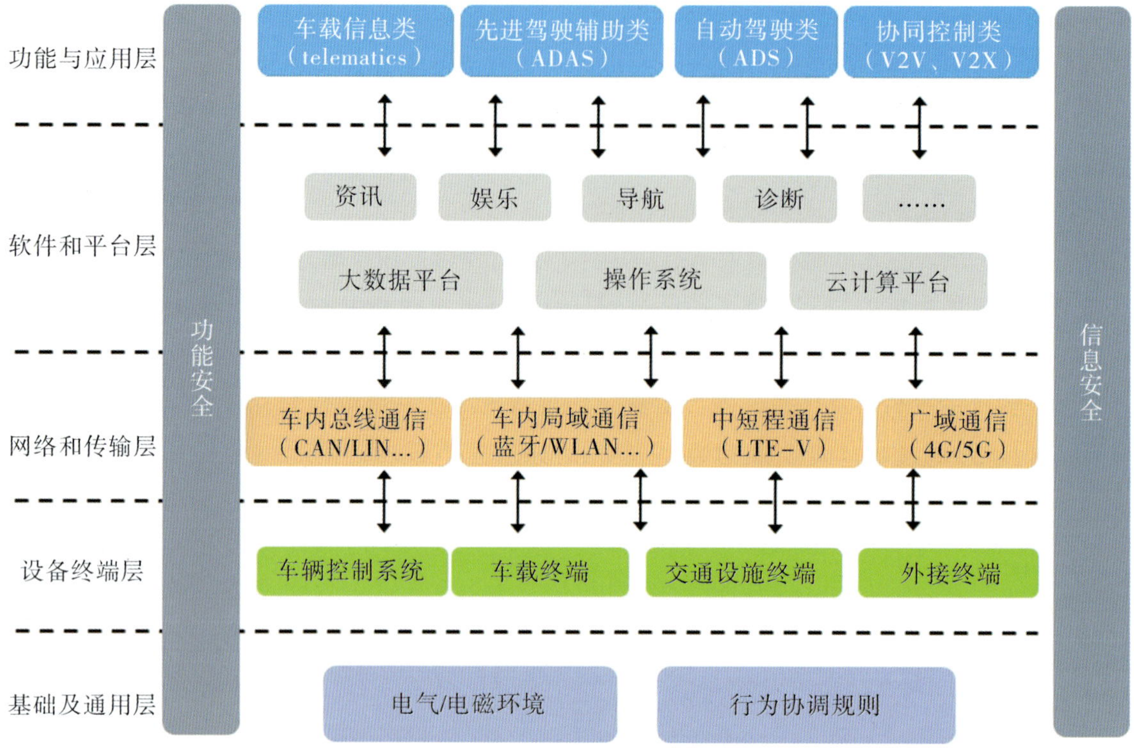

图 4-6　智能网联汽车的物理结构

功能与应用层根据产品形态、应用场景和功能类型，划分为车载信息类、先进驾驶辅助类、自动驾驶类和协同控制类等，涵盖与智能网联汽车相关各类产品应具备的基本功能。

软件和平台层主要涵盖车载计算平台和操作系统等基础平台产品，以及资讯、娱乐、导航、诊断等应用软件产品，共同为智能网联汽车相关功能的实现提供平台级、系统级和应用级的服务。

网络和传输层根据通信的不同应用范围，分为车内局域通信、车内总线通信、中短程通信、广域通信，是信息传递的“管道”。

设备终端层按照不同的用途或功能，划分为车辆控制系统、车载终端、交通设施终端、外接终端等，各类设备终端是车辆与外界进行信息交互的载体，同时作为人机交互的界面，成为连接人和系统的载体。

基础及通用层涵盖电气/电磁环境和行为协调规则。安装在智能网联汽车上的设备终端或系统需要利用汽车电源，在满足汽车特有的电磁、电气环境要求下实现功能；设备终端或系统间的信息交互和行为协调也应在统一的规则下进行。

此外，物理结构还包括信息安全和功能安全两个重要组成部分，两者作为智能网联汽车各类产品和应用需要普遍满足的基本条件，贯穿整个物理结构，是智能网联汽车各类产品和应用实现稳定、安全、有序运行的可靠保障。

第三节　智能网联汽车的关键技术问题

智能网联汽车涉及信息通信、智能交通、地图定位、整车零部件等多领域技术，可划分为“三横两纵”技术架构。“三横”是指车辆关键技术、信息交互关键技术与基础支撑关键技术；“两纵”是指支撑智能网联汽车发展的车载平台与基础设施。基础设施包括通信网络、交通设施、定位基站、大数据平台等，逐步向智能化、数字化、软件化和网联化方向升级，支撑智能网联汽车发展。智能网联汽车的技术架构如图 4-7 所示。

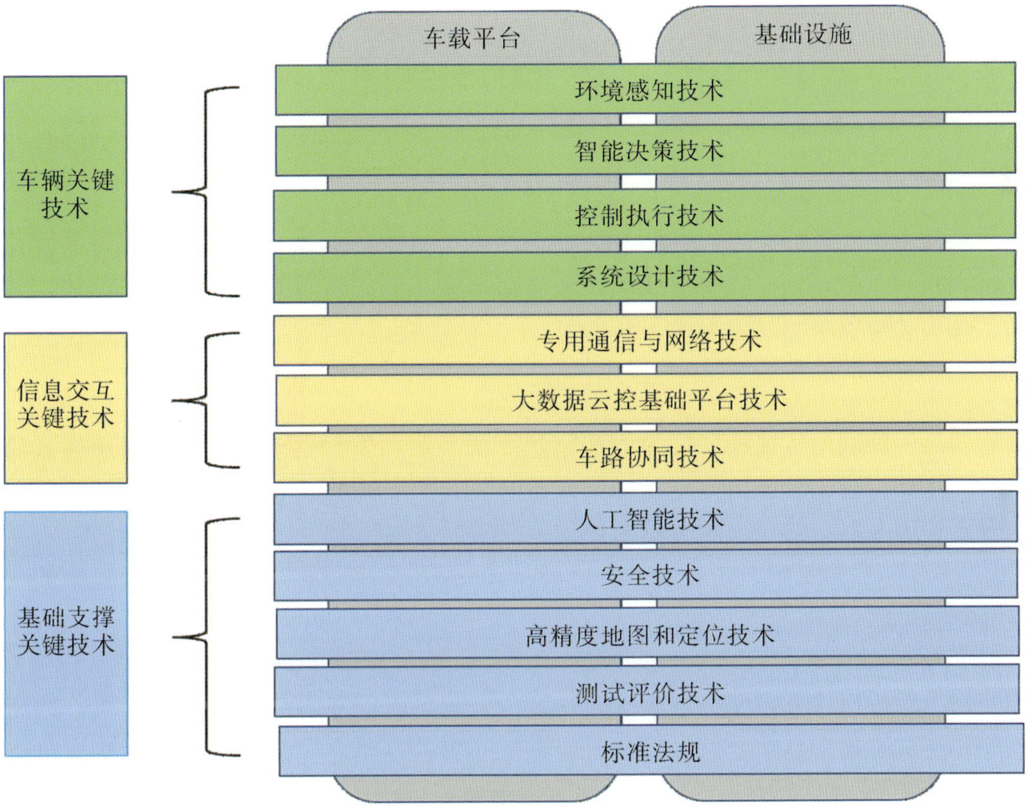

图 4-7　智能网联汽车的技术架构

一、车辆关键技术

车辆关键技术包含环境感知技术、智能决策技术、控制执行技术和系统设计技术。

（一）环境感知技术

环境感知是指通过雷达、摄像头、传感器等设备对车辆自身的行驶状态和周边的环境信息进行数据采集，为智能网联汽车系统的智能决策提供数据支持。常用的环境感知方法：视觉感知、微波感知、激光感知、超声波感知、协同感知。

1. 视觉感知

视觉感知指利用电荷耦合器件（charge coupled device，CCD）等成像元件从不同角度、不同方位获取车辆周边环境的图像信息（如行人、车辆、交通标志等），并通过图像分析识别技术对行驶环境进行感知。视觉传感系统监测范围大、实时性强、信息采集面广、能耗低、体积小，在智能网联汽车系统中应用广泛。但是，视觉传感系统容易受环境影响，在能见度较低、光线较强或较弱的条件下，采集效果不理想。

2. 微波感知

微波感知是一种主动型传感方法，通过微波雷达探测车辆周边的环境信息（如目标距离、方位、速度等），并使用距离分析识别技术对行驶环境进行感知。微波感知依靠电磁波反射原理进行探测，不受天气、光线等因素的干扰，测量实时性好、精度高、体积小。但是，微波感知会引起相近的不同微波雷达间电磁波互相干扰，从而影响探测效果。同时，对于无距离差异的平面内目标，无法做到准确感知。

3. 激光感知

激光感知是基于激光雷达采用光电探测技术手段的主动传感方法。激光感知与微波感知相比，三维信息获取能力较好，具有较好的测量准确性和测距精度。但激光感知会受到天气影响，如雨雾天气会影响测距，沙尘天气会引起激光传感“失效”。

4. 超声波感知

超声波感知是一种利用机械波的感知方法。超声波易定向发射，方向性好，对固体、液体的穿透效果都很好，在使用过程中，对超声波测得的数据处理快速、简单，测距方法简单，成本低。但超声波的效果会受传播介质的影响，天气不同会导致超声波的传输速度不同，从而导致测量误差，影响测量精度。

5. 协同感知

协同感知指的是利用计算机技术对通过多种感知方法获取的数据和信息，在一定的规则下分析和融合。协同感知突破了单个感知方法的限制，能够使车辆共享信息，从而获取更多的环境信息，如通过通信基础设施和 V2X 等通信技术，车辆之间可以交换感知信息，从而实现协作。

当前，环境感知技术主要应用于先进的驾驶辅助系统，如自动刹车辅助系统、防碰撞系统、自适应巡航系统等，保障车辆准确、安全地到达目的地。

（二）智能决策技术

智能网联汽车系统中的智能决策技术主要包括信息融合技术、行为预测技术、行为决策技术、路径规划技术等。

1. 信息融合技术

信息融合技术指的是利用计算机技术对按时序获得的若干传感器的观测信息，在一定准则下综合处理、自动分析，以完成所需的决策和估计任务。值得注意的是，在智能网联汽车系统中，汽车与路侧传感器的异构、多源与车辆分布不确定等特性，以及网联自动驾驶对信息精度、可靠性与实时性的高要求，带来车路感知系统配置、路侧感知部署、多源异构数据关联、多源数据时间同步等难题，对当前的信息融合技术提出了挑战。

2. 行为预测技术

行为预测技术指的是智能车辆通过车身周围布置的各种传感器感知障碍车辆的相对位置关系，并通过全球定位系统（GPS）和惯性测量单元获得自身车辆的定位信息，再经过精确的判断和复杂的处理，预测障碍车辆的驾驶动作。

3. 行为决策技术

行为决策技术指的是通过汇集行驶汽车本身的实时信息（如方向、速度等）和车辆周边信息（预测轨迹信息、交通标识以及障碍物信息等），对汽车的行驶策略（如超车、转弯、避障等）进行规划。

4. 路径规划技术

路径规划技术也叫全局导航规划技术，引导车辆从当前位置行驶到达目标位置。

（三）控制执行技术

智能汽车的控制执行技术指的是在环境感知基础上，根据决策规划出的目标轨迹，通过横向和纵向控制系统的配合，使汽车能够按照目标轨迹准确且稳定地行驶。车辆的控制执行技术核心是车辆的横向控制和纵向控制。具体来说，车辆的横向控制包括方向盘角度控制和轮胎力控制。纵向控制包括车辆的制动控制和驱动控制。上述控制方法结合就实现了车辆的横向和纵向控制，从而实现按照给定目标和约束控制车辆运行。

控制执行技术主要应用于卫星导航系统、车道保持系统、自动泊车系统和紧急制动系统等。

（四）系统设计技术

系统设计技术主要包括电子电气架构技术、人机交互技术以及智能计算平台技术。

1. 电子电气架构技术

电子电气架构最早来源于互联网技术（information technology，IT）行业。结合汽车电气系统和汽车属性的功能及性能要求，汽车的电子电气架构定义如下：汽车上电气部件之间的相互关系包括汽车各软件开发测试、电气硬件设计和各功能及性能实现等所有电气部件和电气系统共同承载逻辑功能之间的关系，以及未来研发设计、维护保养和监测电气系统所规定的多项原则。

2. 人机交互技术

人机交互技术指的是通过计算机输入设备、输出设备，以有效的方式实现人与计算机对话的技术。智能网联汽车结合了智能汽车与网联汽车的技术优势。一方面，智能网联汽车配备了智能汽车的高级驾驶辅助系统及车载智能计算平台，支持人机共驾和车辆的高度自动驾驶；另一方面，智能网联汽车通过联网协同控制、车联网和云计算等技术，可实现超低延时、超高可靠性和超大带宽的通信，支持完成“车—人—环境—云端”信息交互及共享。

3. 智能计算平台技术

智能计算平台作为智能网联汽车的“大脑”，能够实时分析和处理海量的数据，并且进行复杂的逻辑运算。智能计算平台一般采用多元异构的硬件架构，使用单个甚至多个集成 GPU、CPU、FPGA 或 AISC 的系统级芯片，可实现大量数据的并行计算和复杂的逻辑功能。

二、信息交互关键技术

信息交互关键技术包括专用通信与网络技术、大数据云控基础平台技术、车路协同技术。

（一）专用通信与网络技术

1. 无线通信技术

无线通信技术指的是利用电磁波信号在自由空间中传播的特性进行信息交换的一种通信技术，它可以传输音频、视频、图像、数据等。无线通信技术主要包括以下技术。

（1）Wi-Fi 技术是基于美国电机电子工程师协会（Institute of Electrical and Electronics Engineers，IEEE）802.11 标准的无线局域网络技术。Wi-Fi 最常用的是 2.4GHz 频段。Wi-Fi 传播范围取决于无线电功率输出、频带、天线增益、天线类型、接收器灵敏度以及调制技术等因素。

（2）蓝牙技术以 IEEE 802.15 标准协议为基础，使用 2.4～2.485GHz 的工业科学医疗频段的特高频无线电波，实现移动设备、固定设备和楼宇个人域网之间的短距离数据交换。频段是指连续电磁波的频率范围。蓝牙技术支持多设备连接，克服了数据同步的问题。

（3）ZigBee 技术又称为 HomeRF Lite 技术和 FireFly 技术。ZigBee 技术基于 IEEE 802.15.4 标准的低功耗局域网协议，用于创建具有小型低功耗数字无线电的个人局域网，如实现家庭自动化、医疗设备数据收集和其他低功耗、低带宽设备的需求。该技术主要用于功耗低、距离短且传输速率不高的各种电子设备之间，进行数据（典型的如周期性数据、低反应时间数据和间歇性数据）的传输及应用。

（4）红外数据组织技术（infra-red data association，IrDA）是一种利用红外线进行点对点短距离信息传输的通信方式，可传输图像、语言、文字、数据等信息。

（5）近场通信技术（near field communication，NFC）是一种近距离非接触技术，是由非接触式射频识别及互联互通技术整合演变而来的。该技术实现了在单一芯片上集成感应式读卡器、感应式卡片和点对点通信的功能。

（6）射频识别技术（radio frequency identification，RFID）通过无线射频方式进行非接触双向数据通信，利用无线射频方式对记录媒体（电子标签或射频卡）进行读写，从而达到识别目标和数据交换的目的，是一种自动识别技术。

（7）超宽带技术（ultra wide band，UWB）是一种使用 1GHz 以上频率带宽的无线载波通信技术。它不使用正弦载波，而是使用纳秒级的非正弦波窄脉冲传输数据。UWB 技术具有系统复杂度低、发射信号功率谱密度低、对信道衰落不敏感、定位精度高、截获能力低等优点，尤其适用于室内等密集多径场所的高速无线接入。

（8）可见光通信技术（visible light communication，VLC）指的是将可见光波段的光作为信息载体，不使用光纤等有线信号的传输介质，而在空气中直接传输光信号的通信方式。

（9）专用短程通信技术（dedicated short range communication，DSRC）为车与车和车与路侧设施之间提供通信连接。DSRC 作为车载通信手段，以 5.9GHz 的频段为中心，具有延迟短、传输速率高等特点，支持点对点、点对多点的通信。DSRC 的通信距离比 Wi-Fi 等技术长，更加适用于车载网络中高速移动的环境。

（10）LTE-V 技术是面向智能交通和车联网应用、基于 4G LTE 系统的演进技术，包括 LTE-V-Cell 和 LTE-V-Direct 两个工作模式。LTE-V-Cell 借助已有的蜂窝网络，支持大带宽、大覆盖通信，满足远程信息处理应用需求；LTE-V-Direct 可以独立于蜂窝网络，实现车辆与周边环境节点低时延、高可靠的直接通信，满足行车安全需求。

（11）微波通信技术是使用 0.1mm～1m 波长的电磁波进行通信的技术，直接将微波作为介质进行通信，不需要固体介质，当两点间直线距离内无障碍时就可以使用。微波通信技术具有质量好、容量大且可传至很远距离的特点，普遍适用于各种专用通信网。

（12）移动通信技术指的是采用蜂窝组网方式实现频率复用，在移动终端和基站设备之间通过无线通道连接，实现用户在移动过程中的数据、语音、视频、图像等通信业务。移动通信技术出现于 20 世纪 80 年代，经过了第一代、第二代、第三代、第四代技术的更新，如今迈入了第五代的时代（5G 移动通信技术）。5G 移动通信技术是最新一代的蜂窝移动通信技术，具有大连接、广覆盖、高可靠、低时延的特点，能够满足大规模物联网业务，支撑智慧城市、智能家居、车联网、工业互联网等新应用。目前全球开始 6G 的关键技术研究。6G 应用场景将在 5G 应用场景的基础上得到极大扩展，支撑自动驾驶、智慧城市、高清传输、智能交互、空间通信等新应用。

（13）卫星通信技术将人造地球卫星作为中继站来转发无线电波，进行 2 个或多个地球站之间的通信。卫星通信技术具有传输质量好、覆盖范围广、通信容量大、组网快捷、便于实现全球无缝链接等优点。

2. 网络类型

智能网联汽车系统的网络类型主要包括车载网络、车载自组织网络和车载移动互联网络等。

（1）车载网络以车内总线通信为基础，在汽车内部传感器、控制器和执行器之间的通信上，用点对点的连线方式连接而成的复杂网络。车载网络涉及的主要技术：面向媒体的信息传输（media oriented systems transport，MOST）、控制器局域网络（controller area network，CAN）、通信电路设计总线（local interconnect network，LIN）、FLexRay、汽车以太网等。基于车载网络，能够实现车内各电器、电子单元间的状态信息和控制信号的传输，使车辆具有状态感知、故障诊断和管理控制等功能。

CAN 是国际上应用最广泛的现场总线之一，定义了 4 种消息类型，包括远程帧、数据帧、过载帧和错误帧。目前，车内主要部署高速 CAN 和低速 CAN 两条 CAN 总线网络，不同速度的 CAN 之间通过网关连接。高速 CAN 主要连接自动变速器、发动机、车身电子稳定系统、防抱死刹车系统、驱动防滑系统等对通信实时性有较高要求的系统。低速 CAN 主要连接电动车窗、自动空调、灯光及信息显示系统等，大多为对实时性要求低而数量众多的电动机和开关量器件。

LIN 是基于通用异步收发器/串行接口（universal asynchronous receiver-transmitter/serial communication interface，UART/SCI）的低成本串行通信协议。LIN 为车内已有网络（如 CAN）提供辅助功能，定位于车身网络模块节点间的低端通信，主要用于智能传感器和执行器之间的串行通信，可以降低车内网络成本。在实际应用中，LIN 通常会与 CAN 相连，形成 CAN-LIN 网关节点。LIN 由一个主机节点与若干个从机节点构成，采用单线传输形式，如图 4-8 所示。LIN 在车内主要应用于座椅、车门、防盗系统、空调系统等。LIN 将车内的模拟信号用数字信号代替，满足对汽车低速网络的需求，维修方便，结构简单。

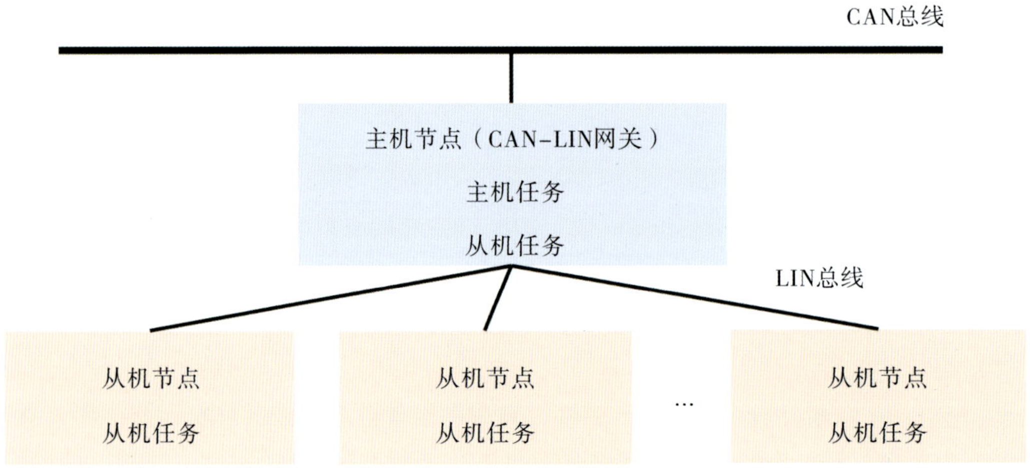

图 4-8　LIN 总线网络结构图

MOST 是一种专门针对车内应用开发的、服务于多媒体应用的数据总线技术。MOST 网络起初以光纤为主要传输介质，实现视频、声音等数据的实时传输，MOST 最高可支持 147.5Mb/s 的数据传输。MOST 网络支持声音和压缩图像的实时处理，支持数据的同步和异步传输，发送器和接收器嵌有虚拟网络管理系统，支持多种网络连接方式。使用 MOST 不仅可以减轻连接各部件的线束质量和降低噪声，还可以减轻系统开发技术人员的负担，最终在用户处实现各种设备的集中控制。MOST 总线基于环形拓扑，允许共享多个发送器和接收器的数据。MOST 网络可以实现视频和声音的实时传输，能够满足各类车辆娱乐装置的需求，主要用于电话、车载电视、音响、导航定位等系统的控制，也可以用于车载摄像头等行车系统。

汽车以太网作为以太网技术在车内的改进应用，同样采用了符合开放系统互联（open system interconnection，OSI）模型的分层架构，并使用了以太网的诸多协议。汽车以太网对传统以太网的改进主要体现在物理层，同时包括一些高层次协议的改进。汽车以太网的整体架构如图 4-9 所示。汽车以太网使用点对点的交换网络，从而允许任意拓扑的每个链路上具有最大数据速率，并能够按需进行优化。

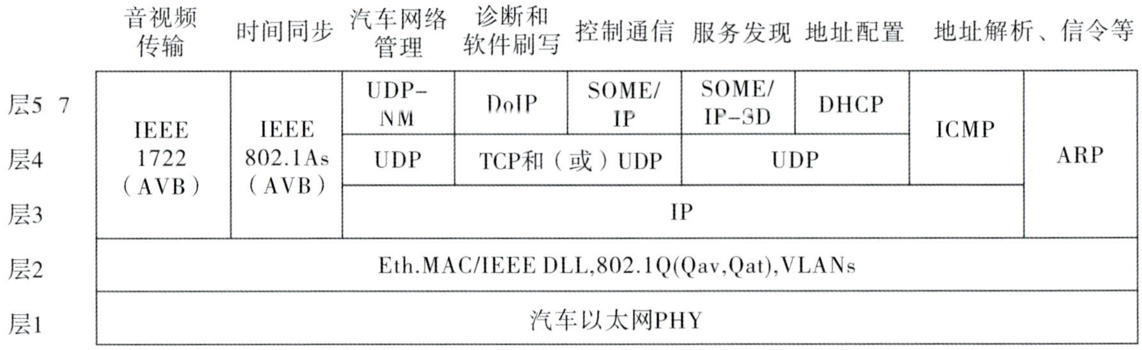

图 4-9　汽车以太网整体架构

（2）车载自组织网络以短距离无线通信为基础，是一种自组织、结构开放的车辆之间的通信网络。车载自组织网络是自主构建的车对车（vehicle to vehicle，V2V）、车对路（vehicle to infrastructure，V2I）、车对行人（vehicle to pedestrian，V2P）、车对网络（vehicle to network，V2N）的无线通信网络，实现了 V2V、V2I、V2P、V2N 的信息传播。

(3) 车载移动互联网络是以远距离无线通信为基础构建的车辆与互联网之间连接的网络，实现了车辆信息与各种服务信息的传输，使智能网联汽车用户能够获得信息娱乐、商务办公等服务。

（二）大数据云控基础平台技术

智能网联汽车云控基础平台（ICV base cloud computing platform）是为智能网联汽车及其用户、管理及服务机构等提供交通管理、车辆运行、基础设施、交通环境等动态基础数据，具有大数据分析、数据存储、数据运维、信息安全、云计算等基础服务机制，支持智能网联汽车实际应用需求的基础支撑平台。基于对车辆行驶与交通服务区域的实际应用特征，云控基础平台包括中心云、区域云与边缘云三级云平台，如图 4-10 所示。

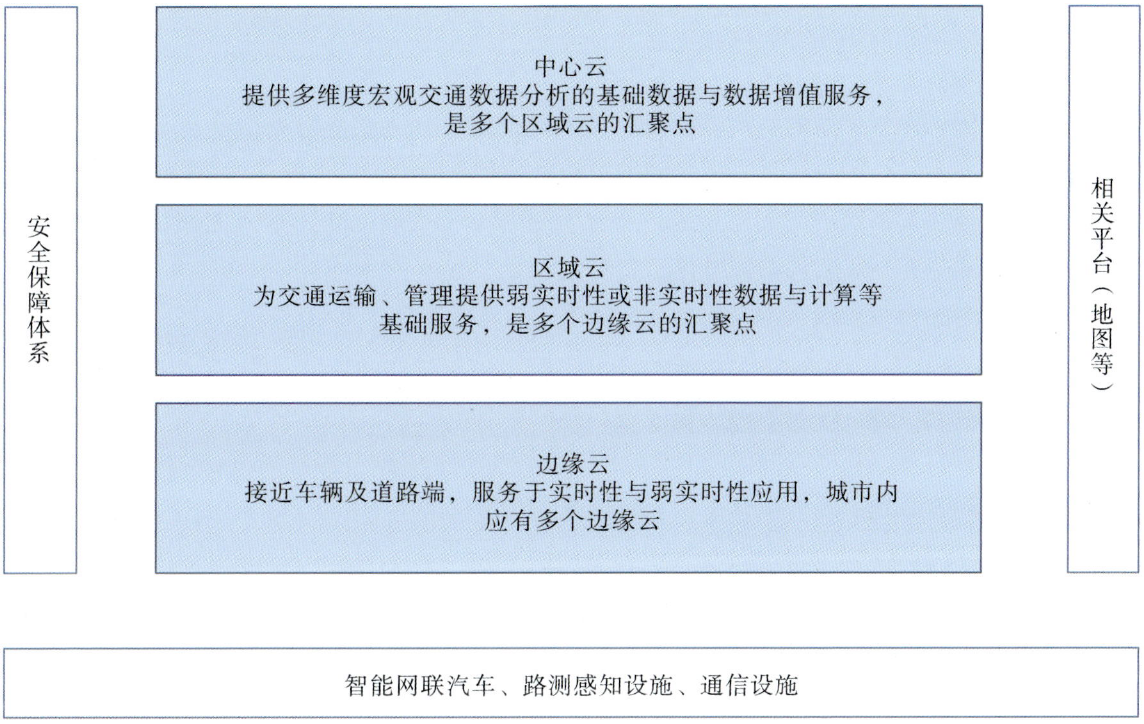

图 4-10　智能网联汽车云控基础平台

边缘云在云控基础平台中最接近车辆及道路端等的运行环境。边缘云负责相应区域内道路上的动态交通数据采集与计算，从而向智能网联汽车提供增强安全与提升能效的实时性与弱实时性云控应用基础服务。

区域云主要为区域级交通执法、交通监管以及域内车辆等提供基础服务，是多个边缘云的汇聚点，负责整个城市范围内的全域车路数据采集与交通处理，从而为交通运输和交通管理部门提供弱实时性或非实时性交通监管、执法等云控应用基础服务。在组成结构上，主要包括虚拟化管理平台、基础设施、计算引擎、区域云接入网关、存储分析引擎、区域云领域特定标准件和标准化分级共享接口等。

中心云面向国家与行业管理部门、交通相关企业及科研单位、车辆设计与生产企业，为其提供多维度宏观交通数据分析的基础数据与数据增值服务。在组成结构上，主要包括基础设施、虚拟化管理平台、中心云接入网关、计算引擎、数据仓库、大数据分析引擎、中心云领域特定标准件和标准化分级共享接口等。

大数据云控基础平台技术能够实现车辆安全状态的在线检测与预见性救援辅助，如车辆意外故障、碰撞事故、驾驶者意外生病等，还能够支撑责任认定、事故重现，路网超视距传播等应用。

（三）车路协同技术

车路协同系统指的是基于无线通信、传感探测等技术获取车辆和道路信息，通过车—车、车—路通信进行交互和共享，实现车辆与基础设施之间智能协同与配合，达到优化利用系统资源、缓解交通拥堵、提高道路交通安全的目标。

车路协同系统内在的基础技术可根据构成分为通信平台关键技术、智能车载单元关键技术、智能路侧关键技术和其他关键技术。

智能车载单元在目前发展的信息通信技术的支撑下，实现车—车、车—路、车—人、车—云之间的全面信息交互。智能车载单元关键技术主要包括车辆精准定位与高可靠通信技术、车载一体化系统集成技术、环境感知技术等。

智能路侧单元能够感知实时的交通流量及路面状况信息、行人信息等路侧环境信息，并与车辆共享，使智能网联汽车系统中的车辆拥有超视野感知能力。与此同时，还能够将车侧信息上传至云端。

通信平台是车路协同系统中的信息通道，提供高可靠、低延时、快速接入的网络环境，保证车—车、车—路、车—人、车—云之间的实时信息交互。

其他关键技术包括升级延展技术、动态分层技术、边缘云端技术等。

三、基础支撑关键技术

基础支撑关键技术包括人工智能技术、安全技术、高精度地图和定位技术。

（一）人工智能技术

人工智能（artificial intelligence，AI）是研究、开发用于模拟、扩展和延伸人的智能的理论、技术、方法及应用系统的一门技术科学。人工智能的核心技术包括计算机视觉、机器学习、自然语言处理、机器人技术、生物识别技术。

1. 计算机视觉

计算机视觉（computer vision，CV）主要用计算机来模拟人的视觉功能，从客观事物的图像中提取信息，进行处理并加以理解，最终用于实际检测、测量和控制。它包括光学成像、图像处理、传感器、计算机软硬件技术、模拟与数字视频技术等。

2. 机器学习

机器学习（machine learning，ML）是指将计算机作为工具，真实、实时模拟人类学习方式，并将现有内容进行知识结构划分来有效提高学习效率。它包括统计学知识、概率论知识、复杂算法知识和近似理论知识等。

3. 自然语言处理

自然语言处理（natural language processing，NLP）是将计算机作为语言研究的强大工具，在计算机的支持下对语言信息进行定量化的研究，并提供可供人与计算机共同使用的语言描写。它主要包括自然语言生成和自然语言理解两部分。

4. 机器人技术

机器人技术（robotics）是指设计可以帮助或协助人类的机器，涉及机器人的设计、建造、操作和使用。它是一门综合计算机、人工智能、控制论、机构学、信息和传感技术、仿生学等多学科的高新技术。

5. 生物识别技术

生物识别技术（biometric technology，BT）通过将计算机与光学、声学、生物传感器和生物统计学等结合，根据人体固有的生理特性（如人脸、指纹、虹膜、指静脉等）和行为特征（如步态、笔迹、声音等）进行个人身份的鉴定。

目前，人工智能在智能网联汽车领域有着广泛的应用，包括行车违章检测、车辆的识别、交通标志检测、交通流量分析、基础设施状况评估、路况监测、驾驶者注意力检测、驾驶者识别、自动引擎启动等。

（二）安全技术

随着汽车电动化、网联化、智能化融合发展，车辆运行安全、数据安全和网络安全风险交织，建立健全的安全技术体系能够为智能网联汽车的发展提供保障。智能网联汽车涉及的安全技术主要有信息安全技术、功能安全技术和预期功能安全技术。

1. 信息安全技术

信息安全技术指的是保护信息和信息系统免遭偶发或有意非授权修改、泄露、丧失或破坏处理的技术手段和措施。信息安全技术包括：加解密技术、身份认证技术、边界防护技术、主机加固技术、访问控制技术、检测监控技术、安全审计技术等。

2. 功能安全技术

根据 ISO 26262 标准，功能安全技术指的是避免因电气系统、电子系统故障而导致不合理风险的防范技术。因此，功能安全技术需要制订相应功能，即使在相关项失效时，仍能保持车辆的安全状态，应对某些风险。

3. 预期功能安全技术

预期功能安全（safety of the intended functionality，SOTIF）问题是由未知或不确定的非系统故障或人员误操作引起的，具有未知性和不确定性的特点，主要风险来源包括系统功能的局限性、环境因素以及人员误用。根据 SOTIF 基本活动的阶段不同，预期功能安全技术可以分为开发阶段的 SOTIF 保障关键技术和运行阶段的 SOTIF 保障关键技术。

开发阶段的 SOTIF 保障关键技术主要用于 SOTIF 分析评估、验证确认、功能改进和发布，如特定建模技术、安全分析技术等。运行阶段的 SOTIF 保障关键技术主要包括两类：短期风险防护技术和长期功能改进技术。短期风险防护技术指的是对运行阶段未知风险的实时防护技术，如异常检测技术等。长期功能改进技术指的是对运行阶段所发现的新的 SOTIF 危害进行功能改进和系统升级的技术，如数据发现与记录技术等。

（三）高精度地图和定位技术

高精度地图和定位技术是智能网联汽车系统框架中的重要技术之一，地图的质量和定位的结果会直接影响整个系统的运营效果。

1. 高精度地图

通俗来讲，高精度地图是指数据维度更多、精度更高的电子地图。与普通的电子地图相比，高精度地图的精确度达到厘米级别，数据维度更多体现在它包括除道路信息之外的与交通相关的周围静态信息。高精度地图可以分为高精点云地图和高精拓扑地图。高精度点云地图用大量包含道路信息的点组成的稠密点云来模拟道路环境。高精度拓扑地图是车道级别、厘米精度的道路网络和交通信息地图。

2. 高精度定位

在智能网联汽车领域，高精度定位是指车辆实时运动状态中连续获取车辆高精度位置信息的单一或者多种模式混合定位的体系。高精度定位满足高精度、高可靠性、高频低延迟、高可用性的要求。目前，常用的高精度定位方法有卫星定位、高精地图定位和融合定位。

卫星定位是通过对车辆行驶的某一位置和各个卫星之间距离的解算，得到该车辆的坐标。不过，在信号采集过程中，受到电离层和对流层对信号传输的影响，会产生时延，因此导致定位误差。

高精度地图定位通过对离线数据和在线数据的匹配，生成定位结果。高精度地图定位不依赖卫星信号，精度较高，但是具有依赖高精度地图质量、车辆周围环境等局限。

融合定位将卫星定位和高精度地图定位融合使用，同时收集卫星定位结果、惯性导航数据、轮速计数据、高精度地图定位结果，进行融合定位和融合测距。

参考文献

[1] 高新宇，刘璐，丁田妹．智能网联汽车技术与标准发展研究 [J]．内燃机与配件，2020，17：174-175.

[2] 王建强，王昕．智能网联汽车体系结构与关键技术 [J]．长安大学学报（社会科学版），2017，19（6）：18-25.

[3] 王俊．无人驾驶车辆环境感知系统关键技术研究 [D]．安徽：中国科学技术大学，2016.

[4] 李寒洋．浅谈智能网联汽车发展现状及趋势 [J]．汽车工业研究，2020，1：2-9.

[5] 李国法，陈耀昱，吕辰，等．智能汽车决策中的驾驶行为语义解析关键技术 [J]．汽车安全与节能学报，2019，10（4）：22.

[6] J SU，J LOU，X JIANG．Overview of intelligent vehicle core technology and development [J]．IOP Conference Series：Earth and Environmental Science，2021，769（4）：042054.

[7] 辛煜，梁华为，梅涛，等．基于激光传感器的无人驾驶汽车动态障碍物检测及表示方法 [J]．机器人，2014，36（6）：8.

[8] 王翥，刘春龙，罗清华．超声波传感器特性分析与测试方法的研究 [J]．郑州大学学报（工学版），2020，41（2）：6.

[9] 张海霞，李腆腆，李东阳，等．基于车辆行为分析的智能车联网关键技术研究 [J]．电子与信息学报，2020，1：36-49.

[10] 宋琪．基于多源传感器融合的无人车环境感知算法研究［D］．长春：吉林大学，2021.

[11] 谭征宇，戴宁一，张瑞佛，等．智能网联汽车人机交互研究现状及展望［J］．计算机集成制造系统，2020，26（10）：18.

[12] A E ESHRATIFAR，M S ABRISHAMI，M PEDRAM．JointDNN：An efficient training and inference engine for intelligent mobile cloud computing services［J］．IEEE Transactions on Mobile Computing，2021，2：565-576.

第五章　智能网联汽车感知定位

第一节　目标物感知

根据感知对象的不同，智能网联汽车可将目标物感知分为环境感知、车身感知与网联感知三大部分，如图 5-1 所示。

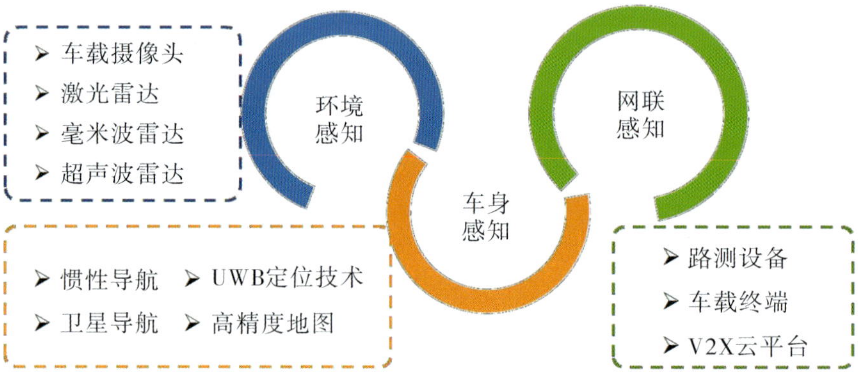

图 5-1　目标物感知系统

一、环境感知

在车辆的目标物感知系统中，环境感知子系统通过搭载在车辆上的硬件设备和软件平台获取车辆外部信息，如行人、其他车辆、道路标识、交通设施等。在环境感知子系统中，常用的硬件设备有车载摄像头、激光雷达、毫米波雷达和超声波雷达。

（一）车载摄像头

车辆行驶过程中，视觉是人们获得周围环境信息的重要手段，而车载摄像头则通过模拟人眼视物来获得周围环境的直观信息。

通常，车载摄像头由连接器、串行器、图像信号处理器（image signal processor，ISP）、图像传感器（感光元件）、光传感器、光学镜头组成，如图 5-2 所示。与人眼观察物体的工作原理类似，首先，车载摄像头通过光学镜头捕捉车辆周围的环境信息。其次，通过光传感器将捕捉的环境信息生成光学图像信息，并传递给图像传感器。再次，图像传感器将接收到的光学图像信息转变为对应的电信号，传递给图像信号处理器（ISP）进行处理。最后，图像信号处理器（ISP）将信号处理成特定格式的图像，并在显示屏上显示出来；或者用图像匹配算法对采集到的图像实现车辆、行人和交通标志的模式识别。

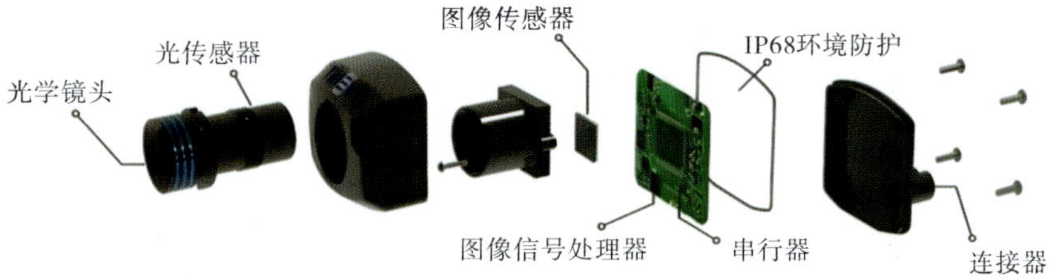

图 5-2　车载摄像头的结构组成

目前，车载摄像头可以按照安装部位和数目分类。

1. 按照安装部位分类

为了更加全面、直观地采集车辆周围的环境信息，车载摄像头可以安装在车辆上的不同位置。根据在车辆上的安装位置不同，车载摄像头可以分为 5 种类别：前视摄像头、后视摄像头、环视摄像头、侧视摄像头、内置摄像头。前视摄像头采用大约 55°的镜头来获得较远的可视距离，在防撞预警、车道偏离预警、交通标志识别等领域有着广泛的应用；后视摄像头通常采用广角镜头或鱼眼镜头；环视摄像头至少由安装在车辆左右两侧的 4 台摄像头构成，具有 360°全景环视、自动泊车的功能；侧视摄像头一般采用 2 个广角摄像头，主要用于监控车辆的视线死角和辅助换道；内置摄像头也采用广角摄像头，用于疲劳提醒、身份识别、安全录像等，如表 5-1 所示。

表 5-1　车载摄像头的类型及功能

类型	功能	描述
前视摄像头	前向碰撞预警	实时监测与前方车辆的距离，当有潜在碰撞危险时对驾驶者发出警告
	车道偏离预警	通过摄像头识别车道线信息，当车辆发生无意识偏离时系统发出警告
	行人防碰撞预警	行人监测预警功能
	交通标志识别	通过仪表显示摄像头识别前方道路标志，并给出相应的警示信息
	车道保持辅助	纠正驾驶者的无意识偏离车道行为，使车辆回到原车道
	自适应远光灯	通过摄像头识别前方同向车辆，自动切换远光灯照射范围，避免造成其他车辆司机眩目
	自适应巡航控制	探测与本车道前车之间的距离，并按照设定好的最高时速和两车之前的距离进行巡航
	行车记录仪	实时对车辆前方路况进行录像
	夜视摄像头	使用红外线摄像头收集周围物体热量信息并转变为可视图像，以提升夜间行车的安全性
后视摄像头	倒车影像	当汽车挂倒挡时，摄像头打开并获取车后方状况，于中控显示屏或后视镜的液晶显示屏上显示
	流媒体后视镜	
环视摄像头	360°全景环视	通过车上多路摄像头采集四周图像数据，生成 360°的车身鸟瞰图，并在中控显示屏上显示，辅助驾驶者泊车
	自动泊车	
侧视摄像头	盲点监测	安装在后视镜下方，检测侧后方盲点区域内车辆
	变道辅助	
内视摄像头	驾驶者疲劳监测	拍摄驾驶者面部动态并进行识别，对驾驶者身份识别、疲劳监测以及危险驾驶行为监测，还可进行安全录像
	身份识别	
	安全录像	

2. 按照数目分类

根据车载摄像头数目的不同，可以分为3种类别：单目摄像头、双目摄像头、多目摄像头。单目摄像头通常安装在车辆的前挡风玻璃上方，采集到的图像用于探测汽车前方的道路，并对车辆和行人等进行识别。单目摄像头还可以用于距离测量，主要在图像匹配完成后根据目标大小计算距离。双目摄像头主要靠2个摄像头影像间的差异进行距离测算。双目摄像头精度更高、测度更精准，价格也相对昂贵。多目摄像头由多个不同焦距的单目摄像头组合形成，可以覆盖场景的不同区域。如宽视野摄像头进行近距离测量，主视野摄像头进行中距离测量，窄视野摄像头进行远距离测量。可见，与单目摄像头和双目摄像头相比，多目摄像头能够更精准识别和分析环境，但是对数据处理算法要求较高。

目前，在智能网联汽车感知系统中，车载摄像头是唯一能够获取环境颜色信息的环境感知手段，能够用于其他传感器难以实现的红绿灯检测、车道线检测等。在应用过程中车载摄像头存在一些不足。如车载摄像头受光线、天气影响较大，在恶劣天气（如雨、雪、雾、霾）以及特殊行驶路段（如隧道等）的环境中数据采集质量难以保障。同时，车载摄像头采集的数据需要与预先定义的数据库进行比对。在数据库构建过程中，车辆周围环境信息包含的样本种类多、数量大，导致样本训练困难，因此很难对非标准障碍物进行识别。

在实际应用过程中，因为车载摄像头具备获取环境颜色信息这一独特优势，所以要求车载摄像头在较为复杂的行驶工况中能够准确、稳定地采集数据，在光线差异较大的环境中准确识别信息，在−40～80℃环境中稳定工作，且具备较高的防磁抗震性能。

车载摄像头在汽车领域广泛应用，主要应用于倒车影像、行车记录仪、360°全景摄像等。2024年1—6月，中国乘用车环视摄像头安装量达1811.0万颗，同比增长30.2%，单车安装量由去年同期的1.5颗增至1.9颗。

（二）激光雷达

激光雷达是一种能够发射激光束的雷达系统。它通过向周围发射激光束确定周围环境物体的方位和距离。激光雷达通常由发射模块、处理模块和接收模块组成。

激光雷达能够探测车辆周围的环境信息，如物体的形状、位置、移动速度等。首先，激光雷达的发射模块向车辆周围的环境发射探测信号，探测信号触碰到物体后反射。然后，接收模块接收反射回来的探测信号，并将其传递给处理模块。紧接着，处理模块对反射回来的探测信号进行处理，并将其与发射的探测信号进行分析、对比，从而获得物体的相关信息，如距离、形状、位置、移动速度等。激光雷达的探测介质是激光，波长主要为600～1000nm。激光能量密度高、方向性好，大多数激光雷达的探测距离超过100m。

通常，激光雷达可以根据使用功能、线数、扫描方式分为不同的类型。

1. 按照使用功能分类

按照激光雷达的使用功能，可以分为测距雷达、测速雷达、成像雷达、大气探测雷达和跟踪雷达。

测距雷达向外发射激光，激光遇到目标物体后发生反射。测距雷达利用发射激光和接收该激光反射波之间的时间差，计算目标物体与车辆的距离。

激光测速可以在激光测距的基础上实现。测距雷达可以快速、准确地获取目标物体的距离。测速雷达在一定时间间隔下，对目标物体进行多次激光测距，便可以计算出目标物体的移动速度。

成像雷达能够探测和跟踪目标，获得目标方位及速度信息等。

大气探测雷达用于监测大气环境，预报暴风雨、沙尘暴等灾害性天气情况。

跟踪雷达通过跟踪目标物体来测量目标坐标，并提供目标物体的运动轨迹。

2. 按照线数分类

按照线数的不同，激光雷达可以分为单线激光雷达和多线激光雷达。

在单线激光雷达中，发射模块按照某一个角度旋转，每旋转一次便发射一次激光。单线激光具有较强的分辨率和较快的扫描速度。单线激光雷达只能描述目标物体的平面信息，不能描述目标物体的高度。

与单线激光雷达不同，多线激光雷达能够描述目标物体的高度信息，在维度和场景还原方面都有理想的效果。目前，有 4 线、8 线、16 线、32 线和 64 线的激光雷达。

3. 按照扫描方式分类

按照扫描方式的不同，激光雷达可以分为机械式激光雷达、混合固态式激光雷达、光电相控式激光雷达和泛光面阵式激光雷达。

在机械式激光雷达中，发射模块和接收模块装有旋转部件，发射模块通过持续旋转，将激光更准更快地向外发射，较快的发射速度能够使激光从“线”变成“面”。同时，接收模块同步旋转，接收反射回来的激光。机械式激光雷达实现了动态扫描和动态接收信息。

混合固态式激光雷达利用半导体微动器件代替机械式扫描器，实现雷达发射端的激光扫描。混合固态式激光雷达通过动态调整自己的扫描模式来聚焦特殊物体，以此采集到更远、更小物体的细节信息，并对其进行识别。

光电相控式激光雷达完全摒弃了传统的机械结构，运用相干原理，采用多个光源构成的阵列式，通过对每个光源发射时刻的调控，实现主光束的定向。光电相控式激光雷达利用各发射单元之间的相位差异，来调整激光的出射角度，实现主光束对不同方向的扫描。目前，主流的激光雷达工作波长都在 1000nm，这就要求阵列单元的尺寸不能超过 500nm，这给激光雷达的制造带来了很大的困难。

泛光面阵式激光雷达属于非扫描式雷达，它可以在极短的时间里通过快闪将一大片的激光发射到需要探测的区域，然后用高灵敏度的接收设备进行地图的绘制。

以上 4 种雷达的优势和不足如表 5-2 所示。

表 5-2 4 种雷达优劣势对比

类型	优势	劣势
机械式激光雷达	可以对周围环境进行 360°的水平视场扫描，且在视场范围内测距能力的均匀性较强	价格昂贵，光路调试、装配复杂，生产周期漫长，机械旋转部件在行车环境下的可靠性不高，难以符合相关要求等
混合固态式激光雷达	工作时，看不到旋转，巧妙之处是将机械旋转部件做得小巧并隐藏在外壳中。可以直接在硅基芯片上集成十分精巧的微振镜，由可以旋转的微振镜反射激光器的光线，从而实现扫描	水平视场角较小，成本不低，工艺一致性不能完全保证，可量产性较低

续表

类型		优势	劣势
固态式激光雷达	光电相控式激光雷达	数据采集速度快，分辨率高，对于温度和振动的适应性强；通过波束控制，探测点（点云）可以任意分布；可控性好、体积小等	易形成旁瓣，影响光束作用距离和角分辨率，同时生产难度高
	泛光面阵式激光雷达	数据采集速度快，分辨率高，对于温度和振动的适应性强；通过波束控制，探测点（点云）可以任意分布；能快速记录整个场景，避免了扫描过程中目标或激光雷达移动带来的各种麻烦	探测距离较近，在实际使用中不适合远程探测；基于 3D Flash 技术的固态激光雷达，在技术的可靠性方面还存在问题

综上所述，发射模块和接收模块是激光雷达的核心。激光雷达发射的激光发散角小、能量集中。激光雷达对光照条件无限制，具有高分辨率、高灵敏度、强抗干扰性等优点。也存在一些不足，如大气的衰减和恶劣气候条件使得激光雷达的探测范围变窄，大气湍流会导致激光雷达的探测精度下降。

（三）毫米波雷达

毫米波雷达通过天线向周围环境发射无线电信号，即毫米波，无线电信号触碰到目标物体后发生反射，毫米波雷达通过接收反射信号测定汽车周围的环境信息，如距离、速度、方位等。

通常，毫米波雷达发射的无线电信号为 1～10mm 波长、24～300GHz 频率的毫米波。毫米波波长介于光波与厘米波之间，具备微波制导和光电制导两种制导方式的优势。毫米波雷达主要由射频前端（monolithic microwave integrated circuit，MMIC）、数字信号处理器、天线及控制电路等构成，如图 5-3 所示。

图 5-3　毫米波雷达的结构组成

毫米波雷达的射频部分是射频前端。射频前端由发射器、接收器、功率放大器、低噪声放大器、混频器、滤波器及压控振荡器组成，具有调制、发射、接收和解调的作用。

数字信号处理器通过数字信号处理（digital signal processing，DSP）芯片或现场可编程门阵列（field programmable gate array，FPGA）芯片实现信号分析，是保证毫米波雷达稳定性及可靠性的核心部件。

高频印刷线路板（printed circuit board，PCB）上集成了多根天线，是毫米波雷达发射和接收信号的重要组件。

与激光雷达相似，毫米波雷达通过天线向外发射毫米波，并接收目标物体的反射信号，对毫米波传播速度、载体速度及监测目标速度综合考虑，通过对接收和发射的毫米波信号进行处理、对比和分析，可以直接或间接地获取目标物体的相对距离、相对速度、角度及运动方向等物理环境信息。毫米波雷达是一种不会受到气候干扰且在恶劣的气候、较差的光线下都能工作的雷达，对烟尘有很好的穿透力。该雷达可以全天候、全天时工作，具有探测范围广、准确率高的特点，在自适应巡航、碰撞预警、盲区探测、自动紧急制动等方面得到了广泛的应用。

毫米波雷达可以按照毫米波频率和探测距离进行分类。

1. 按照毫米波频率分类

根据毫米波频率分类，智能网联汽车可搭载24GHz毫米波雷达、77GHz毫米波雷达和79GHz毫米波雷达。毫米波频率越高，距离和速度的解析度越高。如在物体分辨的准确率方面，77GHz的毫米波雷达与24GHz的毫米波雷达相比，高2～4倍；在测速和测距的精确度方面，77GHz的毫米波雷达高3～5倍。目前，不同国家的智能网联汽车搭载的毫米波雷达频段不同。中国、美国、欧盟各国集中在24GHz和77GHz两个频段，日本采用的是60GHz频段。不同频率的车载毫米波雷达探测距离、角度等主要参数信息如表5-3所示。

表5-3　不同频率的车载毫米波雷达探测参数

参数	24GHz	77GHz	79GHz
探测距离	30～120m	200m及以上	30m以上
探测角度	大	小	大
体积	大	小	小
识别精度	0.5m左右	高，可达厘米级	最高，4～8cm
应用场景	盲区检测 车道偏离预警 车道保持辅助 泊车辅助 变道辅助	自适应巡航 自动紧急制动 前向碰撞预警 自动驾驶	泊车辅助 开门预警 盲区检测 变道辅助 行人碰撞监测
车道偏离预警	汽车前方、后方	汽车前方、两侧	汽车前后方、两侧

2. 按探测距离分类

根据探测距离，毫米波雷达可分为短程毫米波雷达（short range radar，SRR）、中程毫米波雷达（middle range radar，MRR）、远程毫米波雷达（long range radar，LRR）三种。

SRR、MRR、LRR的探测距离有较大区别。SRR的探测距离一般为0～60m，MRR的探测距离为100m左右，LRR的探测距离大于200m。SRR和MRR主要是24GHz的毫米波雷达，而LRR主要为77GHz的毫米波雷达。毫米波雷达的主要缺点是受大气衰减和吸收的影响，目前大部分的工作范围都在数十千米以内；与微波雷达相比，毫米波雷达的元器件批量生产成品率低，且需要镀金、镀银等工艺，成本更高。不同类型毫米波雷达具有不同的探测距离，不同的探测距离又决定了不同的应用场景，如表5-4所示。

表 5-4　SRR、MRR 和 LRR 的应用

高级辅助驾驶系统	SRR	MR	LRR
盲点识别	√（后方）	√（后方）	
变道辅助	√（后方）	√（后方）	
后方穿越车辆预警	√（后方）	√（后方）	
后侧碰撞预警	√（后方）	√（后方）	
自动代客泊车	√（后方）	√（后方）	
倒车车侧警示系统	√（前方）	√（前方）	
驻车开门辅助	√（车身）		
主动车道控制	√（前方）	√（前方）	
自适应巡航			√（前方）
前方碰撞预警			√（前方）
自动紧急制动		√（前方）	√（前方）
行人检测系统	√（前方）	√（前方）	

（四）超声波雷达

超声波雷达又称为超声波传感器，在生活中也称为倒车雷达，是一种利用发射的超声波来计算障碍物距离的传感器。超声波雷达主要包括发射头、接收头和处理器等。需要注意的是，发射头和接收头安装在同一个平面，如图 5-4 所示。

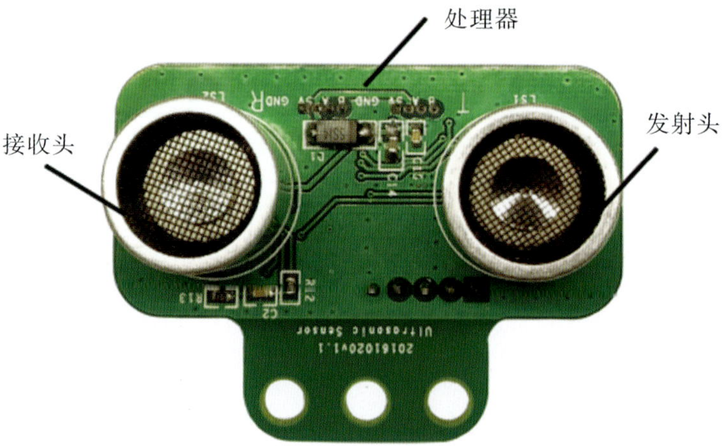

图 5-4　超声波雷达的结构组成

发射头通过超声波发射装置向外发出特定频率的超声波，碰到检测面时，有一部分的超声被反射回来，在收到回传的超声波信号后，由处理器根据声波的往返时间来测距离，如图 5-5 所示。目前，40kHz、48kHz、58kHz 等都是常见的超声波频率。频率越高，探测的灵敏度会越高，但会减小探测的角度。

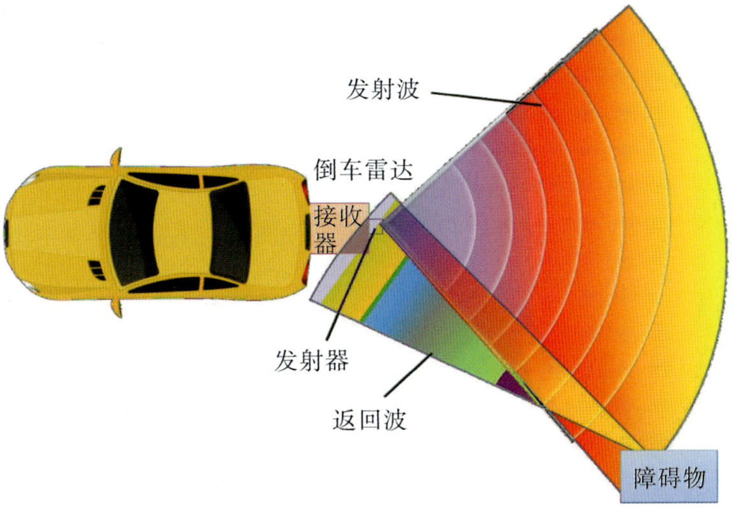

图 5-5　超声波雷达工作模式图

根据安置的位置不同，超声波雷达可以分为超声波泊车辅助（ultrasonic parking assistant，UPA）和自动泊车辅助（automatic parking assistant，APA）。安装在汽车前后保险杠上，用于测量汽车前后障碍物的倒车雷达称为 UPA；安装在汽车侧面，用于测量侧方障碍物距离的超声波雷达称为 APA。UPA 的探测距离一般在 15～250cm，虽然感测范围小，但检测频率高、准确度高。APA 的探测距离通常为 30～500cm，虽然感测范围远，但频率偏低、准确度不高。

在实际使用中，超声波能耗低，具有防水、防尘等优点，在微量沙子的阻挡下，仍能保持良好的工作状态。超声波在介质中具有传输距离长、穿透能力强、测量方法简便、费用低廉、不受光照影响等优点。在近程检测方面，超声雷达测距是一种具有优越性的方法。然而，超声波作为一种机械波，在应用中存在着一些局限，如对温度敏感、散射角大、方向性差、无法精确描述障碍物位置等。

车载摄像头、激光雷达、毫米波雷达和超声波雷达四种感知设备各有特点，如表 5-5 所示。在实际应用中，它们相互配合、取长补短，构成了智能网联汽车的环境感知系统。

表 5-5　不同环境感知设备的对比

类别	功能	优势	劣势
车载摄像头	自适应巡航控制、前向防撞报警、盲区检测、自动紧急制动阀、自动泊车、变道辅助、驾驶者状态监控、交通标识识别、导航及定位等	精度高，距离远，直观方便，成本较低	受天气影响较大，算法和算力要求高
激光雷达	自适应巡航控制、前向防撞报警、盲区检测、辅助停车、自动紧急制动阀、自动泊车、导航及定位等	精度高，探测距离远	易受自然光或热辐射影响，价格昂贵
毫米波雷达	自适应巡航控制、前向防撞报警、盲区检测、辅助停车、辅助变道、自动紧急制动阀、自动泊车等	天气适应性好	探测距离较短，精度较弱
超声波雷达	变道辅助、盲区检测、自动泊车等	穿透性强，成本低，短距离测量优势明显	传播速度慢，方向性差，易受天气影响

二、车身感知

在车辆的目标物感知系统中，车身感知子系统通过搭载在车辆上的硬件设备和软件平台获取车辆的自身信息，如行驶速度、位置信息、车身方位等。实现车辆车身感知的系统和技术主要有惯性导航系统（inertial navigation system，INS）、全球导航卫星系统（global navigation satellite system，GNSS）、超宽带技术（ultra-wide band，UWB）和高精度地图（high definition map，HD Map）等。上述技术将在第二节详细讲述。

三、网联感知

在车辆的目标物感知系统中，网联感知子系统通过车载通信装置实现与外界的联网通信，从而获得周围的环境信息。需要注意的是，与环境感知不同，网联感知能够获取车辆“视野”之外的道路信息，如交通路网的车流量、交通信号灯的指示状态等。在网联感知子系统中，用于通信的设备和技术主要有路侧设备、车载终端、V2X 云平台等。

（一）路侧设备

路侧设备（road side unit，RSU）是车路协同的重要组成部分，它将道路基础设施（路侧感知设备、交通信号灯、电子交通指示牌等终端通信）智能化、网络化。它通过道路基础设施采集道路信息、行人信息，并通过网络传递给智能网联汽车，实现了道路与车辆之间的通信。通常，路测设备包括感知单元、计算单元和通信单元。

感知单元主要由安装在道路上的感知设备构成，如路测端摄像头、路测端雷达等。路测感知设备通过对道路信息和行人信息的捕捉，实现对车辆行驶环境的实时感知。

计算单元对感知单元采集的信息进行处理、存储、应用、发布。

通信单元以车用蜂窝网络为基础，通过蜂窝车联网（cellular-vehicle to everything，C-V2X）技术，实现了“人—车—路”之间的全方位连接，为智能网联汽车提供相关的信息服务与应用。同时，“人—车—路”相关信息可以同步共享给管理部门和运用部门，为其决策提供数据支撑。

（二）车载终端

车载终端是指在车内提供无线通信能力的电子设备，能够完成消息上报、消息接收、总线数据读取与解释、消息显示与提醒等。目前，车载终端通过搭建的无线网络或者专用网络与车联网云平台连接，从而提供智能网联汽车的信息服务。车载终端的核心部分是通信芯片、通信模组、车载单元（on board unit，OBU）、V2X 协议栈及 V2X 应用软件。

（三）V2X 云平台

V2X 云平台接收车载终端和路侧设备上传的车辆及周边环境感知数据，然后，通过大数据、人工智能等相关技术对数据进行处理、分析和决策，从而实现交通路网中车辆的调度优化、智能网联汽车的高精度定位、车载平台的在线升级、车载信息服务等。

第二节　智能汽车的定位

在智能汽车的定位系统中，全球导航卫星系统、惯性导航系统、超宽带定位技术和高精度地图是主要技术。全球导航卫星系统（GNSS）也称为全球卫星导航系统，它依靠自己部署的卫星系统，能够获得地球表面或者近地空间中目标物体的位置信息。该系统可以提供全天候的三维坐标定位服务。惯性导航系统（INS）以牛顿力学定律为理论基础，是一种不依赖外界信息的导航系统。超宽带定位技术（ultra-wide band，UWB）是一种利用超宽带信号进行位置确定的技术。高精度地图（HD Map）是一种精度高、丰富度高的电子地图，能够为智能网联汽车提供精准的路况信息。上述技术各有特点，在智能网联汽车的定位中相互配合、相互补充。

一、全球导航卫星系统

GNSS是能够在地球表面或近地空间的任何地点为用户提供全天候的三维坐标、速度以及时间信息的空基无线电导航定位系统。目前，GNSS主要包括：全球定位系统（Global Positioning System，GPS）（美国）、北斗卫星导航系统（BeiDou Navigation Satellite System，BDS）（中国）、格洛纳斯卫星导航系统（GLObalnaya Navigatsionnaya Sputnikovaya Sistema，GLONASS）（俄罗斯）、伽利略卫星导航系统（Galileo Navigation Satellite System，GALILEO）（欧盟）。

（一）全球定位系统（GPS）

1958年，美国为了向军用舰艇提供导航服务，开始启动建立海军导航卫星系统（Navy Navigation Satellite System，NNSS），它是最早的导航系统。NNSS依靠6颗卫星提供全天候、全覆盖的定位服务。但是，NNSS具有“单星一低轨道一低频测速”的问题。这种结构性问题导致NNSS难以满足在高动态环境下目标物体的定位和实时导航的服务要求。

考虑到NNSS的局限性，美国启动了更高精度导航系统的研发。1973年，美国国防部开始建设全球定位系统（GPS）。该系统吸取了NNSS的教训，采用了“多星、高轨、高频、测时一测距”，成功具备全天候、全覆盖、高精度、实时导航的定位功能。

在智能网联汽车系统中，GPS以人造地球卫星为基础，通过能够接收、跟踪、变换和测量GPS信号的接收机，实时提供智能网联汽车的准确地理位置、车行速度及精确的时间信息。除此之外，GPS还可以应用于大气物理观测、地壳形变测量、飞机精密着陆等。

1. GPS的组成

GPS包括三部分：空间部分、地面监控站和用户。

GPS的空间部分共包含24颗卫星，其中有3颗是备用卫星。如图5-6所示，24颗卫星均匀分布在6

个倾角为55°的近圆形轨道上，每个轨道上分布4颗卫星。卫星轨道距离地面的平均高度约为2×10^4 km，卫星围绕地球旋转一周需要11小时58分。GPS的卫星布局保证了在地球表面的任何地方都能接收到至少4颗卫星的信号。

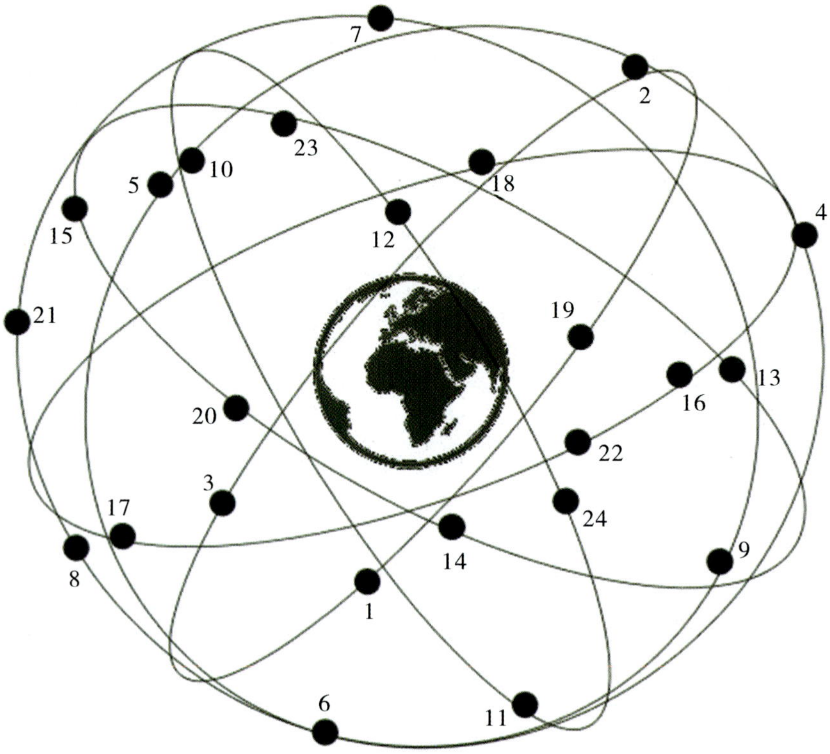

图5-6　GPS卫星分配情况

GPS的地面监控站包括5个卫星监测站、3个信息注入站和1个主控站。

GPS的卫星监测站配备高精度原子钟、GPS信号接收机等，能够实现对GPS空间部分卫星信号的接收和监测。同时，卫星监测站还将接收到的信号传递给主控站。

GPS的主控站根据各个卫星监测站传递过来的数据计算相关参数，如卫星的星历、时钟改正参数等。随后，将相关参数发送给卫星，从而实现对卫星的控制。同时，主控站还可以实现对失效卫星的替换。

GPS的信息注入站是在主控站的控制下，将主控站需要传递的相关参数和控制指令发送给相应的卫星。

2. GPS的定位原理

GPS定位采用的是空间距离交会法。如图5-7所示，假设地面待定位置上有1个测站点P。根据GPS的空间配置可知，该测站点在t时刻能够接收到4颗以上GPS卫星发射的信号。测得4颗GPS卫星S_1、S_2、S_3、S_4与测站点P的距离分别是D_1、D_2、D_3、D_4。通过GPS卫星监测站对卫星数据的监测，可以获得卫星S_1、S_2、S_3、S_4的三维坐标。以空间距离交会法为基础，测站点P的坐标位置(X_p, Y_p, Z_p)由公式（5-1）出。

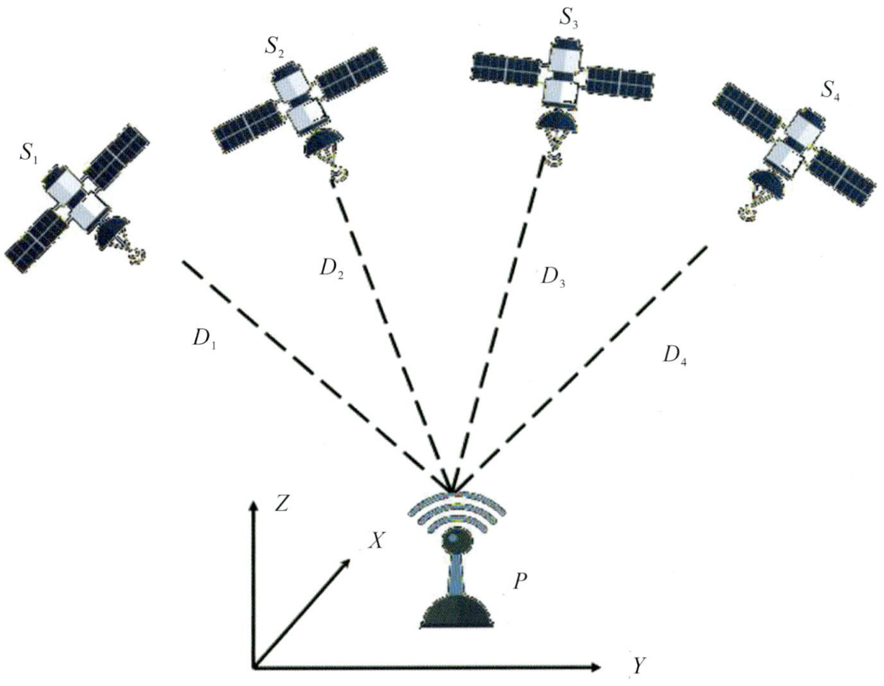

图 5-7　GPS 定位原理示意图

$$\begin{cases}(D_1)^2=(X_p-X_1)^2+(Y_p-Y_1)^2+(Z_p-Z_1)^2+c\cdot\delta_t\\(D_2)^2=(X_p-X_2)^2+(Y_p-Y_2)^2+(Z_p-Z_2)^2+c\cdot\delta_t\\(D_3)^2=(X_p-X_3)^2+(Y_p-Y_3)^2+(Z_p-Z_3)^2+c\cdot\delta_t\\(D_4)^2=(X_p-X_4)^2+(Y_p-Y_4)^2+(Z_p-Z_4)^2+c\cdot\delta_t\end{cases}\tag{5-1}$$

其中，c 表示光速；δ_t 表示 t 时刻的接收机钟误差。

由公式（5-1）可知，在空间距离交会法中，若要准确获得测站点 P 的位置信息，首先要得到观测时刻下观测卫星 S_1、S_2、S_3、S_4 的三维坐标以及观测卫星 S_1、S_2、S_3、S_4 与测站点 P 之间的距离 D_1、D_2、D_3、D_4。根据 GPS 的结构组成可知，GPS 的卫星监测站能够获取卫星发射的导航电文，从而实时获得卫星的三维坐标。卫星与测站点之间的距离信息可以通过测定信号在两者之间的传播时间来确定。

在进行静态定位时，因为接收机位置固定不变，所以可以通过大量重复观测消除随机误差，提高观测精度。然而，如果在定位过程中，用户接收机处于运动状态，这时待定点位置会随着时间的推移而改变。确定运动中待定点的实时位置，称为动态定位。如为了确定车辆的实时位置，可以在相关载体上安装卫星定位系统接收机，利用动态定位的方法，获取车辆准确的实时位置信息。

（二）北斗卫星导航系统（BDS）

北斗卫星导航系统是中国自主开发的、独立运行的全球卫星导航系统。

2000 年，我国建成北斗卫星导航试验系统，成为继美国和俄罗斯之后的世界上第三个拥有自主卫星导航系统的国家。2012 年 12 月 27 日，启动北斗区域性导航定位与授时正式服务，北斗二号系统向亚太大部分地区提供服务。2018 年 12 月 27 日，北斗卫星导航系统开始提供全球范围内的定位与授时服务。2020 年 7 月 31 日，北斗三号全球卫星导航系统建成暨开通仪式在北京举行。

北斗卫星导航系统致力于向全球用户提供高质量的定位、导航和授时服务，包括开放服务和授权服务两种。开放服务是向全球免费提供定位、测速和授时服务，定位精度为 10m，测速精度为0.2m/s，授时精度为 10ns。授权服务是为有高精度、高可靠卫星导航需求的用户，提供定位、测速、授时和通信服务以及系统完好性信息。

北斗卫星导航系统由空间段、地面段和用户段三部分组成。空间段由 5 颗地球静止轨道卫星和 30 颗非地球静止轨道卫星组成。其中，非地球静止轨道卫星由倾斜地球同步轨道卫星和中圆地球轨道卫星组成。空间段保证了在地球上任意地点任意时刻均能接收来自 4 颗以上卫星发射的信号，观测条件良好的地区甚至可以接收到 10 余颗卫星的信号。地面段包括主控站、时间同步/注入站和监测站等若干地面站以及星间链路运行管理设施。用户段包括北斗兼容其他卫星导航系统的芯片、模块、天线等基础产品、终端产品、应用系统与应用服务等。

在北斗卫星导航系统中，基准站接收卫星导航信号后，经过数据处理，生成对应的信息，再由卫星、广播、移动通信等方式，将这些信息实时地传送到应用终端，从而完成定位。

（三）格洛纳斯卫星导航系统（GLONASS）

GLONASS 是俄罗斯的全球导航卫星系统，它在全球范围内持续向所有人免费提供可靠的定位、导航和授时服务。GLONASS 由空间卫星系统（即空间部分）、地面监测与控制子系统（即地面控制部分）、用户设备（即用户接收设备）三个基本部分组成。

GLONASS 空间星座由 21 颗工作星和 3 颗备份星组成，共 24 颗卫星。24 颗卫星均匀地分布在 3 个近圆形的轨道平面上，这三个轨道平面两两相隔 120°，每个轨道平面有 8 颗卫星，同平面内的卫星相隔 45°，轨道高度为 2.36×10^4 km，运行周期为 11 小时 15 分，轨道倾角为 64.8°。GLONASS 可以实现在地球上任何地点、任何时刻都能收到来自至少 4 颗卫星的信号，从而获取可靠的导航定位信息。GLONASS 地面部分包括系统控制中心、指挥和跟踪站网络，进行 GLONASS 星座状态监测、轨道参数修正和导航数据上传。GLONASS 用户段由用户接收器组成，它们能够根据 GLONASS 卫星信号计算坐标、速度和时间。

（四）伽利略卫星导航系统（GALILEO）

2002 年，欧盟正式开始建设欧洲的全球定位系统，即伽利略卫星导航系统（GALILEO）。

GALILEO 是一个既独立又与 GPS 兼容的全球导航卫星系统，主要由全球设施部分、区域设施部分、当地设施部分、用户终端四个部分组成。全球设施部分是 GALILEO 基础设施的核心，包括空间星座部分和地面监控部分。GALILEO 的卫星星座由轨道高度为 23616km 的 30 颗卫星组成，其中 27 颗工作星、3 颗备份星，平均分布在 3 个等间距的地球轨道上，轨道倾角为 56°。

分布于全球的地面监控设备负责维持 GALILEO 卫星星座，控制导航系统的核心功能，以及通过地球轨道卫星向全球发布 GALILEO 完好性信息。地面监控设备包括：

（1）控制中心：坐落于欧洲的 2 个 GALILEO 控制中心是系统地面监控的核心，主要功能是控制星座、保证卫星原子钟的同步、信号处理、监控卫星等。

（2）上行链路站：分布于全球，主要用来传输往返于卫星的数据。

（3）监测站（geostationary satelite，GSS）网络：分布在全球的 GSS 网络接收卫星导航信号，并检测卫星导航信号的质量、气象和其他环境信息，并将收到的信息通过通信网络传输给控制中心。

（4）全球通信网络：用于将所有地面站和设施连接起来。

区域设施部分是 Galileo 的有机组成部分，主要由对系统完好性实施监测的监测站、控制中心以及完好性信息注入站组成。

当地设施部分主要根据用户当地的特殊需要，提供精确性、完好性信息以及当地差分信息。

Galileo 用户接收机及终端的基本功能是在用户端实现 Galileo 所提供的各种卫星无线导航服务，包括接收信号、拥有与区域和当地设施部分提供服务的接口、与其他卫星定位系统互操作等。

二、惯性导航系统

惯性导航系统（INS）是一种不依赖外部信息，也不向外部辐射能量的自助式导航系统。惯性导航系统以牛顿力学定律为基础，利用惯性传感器（inertial measurement unit，IMU）测量载体的比力及角速度信息，结合给定的初始条件，与 GNSS 等系统的信息融合，从而得到在导航坐标系中的速度、偏航角和位置等信息。该系统的定位方式属于推算导航方式，即从一个已知点的位置出发，通过连续测得的运载体的航向角和速度，推断下一个点的位置，从而可以连续地测量出运载体的当前位置。

惯性测量单元包括 3 个相互正交的单轴加速度计测量转动运动和 3 个互相正交的单轴陀螺仪测量平移运动的加速度，如图 5-8 所示。

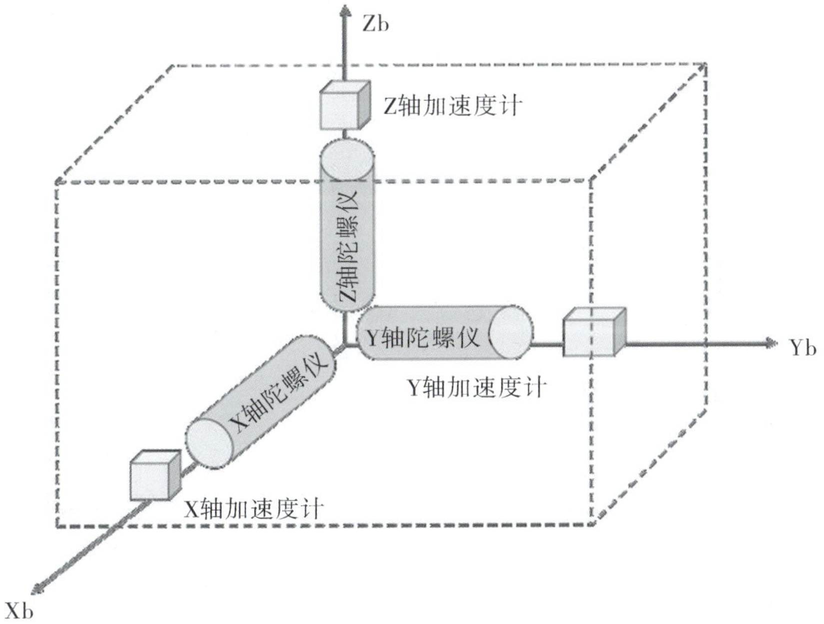

图 5-8 惯性测量单元组成示意图

加速度计测量基于牛顿力学定律，采用电容式、压阻式或热对流原理，通过在加速过程中对质量块对应惯性力的测量来获得加速度值，能够测量运载体坐标系上各轴的加速度。陀螺仪则是用来测量运载体绕自身三个坐标轴的转动角速度。

惯性导航系统通过测量运载体在惯性参考系的加速度，将它对时间进行积分，并把它变换到导航坐标系中，就能够得到在导航坐标系中的速度、偏航角和位置等信息。惯性导航系统中的陀螺仪有助于形成一个导航坐标系，可以稳定加速度计的测量轴线，从而确定航向、姿态角；加速度计用来测量运载体的加速度，通过对时间进行一次积分，就可以获得运载体的速度，速度再经过对时间的一次积分即可得到位移。

在惯性导航系统工作之初，由外部给予其初始位置和初始速度，然后通过对运动传感器的信息综合计算，不断更新当前位置和速度。给定初始位置、初始速度的优点是无须借助任何外界参照即可判断当前的位置、方位和速度。通过跟踪系统当前角速度以及相对于运动系统测量的当前线加速度，就可以确定参照系中系统当前的线加速度。以起始速度作为初始条件，应用正确的运动学方程对惯性加速度进行积分就可得到系统惯性速度，然后以起始位置作为初始条件再次积分就可得到惯性位置。

惯性导航系统应用在智能网联汽车上有很多的优点：①自主定位，在给出了初始条件之后，可以在没有外界参考的情况下，确定当前的位置、方向和速度；②工作不受气象条件、人为干扰影响，无覆盖范围限制，可全天候、全时间地工作；③不依靠外界的任何讯息，也不会向外界辐射能量，具有良好的隐蔽性能；④不会受到外部电磁干扰，也不会受到遮挡，能够适应多种复杂的地理环境条件；⑤对动态姿态基准进行准确维持，所生成的导航信息具有良好的连续性且具有较小的噪声；⑥具有较高的数据更新率，具有较好的短期精确度和稳定性。

但是，惯性导航系统的位置信息是通过积分获得的，因此会有累积的误差。随着时间的推移，惯性导航系统的定位误差会逐渐增大，进而造成长期的精度下降。因此，惯性导航系统需要外部的信息进行校准。

三、超宽带定位技术

超宽带（ultra-wide band，UWB）是一种使用1GHz以上带宽且无须载波的先进无线通信技术。通常，UWB的通信速度可以达到100Mbps以上。近年来，UWB通信技术受到越来越多的关注，主要技术特点如下：

（1）传输速率高。UWB系统使用上千兆赫兹的超宽频带，即使在发送信号功率谱密度较低的情况下，也可以实现100～500Mbps的通信速度。

（2）通信距离短。当传输距离增大时，高频率的信号会迅速衰减，所以UWB系统适用于短程通信。

（3）平均发射功率低。在短距离通信中，UWB发射机的发射功率一般不超过1MW。低功率密度的优点有2个：一是UWB系统与同频段的现有窄带通信系统保持良好的共存性，从而提高无线频谱资源的利用率；二是UWB信号具有良好的隐蔽性能，很难被人拦截，具有很高的保密性能。

（4）多径分辨率极高。由于UWB系统采用持续时间极短的窄脉冲，具有很强的时空分辨能力，因此系统的多径分辨率极高。接收机通过分集可以获得很强的抗衰落性能，同时测距、定位和跟踪的精度较高。

（5）灵活度高。超宽带传输技术直接使用基带传输，不需要进行射频调制和解调，使得UWB设备功耗小、成本低、灵活度高。

UWB定位技术通过计算目标移动台的位置来定位，定位时需要用到的定位参数是通过测量传播于多个基站和移动台之间的定位信号获得的。UWB定位技术的常用方法：基于到达角的定位方法（angle of arrival，AOA）、基于到达时间的定位方法（time of arrival，TOA）和基于到达时间差的定位方法（time difference of arrival，TDOA）。

（一）基于到达角的定位方法

基于到达角的定位方法（AOA）是一种典型的无线传感器网络节点自定位算法，主要基于测距的定位算法，通过硬件设备感知发射节点信号的到达方位，计算接收节点和锚节点之间的相对方位或者角度，再利用三角测量法或其他方式计算出未知节点的位置，具有算法通信代价小、定位准确率高等优点。

如图5-9所示，假设有2个基站BS_1和BS_2，α_1和α_2分别是移动台（mobile station，MS）到2个基站BS_1和BS_2的到达角，则公式如下。

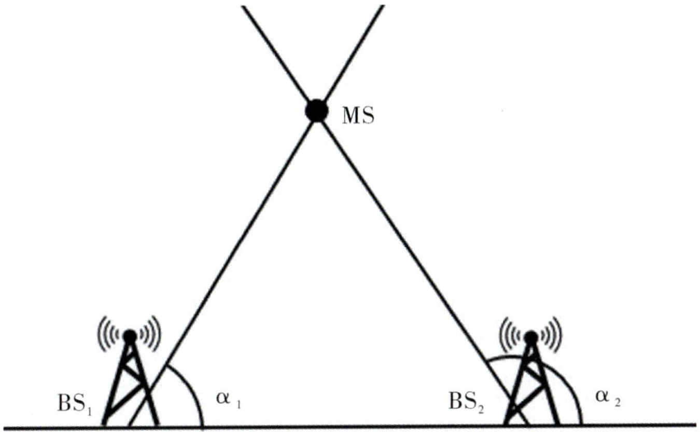

图5-9 AOA定位原理

$$\tan\alpha_i = \frac{x - x_i}{y - y_i} \tag{5-2}$$

其中，(x_i, y_i)表示基站$BS_i(i = 1,2)$的位置，i表示基站BS_1和BS_2的编号，通过上式，可估算出移动台MS的位置（x，y）。

（二）基于到达时间的定位方法

基于到达时间的定位方法（TOA）是一种基于反向链路的定位方法，通过测量手机信号到达多个基站的传播时间来确定移动用户的位置。该技术仅需3个以上的基站同时收到移动电话的信号，然后根据3个基站之间的三角形定位，即可根据三角定位算法确定移动电话的位置。由于它没有处理接收器的误差，因此误差较大。

如图5-10所示，图中BS_1、BS_2、BS_3表示3个不同的基站，R_i表示基站BS_i与移动台（MS）之间的直线距离。移动台（MS）位于基站BS_i（半径为R_i）所在的圆周上。假设移动台的位置坐标为(x_0, y_0)，基站的位置坐标为(x_i, y_i)，则两者满足公式（5-3）：

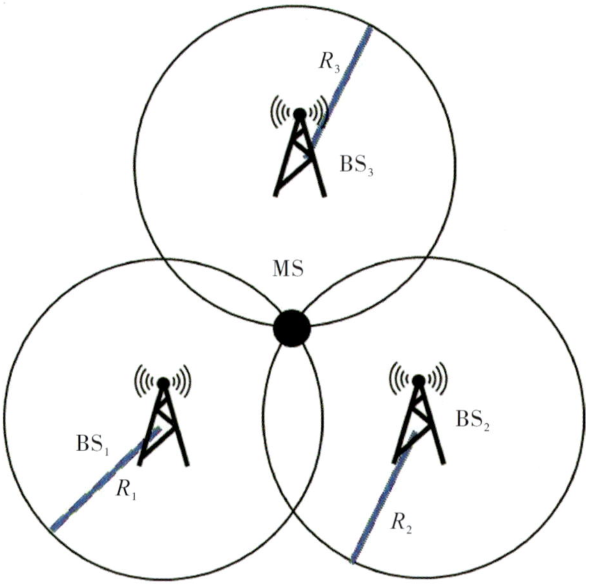

图 5-10 TOA 定位原理

$$\begin{cases}(x_1-x_0)^2+(y_1-y_0)^2=R_1^2\\(x_2-x_0)^2+(y_2-y_0)^2=R_2^2\\(x_3-x_0)^2+(y_3-y_0)^2=R_3^2\end{cases} \tag{5-3}$$

根据公式(5-3)可以求出移动台位置坐标(x_0,y_0)。在定位过程中，已知电磁波在空中的传播速度为c，如果进一步测得电磁波从移动台(MS)到达基站 BS_i 的时间为t_i，则可以求出基站与目标移动台的距离$R_i=ct_i,(i=1,2,3)$。

(三) 基于到达时间差的定位方法

基于到达时间差的定位方法（TDOA）是另一种基于反向链路的定位方法。它通过检测移动台信号到达 2 个基站的时间差来确定手机的位置。TDOA 方法至少需要 3 个基站接收到手机信号，建立 2 个以上双曲线方程来确定交叉点的位置坐标。这种方法不要求知道信号传播的具体时间，可以抵消很大一部分时间误差和多径效应带来的误差，通常情况下定位精度高于 TOA。

TDOA 也称为双曲线定位，如图 5-11 所示。该方法利用 MS 到达不同基站的时间不同，获取到达各个基站的时间差，建立方程组，从而求解得出 MS 的位置。这种定位方法要求各基站时间必须同步。

如图 5-11 所示，基站（BS）与移动台（MS）之间的距离差通过测量信号从 2 个基站同时出发到达移动台或从移动台出发到达 2 个基站的时间差 t_{21} 和 t_{31} 来确定，即 $R_{21}=R_2-R_1=ct_{21}$，$R_{31}=R_3-R_1=ct_{31}$。移动台（MS）坐标$(x_0,\ y_0)$和基站（BS）坐标$(x_i,\ y_i)$之间的位置关系如公式（5-4）和（5-5）所示：

$$\left[\sqrt{(x_0-x_2)^2+(y_0-y_2)^2}-\sqrt{(x_0-x_1)^2+(y_0-y_1)^2}\right]^2=R_{21}^2 \tag{5-4}$$

$$\left[\sqrt{(x_0-x_3)^2+(y_0-y_3)^2}-\sqrt{(x_0-x_1)^2+(y_0-y_1)^2}\right]^2=R_{31}^2 \tag{5-5}$$

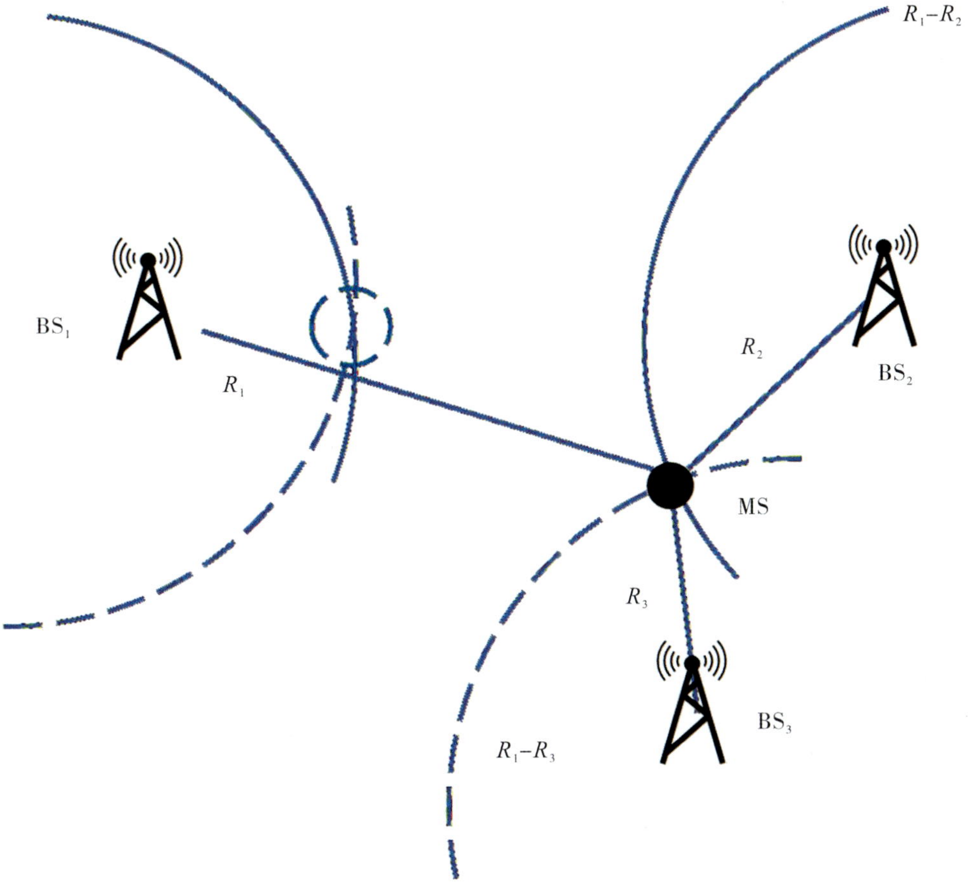

图 5-11　TDOA 定位原理

四、高精度地图

高精度地图内容会在本章第四节详细展开，在此不再赘述。

第三节　信息融合技术

一、信息融合技术概述

（一）信息融合的定义

信息融合最初称为数据融合，信息融合是 20 世纪 90 年代随着信息技术的发展而提出的一种更为宽泛的概念。随后，多传感器信息融合技术应运而生。

多传感器信息融合（multi-sensor information fusion，MSIF）是利用计算机技术将来自多传感器或多源的信息和数据在一定的准则下加以自动分析和综合，为完成所需要的决策和估计而进行的信息处理过程。

（二）信息融合技术的基本原理

多传感器信息融合技术的基本原理类似人脑对数据进行合成处理，首先对各传感器的信息和数据进行多层次、多空间的信息互补和优化组合处理，最终产生对观测环境的一致性解释。信息融合的最终目标是在各传感器独立获取的观察信息基础上，进行多级别、多方面的信息综合，从而得到更多有价值的信息。这种方法不但可以充分发挥各传感器之间的协同作用，还可以对其他信息源的数据进行集成处理，从而提升整个传感器系统的智能化程度。

（三）信息融合技术的特点

与单个传感器相比，多传感器信息融合技术具有冗余性、互补性、及时性和低成本的特点。具体如下：

（1）冗余性：多传感器信息融合技术通过多个传感器得到对同一目标的多份信息，存在大量数据冗余，增加了信息的不可靠性。通过融合处理，可以消除信息冗余，从中提取出更加准确、精简的信息。信息的冗余在一定程度上使系统更加稳定，使整个系统在单个传感器失效时仍能稳定地运行。

（2）互补性：不同种类的传感器能够为系统提供不同性质的信息，这些信息所描述的对象具有不同的环境特征，并且彼此间存在着互补关系。如激光雷达可以提供障碍物的位置信息，而车载摄像头可以提供障碍物的颜色信息。

（3）及时性：各传感器的处理过程是相互独立的，处理过程的并行机制使得整个系统的处理效率更高，能够更及时地提供处理结果。

（4）低成本：随着科技的发展，众多传感器价格低廉且具有较高性价比。

（四）信息融合技术的分类

根据信息融合技术对原始数据的处理方法，可以分为集中式、分布式和混合式三种。

（1）集中式：将各传感器获得的原始数据直接送到中央处理器进行融合处理。

（2）分布式：各传感器先对各自获得的原始数据进行处理，再将处理结果送到中央处理器进行融合处理，最终获得目标结果。

（3）混合式：是集中式和分布式的混合应用。

根据输入信息层次的不同，信息融合技术可以分为数据级融合、特征级融合和决策级融合，如图5-12所示。

（1）数据级融合也称为像素级融合，属于底层数据融合。数据级融合将各传感器的原始数据直接融合，然后再从融合数据中提取特征向量并进行判断识别。这种将原始数据直接融合的方式既能最大限度地保留各传感器的信息，又能提高测量精度。但是这种方法具有一定的局限性，如时间同步和空间同步要求高、实时性差等。

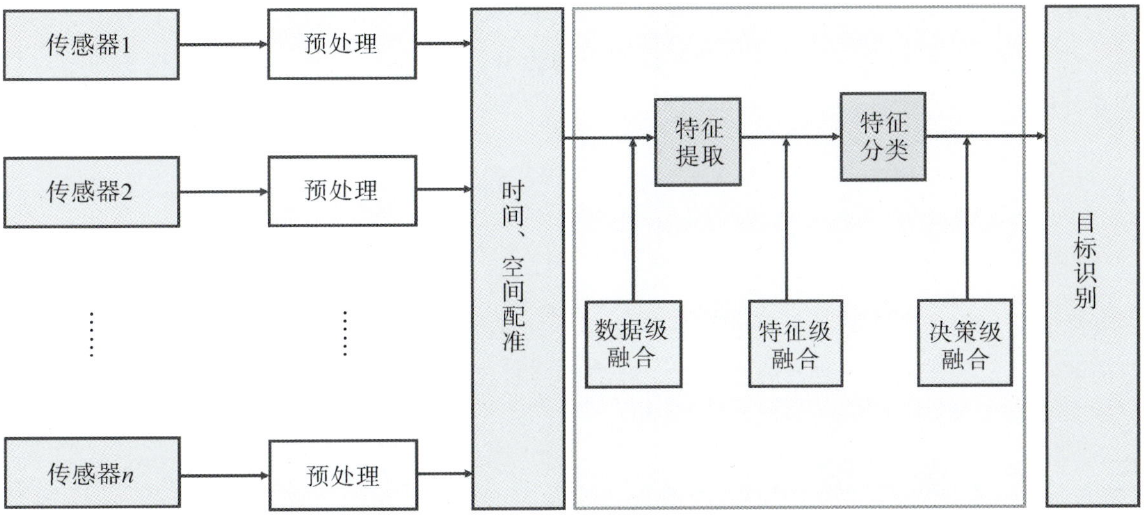

图 5-12　信息融合系统

（2）特征级融合属于中间层次级融合。首先，对各传感器采集到的原始数据的代表性特征进行抽取，并将其融合为一个特征向量。根据应用目标的不同，特征级融合进一步划分为目标状态融合和目标特性融合。目标状态融合主要应用于多传感器的目标跟踪；而目标特性融合是特征层联合识别，主要应用于多传感器的模式识别。

（3）决策级融合属于高层次级融合。决策级融合的信息处理弹性大，对信息传输带宽的要求低，能够对反映环境或目标多个层面上的各种信息进行有效融合，并能够对异步信息进行处理。

二、加权平均法

加权平均法是一种简单直观的信息融合方法，它对一组传感器提供的冗余信息进行加权平均，结果作为融合值。在智能网联汽车系统中，多个传感器同时测量某一环境中的同一特征参数时，会产生多个测量值。加权平均法会给每个测量值按照一定的原则赋予相应的权重，通过加权综合所有传感器的测量值后，得到最终的观测结果。工作原理如图 5-13 所示。

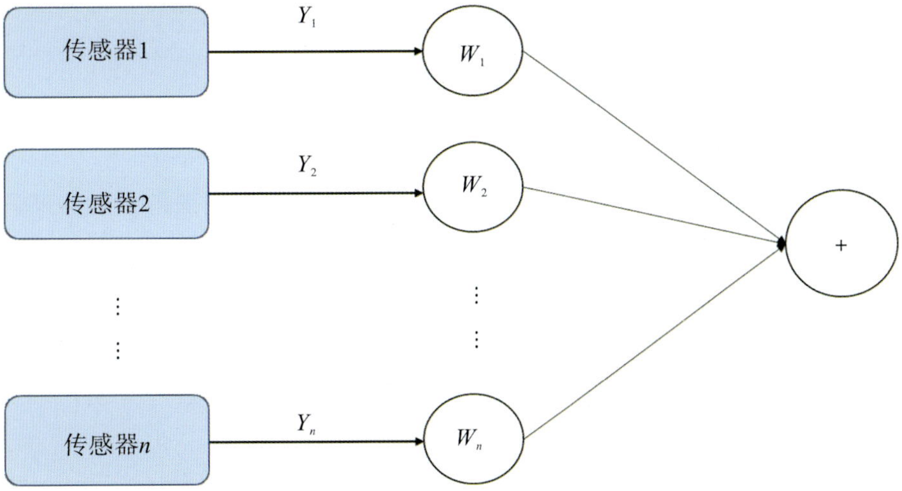

图 5-13　加权平均法的工作原理

假设 n 个传感器 S_1，S_2，……，S_n 对同一个目标物体的某一特征进行测量，第 j 个传感器的测量值为 Y_j，($j=1$, 2, …, n)。每个传感器的权重分别为 W_1，W_2，…，W_n，通过加权平均法对得到的测量值进行融合，如公式（5-6）所示。

$$\begin{cases} Y=\sum_{j=1}^{N} W_j \cdot Y_j \\ \sum_{j=1}^{N} W_j=1 \end{cases} \tag{5-6}$$

在实际应用过程中，传感器的测量误差不仅与自身设备有关，还与测量环境密切相关。加权平均法虽然能够在一定程度上改善测量的准确性，但是信息融合后的精度依然有待提升。

三、卡尔曼滤波法

卡尔曼滤波法是一种利用线性系统状态方程，通过输入输出观测数据，对系统状态进行最优估计的算法。由于系统中的噪声和干扰对观测数据有一定的影响，因此最优估计可看作滤波过程。数据滤波是去除噪声并还原真实数据的一种数据处理技术。卡尔曼滤波法在测量方差已知的情况下，能够从含有噪声的一组观测值中估计动态系统的状态。

卡尔曼滤波法包括 2 个步骤：一是预测；二是状态观测更新。在预测过程中，算法根据上一时刻的估计值预测下一时刻的测量值，作为先验估计。同时，预测下一时刻的误差作为先验误差。在状态观测更新过程中，计算卡尔曼增益，修正预测数据，并将修正后的数据放入下一次预测和状态预测更新的方程中，使算法不断迭代。

在预测过程中，预测值的状态估计如公式（5-7）所示，

$$X(k|k-1)=A\times X(k-1|k-1)+B\times U(k) \tag{5-7}$$

其中，$X(k|k-1)$ 是上一状态预测得到的结果，$X(k-1|k-1)$ 是上一状态最优结果，A 是状态转移矩阵，B 是输入控制项矩阵，$U(k)$ 是现在状态的控制量。更新预测结果与实际值误差的协方差，预测值的协方差矩阵估计如公式（5-8）所示，

$$P(k|k-1)=A\times P(k-1|k-1)\times A^T+Q \tag{5-8}$$

其中，$P(k|k-1)$ 是 $X(k|k-1)$ 对应的协方差，$P(k-1|k-1)$ 是 $X(k-1|k-1)$ 对应的协方差，A 是状态转移矩阵，Q 为系统噪声协方差。

在状态观测更新过程中，卡尔曼滤波器更新值的状态估计如公式（5-9）所示，

$$X(k|k)=X(k|k-1)+G(k)\times[Z(k)-H\times X(k|k-1)] \tag{5-9}$$

其中，$X(k|k)$ 是当前最优估计值，$X(k|k-1)$ 是上一状态预测得到的结果，$Z(k)$ 是当前传感器的观测值，H 是测量矩阵，G 是卡尔曼增益，如公式（5-10）所示，

$$G(k)=\frac{P(k|k-1)\times H^T}{H\times P(k|k-1)\times H^T+R} \tag{5-10}$$

其中，R 是测量噪声协方差，H 是测量矩阵。协方差更新值的状态估计如公式（5-11）所示，

$$P(k|k)=[I-G(k)\times H]P(k|k-1) \tag{5-11}$$

其中，$P(k|k)$ 是当前最优估计值的协方差，H 是测量矩阵，I 是单位矩阵。

卡尔曼滤波法数据存储量小，易于实现，不仅适用于平稳过程，也能够在非平稳随机过程中使用。

在智能网联汽车系统中，能够有效解决因遮挡导致移动目标丢失的情况。

四、贝叶斯估计

贝叶斯估计（Bayesian estimation）是利用贝叶斯定理结合新的证据及先验概率，得到新的概率。它提供了一种计算假设概率的方法，基于假设的先验概率、给定假设下观察到不同数据的概率以及观察到的数据本身，计算假设概率。

在智能网联汽车系统中，由于传感器自身性能限制和环境噪声的影响，采集的数据信息可能会出现不完整、不精确、模糊，甚至矛盾的现象。贝叶斯估计能够对这些不确定性信息进行推理，以达到目标识别和属性判决的目的。

假设 m 个传感器测量某一参数，μ 表示被测参数，m 个传感器的输出数值表示为 $X_i, i=1,2,\cdots,m$。被测参数 μ 和传感器的输出数值 X_i 服从正态分布 $\mu \sim N(\mu_0, \sigma_0^2)$ 和 $X_k \sim N(\mu, \sigma_k^2)$。然后对传感器输出数据进行选择，对其可靠性进行估计。

已知 X_i 和 X_i 分别表示第 i 个和第 j 个传感器的输出数值，则 x_i 和 x_j 之间的置信距离如公式(5-12)所示，

$$\begin{cases} d_{ij} = 2\int_{x_i}^{x_j} p_i(x \mid x_i)\,\mathrm{d}x \\ d_{ji} = 2\int_{x_j}^{x_i} p_j(x \mid x_j)\,\mathrm{d}x \end{cases} \tag{5-12}$$

X_i 和 X_j 服从正态分布，因此，公式(5-13)进一步表示为：

$$\begin{cases} p_i(x \mid x_i) = \dfrac{1}{\sqrt{2\pi}\sigma_i} exp\left\{-\dfrac{1}{2}\left(\dfrac{x-x_i}{\sigma_i}\right)^2\right\} \\ p_j(x \mid x_j) = \dfrac{1}{\sqrt{2\pi}\sigma_j} exp\left\{-\dfrac{1}{2}\left(\dfrac{x-x_j}{\sigma_j}\right)^2\right\} \end{cases} \tag{5-13}$$

根据置信距离进一步得到置信距离矩阵 D_m。根据具体问题选择合适的临界值，然后根据置信距离对数据的可靠性进行判定，得到关系矩阵 R_m。根据关系矩阵对多传感器的数据进行选择，从而产生最佳融合数 $\hat{\mu}$，如公式(5-14)所示。

$$\hat{\mu} = \frac{\sum_{k=1}^{l} \dfrac{x_k}{\sigma_k^2} + \dfrac{\mu_0}{\sigma_0^2}}{\sum_{k=1}^{l} \dfrac{1}{\sigma_k^2} + \dfrac{1}{\sigma_0^2}} \tag{5-14}$$

贝叶斯估计已被广泛用于多源信息融合技术的研究中，尽管克服了经典估计方法无法克服的诸多问题，但自身仍存在显著的缺陷。如对于一些特定的问题，很难确定其先验概率和条件概率。

五、D-S 证据推理方法

D-S 证据推理方法起源于 1967 年 Dempster 提出的由多值映射导出的上概率和下概率，为进一步完善该理论，之后 Shafer 建立了命题和集合之间的一一对应关系，把命题的不确定性问题转化为集合的

不确定性问题，满足比概率论弱的情况，形成了一套关于证据推理的数学理论。

D-S 证据推理方法主要包括 3 个层次。第一层次，对传感器的原始数据进行合成后，产生最终输出值，构成目标合成；第二层次，采用算法对原始信息予以关联分析，形成相应的决策报告；第三层次，对传感器观测数据所产生的随机误差进行更新，生成可靠的数据报告。在 D-S 证据推理过程中，识别框架、基本信任分配函数和 Dempster 合成规则是重要的组成部分。

（一）识别框架

Θ 表示为对一个判决问题所有可能取值的集合，Θ 中的事件元素是相互独立、互不相容的。这样的不相容事件组成的集合 Θ 称为识别框架，表示为：

$$\Theta=\{A_1, A_2, \cdots, A_n\} \tag{5-15}$$

其中，A_i（$i=1, 2, 3, \cdots, n$）称为识别框架 Θ 中的一个事件或元素。

在识别框架 Θ 中，它的任意子集都对应着某一个问题的答案。由识别框架 Θ 中所有事件组成的集合称为 Θ 的幂集，用 2^{Θ} 表示。

（二）基本信任分配函数

在确定识别框架后，就需要建立证据信息。通常对于一个命题来说，我们在对其进行了全面的信息分析后，就可以做出一个较为适当的判断，从而可以提出一个数值，使其合理地表达出对该问题的支持度，而这个数值就是该命题的信任度。D-S 证据推理方法通过基本信任分配函数来系统地概括所有命题最终确定下来的分配结果。

假设识别框架 Θ 上的基本信任分配函数 m 是一个 $2^{\Theta}\rightarrow[0, 1]$ 的映射，函数 m 满足如下条件：

$$\begin{cases} m(\varnothing)=0 \\ \sum\limits_{A\subseteq\Theta} m(A)=1 \end{cases} \tag{5-16}$$

$m(A)$ 体现了证据对命题 A 的支持度，其值为该命题的基本信任分配值。空集的基本信任分配值为 0，其他所有子集的信任值总和等于 1。在识别框架 Θ 的任一子集中，若存在 $m(A)>0$，则称 A 为证据的焦元。

对于命题集合 A 来讲，当 $A\subseteq\Theta$ 并且 $A\neq\Theta$，A 包含多个元素时，$m(A)$ 对应的是命题 A 的信任值。但是，并不清楚这些信任值对 A 中的元素如何进行分配。当 $A=\Theta$ 时，$m(A)$ 表示分配完 Θ 中的其他子集命题信任值后遗留的部分。

（三）Dempster 合成规则

假设在识别框架 Θ 中，2 个证据 E_1 和 E_2 相应的基本信任分配函数分别为 m_1 和 m_2，A_i 和 B_j，则 Dempster 合成规则为

$$m(A)=\begin{cases} \dfrac{\sum\limits_{A_i\cap B_j=A} m_1(A_i)m_2(B_j)}{1-K}, & A\neq\Phi \\ 0, & A=\Phi \end{cases} \tag{5-17}$$

$$K=\sum_{A_i\cap B_j=\Phi} m_1(A_i)m_2(B_j)<1 \tag{5-18}$$

其中，K 是冲突系数，能够描述证据间的冲突大小情况。K 越大，表明证据之间的冲突越大。当 $K=1$ 时，Dempster 合成规则无法进行计算。$1/(1-K)$ 代表正则因子。

同理，多证据合成的原理也是一样的。假设在识别框架 Θ 中，存在 n 组证据 E_1，E_2，…，E_n，对应的基本信任分配函数分别为 m_1，m_2，…，m_n，对应的焦元分别为 A_1，A_2，…，A_n，则 Dempster 合成规则表示为

$$m(A)=\begin{cases}\dfrac{\sum\limits_{\cap A_i=A}\prod\limits_{1\leqslant i\leqslant n}m_i(A_i)}{1-K}, & A\neq\Phi\\ 0, & A=\Phi\end{cases}\tag{5-19}$$

$$K=\sum_{\cap A_i=\Phi}\prod_{1\leqslant i\leqslant n}m_i(A_i)\tag{5-20}$$

六、模糊逻辑推理

模糊逻辑推理是通过模糊规则将给定输入转化为输出的过程，是一种不精确的推理。典型的模糊逻辑推理控制包括 3 个过程：模糊化、模糊推理和解模糊，如图 5-14 所示。其中，模糊化过程是指通过隶属度函数求出各判决参数（输入变量）属于不同模糊集合的隶属度的过程，即将判决参数的精确值转变成模糊值的过程；模糊推理过程是根据特定的模糊推理规则对模糊输入值进行处理，得到模糊输出结果的过程；解模糊过程是将模糊推理得到的模糊输出值转化为精确输出值的过程。

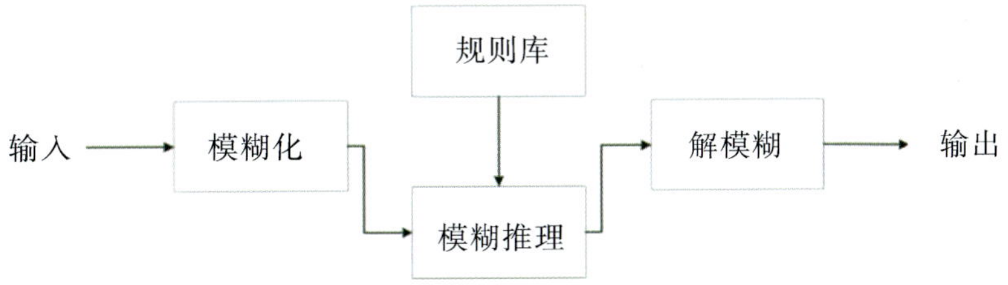

图 5-14　模糊逻辑推理的工作原理

1. 模糊化

模糊化是指模糊逻辑推理系统根据隶属度函数，将明确的输入数值对应到模糊集合的隶属度。隶属度函数的主要作用是把输入变量对应到模糊集合中某个介于 0 和 1 的值，求出隶属度。如果在给定集合中隶属度是 1，我们就说该输入变量对集合而言是绝对真。如果隶属度是 0，我们则说对该集合而言为绝对假。如果隶属度介于 0 和 1，则为某种范围的真，即某种程度为真。常见的隶属度函数包括：高斯隶属函数、钟形隶属函数、三角形隶属函数、梯形隶属函数、Z 形隶属函数等。

如高斯隶属函数表示为：

$$A(x)=e^{-\left(\frac{x-a}{\sigma}\right)^2},\quad -\infty<x<\infty\tag{5-21}$$

三角形隶属函数表示为：

$$A(x)=\begin{cases}\dfrac{x-a}{b-a}, & a\leqslant x\leqslant b\\ \dfrac{c-x}{c-b}, & b\leqslant x\leqslant c\\ 0, & 其他\end{cases}\tag{5-22}$$

梯形隶属度函数表示为：

$$A(x)=\begin{cases}\frac{x-a}{b-a}, & a\leqslant x\leqslant b\\ 1, & b\leqslant x<c\\ \frac{d-x}{d-c}, & c\leqslant x\leqslant d\\ 0, & x<a \text{ 或 } x>d\end{cases} \tag{5-23}$$

2. 模糊推理

将明确的输入数值模糊化后，接着要做的是构建一组规则，输入数值按照一定的逻辑组合起来，从而产生一定的输出。和传统逻辑运算一样，我们引入模糊逻辑运算符：交集（AND）、联集（OR）以及补集（NOT）。对于模糊变量来说，OR 逻辑运算符定义为操作数中的最大值，AND 逻辑运算符定义为操作数中的最小值，NOT 运算符则是 1 减去操作数的隶属度。

在传统的布尔逻辑系统中，每条规则会逐一运算，直到有条规则为真为止，然后就开始运行此结论。在模糊逻辑的系统中，所有的规则都会同时进行运算，每条规则都会运行，只是运行的强度或程度各不相同。每条规则的前提的逻辑运算结果会产生该规则结论的强度。经过模糊逻辑运算后，可以得到多维真值表，根据每个维度的模糊结果来选择行动或者打分。

常用的模糊逻辑推理方法：扎德方法、玛达尼方法、鲍德温方法、耶格方法、楚卡莫托方法。

3. 解模糊

当使用精确数值作为模糊系统的输出数据时，就需要解模糊。经过模糊推理，每条规则都会得到某个输出模糊集合中的隶属度，在推理得到的模糊集合中取一个最能代表这个模糊集合的数值。常用的方法有最大隶属度法、最大平均法、面积均分法和重心法。

七、人工神经网络法

人工神经网络（artificial neural network，ANN）是基于人脑生物学中神经元的工作原理，采用网络拓扑结构的基础理论，模拟人脑对复杂信息进行优化处理的一种数学模型。人工神经网络是一种由许多类似人脑神经元的结构所构成的网络。人脑神经元可以通过树突接受来自多个信号源的信号。在人工神经网络中，这一现象表现为人工神经网络算法接受来自目标函数的多个影响因子，通过网络不同结构层之间的激励函数逐步计算并传递信号，最终输出目标向量。人工神经网络具有 4 个基本特征。

（1）非线性：在自然世界中，非线性关系非常常见。人工神经元处于激活或抑制两种不同的状态，这种行为在数学上表现为一种非线性关系。具有阈值的神经元构成的网络具有更好的性能，在容错能力、存储容量等方面都有较大的优势。

（2）非局限性：一个神经网络通常由多个神经元广泛连接而成。一个系统的整体行为不仅由单个神经元的特征决定，还由各单元之间的相互作用、相互连接决定。如大脑的非局限性就是由单元之间的大量连接模拟的。

（3）非常定性：具有自适应、自组织、自学习能力的人工神经网络不仅处理的信息有各种变化，而且在处理信息的同时，非线性动力系统本身也在不断变化。

（4）非凸性：在一定条件下，一个系统的演化方向取决于某个特定的状态函数。非凸性是指这种函数有多个极值，因此系统具有多个较稳定的平衡态，这将导致系统演化的多样性。

（一）单神经元数学模型

神经元是人工神经网络的基本处理单元，它是一个多输入、单输出的非线性器件，结构如图 5-14 所示。

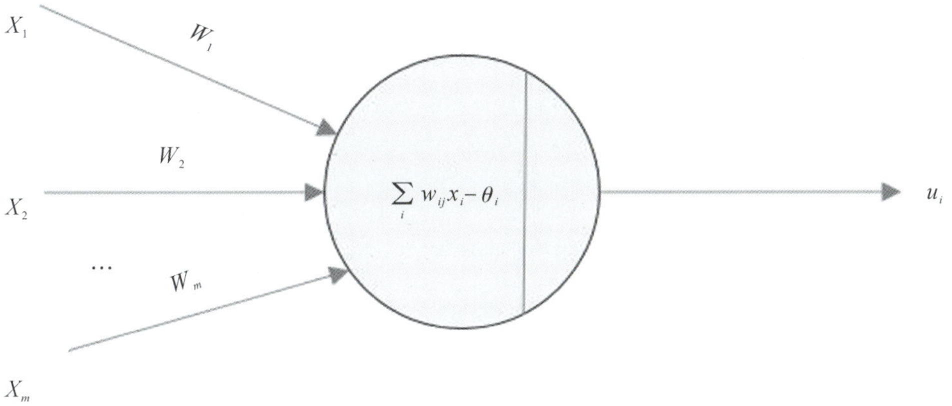

图 5-14　单神经元数学模型

单神经元数学模型的输入输出数学表达式为：

$$u_i=f\left(\sum_{i=1}^{m}w_ix_i-\theta_i\right)\quad i=1，2，\cdots，m \tag{5-24}$$

式中 u_i 表示神经元 i 输出；θ_i 表示神经元 i 的阈值；x_i 表示输入信号；w_i 表示相应的突触连接系数，也称为权值；f 表示神经元的激励函数，又称激活函数。常用的激励函数有以下几种。

1. 阈值型函数

阈值型函数将任意输入转化为 1 和 −1 或者 0 和 1 两种状态输出，也称为硬限幅函数，如下式表达：

$$y_j=f(s_j)=\begin{cases}1, & s_j\geqslant 0\\ -1, & s_j<0\end{cases} \tag{5-25}$$

或

$$y_j=f(s_j)=\begin{cases}1, & s_j\geqslant 0\\ 0, & s_j<0\end{cases} \tag{5-26}$$

阈值型函数是不可微的阶跃型函数，常应用于感知器模型、MP 模型及 Hopfield 模型。

2. 线性型函数

线性型函数可将输入转化为任意值的输出，如下式表达：

$$y_j=f(s_j)=s_j \tag{5-27}$$

3. 分段线性型函数

分段线性型函数又称饱和型函数，是阈值型函数和线性型函数的综合，如下式表达：

$$y_j=f(s_j)=\begin{cases}1, & s_j\geqslant h\\ s_j/h, & |s_j|<h\\ -1/0, & s_j\leqslant -h\end{cases} \tag{5-28}$$

分段线性型函数是不可微的阶跃型函数，常用于细胞神经网络，如模式识别、文字识别或噪声控制等。

4. S形函数

常用的S形函数有对数函数、双曲正切函数，表达式为：

$$y_j=f(s_j)=\frac{1}{1+e^{-sj}} \tag{5-29}$$

或

$$y_j=f(s_j)=\frac{1-e^{-sj}}{1+e^{-sj}} \tag{5-30}$$

S形函数是可微的阶跃型函数，常用于BP模型和Fukushina模型。

（二）神经元的互连模式

神经网络可按不同的原则进行分类，通常人们考虑较多的是按神经元的互连模式进行分类。神经元之间的连接有以下几种形式。

1. 前馈神经网络

在前馈神经网络中，根据接收信息的先后次序不同，把神经元分为不同的组，每一组可以看成是一个神经层。每一层的神经元接收前一层神经元的输出，并输出到下一层神经元。整个网络中的信息传播朝向是一致的，没有反向的信息传播。第0层叫作输入层，最后一层叫作输出层，其他中间层叫作隐藏层。整个网络中没有任何反馈，信号从输入层向输出层单向传播，可用一个有向无环图表示，见图5-15。

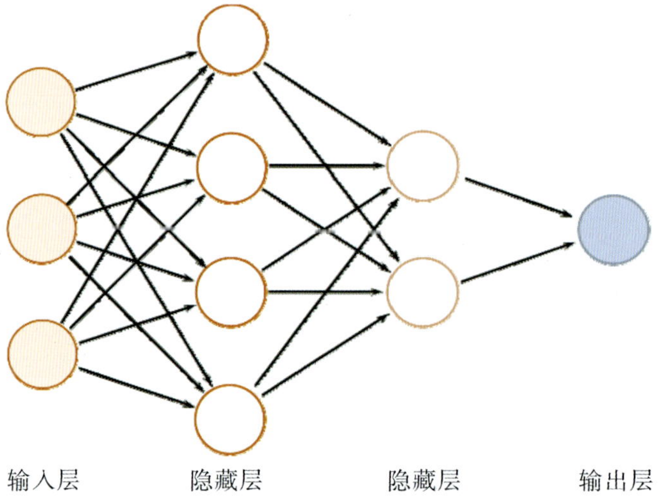

图5-15 前馈神经网络结构图

2. 反馈神经网络

反馈神经网络中神经元不仅能够接收来自其他神经元的信号，还能够接收来自本身的反馈信号。

相较前馈神经网络，反馈神经网络中的神经元具有记忆功能，在不同时刻具有不同状态。反馈神经网络中的信息既可以单向传播，也可以双向传播，因此可以用一个有向循环图或者无向图来表示，见图5-16。常见的反馈神经网络包括循环神经网络、Hopfield网络和玻尔兹曼机。

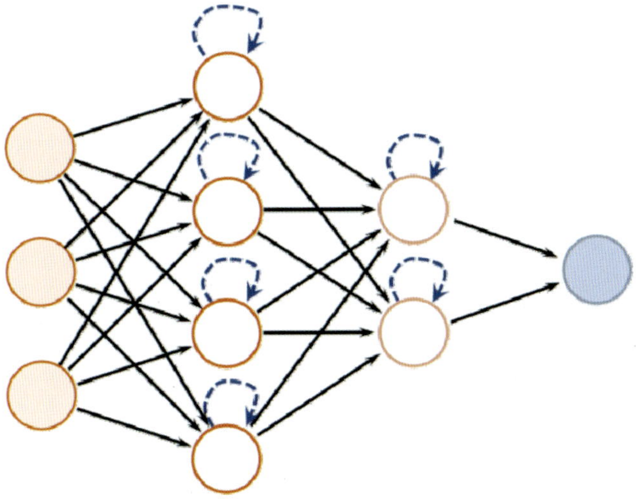

图 5-16　反馈神经网络结构图

此外，根据人工神经网络的性能及网络拓扑结构，还可将人工神经网络分为自组织神经网络、随机神经网络、对抗神经网络等，如表5-6所示。

表 5-6　人工神经网络种类

种类	定义	代表算法
前馈神经网络	各神经元分层排列，每个神经元接收前一层的输出，并输出给下一层，各层间无反馈	BF、RBF
反馈神经网络	神经元不但可以接收其他神经元的信号，还可以接收自己的反馈信号	Hopfield、Elman、CG、RNN
自组织神经网络	是一类采用无导师学习的神经网络模型，根据数据样本进行学习，并调整自身的权重以达到训练的目的	ART、SON
随机神经网络	对神经网络引入随机机制，认为神经元是按照概率的原理进行工作的	Boltzmann
对抗神经网络	是2个网络的组合，一个网络生成模拟数据，另一个网络判断生成的数据是真实的还是模拟的	GAN

第四节　高精度地图

高精度地图（HD Map）是指绝对精度和相对精度均在1m以内的高精度、高新鲜度、高丰富度的电子地图。它包括道路类型、曲率、车道线位置等道路信息，路边基础设施、障碍物、交通标志等环境对象信息以及交通流量、红绿灯状态信息等实时动态信息。

高精度地图相比传统地图，采集的信息更加丰富，地图绝对精度更高，可以使智能网联汽车在进行感知、定位与决策时更容易。为了保证车辆在行驶过程中的安全性，高精图地图包含车道边界、交通标牌、护栏、路灯杆等 100 多种路面属性要素，同时，精度控制在 20～50cm。传统地图与高精度地图的区别如表 5-7 所示。

表 5-7 传统地图与高精度地图的对比

类型	传统地图	高精度地图
使用对象	人类驾驶者	人类驾驶者、自动驾驶汽车
精度	绝对精度为 5m 左右，误差为 10～15m，只描绘位置形态，不包含细节信息	绝对精度优于 1m，相对精度为 10～20cm，包含车道边界、中心线，车道限制等信息
要素和属性	道路。兴趣点：涉密兴趣点禁止表达、重点兴趣点必须表达。背景：国界、省界等行政区划边界须准确表达	车道模型：曲率、坡度、横坡、航向、高程、限高、限重、限宽
数据量	每千米数据量约为 1kB	每千米数据量约为 100MB，且种类复杂多样
数据实时性	小时/月级更新频率	分钟/秒级更新频率

根据地图信息的不同，可将高精度地图由底层到上层分为：静态地图、准静态地图、准动态地图和动态地图。各层级的属性信息如表 5-8 所示。

表 5-8 高精度地图各层级的属性信息

层级	信息	作用
静态地图	道路网、车道网及道路设施的几何信息、属性信息	帮助自动驾驶车辆进行精确的智能决策与控制执行
准静态地图	交通标志牌、路面标志等道路部件信息	自动驾驶车辆的辅助定位，保障自动驾驶车辆的安全
准动态地图	道路拥堵、施工、交通管制、天气等信息	自动驾驶车辆的实时（全局、局部）动态路径规划，提升自动驾驶安全度与效率
动态地图	周边车辆、行人、交通事故等实时性较高的信息	自动驾驶车辆的局部路径规划与决策辅助，增加信息冗余，提升自动驾驶安全度

智能网联系统中，高精度地图的应用主要体现以下 3 个方面：一是感知辅助，提供道路、车道和道路对象等的信息，融合其他传感器，实现环境感知；二是地理围栏判定，提供非地理围栏信息，如前方施工区、收费站、事故区、道路中止、红绿灯区等；三是车道级路径规划，自动完成道路和车道变换。

在进行地图构建时，高精度地图中各层级信息的获取通常经历数据采集、数据处理、目标检测、人工验证和地图发布。

一、数据采集

数据采集由搭载多种传感器的采集车完成，使用的传感器包括激光雷达、摄像头、GPS、惯性测量单元等。其中激光雷达和摄像头分别获取周边环境的激光点云和图像数据，GPS、IMU 用于获取车辆的位置和姿态信息。其中代表技术有 RTK-SLAM 技术、快速移动测量技术等。在 RTK-SLAM 技术中，结合三维激光点云设备可在获得位置和模型的同时，将 RTK 控制点自动引入 SLAM 算法中联合解算，从而得到置信度更高的位置信息。目前，RTK-SLAM 技术已经成功应用于面向自动代客泊车（automated valet parking，AVP）场景的高精地图数据采集。在快速移动测量技术中，在机动车等移动载体上安装北斗/GPS 定位设备、电荷耦合器件/全景相机、惯性导航单元、激光雷达等传感器，经过多种传感器标定、融合、时间同步处理，在载体高速移动时，可同步快速采集道路及道路两旁的空间位置数据和属性数据。

二、数据处理

数据处理是构建高精度地图的关键步骤，即对采集到的原始数据进行整理、分类和精简，以获得不包含语义信息的初始高精度地图模板。该过程是通过旋转和平移变换，将相邻两帧的点云和图像数据配准，然后再对相同元素进行融合、清洗，最终完成初始地图的构建。代表技术有点云感知＋图像融合技术、基于 LiDAR 感知的自动化建图技术等。

三、目标检测

初始的高精度地图制作完成后需要进行特征识别与特征融合，通常使用人工智能辅助检测地图中的要素对象，包括车道线、交通标识、道路边缘等。根据传感器采集到的数据类型，目标检测又分为激光点云中的目标检测和图像中的目标检测两部分。

四、人工验证与地图发布

由于使用人工智能自动进行目标检测会存在一定的误差或错误，因此需要人工验证环节来对地图参数进一步修正，以保证其准确性。如在对图像数据进行目标检测时，系统可能会将外观相似的交通标识错误分类，这就需要人工进一步判别。在一些复杂的交叉路口场景中，同样需要人工对车道、停止线和相应的信号灯进行关联，以完善其逻辑信息。此外，当车道标识、交通标识因污损等原因无法检测和识别时，还需要人工对相应数据进行补充完善。在完成人工验证环节，确保地图数据精确可靠后，才能发布最终的高精度动态地图。

第五节　特殊场景下的感知技术

一、特殊场景试验场

为了测试传感设备的感知性能，推动智能网联汽车的快速发展，国内外积极搭建多样化的模拟环境和道路状况。

位于弗吉尼亚州的“智慧道路”（Smart Road）试验场是美国北部能够测试自动驾驶、网联技术与智慧交通系统的试验场。该试验基地有 75 座能形成雨、雪、雾的天气塔。天气塔从一个实际容量为 189×10^4L 的水箱中取水，能够在相对适宜的环境下，在道路半径 0.8km 范围内形成特定的天气，如形成连续降水量为 2～64mm/h 的阴雨天气、3～91m 范围内能见度差的大雾天气以及降雪量为 102mm/h 的冰雪天气。

无人驾驶车测试与研究卓越中心由新加坡国家陆路交通管理局、新加坡南洋理工大学和裕廊国际（新加坡公司）共同建设。在新加坡及周边热带地区，常有突发暴雨或山洪暴发的特殊环境，对此设置了模拟热带降雨和洪水的测试区域，该区域道路的实际长度为 40m，降雨强度可达 150mm/h。

2019 年 8 月，建有国内最长的雨雾环境测试区的智能网联汽车综合测试示范区在上海临港正式开放，该示范区可模拟长约 500m、立杆高度达 4.8m（净空）的高速公路及普通公路的雨雾场景。它能够实现小雨到特大暴雨 6 个雨量等级，可以控制雨雾均匀喷洒，在雨量数据低时可延迟上传，实现云控平台对雨量数据的全时监控。

二、特殊场景对传感技术的影响

此处的特殊场景主要指恶劣天气环境。与气候学上定义的恶劣天气不同，此处的恶劣天气是指不利于传感器使用的天气，如雨、雪、雾、雾霾、沙尘暴等。

（一）降雨对传感技术的影响

在降雨天气，雨水对车载摄像头的影响较大。摄像头很容易被水滴破坏，无论摄像头的分辨率有多高，都无法获取准确的图像信息。

对于小孔径的激光雷达传感器来说，非极端降雨不会对其产生影响。这是因为激光束和雨滴直接相互作用产生的散射造成的功率衰减几乎可以忽略不计。需要注意的是，当因大气温度较低而出现露水时，发射器上凝结的水滴将会使功率损失超过 50%。当降雨变得很大时，较高的降水量极有可能形成团状雾，容易导致激光雷达将其看成虚假障碍物。

（二）降雪对传感技术的影响

降雪与降雨不同，雪花是在空气中降落的白色结晶，容易形成更大的固体物。当雪花接触车载摄像头的镜头视窗时会融化成冰浆，它们黏附在镜头上遮挡摄像头的视线，甚至在低温下会再次冻结，形成不透明的障碍物。除此之外，在大雪或冰雹天气，摄像头的图像采集会受到影响，这会导致图像产生灰度波动，并使图像或视频中目标的模式边缘模糊化，从而导致检测失败。除了动态影响外，雪还可以扩展为静态天气现象。雪积聚在地面，从而遮挡路标和车道线，这都使得摄像头的数据采集受到严重影响。

对于激光雷达来说，降雪形成的固体障碍物不仅会阻挡激光雷达的有效检测视线，还会导致激光雷达的点云出现异常，从而导致错误探测。此外，降雪天气时气温下降会对传感设备的数据采集造成影响。如温度低至－20℃时，激光雷达测量将时间延迟约 6.8ns，测距值将增加 1m 多。不难想象，低温环境对光电探测器的测距和灵敏度影响更大。

（三）雾天和雾霾天气对传感技术的影响

雾会在一定程度上影响车载摄像头的清晰度。同时，由于水汽湿度过大，光线经过折射参与成像，造成图像饱和度、对比度降低及色调偏移。在雾霾天气，受到大气颗粒物的散射影响，雷达测量的反射光会衰减，从而使物体的对比度退化。同时，粒径较大的部分大气颗粒物会遮挡像素点成像，从而导致图像细节丢失。

（四）沙尘暴对传感技术的影响

沙尘暴对传感技术的影响主要体现在增加测量难度、降低测量精度以及对某些传感器造成物理堵塞或噪声干扰。

三、特殊场景下的感知增强技术

在特殊场景下的感知增强技术方面，国内外学者开展了众多的研究，主要从算法角度和设备角度提高传感数据的准确性。

在算法提升方面，为了增强雨中车载摄像头的信息采集效果，主要基于计算机视觉，围绕去雨技术进行研究。去除下降雨滴和摄像机保护罩的附着雨滴是雨滴检测和清除的主要内容。国内外学者已经使用了多种训练和学习方法进行去雨技术的研究。在雾天，图像采集传感器采集的户外图像会出现模糊、低对比度和颜色失真等现象。国内外学者主要围绕图像去雾技术开展研究。图像去雾的目的是消除恶劣天气的影响，增强图像的对比度和饱和度，恢复有用的特征。现有的去雾技术可分为 2 类：一种是基于图像处理的非模型增强方法（直方图均衡、负相关、同态滤波器等），另一种是基于大气散射模型的图像恢复方法（对比度恢复、人机交互、在线地理模型、偏振滤波等）。

在设备改进方面，针对激光雷达在雾天和浓烟条件下的测距效果不理想，激光器通过反射特性（反射率和方向性）、尺寸、形状和相对于激光束的方向等特征识别目标。同时，激光雷达搭载了升级型高分辨率距离测量技术，能够以极高的重复率接收多重雷达回波，不仅能够识别雾、雨、尘、雪、树叶和栅栏的波唯一性，还使目标检测和测量的准确性得到了极大保证。此外，该激光雷达还能够对自己感兴趣的区域进行设置，以便于解决暴雨和其他能见度极低条件下的雾气成块问题。

参考文献

[1] 李妙然，邹德伟. 智能网联汽车技术概论 [M]. 北京：机械工业出版社，2020.

[2] 魏琴，谷谢天，陈平易. 智能汽车技术及环境感知传感器初探 [J]. 内燃机与配件，2019，2：174-175.

[3] 谢志萍，雷莉萍. 智能网联汽车环境感知技术的发展和研究现状 [J]. 成都工业学院学报，2016，19 (4)：87-92.

[4] 蔡思，高丽洁. 自动驾驶汽车环境感知系统的研究 [J]. 汽车零部件，2021，11：105-107.

[5] 任保宽. 激光雷达在智能网联汽车上的应用 [J]. 山东交通科技，2021，5：138-140.

[6] 张艳霞. 毫米波雷达与视觉融合的车辆感知技术研究 [J]. 科技与创新，2022，16：178-181.

[7] 陈艳梅，薛亮. 智能网联汽车环境感知技术揭秘 [J]. 汽车与配件，2022，17：59-63.

[8] 程增木. 智能网联汽车技术入门一本通 [M]. 北京：机械工业出版社，2021.

[9] 李晶华，弋国鹏. 智能网联汽车技术与应用 [M]. 北京：机械工业出版社，2021.

[10] 詹永富. 智能网联汽车组合导航定位系统研究 [J]. 农机使用与维修，2022，9：60-62.

[11] B ZHU，X TAO，J ZHAO，et al. An integrated GNSS/UWB/DR/VMM positioning strategy for intelligent vehicles [J]. IEEE Transactions on Vehicular Technology，2020，7 (99)：1-5.

[12] Q ZHANG，Y LI. Indoor positioning method based on infrared vision and UWB fusion [J]. Journal of Physics：Conference Series，2021，2 (1)：78-83.

[13] X KONG，X LI，X SONG，et al. An accurate and reliable positioning methodology for land vehicles in tunnels based on UWB/INS integration [J]. Measurement Science & Technology，2022，9：33-38.

第六章　智能网联汽车规划控制

第一节　基本理论

智能汽车搭载了先进的传感系统、决策系统、执行系统，具备环境感知、智能决策、自动控制等功能。它利用传感器系统感知环境、位置、交通、目标、障碍物、车辆状态等信息数据，通过自主决策，实现车辆安全高效行驶。

在智能网联汽车系统的层级结构（图 6-1）中，传感器系统所采集到的多种信息数据被输入至感知层，感知层对其进行处理并结合信息融合得到环境与车辆状态的综合信息，使得车辆对环境具有精确的感知能力。决策规划层是连接上下层的关键，根据感知层输出的综合信息，结合实际的时空约束，通过规划算法最终输出车辆下一步的驾驶行为与行驶路径。控制执行层依据决策规划层输出的结果，对规划的车辆动作进行实现，获取车辆自身状态信息并反馈给传感器系统，实现闭环。决策规划层和控制执行层的运行基于车辆模型，结果将直接决定车辆预期动作与实现效果，在安全性和经济性方面发挥关键作用。

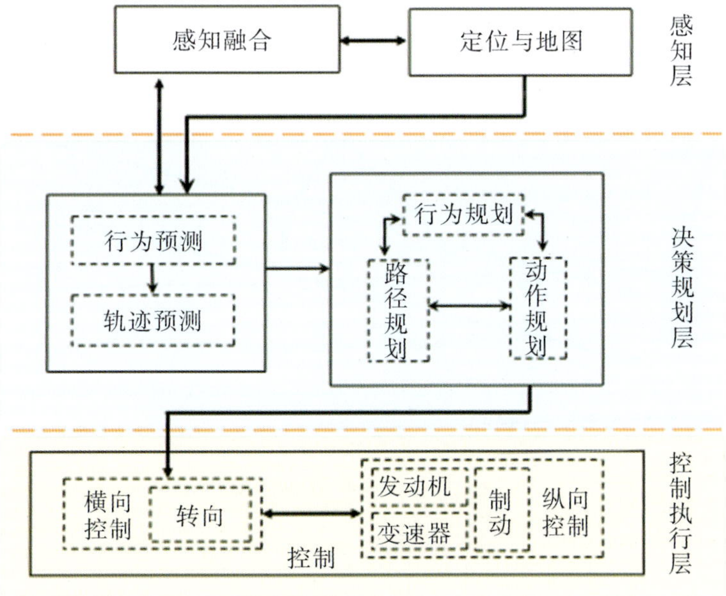

图 6-1　智能联网汽车系统的层级结构图

决策规划层主要包括路径规划、行为规划和动作规划。路径规划指在实际路网信息的基础上，长期规划从起点到目标位置的全局行驶路径，主要功能是全局的行程调度。动作规划指根据实时交通情况，制订动态可行的行驶轨迹，在满足舒适性、安全性的情况下保证路径轨迹符合车辆运动学约束。行为规划是前两者之间的连接，可以储存当前和过去的动态感知数据以及车辆与外界的信息交互数据，并对车周围所有环境物体的状态轨迹、相应风险进行预测，为路径规划和行为规划传达规划与修正需求。

控制执行层是在兼顾安全性、经济性、舒适性等多个指标的情况下，将操纵意愿转化为实际动作。为了实现对车辆位置、速度、姿态的精确控制，控制器会参照规划的动态轨迹以及实时获取的横纵向车速、加速度、横摆角速度、质心侧偏角等动力车辆状态参数，按照已制订的逻辑做出相应决策指令，并发送到驱动系统、制动系统和转向系统等执行机构。控制执行主要包括纵向控制和横向控制。纵向控制是通过对油门和刹车系统的控制，实现车辆的定速巡航、自适应巡航或纵向防撞等行为；横向控制是通过对转向系统和横摆力矩的控制，主要实现车辆的车道保持、变道、转弯等行为。

一、车辆运动学模型

在大地坐标系下，由于汽车转向系统服从阿克曼转向原理，忽略后轮轮胎的侧向偏移，此时车辆的转向中心在后轴延长线上，如图 6-2、公式 6-1 所示，

$$L=R\tan\delta \tag{6-1}$$

其中，L 为汽车轴距，R 为转向半径，δ 为前轮转角。

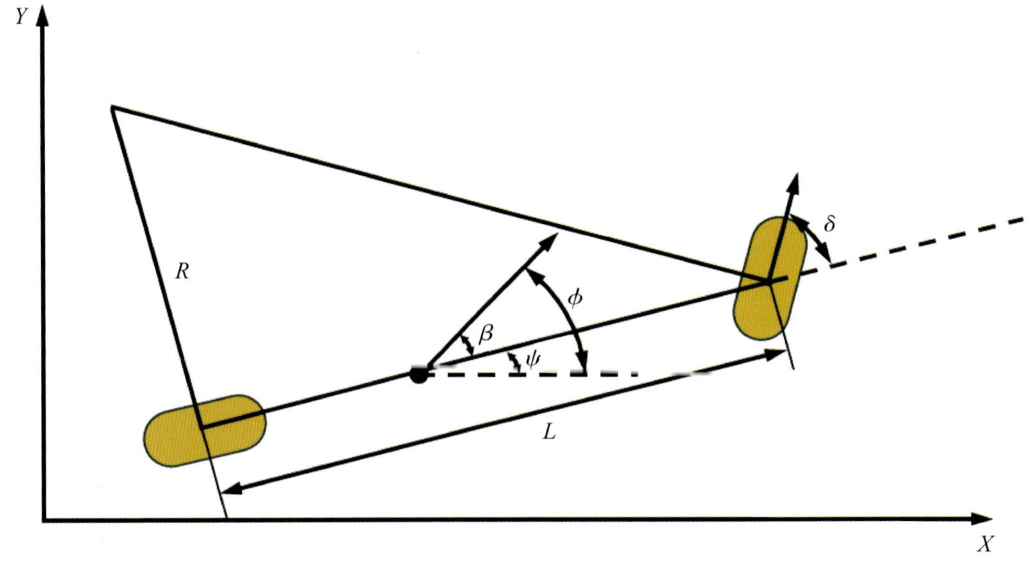

图 6-2　车辆运动学模型

注：φ 为车辆航向角（速度方向角），β 为质心侧偏角，$\varphi=\beta+\psi$。

以车辆前轮转角 δ、标量质心速度 v 为控制输入，以车辆质心横坐标 X_c、纵坐标 Y_c、横摆角 ψ（车身方向角）为状态量，车辆运动学模型表示为

$$\begin{pmatrix} \dot{X}_c \\ \dot{Y}_c \\ \dot{\psi} \end{pmatrix} = \begin{pmatrix} \cos\varphi \\ \sin\varphi \\ \frac{\tan\delta}{L} \end{pmatrix} \cdot v \tag{6-2}$$

上述模型是关于输入变量的非线性模型，可以将输入量改为角速度 ω 和 v，可以得到状态方程：

$$\begin{pmatrix} \dot{X}_c \\ \dot{Y}_c \\ \dot{\psi} \end{pmatrix} = \begin{pmatrix} \cos\varphi 0 \\ \sin\varphi 0 \\ 0 \quad 1 \end{pmatrix} \begin{pmatrix} v \\ \omega \end{pmatrix} \tag{6-3}$$

二、车辆动力学模型

动力学主要研究作用于物体的力与物体运动的关系，车辆动力学模型一般用于分析车辆的平顺性和车辆操纵性的稳定性。车辆动力学主要研究车辆轮胎及相关部件的受力情况，如纵向速度控制通过控制轮胎转速实现，横向航向控制通过控制轮胎转角实现。

在车辆坐标系下，车辆的作用力沿着 3 个不同的轴分布，如图 6-3 所示。

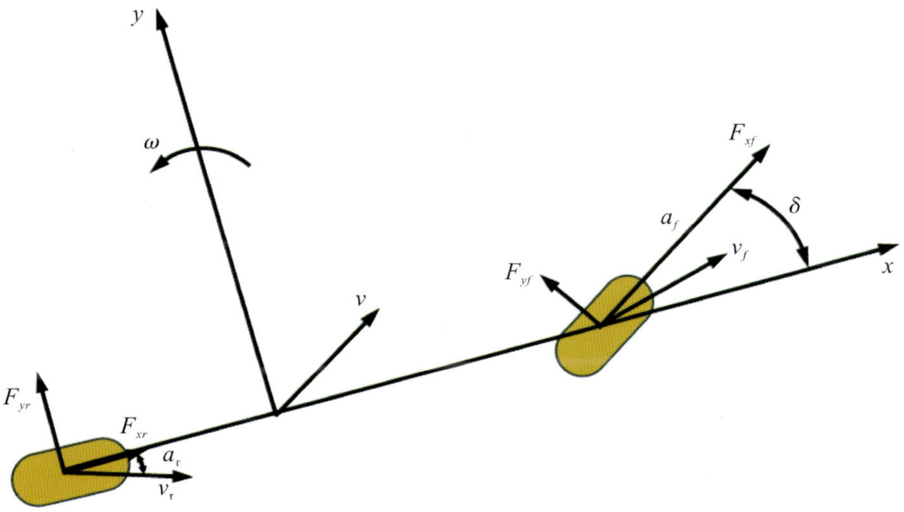

图 6-3 车辆动力学模型

注：F_{y_f}——前轮侧向力(N)；F_{y_r}——后轮侧向力(N)；F_{x_f}——前轮纵向力(N)；F_{x_r}——后轮纵向力(N)；α_f——前轮侧偏角(rad)；α_r——后轮侧偏角(rad)；δ——车辆的前轮转角(rad)；ω——车辆横摆角速度(deg/s)；v_r——后轴中点速度；v_f——前轴中点速度；v——质心速度。

在 x 轴方向上的力，主要包括驱动力、制动力、滚动阻力和拖曳阻力。车辆绕 x 轴做滚动运动，表示如下：

$$m(\ddot{x} - \dot{y}\omega) = F_{y_f}\sin\delta + F_{x_f}\cos\delta + F_{x_r} \tag{6-4}$$

在 y 轴方向上的力，主要包括转向力、离心力和侧风力。车辆围绕 y 轴做俯仰运动，表示如下：

$$m(\dot{v}_y - v_x\omega) = F_{y_f}\cos\delta + F_{x_f}\sin\delta + F_{y_r} \tag{6-5}$$

其中，v_x 表示车辆的纵向速度，v_y 表示车辆的横向速度。

在 z 轴方向上的力，主要包括地面支持力和风压力。车辆围绕 z 轴做横摆运动，表示如下：

$$I_z\dot{\omega} = aF_{y_f}\cos\delta - b(F_{y_f} - F_{x_f}\sin\delta) \tag{6-6}$$

其中，a 和 b 分别是车辆质心到前后轴的距离。

侧偏角与轮胎侧向力呈线性关系，表示如下：

$$\begin{cases} F_{y_f} = C_f\alpha_f \\ F_{y_r} = C_r\alpha_r \end{cases} \tag{6-7}$$

其中，C_f 和 C_r 分别表示前轮和后轮的侧偏刚度。

车辆前后轮与侧偏角运动学关系如下：

$$\alpha_f = \arctan\left(\frac{a\omega + v_y}{v_x}\right) - \delta \tag{6-8}$$

$$\alpha_r = \arctan\frac{v_y - b\omega}{v_x} \tag{6-9}$$

假设仅考虑车辆的横摆运动与侧向运动两个自由度，且前轮小角度偏移、纵向车速不变，即为二自由度模型，可以重新得到状态方程。其中状态量，控制量为 $u=\delta$，观测量 $\eta=y$。

$$\dot{\xi} = A\xi + Bu \tag{6-10}$$

$$\eta = C\xi \tag{6-11}$$

其中：

$$A = \begin{pmatrix} 0 & v & v & 0 \\ 0 & 0 & 0 & 1 \\ 0 & 0 & \dfrac{C_f + C_r}{mv} & \dfrac{aC_f - bC_r}{mv^2} - 1 \\ 0 & 0 & \dfrac{aC_f - bC_r}{I_z} & \dfrac{a^2C_f - b^2C_r}{I_z v} \end{pmatrix} \tag{6-12}$$

$$B = \begin{pmatrix} 0 & 0 & -\dfrac{C_f}{mv} & -\dfrac{aC_f}{I_z} \end{pmatrix}^T \tag{6-13}$$

$$C = (1 \quad 0 \quad 0 \quad 0) \tag{6-14}$$

第二节　决策规划

一、路径规划

路径规划通常也被称为路由规划，是指给定环境地图以及起点和终点位置，利用路径规划算法找到一条从起点到终点的路径。根据优化目标的不同，路径规划的种类也不同：传统的路程最短路径规划即优化目标为单一的路径最短；当优化目标需要兼顾路程和能耗时，一般被称为经济性路径规划或多目标路径规划。路径规划的常用算法有 Dijkstra 算法、A * 算法、D * 算法、粒子群优化算法（particle swarm optimization，PSO）、遗传算法（genetic algorithm，GA）、蚁群算法（ant colony optimization，ACO）等。

（一）Dijkstra 算法

1959 年，荷兰计算机科学家 E. W. Dijkstra 提出了一种采用贪婪模式的算法，被称为 Dijkstra 算法。面对有向图中单个节点到另一节点的最短路径问题时，可用其解决。在该算法中，每一次迭代时选择的下一个节点是当前节点最近的子节点，即每一次迭代行进的路程是最短的。在每一次的迭代过程中，都要对起始节点到所有遍历到的点之间的最短路径进行一次更新，以使得最终规划出的路径最短。Dijkstra 算法的原理及实现流程如下。

1. 初始化

引入辅助数组 D，它的每个元素 $D[i]$ 表示当前所找到的从起始点 v 到其他节点 v_i 的路径相对最小长度。在算法执行过程中，D 值在不断逼近最终的结果。

2. 搜索最小点

找到当前节点到下一个节点的最小距离 $D[j]$，$D[j]=Min\{D \mid v_i \in V\}$。这表明从节点 v 出发到节点 v_j 的长度最短的一条路径为 (v, v_j)。

3. 松弛

找到从起始点 v 到下一个节点的最短路径长度所对应的节点，并且这条最短路径长度仅次于 (v, v_j)。假设该次短路径的终点是 v_k，那么这条路径应该为 (v, v_k) 或者是 (v, v_j, v_k)。因此，做出如下判断：

$$D[k] \geqslant D[j]+w(j, k) \tag{6-15}$$

其中，$w(j, k)$ 是弧 (v, v_k) 的权值，可以理解为从节点 v_j 到节点 v_k 的距离。若公式（6-15）判断为真，表明通过节点 v_j 到节点 v_k 的距离更短，因此更新 $D[k]$。这个过程就叫作“松弛”。若公式（6-15）判断为假，表明通过节点 v_j 到节点 v_k 无法缩短 $D[k]$ 的距离。该算法就是通过这样的松弛方法来进行迭代寻优。

4. 重复迭代

当 v_j 确定时，从节点集合 V 中删除节点 v_j，继续从剩余节点中搜寻距离最短的节点，进一步进行松弛操作，重复迭代，直至规划出最短路径。

综上所述，Dijkstra 算法解决最优路径规划问题的原理即通过贪婪模式逐个遍历最小子节点，然后利用松弛方法进行路径的优化，最终规划出最优的路径。Dijkstra 算法的优点是只要路径存在，就一定可以规划出来，并且规划出来的路径是全局最优的，即距离最短。不足的是，Dijkstra 算法没有使用任何启发式搜索算法，节点的扩充还是没有目的的层层推进，搜索效率较低。

（二）A* 算法

1968 年，Peter Hart，Nils Nilsson 和 Bertram Raphael 提出了 A * 算法，该算法是一种图的启发

式搜索算法，通常被认为是Dijkstra算法的扩展。算法中引入了启发式代价函数，节点会进行更具有目的性的拓展，可以使得被搜索的节点尽可能最少，从而实现高效的计算和求解。算法的基本思想如下：

定义当前节点 x 的估计函数为 $f(x)$，如公式（6-16）所示：

$$f(x)=g(x)+h(x) \tag{6-16}$$

其中 $g(x)$ 表示起点到当前节点 x 的实际距离度量，$h(x)$ 表示从节点 x 到终点的最小距离估计。$h(x)$可以由欧几里得距离 $\sqrt{(x-x_i)^2+(y-y_i)^2}$ 或者曼哈顿距离($|x-x_i|+|y-y_i|$)表示。

A＊算法的实现过程如下：

（1）首先，将起始点 S 添加到一个名为 open list（OL）的列表。在搜寻路径的过程中，我们认为在 OL 中会有很多通往目标的重要测试点，而且还会不断追加测试点。

（2）寻找 S 点周围相连的所有节点，也将其放入 OL 中，并将 S 点视为这些节点的“父节点”。

（3）将 S 点从 OL 列表移至 close list（CL）列表。

（4）根据公式（6-16）计算 S 点周围相连所有节点的估计值，将估计值最低的节点记作节点 S_1，并把节点 S_1 从 OL 列表移至 CL 列表。

（5）查找节点 S_1 的相邻节点。

（6）如果节点 S_1 的某个相邻节点不在 OL 列表中，那么把其加入 OL 列表，并将 S_1 点作为这个节点的“父节点”；如果某个相邻节点已经在 OL 列表中，检查该路径是否更优。也就是说，通过节点 S_1 到达该点的估计值是否比由节点 S 直接到达该点的估计值更低。若不是更优，就继续检查其他已经在 OL 列表里的相邻节点；如果有节点的估计值更优，该节点就作为 S_1 点的下一个节点，同时把该相邻节点的“父节点”改为目前选择的 S_1 点，重新计算该节点周围相邻节点的估计值。

（7）重复以上过程，直到目标点进入 CL 列表。

与 Dijkstra 算法一样，只要路径存在，A* 算法总能够规划出一条从起点到终点的最短距离路径。由于 A* 算法中使用了启发式函数，因此，算法在寻优过程中总是向终点的方向进行搜索。可见，与 Dijkstra 算法相比，A* 算法扩充的节点数更少，效率更高。

（三）D* 算法

1994 年，Anthony Stentz 在 A* 算法的基础上提出了一种反向增量式搜索算法，称为动态 A* 算法，即 D* 算法。其中，反向的意思是指算法不再从起点搜寻路径，而是从终点向起点对最短路径进行搜寻；而增量式搜索是指算法在搜索过程中会计算每一个节点的距离度量信息 $H(x)$，在动态环境中若出现障碍物无法继续沿预先路径搜索，算法会根据原先已经得到的每个点的距离度量信息在当前状态点进行路径再规划，无须从目标点重新规划。

首先，D^* 算法将占用的网格转化为地图成本信息 $c\in R$，$c>0$，定义水平垂直穿越为 c，对角穿越为$\sqrt{2}\cdot c$。对于障碍物而言，$c=Inf$。该算法中的增量可以进行重新规划。如果在规划时发现实际环境与最初计划的地图不同，或者发现成本超过预期的路径，或者遇到随机的障碍物，算法就会分阶段重新规划以找到最佳路径。与完全重新规划相比，增量再规划的计算成本更低。在外部因素较多的实际情况下，D^* 算法有其独特的优势。

对于栅格地图，采用某种计算机制定义 2 个格栅的距离。对于二维空间中的任意 2 点 (x_1, y_1)、

(x_2, y_2)，常用的度量标准有欧几里得距离（Euclidean Distance，ED）、曼哈顿距离（Manhattan Distance，MD）和切比雪夫距离（Chebyshev Distance，CD），上述三种距离的计算公式分别如下：

$$D_{Euclid}=\sqrt{(x_2-x_1)^2+(y_2-y_1)^2} \tag{6-17}$$

$$D_{Manhattan}=|x_2-x_1|+|y_2-y_1| \tag{6-18}$$

$$D_{Chebyshev}=\max(|x_2-x_1|, |y_2-y_1|) \tag{6-19}$$

D^* 算法的估计函数 $f(n)$ 表达为：

$$f(n)=g(n)+h(n) \tag{6-20}$$

其中，n 为当前节点；$g(n)$ 代表节点到目标点的距离度量；$h(n)$ 代表节点到起点的最小成本估计值，在算法中均可用两点间实际距离代替。

可以认为 D^* 算法是 A^* 算法的扩充。D^* 算法同样要先对环境进行网格建模，然后搜索最小成本的路径，搜索过程是动态的，搜索方向是反向的、扇形的。A^* 算法在静态环境中建模效果良好，但面对动态环境中的随机障碍物时，A^* 算法将不再适用；D^* 算法适用于动态环境的原因在于可以调用记录的后台信息，提高搜索的效率，可以很好地应对随机障碍物出现影响过去计算的结果甚至导致路径不可行的情况。D^* 算法的实现步骤如下。

（1）首先，与 A^* 算法相似，将实际地图转换为栅格地图模型，然后把目标点 D 放在 OL 中。

（2）判断 OL 中有无元素。若没有元素，则表示目标点 D 不可达，退出算法；若含有元素，则进行步骤（3）。

（3）将当前节点的相邻节点放入 OL 中，这些相邻节点称为“子节点”，当前节点称为“父节点”，根据式（6-20）计算每个子节点的估计值 f，选择估计值 f 最小的节点作为下一个节点 N_{next}。

（4）将节点 N_{next} 放入 CL 中。

（5）判断节点 N_{next} 是否为起始节点。若判断为真，表明已找到路径，算法终止；若判断为假，则继续进行步骤（6）。

（6）搜索节点 N_{next} 周围的相邻节点 sub，更新节点 sub 到目标点的距离度量 $g(sub)$，即 $g(sub)=g(next)+g(next, sub)$。

（7）判断 sub 节点是否在 OL 中。若判断为真，则进行步骤（8）；若判断为假，则进行步骤（9）。

（8）比较 g（sub）与之前未更新前的 g（$sub-old$）值的大小。若 g（sub）大于 g（$sub-old$），则跳转到步骤（2）；若 g（sub）小于 g（$sub-old$），则进行步骤（11）。

（9）判断 sub 节点是否在 CL 中。若为假，则将该子节点放入 OL 中，然后进入步骤（11）；若为真则进行步骤（10）。

（10）比较 g（sub）与之前未更新前的 g（$sub-old$）值的大小。若 g（sub）大于 g（$sub-old$），则跳转到步骤（2）；若 g（sub）小于 g（$sub-old$），将字节点 $next$ 从 CL 中删除并加入 OL 中，然后进行步骤（11）。

（11）更新 OL 中的 g 值，同时将反向指针指向子节点 $next$。

（12）根据式（6-20）重新计算子节点的 f 值。

尽管 D^* 算法在栅格地图中搜索时能很好地减少搜索树的分支以及搜索量，可以兼顾求解完整和效率，但是存在着一些缺陷，算法更侧重于对路径长度的优化，在搜索过程中会向 8 个方向扩展，可能会产生不必要的旋转路径，增加车辆运行成本；由于侧重于对行驶长度的优化，该算法可能会规划出极其靠近甚至与障碍物冲突的路径，在实际应用中，这会对移动车辆的安全性产生影响。此外，D* 算法要求预先获取完整的环境信息，当地图环境复杂时，时间成本随着地图的阶数呈指数级增长，在高维复杂空间下会遇到搜索维度灾难，从而导致规划响应变慢。

（四）粒子群优化算法

1995 年，Eberhart 和 Kennedy 通过模拟鸟群寻找食物过程中的迁徙和聚集行为推导出一种基于种群智能的全局概率搜索算法——粒子群优化算法（PSO）。

顾名思义，把每个优化问题的可行解都看作某空间中具有初始矢量速度进行运动的粒子，所有粒子的运动会受到过去运动状态影响，具有向最优解位置或适应度更高粒子靠近的自我学习能力和群体学习能力，通过之后的不断迭代找出最优解决方案。所有粒子的适应度值可由评估方程算出，适应度越大表明可行解越优。在每一次的迭代中，粒子更新自己的方位和速率，并受到两个最优位置的影响，其中一个是粒子自身适应度最大的位置处，称为局部最优方案或个体极值；另一个是整个粒子种群中目前适应度最大的粒子处，称为全局最优方案或全局极值。通过这种信息共享机制，整个粒子群的运动在问题求解空间中出现从无序到有序的演化过程，从而获得最优解。

PSO 算法原理及实现流程如下：

1. 初始化

在一个 D 维空间中，由一群随机粒子组成一个群落。一个粒子代表一个解，每个粒子都有位置信息和速度信息，位置信息 x_i 表示为 $x_i=(x_{i1}, x_{i2}, x_{i3}, \cdots, x_{iD})$，速度信息 v_i 表示为 $v_i=(v_{i1}, v_{i2}, v_{i3}, \cdots, v_{iD})$。

2. 计算粒子适应度

粒子适应度是根据目标函数拟定的适应值，用于评判粒子的“好”和“坏”。例如，在路径规划中，与粒子 B 相比，粒子 A 得到的路径距离更短，说明粒子 A 的适应度更大。

3. 更新个体最优值和群落最优值

在第 t 代的第 i 个粒子向第 $t+1$ 代进化时，速度和位置信息更新规则如下：

$$v_i(t+1)=\omega v_i(t)+c_1r_1(t)[p_{best}(t)-x_i(t)]+c_2r_2(t)[g_{best}(t)-x_i(t)] \quad (6\text{-}21)$$

$$x_i(t+1)=x_i(t)+v_i(t+1) \quad (6\text{-}22)$$

其中，ω 为惯性权重，表示粒子当前行为受过去运动状态影响的程度；c_1 和 c_2 为学习因子，体现了粒子向“自我经验”和“社会经验”学习所占的比重；r_1 和 r_2 为［1，2］范围内的随机数；$p_{best}(t)=(p_{i1}, p_{i2}, p_{i3}, \cdots, p_{iD})$，表示第 t 代的第 i 个粒子发现的最优位置；$g_{best}(t)=(g_{i1}, g_{i2}, g_{i3}, \cdots, g_{iD})$ 表示群落中所有粒子发现的最优位置。公式（6-21）中的 3 项依次为惯性保持部分、自我认知部分和社会认知部分。

4. 位置更新

计算新位置的适应度，若新位置的适应度更高则对该粒子位置进行更新，否则不进行更新。

粒子群算法利用个体局部信息和群体全局信息进行协同搜索，原理简单、收敛速度快。但是，粒子群算法是一种概率算法，搜索精度不高，不能保证搜索到全局最优解。

（五）遗传算法

20 世纪 70 年代，美国数学家 John Holland 根据大自然中生物体进化规律提出了遗传算法（GA）。遗传算法是一种通过构建达尔文生物进化论的自然进化模型（包括选择、交叉和变异）和遗传学原理的生物进化模型来寻找最优解的算法。和粒子群优化算法类似，该算法把问题的可行解视为种群中的染色体，并对个体的 DNA 进行操作，算法不会被求导和函数的连续性特性所限制，具有一定的并行基础和更优秀的全局搜索最优方案的能力，并且采用概率化的搜寻方法，能够自主获取、指导并优化搜索空间，可以自适应地调整自己的搜索方向。

遗传算法的核心思想是通过对群体中的个体进行遗传操作，从而生成新的群体，并通过适应度函数淘汰适应度差的个体，适应度好的个体得以继续繁衍，然后不断迭代以找到最优解。

参数的编码、初始方案群体的设置、评估函数的设计、遗传操作的设计、控制参数设定五个要素组成了遗传算法的核心操作内容。GA 算法原理及实现框架如下：

1. 编码

编码实现了解空间向编码空间的映射，它将解空间的解数据转换成了遗传空间的基因型串结构数据。常用的编码方式有二进制编码、实数向量编码、整数排列编码、通用数据结构编码等。在路径规划问题中，采用的编码方式是用一串数字排列表示车辆行驶的路径。

2. 初始化种群

完成染色体的编码之后，要初始一个染色体种群作为初始化种群。初始化种群是指优化问题中的部分可行解的集合。假设种群大小为 L，初始种群 E_0 则表示为 $E_0=\{S_1, S_2, \cdots, S_L\}$，其中，$S_l=(s_{1,l}, s_{2,l}, \cdots, s_{n,l})$（$l=1, 2, \cdots, L$）表示第 l 个可行解，也称为第 l 个个体，$s_{1,j}, s_{2,j}, \cdots, s_{n,j}$ 分别表示第 l 个可行解 S_l 中的变量值，也称为第 l 个个体的基因信息。

3. 适应度计算

适应度越大表明可行解的方案越优，在进行筛选时更容易被保留，使得种群不断向适应度更大即更靠近最优解的方向遗传进化。在以最短路程为优化目标的路径规划中，适应度函数可以定义为优化目标函数的倒数，通过搜索筛选出适应度最高（目标函数最小，即距离最短）的个体（可行解）。

4. 个体选择

算法通常采用轮盘赌法进行筛选。轮盘赌法的物理模型：根据个体适应度的大小在转盘上分配面积不同的区域，转动转盘，保留指针所停留区域对应的个体，显然适应度越大的个体被选中的概率越大。

5. 交叉运算

定义两个相互配对个体间的交叉概率为 p_c。当 p_c 满足交叉条件时，相互配对的个体按某种方式交换部分基因信息，形成两个新个体，即交叉运算。常见的交叉操作有部分匹配交叉、单点交叉、两点交叉、多点交叉等。

6. 变异运算

定义每个个体都具有变异概率 p_m。当 p_m 满足变异条件时，个体中某些基因信息发生变化以形成新个体，即变异运算。常见的变异操作有基本位变异、均匀变异、高斯变异等。

7. 解码

与编码操作相反，解码实现了编码空间向解空间的映射，它将遗传空间的基因型串结构数据转换成了解空间的解数据。

遗传算法在达到最大进化代数之前，算法会通过遗传操作不断更新种群，同时通过交叉变异机制避免算法陷入局部最优解，搜索能力强，收敛性好。但是，遗传算法中涉及的参数较多，部分参数需要依靠经验确定，算法执行过程中依赖适应度函数，并由其确定最终方案的走向，而这个方程需要使用者自行设计。同时，算法中的群体数量选择不当可能会导致算法过早收敛，从而错过全局最优解。

（六）蚁群算法

蚁群算法（ACO）是1991年意大利学者Dorigo M. 等根据蚂蚁觅食行为提出的。与粒子群优化算法一样，蚁群算法也是一种概率算法，它通过模仿真实蚂蚁的协同觅食行为，达到在图中规划路径的目的。

该算法最早用于解决旅行商问题。算法规定，蚂蚁在寻找食物（目标点）的过程中，能够在其爬过的路径上遗留信息素，并且信息素可以指导蚂蚁的爬行路径方向。距离越短的路径上经过的蚂蚁就会越多，随之而来此路径上存在的信息素浓度就越高。而蚂蚁的移动总是会偏向于信息素浓度较高的方向，因此后续的蚂蚁选择这条搜索路径的概率越高，选择这条路径的蚂蚁又会产生更多的信息素，这种正反馈机制会使蚂蚁群很快逼近最优路径。

该算法具有分布计算、信息正反馈和启发式搜索的特征，是一种启发式全局优化算法。ACO原理及实现流程如下：

在算法的初始阶段，将 m 只蚂蚁随机放置到起始点，同时，将每只蚂蚁的禁忌表 $tabu$ 中第一个元素设置为它当前所在的城市。此时各路径上的信息素浓度相等，设初始信息素浓度 $\tau_{ij}(0)=c$。接下来，每只蚂蚁根据路径上残留的信息素浓度和启发式信息（两城市间的距离）独立地选择下一座城市，在时刻 t，蚂蚁 k 从城市 i 转移到城市 j 的概率 $p_{ij}^{k}(t)$ 为：

$$p_{ij}^{k}(t)=\begin{cases}\dfrac{[\tau_{ij}(t)]^{\alpha}\cdot[\eta_{ij}(t)]^{\beta}}{\sum_{s\in J_k(i)}[\tau_{is}(t)]^{\alpha}\cdot[\eta_{is}(t)]^{\beta}}, & j\in J_k(i)\text{时}\\ 0, & \text{其他}\end{cases} \tag{6-23}$$

其中，$J_k(i)=\{1, 2, 3, \cdots, n\}-tuba_k$，表示蚂蚁 k 下一步允许选择的城市集合。禁忌表 $tuba_k$ 记录了蚂蚁 k 当前走过的城市。当终点加入禁忌表 $tuba_k$ 中时，蚂蚁 k 便完成了一次搜索，此时蚂蚁 k 走过的路径便是一个可行解。公式（6-23）中的 η_{ij} 为期望启发式因子，表示蚂蚁从城市 i 转移到城市 j 的期望程度。在以最短路程为优化目标的路径规划中，η_{ij} 通常取城市 i 与城市 j 之间距离的倒数。α 和 β 分别表示信息素和期望启发式因子的相对重要程度。

当所有蚂蚁完成一次搜索后，各路径上的信息素更新规则为：

$$\tau_{ij}(t+n)=(1-\rho)\cdot\tau_{ij}(t)+\Delta\tau_{ij} \tag{6-24}$$

$$\Delta\tau_{ij}=\sum_{k=1}^{m}\Delta\tau_{ij}^{k} \tag{6-25}$$

其中，$\rho(0<\rho<1)$ 表示路径上信息素的挥发常数，$1-\rho$ 表示信息素的持久性常数，$\Delta\tau_{ij}$ 表示本次迭

代中路径 ij 上信息素浓度的增量，$\Delta\tau_{ij}^{k}$ 表示第 k 只蚂蚁在本次迭代中留在路径 ij 上的信息素浓度。如果蚂蚁 k 没有经过路径 ij，则 $\Delta\tau_{ij}^{k}=0$。$\Delta\tau_{ij}^{k}$ 表示为：

$$\Delta\tau_{ij}^{k}=\begin{cases}\dfrac{Q}{L_k}, & \text{蚂蚁 } k \text{ 经过路径 } ij \text{ 时} \\ 0, & \text{其他}\end{cases} \tag{6-26}$$

其中，Q 为系统常数，L_k 表示第 k 只蚂蚁在本次搜索时走过路径的长度。

与其他优化算法不同，ACO 采用了间接通信的正反馈机制。算法中每个搜索路径的蚂蚁会在路径上留下信息素，影响其他蚂蚁寻路的同时又能够接收到周围其他蚂蚁对环境的实时改变。加上分布式的计算方式，使得多个个体同时进行并行计算，大大提高了算法的计算能力和运行效率。此外，ACO 在寻优时几乎不会停在局部最优，寻找全局最优的效果良好。但是，若待解决问题规模较大时，蚁群系统的性能可能直线下降，进而出现停滞的现象。

二、行为规划

行为规划也叫决策制定，主要负责对路径规划模块规划的预期轨迹与感知层感知到的环境信息进行决策和推理，输出具体的车辆驾驶行为并接收运动规划模块的反馈，如图 6-4 所示。车辆在驾驶过程中存在许多不稳定因素，包括：环境多变性、感知误差性、交通复杂性、交规约束性等。因此，行为规划的侧重点在于如何减少甚至消除驾驶过程中的这些不稳定因素。应对不同状况的行为规划方法有很多，下面将介绍 2 种应用较广的行为规划方法：基于有限状态机的行为规划和基于强化学习的行为规划。

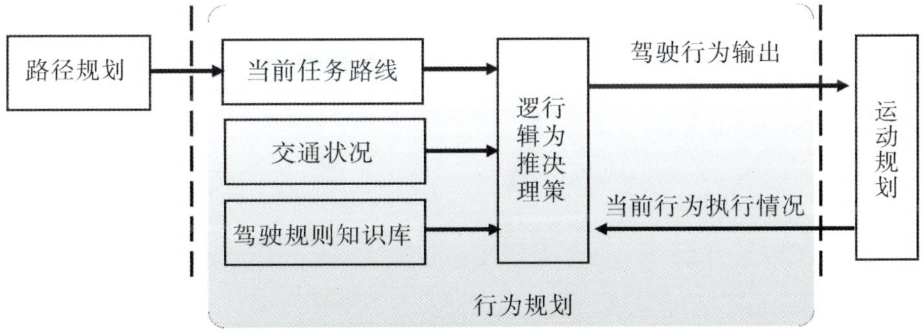

图 6-4 行为规划示意图

（一）基于有限状态机的行为规划

基于有限状态机的行为规划方法预先设计行驶规则，结构简单、逻辑明了，在许多领域得到应用。有限状态机（finite state machine，FSM）是一种离散输入、输出系统的数学模型。在这种方法中，适应不同行驶状况下的车辆决策分开独立设置，在不同驾驶状况下对相应的驾驶行为进行决策。

FSM 的四要素分别是状态、事件、动作和转移。模型由有限数量的状态组成，当前状态接收事件，并产生相应动作，引起状态转移。整个过程中关键在于状态分解，按照状态分解的连接逻辑，将其分为串联式、并联式、混联式三种体系。在具有串联式结构的 FSM 系统中，各子状态以串联结构连接，并且大多数状态转移是单向的，不构成循环。在并联式结构中，各子状态的输入、输出呈现多节点连接结构，根据不同输入信息，可直接进入不同子状态进行处理并提供输出。在混联式结构中，既有串联式分层连接，也有并联式连接。

麻省理工学院的 Talos 无人车驾驶系统导航模块采用的就是串联式结构的有限状态机系统，负责制订车辆的决策任务，如图 6-5 所示。

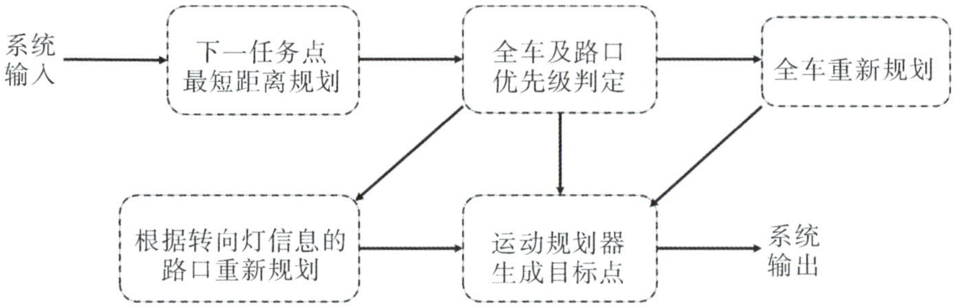

图 6-5　Talos 无人车的行为规划系统

斯坦福大学与大众公司研发的 Junior 无人车采用了并联式结构的行为规划系统。该系统由初始状态、车道跟随、路口行驶、停车等待、停车区域行驶、阻塞路段行驶和任务结束等多个独立的子状态组成，如图 6-6 所示。

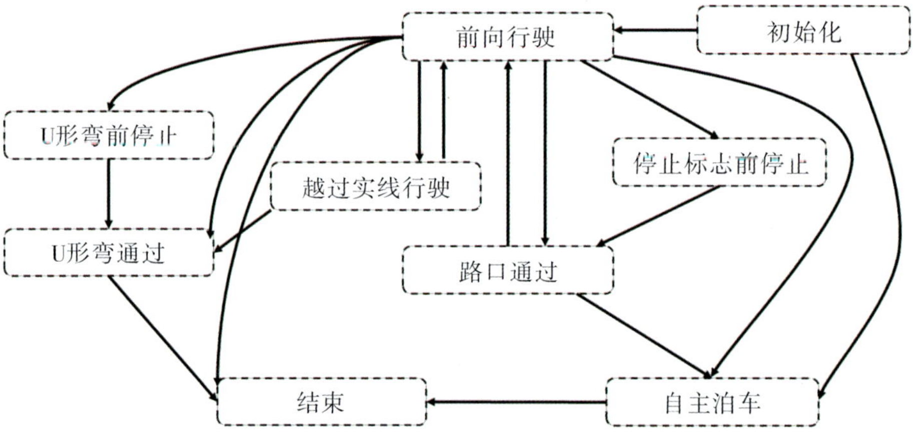

图 6-6　Junior 无人车的行为规划系统

卡耐基梅隆大学与福特公司研发的 Boss 无人车的行为规划系统采用了典型的层级混联式结构，如图 6-7 所示。

串联式结构和并联式结构的有限状态机系统各有优劣。前者逻辑清晰、规划效果好、求解准确；后者系统中不同行驶状况独立开来，因此响应迅速、灵活。但是，二者在面对复杂环境时效果均欠佳。前者由于其非闭环的串联式结构，一旦某个子状态失效，会影响整个决策系统的正常运行；后者由于其模块化的结构，在面对复杂状况时，需要遍历的状态过多，使得算法机制过大，时序性较差，对场景遍历的深度不够。

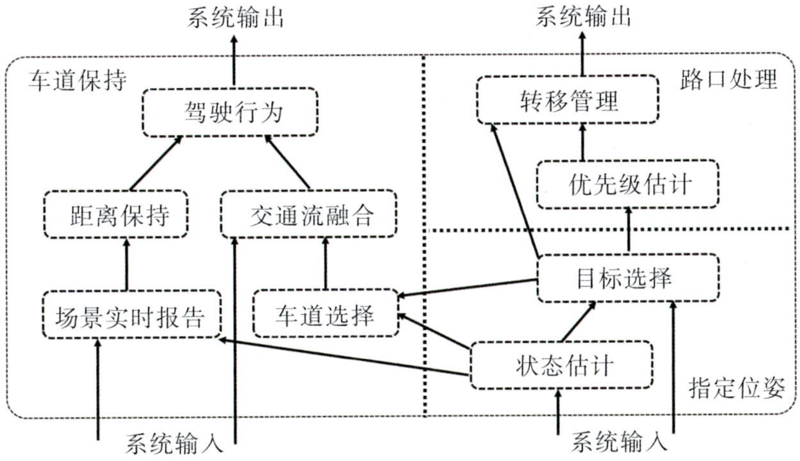

图 6-7 Boss 无人车的行为规划系统

（二）基于强化学习的行为规划

在基于强化学习的行为规划方法中，智能汽车的传感器系统或感知层输出车辆附近的环境信息至具有强化学习能力的决策系统，该系统对各类信息进行分析和处理，并结合经验对智能汽车的行驶做出行为规划。

受心理学中的行为主义启发，强化学习的核心是模仿人类学习和重复改错的行为。行为科学认为个体和群体会对来自环境的刺激做出反应，这些反应将会使其对环境具有更好的适应能力。同样在强化学习算法中，面对传感器系统感知到的环境信息，代理会尝试采取不同的行为应对，同时环境会对采取的不同行为进行评估和反馈，代理再根据评估的高低对行为不断修正和再选择，保留评估较高的行为，修正评估较低的行为。通过大量这样的训练，算法最终能够得到一条具有最高回报的行为规则。

强化学习的具体运行机制如下：首先，代理从环境中识别有效状态信息并将其反馈给处理器，然后从行为库中选择一个动作进行应对，环境接受该动作后发生状态的转变，同时产生回报，使得代理可以更好地选择下一个动作，然后通过这些信息不断交互和改进，逐步寻找到最适合环境的行为策略。强化学习机制如图 6-8 所示。

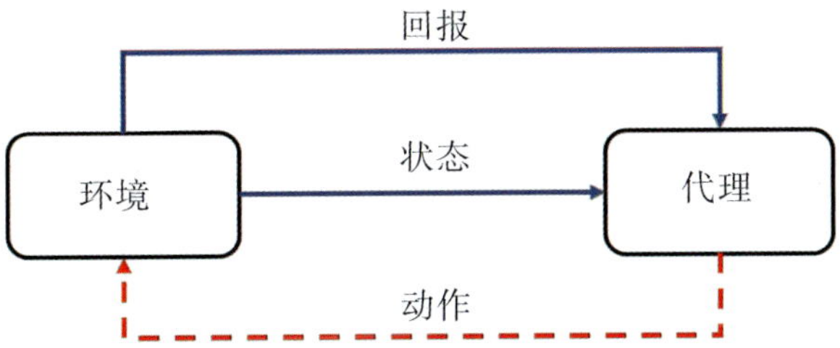

图 6-8 强化学习机制

强化学习主体框架除环境和代理两个部分外，还包含 4 个基本要素。

1. 策略

在强化学习过程中，代理的任务是根据策略进行动作选择，并将生成的动作作用于环境。策略 π：$S \rightarrow A$ 表示从一个状态集合 S 到动作集合 A 的映射，是强化学习系统的核心。

2. 奖惩函数

奖惩函数 R 即环境对采取动作的回报，是对代理选择每种动作的评估，是下一步选择、修正动作的依据。而算法的最终优化目标是使最终的奖惩函数达到最大。

3. 值函数

值函数 $V(s)$ 是策略 π 和瞬时奖惩值 r 的函数，也称为评估函数。与奖惩函数 R 不同，值函数 $V(s)$充分考虑到在动作规划选择过程中环境模型的不确定性和目标的长远性。在策略 π 的作用下，值函数 $V(s)$ 表示从状态 s 转移至目标状态过程中累积加权奖惩值的数学期望，如公式（6-27）所示，

$$V_{\pi}(s)=E_{\pi}\left(\sum_{k=0}^{\infty}\gamma^{k}r_{t+k} \mid s_t=s\right) \tag{6-27}$$

其中，$\gamma(\gamma\in[0,1])$为折扣因子；r_{t+k}为（$t+k$）时刻的奖惩状态，s_t 为 t 时刻的环境状态。因此，对于策略 π，系统 t 时刻处于状态 s_t 的值函数表示为：

$$V_{\pi}(s_t)=r_t+\gamma\sum_{s_{t+1}\in S}P(s_{t+1} \mid s_t, a_t)V_{\pi}(s_{t+1}) \tag{6-28}$$

代理与环境进行交互学习的目标是搜索最优策略，使得代理最终获取的奖惩值之和最大，即

$$V_{\pi^*}\cdot(s_t)=\max_{a\in A}\{r_t+\gamma\sum_{s_{t+1}\in S}P(s_{t+1} \mid s_t, a_t)V_{\pi^*}(s_{t+1})\} \tag{6-29}$$

4. 环境模型

环境模型用于描述系统对外界环境状态的模拟。根据环境模型，我们能够预测代理在 t 时刻的状态为 s_t，当执行某一动作 a_t 后，将会得到 $t+1$ 时刻的状态 s_{t+1} 和奖惩值 r。代理可以根据环境模型对后续过程做出预测。

强化学习是一种持续分析学习过程的策略型决策方法。与其他方法不同，强化学习不仅关注结果数据，更注重分析过程数据。基于大量训练数据和过程的强化学习，代理试验了各种可能性，以提高适应能力。简而言之，该算法保证了复杂情况下的自主性，也提高了危险环境中的安全性。

三、动作规划

智能汽车在实际的道路环境中行驶时，车辆的行驶方向和坐标是动态变化的，路径规划模块生成的路径不能完全保证这种动态变化下车辆的安全性和舒适性。因此，动作规划的作用是在路径规划和行为规划的基础上，根据实时的行驶工况，规划一条使车辆具备跟随性能的无碰撞路径。

动作规划的基本原理：在车身一定范围内，根据车辆的实时坐标以及传感器系统输入的附近随机障碍物的运动状况信息，规划出一条由一定间距的点序列构成并具备动态避障性能的最短参考路径。动作规划的重点是算法设计，主要有人工势场法、概率路线图算法、快速搜索随机树算法、深度优先搜索算法、广度优先搜索算法等。

（一）人工势场法

人工势场法路径是由 Khatib 提出的一种虚拟力法。其基本原理是物体间的引力势场和斥力势场。在智能网联汽车运动规划中，人工势场法将智能网联汽车的行驶抽象为在人工力场下的运动，目标点会产生由外向内的引力势场，作用于车辆；障碍物会产生由内向外的斥力势场，同样作用于车辆。在

众多力场的共同作用下，随着车辆与目标点的距离不断缩小，车辆所受目标点的引力不断减小；而随着车辆与障碍物的距离不断缩小，车辆所受的斥力则不断增大，在障碍物位置时达到极大值。可见，智能网联汽车在各力场的作用下，自主向目标点移动并且躲避障碍物，从而顺利安全地到达终点。

人工势场包含了目标点所形成的引力场和障碍物所形成的斥力场。智能网联汽车受到的势场是引力场和斥力场之和，表示为：

$$U_{total}(x)=U_{att}(x)+U_{rep}(x) \tag{6-30}$$

其中，$U_{att}(x)$ 表示引力场，引导车辆向目标点移动；$U_{rep}(x)$ 表示斥力场，引导车辆避开障碍物。

传统的人工势场算法只适合静止障碍工况，而实际行驶过程中，障碍物往往是动态的。为此，在传统算法的基础上，考虑障碍物速度因素的动态人工势场算法被提出。动态人工势场算法中智能网联汽车所受的合力函数表示为：

$$F_{total}(X)=F_{att}(X)+F_{rep}(X)+F_{repv}(X) \tag{6-31}$$

人工势场算法具有简便、实时性强、构造简洁等优点，易于实现对基础设备的实时控制，被普遍用于智能网联汽车的动态避障和平顺路径。然而，因引力作用区域更广，而斥力区域较小，若车辆与障碍物间距较大，斥力几乎影响不了车辆的运动轨迹，由此会存在陷阱区域，以及在相邻的障碍物中无法确定路线的缺陷。可见，人工势场法只能解决局部空间的避障问题。

（二）概率路线图算法

20 世纪 90 年代初，M. H. Overmars 等提出了一种基于采样的路径搜索算法——概率路线图算法（probabilistic road map，PRM）。该算法是在地图中随机采样，类似于向地图中随机撒点，然后将相邻的点连接，得到图或者树，最后利用图搜索方式得到一条路径。PRM 通过在构形空间中采样，对采样点进行碰撞检测，测试相邻采样点是否能够连接并表示路径图的连通性。

PRM 算法分为 2 个阶段：学习阶段和查询阶段。在学习阶段，算法在给定的图的自由空间随机撒点，构建一个路径网络图。在查询阶段，算法在学习阶段建立的图模型基础上，利用 A^* 算法或者 Dijkstar算法等图搜索算法，在图中搜索查询一条从起点到终点的路径。

1. 学习阶段

首先，在地图内进行随机采样，并对采样点进行碰撞检测，从而保证采样点不会落在地图的障碍物内。采样完成后，从一个点开始向周围点扩散。当 2 个点之间可以连接，并且没有碰到障碍物时，就把这条路线添加到网络图中，从而构建出整幅路径的网络图。

2. 查询阶段

基于学习阶段建立的网络图，根据优化目标的不同，寻找从起点到终点的路径。

PRM 在理论上被证明是概率完备的算法，也就是说，只要存在一条从起点到终点的路径，在理论上 PRM 总能够找到它。PRM 在原有地图的基础上建立了一张图，在该图中进行搜索，避免了对整张地图搜索，在一定程度上提高了算法效率。但是，PRM 在搜索过程中分为 2 个阶段，在第一个阶段只是建立图，没有结合算法进行真正的规划路径，在第二阶段才进行路径规划，多出来的步骤会导致算法效率变低。

（三）快速搜索随机树算法

快速搜索随机树算法（rapid-exploration random tree，RRT）最早由 Steven M. LaValle 和 James J. Kuffner 等提出，它是一种通过随机构建空间填充树来进行路径搜索的方法，是通过一种独特的增量方法构建的，该方法可以快速地将任意一次的随机点到树的预期间距缩小到最小值。因此它可以在高维空间中进行快速高效的搜索，并利用状态空间中随机的抽样点，引导向“空域”搜寻，从而高效地规划路径。该方法不需要建立环境模型，只需要在状态空间内对样本进行冲突测验，就可以有效地求解多个维度、多个约束条件下的路径优化问题。

RRT 的基本原理是将起始点作为根节点，在所在环境区域内生成一个随机点，然后寻找随机树中与该随机点距离最近的树节点，并将其作为父节点，沿着父节点到随机点的方向扩展单位步长，形成子节点，成为搜索的新节点。若扩展过程中没有障碍物碰撞，则此次扩展成功，便将子节点加入随机树集合中；若发生了障碍物碰撞，则此次扩展失败，重新生成新的随机点。扩展成功后，判断子节点是否进入目标点区域，若未到达目标点区域，则重复上述搜索过程直至寻找到目标点。

RRT 像树一样快速扩张，以探索安全区域，从而找到可行的路径。搜索节点的随机性保证了算法的探索能力和搜索速度，使该算法不受任务复杂度与空间复杂度的影响。此外，由于其实现原理相对简单，且该算法能够满足许多通用情况下的路径规划需求，因此被大量应用于机器人路径规划、无人驾驶寻找路径等领域。但是，正是由于其节点选择的随机性大，RRT 在构造随机树的过程中会产生大量冗余节点，当空间从二维扩展到三维时，求解过程所需要的存储空间呈线性上升，还会由于扩展过多无用节点造成搜索时间的增加。

（四）深度优先搜索算法

深度优先搜索算法（depth first search，DFS）是一种用于遍历或搜索树、图的贪心算法。算法从一个节点 v 开始，当走过节点 v 的所有相邻节点或者在搜寻时节点不满足条件，搜寻将返回到发现节点 v 的起始节点。整个过程反复进行直到访问所有节点为止。

DFS 使用递归思想进行路径的搜索，从起始节点出发，尽可能访问搜索树的各分支节点。搜索结果为 2 种：到达目标点或不满足条件的终止点。到达目标点时搜索结束并输出解路径；到达终止点时，算法返回至附近还有未曾访问的节点，再由此节点逐步访问节点以搜索路径。深度优先搜索算法步骤如下：

（1）初始化图中的所有节点，设置这些节点为未被访问。

（2）从图中的某一个节点 v 出发，访问节点 v 并标记其已被访问。

（3）依次检查节点 v 的所有相邻节点 w，如果节点 w 未被访问，则从节点 w 出发遍历。重复步骤（2）和步骤（3）直至所有节点被访问。

这类算法比较适合解决环境中结点数目较少情况下的路径搜索问题，当结点数目比较多时，DFS 搜索速度慢，效率低。

（五）广度优先搜索算法

广度优先搜索算法（breadth first search，BFS）又称为宽度优先搜索算法。该算法最早由 Moore

提出，是一种遍历树或者图数据结构的算法，适用于无加权的图搜索。它与 DFS 类似，同样由树的根节点或者图的任意节点出发，逐个访问当前深度的所有节点，然后再转移至下一个深度的节点进行搜索，直到搜索到目标为止。由于自动驾驶中的栅格地图可以看作树或者图，因此在路径规划算法中，广度优先搜索算法是应用非常广泛的搜索算法之一。

与 DFS 利用栈计算不同，BFS 利用队列进行计算。在搜索时，算法首先将初始状态添加到队列里，然后从队列的最顶端不断取出状态，把从该状态可以转移到的状态中尚未访问过的部分加入队列，如此往复，直到队列为空或找到问题的解。深度优先搜索算法相当于对搜索树进行前序遍历，而广度优先搜索算法则相当于层序遍历。

广度优先搜索算法中的 Open List 是一个广度优先队列，它存储了由当前栅格节点按照广度优先规则扩充的下层节点和之前存储在队列中的上层节点。按照先入先出的原则，下一个时刻需要计算的栅格节点是之前队列中的上层节点。

广度优先搜索算法中的 Close List 是一个普通队列，从 Open List 中弹出的节点都被放入到 Close List 中，由于每个新扩充的节点内部都存储着上一个节点的信息。因此，当搜索到目标点的时候，在 Close List 中从终点开始根据其内部包含的上一个节点信息找到上一个节点，然后再找到上上个节点，以此类推，最终找到一条从起点到终点的路径。

为避免重复搜索，广度优先搜索算法使用数组 Visit 记录加入队列的节点。在入队之前需要检查节点是否已经加入队列，如果已经加入，则不再入队，否则入队。同时这个数组的下标就是该节点在栅格地图中的位置。数组中数值为 0 代表未被访问过，可以加入队列。为了找到目标点后能够回溯到起点，每个栅格应该存储自己是由哪个栅格扩展而来的。因此，Visit 数组中下标为 x 的数组元素的值 v（0 除外）代表了该栅格节点 x 是由栅格节点 v 扩展而来的，节点 v 是节点 x 的父节点，从而可以利用 Visit 数组，回溯需要的路径。

广度优先搜索算法理论上只要起点到终点的路径存在，总能够通过搜索得到，而且是理论上的最优路径，但是，该算法针对搜索效率较低的问题进行解决。当过多的干扰节点加入队列时，会造成资源浪费，算法实时性变差。

第三节　车 辆 控 制

一、控制系统基本架构

智能网联汽车的运动控制系统是车辆运动的“中枢神经”。它能够对车辆底盘的驱动电机、制动系统、转向系统、悬架系统等子系统进行综合调控，从而实现车辆驾驶需求，并提升车辆在不同工况下的动力学性能。智能网联汽车运动控制系统由车载传感器、运动控制器、线控执行机构等部分组成，如图 6-9 所示。

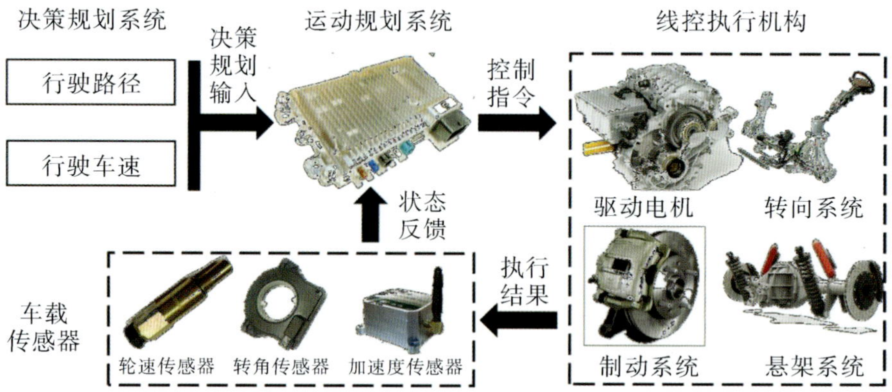

图 6-9　智能网联汽车控制系统架构

运动控制器参照动态规划的轨迹，结合实时获取的车辆状态参数，包括横纵向车速、加速度、横摆角速度、质心侧偏角等动力学控制关键参数以及车载传感器获取的环境信息，通过运动控制算法计算各执行机构的控制指令，再通过 I/O 和通信接口向执行机构发出指令，从而实现对车辆位置、速度、姿态的精确控制。

智能网联汽车运动控制主要包含横向控制和纵向控制。横向控制是通过对转向系统和横摆力矩的控制，实现路径跟踪，主要包括车道保持、变道、转弯等；纵向控制是通过对油门和刹车系统的控制，实现速度跟踪，主要包括自适应巡航、主动避撞等。智能网联汽车的运动控制技术架构如图 6-10 所示。

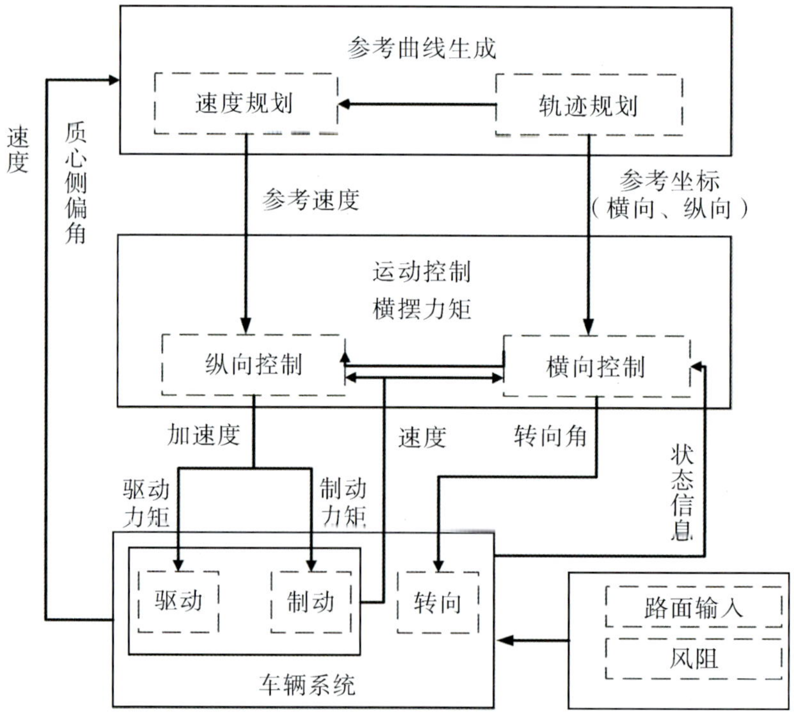

图 6-10　智能网联汽车运动控制技术架构

二、车辆横向控制

车辆横向控制是指智能网联汽车通过感知系统获得车辆实时位置信息与车辆行驶状态信息，在保证车辆行驶安全性、平稳性与乘坐舒适性的前提下，按照设定的控制逻辑使其沿着期望的路径自主行驶。车辆本身具有典型的非线性时变特性以及参数的不确定性，如车辆载荷、轮胎侧偏刚度、地面附着系数等。智能网联汽车对驾驶精度有严格要求，精准的横向控制对自动驾驶有着重要意义，因此，横向控制的核心是构建精确合理的横向控制策略。目前应用于车辆横向控制领域的算法主要有比例积分微分（proportion、integral、differential，PID）控制法、线性二次型调节器（linear quadratic regulator，LQR）控制法、模型预测控制（model predictive control，MPC）方法、H_∞鲁棒控制方法、滑模控制（sliding mode control，SMC）方法、模糊控制方法等。

（一）比例积分微分控制法

比例微分积分（PID）控制法是反馈控制中较为基础的控制法之一。首先，传感器测量得到车辆状态，再与输入的参考轨迹作差得到误差量，控制器对误差量分别进行比例、积分、微分运算，然后求和，并输出控制信号以控制车辆运动。在实际使用过程中，需要根据不同的任务设计不同的误差形式，以得到更好的效果。PID 控制法示意图见图 6-11。

假设车辆沿着 AB 点之间的参考轨迹行驶，将误差 e_t 定义为 t 时刻航向角与 OB 之间的夹角。点 A 是车辆与决策轨迹最近的点，点 B 为预瞄点，点 A 与点 B 之间的弧长为 L，如图 6-12 所示。误差积分 $e_\Sigma=\sum_{k=0}^{t}e_k$，误差微分 $\Delta e=e_t-e_{t-1}$，因此，当前给定横向控制量为：

$$u=k_P*e_t+k_I*e_\Sigma+k_D*\Delta e \tag{6-32}$$

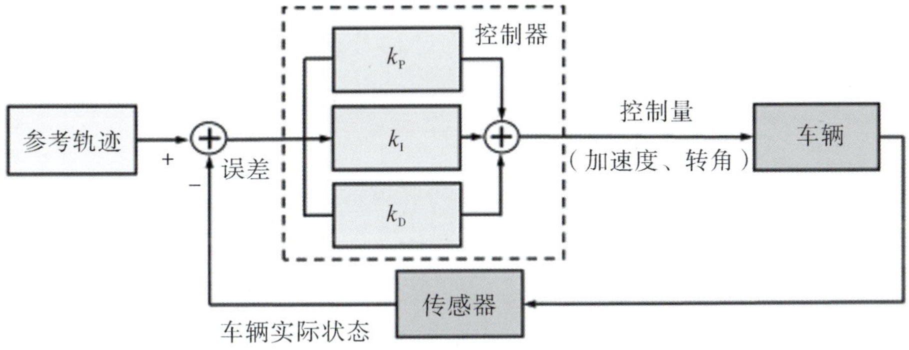

图 6-11 PID 控制法示意图

注：k_P、k_I、k_D 分别为比例项、积分项和微分项。

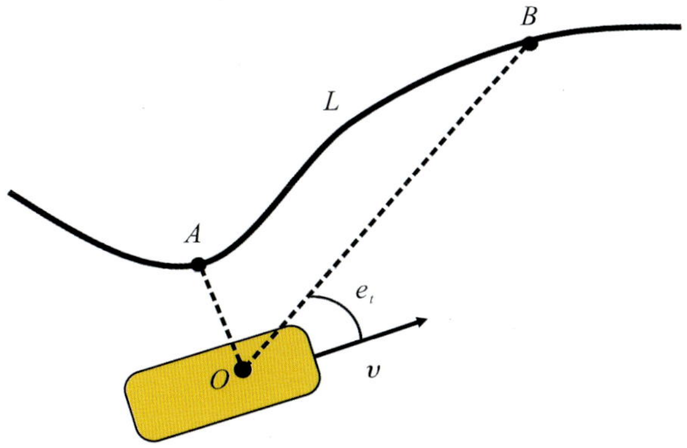

图 6-12 基于 PID 的横向控制示意图

通过调整 k_P、k_I、k_D 能够使车辆按照轨迹运行。比例项与误差项成正比，表示跟踪器对误差反应的剧烈程度。k_P 越大，相同误差时控制器输出越大，但是 k_P 太大容易导致系统不稳定。积分项是系统误差的积累，如果实际轨迹与目标轨迹有恒定的系统偏差，积分项会随时间线性增长。k_I 越大，跟踪器稳态误差消除得越快。稳态误差是指在阶跃输入下，系统输出达到稳定时实际输出与期望输出的误差。微分项相当于控制系统的阻尼项，k_D 增加可以使控制器输出更稳定，能够用于消除比例项或者积分项过大造成的不稳定现象。

（二）线性二次型调节器控制法

线性二次型调节器（LQR）控制法的控制对象是现代控制理论中以状态空间形式给出的线性系统，而目标函数是对象状态和控制输入的二次型函数。LQR 控制法可得到状态线性反馈的最优控制规律，易于构成闭环最优控制。

对于给定的线性系统 $\dot{X}(t)$，其线性状态方程表示为：

$$\dot{X}(t)=AX(t)+Bu(t) \tag{6-33}$$

其中，A 和 B 为常数矩阵，$t\in(t_0,\infty)$。在公式（6-33）描述的运动中，通过求解 u，使调节系统的末态为 0，并且二次损失函数在调节过程中的值最小。二次损失函数表示为 $J=\int_{t_0}^{\infty}x^{T}Qx+u^{T}Rud\tau$，Q 和 R 为常数矩阵，表示对状态量和控制量的惩罚权重。

针对线性系统 $\dot{X}(t)$，通过 LQR 控制法，该问题的最优控制率为 $u=-R^{-1}B^{T}Px$。其中 P 为 Riccati方程的解。Riccati 方程表示为：

$$PA+A^{T}P+Q-PBR^{-1}B^{T}P=0 \tag{6-34}$$

车辆轨迹跟踪的控制目标是跟踪误差趋于 0。因此，结合车辆的动力学模型，将跟踪误差看作状态量，推导出跟踪误差的状态方程，然后采用 LQR 控制法进行车辆控制。在横向控制过程中，假设车辆纵向运动为匀速运动，从而得到状态方程式（6-35）：

$$\begin{pmatrix}\dot{v}_y\\ \dot{\omega}\end{pmatrix}=\begin{pmatrix}-\dfrac{C_f+C_r}{mv_x} & \dfrac{bC_r-aC_f}{mv_x}-v_x\\ \dfrac{bC_r-aC_f}{I_zv_x} & -\dfrac{a^2C_f+b^2C_r}{I_zv_x}\end{pmatrix}\begin{pmatrix}v_y\\ \omega\end{pmatrix}+\begin{pmatrix}\dfrac{C_f}{m}\\ \dfrac{aC_f}{m}\end{pmatrix}\delta \tag{6-35}$$

其中，a 和 b 分别表示车辆质心到前后轴的距离，m 表示车辆质量，I_z 表示车辆绕 z 轴的转动惯量，ω 表示车辆横摆角速度，C_f 和 C_r 分别表示前轮和后轮的侧偏刚度。

定义汽车横向循迹误差 e_c 为质心 P 与车身垂直方向的距离，车头朝向角误差为 $\theta_e=\theta-\theta_P$，其中，θ 表示后轮与 x 轴之间的夹角，θ_P 表示沿质心 P 的切线与 x 轴之间的夹角，如图 6-13 所示。

根据定义，当车头朝向误差 θ_e 足够小时，误差满足方程：

$$\begin{cases}\dot{e}_c=v_y+v_x\theta_e\\ \dot{\theta}_e=\omega-k\dot{s}\end{cases} \tag{6-36}$$

其中，s 为参考轨迹的 Frenct 坐标系下点 P 对应的纵向坐标，k 为点 P 对应的道路曲率，w 是车辆横摆角速度，v_x、v_y 为车辆横向速度、纵向速度。

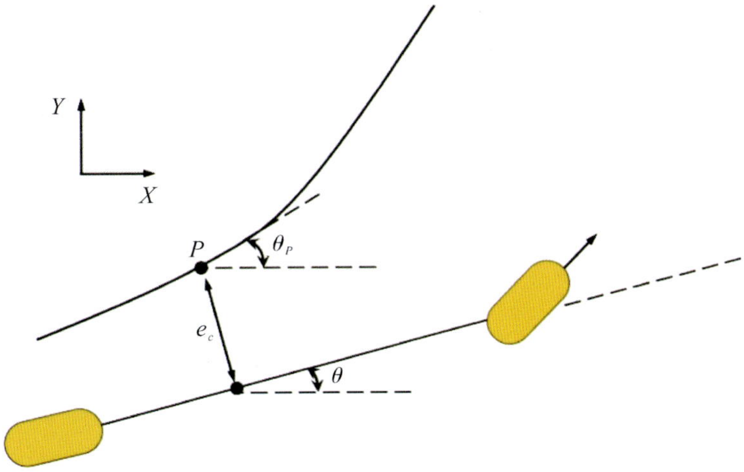

图 6-13　循迹误差示意图

根据运动学方程，可以列出以下方程

$$\begin{cases} \omega\ (s)\ =kv_x \\ \dot{v}_y\ (s)\ =kv_x^2 \end{cases} \tag{6-37}$$

其中，ω 是车辆横摆角速度；v_x、v_y 为车辆横向速度、纵向速度。整理成状态空间方程得到：

$$\begin{pmatrix} \dot{e}_c \\ \ddot{e}_c \\ \dot{\theta}_e \\ \ddot{\theta}_e \end{pmatrix} = \begin{pmatrix} 0 & 1 & 0 & 0 \\ 0 & -\dfrac{C_f+C_r}{mv_x} & \dfrac{C_f+C_r}{m} & \dfrac{bC_r-aC_f}{mv_x} \\ 0 & 0 & 0 & 1 \\ 0 & \dfrac{bC_r-aC_f}{I_zv_x} & \dfrac{aC_f-bC_r}{I_z} & -\dfrac{a^2C_f+b^2C_r}{I_zv_x} \end{pmatrix} \begin{pmatrix} e_c \\ \dot{e}_c \\ \theta_e \\ \dot{\theta}_e \end{pmatrix} + \begin{pmatrix} 0 \\ \dfrac{C_f}{m} \\ 0 \\ \dfrac{aC_f}{I_z} \end{pmatrix} \delta + \begin{pmatrix} 0 \\ \dfrac{bC_r-aC_f}{mv_x}-v_x \\ 0 \\ -\dfrac{a^2C_f+b^2C_r}{I_zv_x} \end{pmatrix} \omega \tag{6-38}$$

其中，a 和 b 分别表示车辆质心到前后轴的距离，m 表示车辆质量，I_z 表示车辆绕 z 轴的转动惯量，ω 表示车辆横摆角速度，C_f 和 C_r 分别表示前轮和后轮的侧偏刚度，ω 是车辆横摆角速度，v_x 为车辆纵向速度。

（三）模型预测控制方法

模型预测控制（MPC）方法是对当前系统建模，并求解出最优的控制序列。该序列能够使系统的损失函数最小，将最优控制序列中的第一个作为当前的控制量，下一时刻根据传感器实际信息，重复上述过程，从而得到反馈优化的效果。可见，MPC 方法由三部分组成：预测模型、反馈校正和滚动优化。预测模型可以结合系统输入实时及过去时刻的数据，对系统未来的输出值进行预测；反馈校正是考虑现实过程的非线性和干扰等不确定因素对预测输出值进行修正；滚动优化是通过优化选定的性能指标来确定未来的控制性能，是一种滚动式的有限时域优化策略。

在给定参考轨迹，传感器测量得到当前状态，控制器根据预测模型预测未来一段时间内$(k,k+p)$（p 为预测时域）的系统输出。控制器求解满足约束条件，且在控制时域$(k,k+c)$内使损失函数最小的控制量序列在控制时域外控制量不变（且等于 $k+c$ 时刻控制量）。之后控制器仅执行第一个控制量。在下一个控制周期，重新执行上述过程。

在轨迹跟踪中，系统建模成离散状态空间方程形式：

$$x(k+1)=Ax(k)+Bu(k) \tag{6-39}$$

其中，$x(k)$ 表示 k 时刻的状态，$u(k)$ 表示 k 时刻的控制输入，A 为系统矩阵，B 为控制输入矩阵。

根据状态方程，得到递推式表示为：

$$
\begin{aligned}
x(k+2) &= Ax(k+1) + Bu(k+1) \\
&= A^2x(k) + ABu(k) + Bu(k+1)
\end{aligned} \tag{6-40}
$$

根据归纳可得出预测时域内的状态量为：

$$x(k+n) = A^n x(k) + \sum_{i=0}^{n-1} A^{n-i-1} Bu(k+i), n \in [1, p] \tag{6-41}$$

$$u(k+c) = u(k+c+1) = \cdots = u(k+p) \tag{6-42}$$

预测时域内状态均为初始时刻状态和控制量的线性组合。损失函数由控制量和误差量的惩罚项组成。

$$J = \sum_{n=k+1}^{k+N_p} [\hat{x}(n) - x(n)]^T Q[\hat{x}(n) - x(n)] + \sum_{n=k}^{k+N_c-1} u(n)^T Ru(n) \tag{6-43}$$

其中，Q 和 R 为常数矩阵。由于 $x(n)$ 是 u 的线性组合，则损失函数 J 关于控制序列 u 为二次函数形式。Q 增大则误差项减小，可以保证系统按照轨迹行驶；反之，R 增大则控制量相应减小，避免大幅加减速度或转向角，保证舒适性。

MPC 方法的跟踪效果较好，鲁棒性强。同时，MPC 方法能够通过设计不同的损失函数实现多目标的协同优化，如油耗、多车协同等。

（四）H_∞ 鲁棒控制方法

H_∞ 鲁棒控制方法是一种基于范数理论和结构奇异值的、主要用于设计对象的具有不确定性系统的设计方法，它能够根据对象的不确定性选择控制方案，保证系统满足给定的性能要求。1981 年，加拿大学者 Zames 提出了 H_∞ 鲁棒控制理论。该理论指出，由于系统传递函数的 H_∞ 范数代表着在能量有限的输入下，系统输入到输出的最大增益，因此可将 H_∞ 范数作为目标函数对控制器进行优化设计。对于一个能量有限的干扰信号，通过设计一个 H_∞ 鲁棒控制器，在确保闭环系统稳定的同时，将干扰对系统期望输出的影响降至最低，如图 6-14 所示。

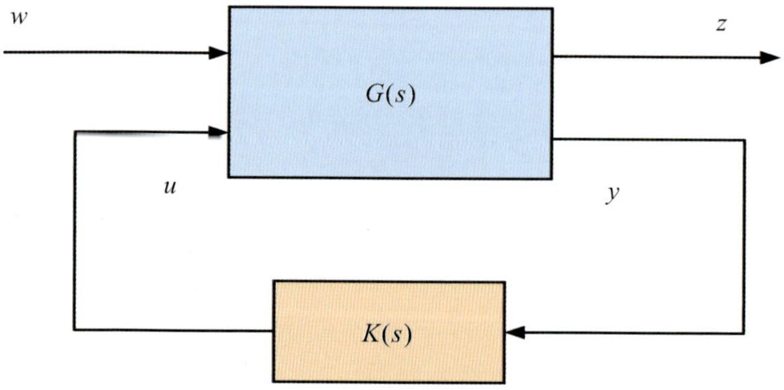

图 6-14　H_∞ 鲁棒控制方法示意图

注：μ 为控制信息；y 为测量输出信号，如传感器输出信号；z 为评价输出；w 为外部干扰，$G(s)$ 为广义被控对象，包括被控对象和加权函数，$K(s)$ 为待设计的控制器。

广义被控对象 $G(s)$ 可由以下空间状态方程描述：

$$\begin{cases} \dot{x} = Ax + B_1 w + B_2 u \\ z = C_1 x + D_{11} w + D_{12} u \\ y = C_2 x + D_{12} w + D_{22} u \end{cases} \tag{6-44}$$

其中，x 为状态向量，A，B_1，B_2，C_1，D_{11}，D_{12}，C_2，D_{12}，D_{22} 均为定常矩阵。

相应的传递函数矩阵记为：

$$G(s) = \begin{bmatrix} G_{11} G_{12} \\ G_{21} G_{22} \end{bmatrix} = \begin{bmatrix} A & B_1 & B_2 \\ C_1 & D_{11} & D_{12} \\ C_2 & D_{21} & D_{22} \end{bmatrix} \tag{6-45}$$

由 $G_{ij} = G_i\ (sI - A)^{-1} B_j + D_{ij}$ 可得到干扰 w 到评价输出 z 的传递函数阵为：

$$T_{zw}(s) = LFT(G(s), K(s)) = G_{11} + G_{12}K\ (I - G_{22}K)^{-1} G_{21} \tag{6-46}$$

其中，LFT 表示线性分式变换。鲁棒控制要解决的问题是设计出一个真实有理镇定控制器 $u = Ky$ 使得闭环系统内稳定。系统的 H_∞ 范数定义为：

$$\| G(s) \|_\infty = \sup_{\| u \|_2 \neq o} \frac{\| y \|_2}{\| u \|_2} \tag{6-47}$$

由干扰 w 到评价输出 z 传递函数阵的 H_∞ 范数为：

$$\| T_{zw}(s) \|_\infty = \sup_{\| w \|_2 \neq o} \frac{\| z \|_2}{\| w \|_2} \tag{6-48}$$

显然，在公式(6-48) 中，H_∞ 范数表明了系统中干扰输入到评价输出能量的最大增益。系统希望抑制干扰 w 对评价输出 z 的影响，因此，理想的控制器应满足系统传递函数的 H_∞ 范数为零。但是，在实际控制系统设计过程中难以实现。

通常，系统设定一个足够小的 γ 值，保证满足公式(6-49)：

$$\| T_{zw}(jw) \|_\infty \leqslant \gamma \tag{6-49}$$

该方法的鲁棒性强，当系统的动态特性在一定范围内发生波动时，H_∞ 鲁棒控制方法仍能保证较好的控制性能，无须实时调节控制器参数。但是，当系统动态特性的变化范围超出了控制器能够自主调节的范围时，控制方法的效果就不太理想了。

（五）滑模控制方法

滑模控制（SMC）方法是一种特殊的非线性控制方法。采用了 SMC 方法的控制器能够根据当前不断变化的系统状态信息，使系统运动到提前设计好的滑模面上，并最终稳定在某个范围或者平衡点。因为滑模运动特性是提前根据规定设定的，所以受参数的影响很小，系统的鲁棒性很高。另外当其应用于非线性系统时，无须进行复杂的线性化，使得控制的实现简单而迅速。

滑模控制方法的基本原理是构建一个滑模面，被控制系统会在滑模面附近运动，再通过设计合适的滑模控制率，使被控制系统能近似稳定地在滑模面上运动。或者说是将不稳定的相平面图组合成一个稳定的相平面图的过程。为了更好地理解滑模控制的基本原理，参考图 6-15 所示的控制系统。在二维坐标系中，以切换线 $S=0$ 为界把系统的空间状态分为了 3 个部分：$S=0$、$S>0$ 和 $S<0$。在切换线 $S=0$ 上，整个运动过程有以下 3 点。

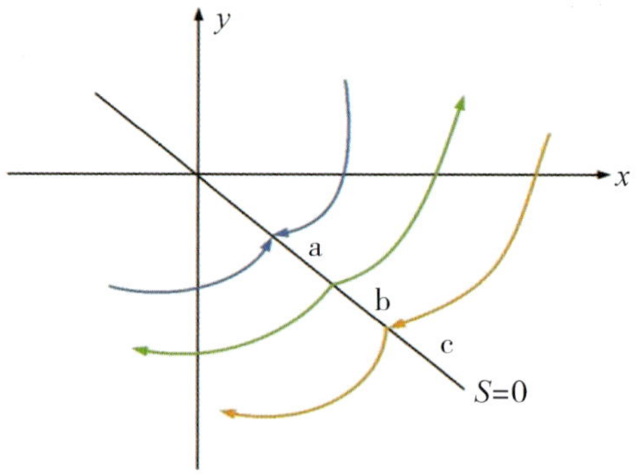

图 6-15 切换面上点的特性图

1. 终点 a 点

系统运动点到达切换线 $S=0$ 附近时，从切换面两边趋向于止点，并停留在切换线上。

2. 起点 b 点

系统运动点到达切换线 $S=0$ 附近时，从切换面两边离开该点。

3. 通常点 c 点

系统运动点到达切换线 $S=0$ 附近时，并不停留在切换线上，而是穿越此点。

在滑动模态区域内，全部系统的运动点都必须是终点，并且在运动点接近切换线 $S=0$ 周围时，满足

$$\lim_{s\to 0} s\dot{s} \leqslant 0 \tag{6-50}$$

滑模控制方法的设计分为 2 个部分：滑模面的选择和滑模控制律的选择。

(1) 滑模面的选择：适当的滑模面能够使系统在到达滑动模态后趋于平稳，所以该过程直接决定了滑模的动态性能。常用的滑模面规定方法有 Lyapunov 理论、基于标准型、线性矩阵不等式等。常用到的滑模面形式有线性滑模面、积分滑模面、高阶滑模面和终端滑模面等。

(2) 滑模控制律的选择：合理可行的滑模控制律可以使系统状态运动轨迹在有限时间内到达到滑模面，并使其维持在上面移动。常用的滑模控制律设计方法有常值继电型、非线性值继电型、带连续部分的继电型、不同幅值非线性继电型等。

(六) 模糊控制方法

模糊控制方法一般包括：输入模糊化、推理模糊和去模糊化。其中输入模糊化是指将输入变量在基本论域中实际的值转化为语言变量值；推理模糊是通过模糊集合及模糊逻辑推理的原理，得到被模糊的输出值，并将其放入模糊子集中；去模糊化是指将模糊子集里的值转化为实际的值并精确化。

模糊控制方法可以在系统设计时进行简化，特别适用于非线性时变且模型不能完全确定的系统，是一种易于控制、较好掌握的比较理想的非线性控制方法，具有鲁棒性强、响应速度快等特点。

三、车辆纵向控制

车辆纵向控制指通过某种控制策略调节车辆的纵向运动状态，实现车辆纵向距离保持或自动加减速的功能，按照实现方式可分为直接式控制和分层式控制。

（一）直接式控制

直接式控制通过根据特定方法设计好的纵向控制器对制动压力和节气门开度进行控制，使其按照期望的要求进行，如图 6-16 所示。直接式控制策略直接通过一个单独的纵向控制器对车速进行控制，具有集成度高、响应快等特点。

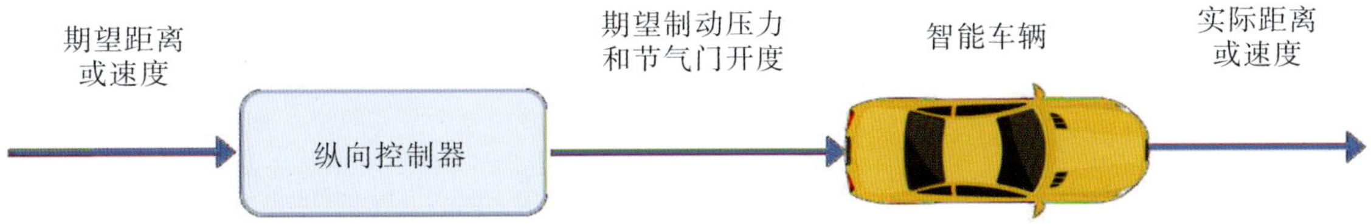

图 6-16 直接式控制

（二）分层式控制

分层式控制分为上位控制器和下位控制器。前者通常用来控制距离，它利用智能网联汽车的传感系统，对获得的车辆间距及自车速度等车辆状况进行计算，从而输出车辆的期望速度及期望加速度。后者是一种加速或者制动控制器，利用前者输出的数据，对制动压力和节气门开度进行控制，进而得到加速或制动指令，对车速进行控制，如图 6-17 所示。分层式控制策略对油门和制动分层调控，开发相对简单。

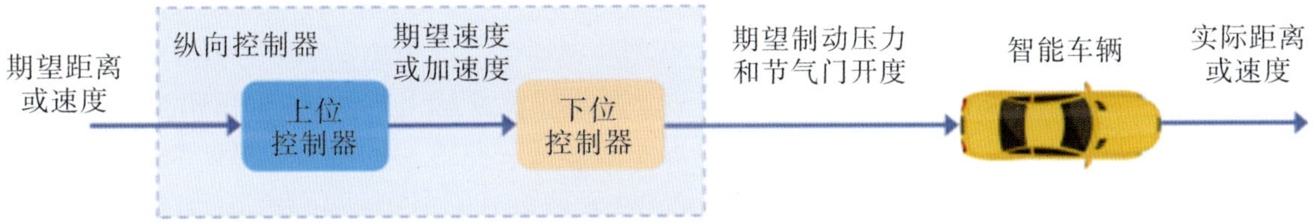

图 6-17 分层式控制

在控制算法方面，与车辆的横向控制方法一样，PID 控制法、LQR 控制法、MPC 方法、H_∞ 鲁棒控制方法、SMC 方法、模糊控制方法有着广泛的应用。

四、综合控制

仅采用横向控制或纵向控制，无法反映车辆在行驶过程中的动态特征，无法适应多变的路况要求。在车辆实际的行驶工况中，横向控制和纵向控制贯穿车辆控制。在车辆横纵向一体化控制中，由于横纵向控制之间存在交互作用，因此，综合控制并非二者的简单叠加。

在控制架构上，将智能网联汽车的综合控制分为 2 类：分散式和集中式。分散式将系统的横纵向动力学进行分离，各自规定横纵向控制律，使横纵两个方向上的动态相互协调。集中式是利用车辆横纵向动力学耦合系统，对车辆进行直接控制，从而获得运动控制律。

五、车辆智能控制系统

(一) 制动防抱死系统

汽车在制动过程中，当制动器的制动力大于地面附着力时，汽车的车轮出现抱死情况，车轮轮胎和路面之间的横向附着系数趋近于零，容易出现甩尾或方向失控的现象，严重影响行车安全。因此，当汽车制动时，尽可能使车轮处于边滚动边滑动的运动状态。

在车辆刹车时，制动防抱死系统（antilock brake system，ABS）可以通过各车轮速度传感器传递的速度信息，快速地判断出车轮是否抱死，然后把开始抱死的车轮上的电磁阀关闭，保持制动力稳定，当车轮持续抱死时，将电磁阀开启。当制动状态一直保持在最佳的点（滑移率 S 为 20%）时，车辆的刹车效果最好，行驶安全性也最高。

ABS 是一种先进的安全技术，旨在防止车轮在紧急制动时抱死。它通过监测每个车轮的转速，在车轮即将抱死时，通过调节制动压力来减少刹车力度，使车轮保持旋转。这样可以提高车辆的稳定性和控制性，缩短制动距离，避免车辆失去操控。

在制动器总泵前室中的制动液叫作动态压力制动液，它产生压力，作用于反应套筒，进而推动助力活塞，从而制动踏板的推杆在压力作用下向右移动。所以，当 ABS 工作时，司机能感受到脚踏的震动以及听到一些噪声。在汽车减速时，当 ABS 监测到轮胎已不再抱死，就会自动关闭主控制阀，将整个系统转为正常的刹车模式。

(二) 电子稳定控制系统

汽车电子稳定控制系统（electronic stability program，ESP）包括电子刹车分配力系统（electrical brake distribution，EBD）、防抱死刹车系统（ABS）、循迹控制系统（TCS）、车辆动态控制系统（vehicle dynamic control，VDC）。在特定的道路状况和车辆载荷状况下，轮胎所能提供的最大附着力是一个定值，也就是在极限条件下，轮胎所受的纵向力（沿着轮胎转动方向）与侧向力（垂直轮胎转动方向）是此消彼长的关系。该系统能够独立地对每一个车轮的制动情况进行调整，进而改变车轮的侧向力，以此来改善车辆的操纵性能。

在纵向力到达极限时（例如轮胎抱死），侧向力即为 0，这时，车辆的横向移动将不受制约，出现侧滑现象，这种情况下驾驶者可能无法按照自己的意愿控制车辆换道或者转向。ESP 能够监测并防止车辆出现侧滑，在发现车辆即将失去控制时，ESP 能够对某一轮胎产生制动作用，使车辆恢复预期控制状态。

当车辆出现转向不足的趋势时，ESP 能够将制动力作用在转向内侧的后轮上，因为该轮的纵向力增大，能提供的侧向力减小，从而为车身提供一个有助于转向的力矩；当出现过度转向的趋势时，ESP 就会对转向外侧的前轮施加制动力，同理因为该轮的纵向力增大，提供的侧向力减小，从而为车身提供对抗转向的力矩。因此，车辆便可以平稳地行驶。

(三) 主动避撞系统

为保证车辆具有自动躲避障碍、防止发生碰撞的能力，通过现代的信息技术、传感技术来增强驾驶者或驾驶系统的感知能力，并且以路面状况和车辆本身的状况等全面数据为依据，识别其中所蕴含的安全隐患，并在发生突发事件时，可以自主改变驾驶操控、对驾驶进行应急的辅助，提高车辆安全性，这样的系统称为主动避撞系统。

主动避撞系统主要包括信号采集模块、状态判断模块和车辆执行模块。信号采集模块采用毫米波雷达、激光、声呐、红外线、摄像头等技术自动测出本车速度、前车速度、两车距离等。状态判断模块的核心是电子控制单元。电子控制单元对信号采集模块采集到的数据进行分析，从而判断当前行驶环境的危险程度，将不同级别的危险情况信息和相应的执行数据传达给车辆执行模块。车辆执行模块负责实施数据处理系统发来的指令，发出警报，提醒司机刹车，如司机没有执行指令，执行机构将采取措施，如关闭车窗、调整座椅位置、锁死方向盘、自动刹车等。三个模块相互联系、相互配合，通过即时通信并采取相应动作，实现车辆的安全驾驶。

当前，研发的汽车主动避撞系统有以下 3 种类型：

（1）车辆主动避撞报警系统：该系统对探测到的危害情况给出警报。

（2）车辆自适应巡航控制系统：该系统可以实现简单交通情况下的主动避撞及巡航控制。

（3）复合型车辆智能控制系统：该系统针对复杂交通情况，特别是市区交通环境，采用自适应巡航控制系统辅以车辆停走系统，提高车辆智能控制的实用性。

（四）自动紧急制动系统

自动紧急制动（autonomous emergency braking，AEB）作为一种重要的汽车主动安全技术，能够在预计发生事故前，以语音和视频等方式向司机或驾驶系统做出预警，使得车辆及时做出规避行为。若司机未能及时对预警做出应对或者将发生严重的事故，AEB 系统会自主进行刹车，以避免事故的发生或减轻事故的严重程度。

AEB 是一种潜在的高安全性技术。欧洲新车安全评鉴协会 Euro-NCAP 的调查研究显示，AEB 可以减少车祸造成的伤亡情况，可以防止 27%的车祸发生。随着相关法律、标准的不断完善，目前 AEB 已经成为主动安全领域的一个热点。

（五）车道偏离预警系统

车道偏离预警系统（lane departure warning system，LDWS）主要由 HUD 抬头显示器、摄像头、控制器以及传感器组成。装备有该系统的车辆在行驶途中，车身上的摄像头会实时对行驶车道的标线进行感知，利用图像处理技术获取车辆位置信息。如果因为某些原因，车辆有偏离车道的情况或趋势，系统会根据当前车辆信息和驾驶者或自动驾驶系统的操作状态，在 0.5s 之内迅速由控制器发出警报信号，以防止事故的发生。而系统检测到车辆准备正常变道、转向时，不会发出任何警报。

车辆偏离预警系统包括纵向和横向两个基本模块。前者主要针对车速过快或车辆失控造成的车道偏离事故，后者主要应用于驾驶者注意力不集中、不进行转向控制而造成的车道偏离事故。当车辆偏离行驶车道时，该系统可通过警报音、方向盘震动或自动改变转向给予提醒。

（六）车道保持辅助系统

车道保持辅助系统（lane keeping assist system，LKAS）是一种智能驾驶辅助系统，它可以在车道偏离预警系统（LDWS）的基础上对转向系统进行控制，从而使车辆保持在本车道内行驶。LDWS是一个简单的警告系统，旨在通过感知手段（触觉、视觉、听觉）通知驾驶者。如果车辆偏离了正常行驶路线，LKAS会自动提醒驾驶者，并提供适当的转向辅助，使车辆回到正确的车道。该系统通常根据车辆距车道边缘的距离以及其他因素控制电动助力转向系统来帮助驾驶者，使车辆保持在车道的中间。

在车辆行驶过程中，该系统会时刻对车辆前方路况信息、车辆行驶速度、方向盘转角、横摆角速度、转向灯等车辆状态信息连续、动态地获取，并预测车辆的行驶轨迹，判断是否需要介入以保持车辆稳定。

（七）定速巡航系统

定速巡航系统（cruise control system，CCS）也被称作定速巡航行驶装置、速度控制系统、自动驾驶系统等，是一种借助电子控制技术使车辆能够实现自动等速行驶的系统，可以根据驾驶者的意图来对车速进行锁定，在不需要加速或减速操作的情况下，使车辆维持一定车速行驶。

通过行驶控制装置将从车速传感器发送的脉冲信号与规定的车速对比，由此下达指令由服务器来调整节气门开度，从而使车速始终稳定在所设置的速度。多功能电动定速巡航系统采用精密的电控方式，对速度的控制更加准确，降低了机械失效所带来的风险。

定速巡航系统是借助电控技术实现自动调整车辆速度的电子控制系统，具有如下优点。

1. 维持车速不变

采用定速巡航系统之后，车辆的速度全由电子控制系统操纵，极大地提升了车辆操纵的准确性，从而保证车辆无论在上坡、下坡、平路还是在动态风速的环境下行驶，都能准确地在动力足够的范围内保持行驶速度的稳定。

2. 减轻驾驶疲劳，提高行驶舒适性和安全性

采用定速巡航系统之后，车速由电子控制系统接管，解放了驾驶者，使得驾驶更加轻松。

3. 提高燃油经济性

采用定速巡航系统之后，汽车的燃料供给和发动机的功率处于最佳的配合状态，且减少废气的排放。

（八）自适应巡航控制系统

自适应巡航控制（adaptive cruise control，ACC）系统是在CCS基础上发展而来的。它不仅可以稳定到预先设置的车速，还可以维持预先设置的跟车距离，并根据车辆间距的改变自主地调整车速。

该系统主要由3个主要部件构成：传感器、数字信号处理器和控制器。常用的传感器有雷达传感器、红外光束和视频摄像头等，其中，信号处理器主要是对传感器收到的数据进行数字化处理，然后控制器对收集到的数据进行处理，从而对车辆进行控制。当系统判断有必要进行刹车操作时，通过ABS进行刹车或通过变速器进行降挡来降低行驶速度。

参考文献

[1] 刘志忠，杨平. 汽车智能网联技术概论 [M]. 北京：清华大学出版社，2021.

[2] 王建. 智能车辆技术基础 [M]. 北京：清华大学出版社，2021.

[3] 盛瑞金. 智能车在城市交通场景下的决策规划与运动控制研究 [D]. 长春：吉林大学，2021.

[4] 孙启鹏，武智刚，曹宁博，等. 基于风险预测的自动驾驶车辆行为决策模型 [J]. 浙江大学学报（工学版），2022，56（9）：1761-1771.

[5] J CABRERA，Advances in intelligent vehicle control [J]. Sensors (Basel)，2022，22（22）：8622.

[6] 马进，刘明艳. 智能汽车横向控制方法研究 [J]. 科学技术创新，2022，5：177-180.

[7] W GUO，S ZHAO，H CAO，et al. Koopman operator-based driver-vehicle dynamic model for shared control systems [J]. Applied Mathematical Modelling，2023，114：423-446.

[8] 陈禹. 智能汽车局部路径规划方法现状与发展分析 [J]. 科技与创新，2020，14：60-61，66.

[9] 刘自强. 无人驾驶低速电动车的路径规划和控制系统的设计与实现 [D]. 成都：电子科技大学，2020.

[10] 徐余花. 智能车局部路径规划与轨迹跟踪控制算法研究 [D]. 重庆：重庆理工大学，2021.

[11] M LUO，X HOU，J YANG. Surface optimal path planning using an extended dijkstra algorithm [J]. IEEE Access，2020，8：147827-147838.

[12] L LIU，J LIN，J YAO，et al. Path planning for smart car based on dijkstra algorithm and dynamic window approach [J]. Wireless Communications and Mobile Computing，2021.

[13] 张强，鲁守银，张家瑞，等. 融合安全 A* 算法和改进人工势场法的巡检机器人路径规划 [J]. 计算机时代，2022，11：29-33，37.

[14] 高涛，黄睿杰. 基于改进 D* Lite 算法的无人车避障路径规划研究 [J]. 江苏工程职业技术学院学报，2022，22（3）：6-10.

[15] 张智能，李以农，余颖弘，等. 复杂动态环境下智能汽车局部路径规划与跟踪算法研究 [J]. 中国公路学报，2022，35（9）：372-386.

[16] H CHAE，K YI. Virtual target-based overtaking decision，motion planning，and control of autonomous vehicle [J]. IEEE Access，2020，8：51363-51376.

[17] 采国顺，刘昊吉，冯吉伟，等. 智能汽车的运动规划与控制研究综述 [J]. 汽车安全与节能学报，2021，12（3）：279-297.

[18] Y LU，X XU，X ZHANG，et al. Hierarchical reinforcement learning for autonomous decision making and motion planning of intelligent vehicles [J]. IEEE Access，2020，8：209776-209789.

[19] Y LIN，H GUAN，K LU，et al. Eco-oriented signal control of intersections with vehicle type considerations using integrated estimation of driving behavior [J]. Journal of Cleaner Production，2022，375：133986.

第七章　智能网联汽车车辆测试

测试是智能网联汽车开发过程中的基本手段，系统高效的测试方法是验证智能网联汽车驾驶功能有效性、可靠性的重要手段。目前已经建立起了较为完整的智能网联汽车测试体系，完整性体现在测试体系不仅考虑了智能网联汽车的测试需求，还综合考虑了测试效率和测试成本等因素。随着技术的进步，测试方法除了传统真实环境下的整车测试，包括道路测试、封闭场地测试和车辆在环测试等，还可以通过计算机进行仿真测试，包括硬件在环测试、软件在环测试和模型在环测试等。相比传统的整车测试，仿真测试具有测试成本低、时间短、安全性高和精度高等优点，二者相互结合，构成了较为完整的智能网联汽车测试体系，如图 7-1 所示。

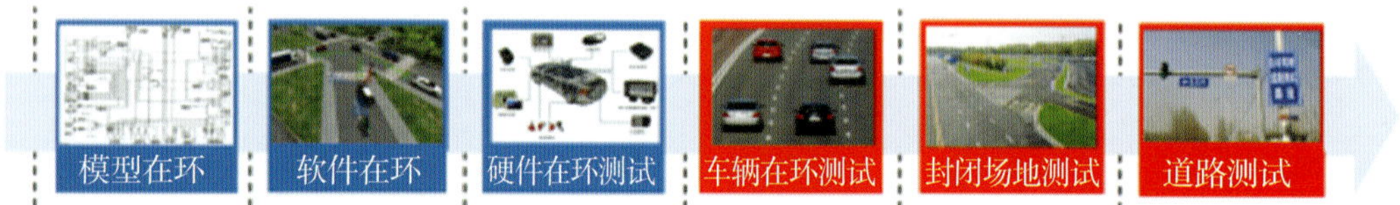

被测对象	模型	软件	软硬件	整车	整车	整车
环境与道路	数字模型	数字模型	数字模型 物理模型	数字模型 物理模型	物理模型	真实环境

图 7-1　智能网联汽车车辆测试体系

第一节　测试场景设计

在驾驶领域，场景被认为是一定时空范围内行驶环境与驾驶行为的综合反映，可以描述外部场地、道路、气象、交通设施以及车辆本身的驾驶任务与状态等信息，而服务于特定测试目的的场景被称为测试场景。测试场景可以帮助人们把特定的测试对象放在具体的情况下进行研究和测试，用于评价并推动完善车辆的有关功能性能。可见，基于场景的测试方法不预设测试结果，只给定任务或目标，通过观察被测对象在预设测试场景下执行任务或目标时的表现来达到测试目的。对于智能网联汽车，不论是仿真测试还是整车测试，目前普遍采用的都是基于场景的测试方法。

一、测试场景元素

智能网联汽车测试场景设计是指在一定时间和空间范围内，车辆运行设计域（operational design

domain，ODD）元素、感知和判断（object and event detection and response，OEDR）元素、自车元素的综合信息融合。自动驾驶测试场景应根据五大运行环境（智能网联示范区、智慧高速、汽车测试场、智慧公交和网联无人车），结合场景元素进行构建。同时，还需要对各种使用场景下的安全性进行辨识，基于安全性分析，从系统内部辨识出可能存在的失效，并以此搭建失效场景。可见，测试场景元素包括 ODD 元素、OEDR 元素、自车元素和失效元素。

（一）ODD 元素

ODD 元素主要包括道路信息、环境信息和交通参与者。

道路信息通常包括道路类型（快速路、主干路等）、道路表面（防滑性、疏水性等）、道路几何（直线、坡度、交叉口等）、交通标志（交通灯与交通标志牌）、道路设施元素（人行道、护栏、立交桥、收费站等）等。

环境信息指的是车辆所处的外部环境信息，包括但不限于交通流量、天气状况、光照强度和连接性等。交通流量指道路上车辆数量、车速、车型等信息，对车辆行驶和交通流畅度具有重要的影响；天气状况和光照强度分别指天气的温度、湿度、降雨、雪、霾等和光线照射的强度、方向，对驾驶者的视线和驾驶体验具有重要影响。连接性指车辆与其他车辆、道路基础设施、互联网等连接的情况，对车辆的智能化和自动化驾驶具有重要影响。

交通参与者指的是道路上的其他车辆、行人、自行车、摩托车等，它们是智能网联汽车行驶时需要互动和协调的对象。

（二）OEDR 元素

OEDR 元素是指在相应的测试场景下自动驾驶系统需要探测的物体或者事件以及应该做出的响应，作为仿真测试场景的关键考察内容，它主要包括交通参与者的类型及运动等信息，如自车左前方的行人正在横穿、自车前方的机动车减速等。

（三）自车元素

自车元素主要包括自我车辆的类型、性能特性和驾驶行为等，如自车为乘用车、最高车速为 110km/h、正在进行变道操作。

（四）失效元素

失效元素是指在测试过程中可能出现的各种故障和异常情况，包括软硬件故障和通信故障等，可能会导致车辆行驶不稳定、控制失效等问题。所以在测试场景中，设置超过 ODD 范围的参数，人为模拟失效元素可以帮助检验车辆的安全性和可靠性。如感知系统失效（安装不当、环境恶劣、车辆故障等因素导致感知系统无法准确识别环境中的风险）、复杂交通场景（交通流与道路的组合导致处于危险的交通环境）、车辆控制失效（如载荷、路面或侧风等原因导致车辆无法跟随控制指令）等。

针对不同的场景元素，德国天马项目（PEGASUS）提出了场景的 6 层模型，如表 7-1 所示。

表 7-1 场景设计的六层模型

层级	第一层	第二层	第三层	第四层	第五层	第六层
概念	描述道路的几何形状拓扑结构及车道线等基本信息	描述护栏、信号灯等静态交通基础设置	描述第一层和第二层内元素的临时变化	描述了场景中的静态于动态物体，以及它们的交互与采取的策略	描述天气、光照等环境因素	描述数字信息，如 V2X、数字地图等

二、场景设计数据来源

对智能网联汽车进行基于场景的各项测试时，搭建场景的数据来源是多种多样的。通过加入自然驾驶场景、危险工况场景、标准法规场景和参数重组场景等不同场景的数据构建测试场景库，满足基础测试和优化引导的需求。

（一）自然驾驶场景

自然驾驶场景包含了智能网联汽车的人—车—环境—任务等全方位信息，能够很好地体现测试的随机性、复杂性及典型性区域特点，为测试场景构建中的充分测试场景。

（二）危险工况场景

危险工况场景是智能网联汽车测试过程中关于自动驾驶控制策略验证的关键部分，是测试场景构建中的必要测试场景。

（三）标准法规场景

标准法规场景通过现有的标准、评价规程等构建测试场景，为测试场景构建中验证自动驾驶有效性的基础测试场景。

（四）参数重组场景

参数重组场景是通过对静态要素、动态要素以及驾驶者行为要素之间不同的排列组合及遍历取值，进而增加大量未知工况的测试场景，有效地缩小自动驾驶功能测试盲区，为测试场景构建中的补充测试场景。

三、测试场景构建

根据测试场景描述内容的详细程度，测试场景构建主要分为 3 个层级：功能场景、逻辑场景和具体场景。

功能场景是最抽象的场景，实体和实体之间的关系通过语义场景符号描述。也就是说，功能场景融合了道路信息、自车信息、交通参与者信息、环境信息等，最终以文字的形式具体描述。它能够用于项目定义、危害分析和风险评估。

逻辑场景以状态空间变量为基础，对功能场景进行更深层次的刻画。逻辑场景基于真实采集的数据、事故数据、标准法规数据和专家经验数据等选取参数，并进行场景定义。因为逻辑场景通过状态空间描述实体和实体之间的关系，所以必须要确定状态空间中的参数范围。

具体场景通过在逻辑场景的状态空间中选择确定的参数值来描述实体和实体之间的关系。功能场景、逻辑场景和具体场景在描述的抽象程度上逐渐降低，但是，在场景数量方面逐渐增加，如图 7-2 所示。

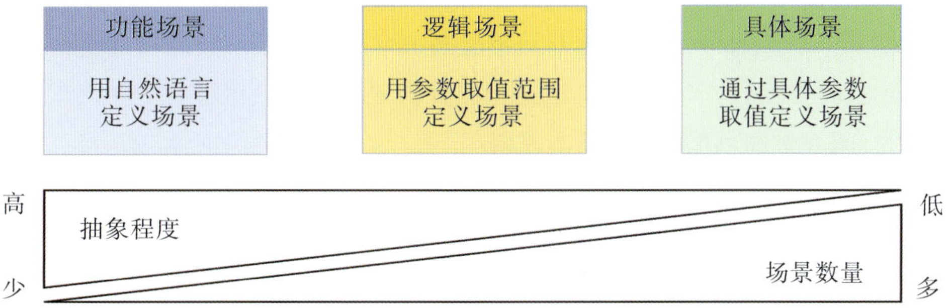

图 7-2 功能场景、逻辑场景和具体场景的抽象程度及场景数量

在测试场景构建过程中，不同数据来源的场景（自然驾驶场景、危险工况场景、标准法规场景、参数重组场景）根据智能网联汽车驾驶系统的设计运行范围，分为高速/环路、市内运行、泊车/取车、封闭园区和城际/郊区五种典型应用场景。在不同的应用场景下，可以根据测试场景元素的抽象程度提取各类型典型场景，通过对这些场景参数标注及统计分析，从而形成逻辑场景，而后以逻辑场景的参数分布为基础，大规模地生成特定的场景，并将其作为通用场景格式存储，从而构建出具有数万级测试用例的场景库（图 7-3）。

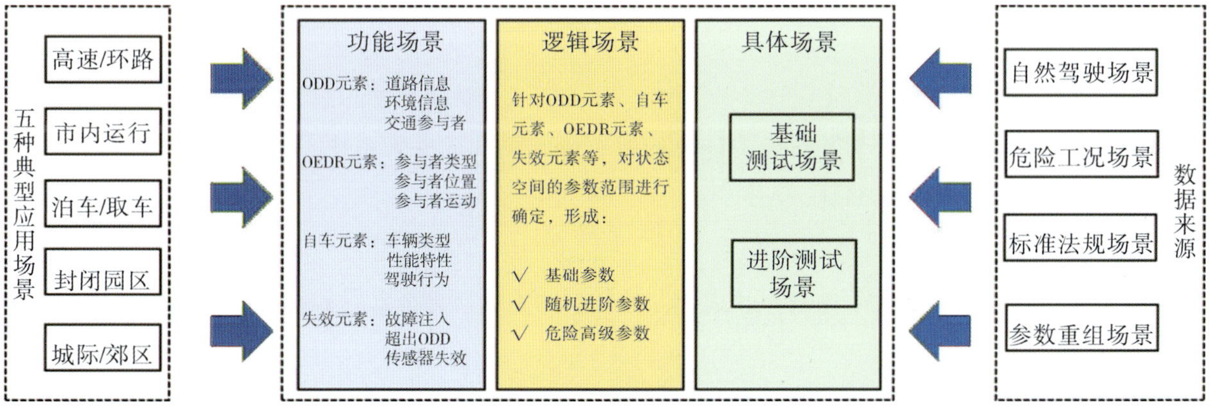

图 7-3 场景构建

在此基础上，通过上述场景元素、场景设计数据来源以及场景构建方法得到智能网联汽车的驾驶测试场景。对驾驶测试场景开展测试验证主要指将场景库中已经构建好的场景抽取出来，使用仿真测试、整车测试等方法进行验证，确认场景的真实性、代表性和有效性，从而更好地服务于研发测试工作，具体包括模型在环测试、软件在环测试、硬件在环测试、车辆在环测试、封闭场地测试与道路测试等。同时，将与场景相关的测试结果反馈给场景库，对场景的分析挖掘方法等进行修正，或者根据

需要重构生成场景，更新补充并完善场景库。场景库进一步有效支撑研发测试工作，从而形成场景库构建与应用的正向循环。

第二节 仿真测试

仿真测试指的是计算机仿真技术应用在汽车领域的一种方法，它利用数学建模的方法对智能网联汽车的应用场景进行数字化还原，从而构建尽可能接近真实世界的系统模型。通过仿真测试进行分析和研究，能够实现对智能网联汽车系统和算法进行测试验证的目的。在智能网联汽车的仿真测试过程中，应遵循全面性、真实性和可重复性的基本原则。

一、仿真测试的原则

（一）全面性

仿真测试的全面性是指测试场景应能充分覆盖 ODD 和边界场景，并且能用不同的测试方法对被测功能的全部层级在不同开发阶段进行测试。仿真测试的全面性主要包括：测试场景全面性、测试对象全面性和测试方法全面性。

1. 测试场景全面性

测试场景全面性是指场景能充分覆盖 ODD，保证自动驾驶功能在 ODD 内的验证是充分的，全面检验车辆的基本功能、功能安全和预期功能安全。另外，测试场景还应包括边界场景、事故场景等一些极端场景。

2. 测试对象全面性

测试对象全面性是指自动驾驶功能中涉及的所有感知系统、决策系统、执行系统以及对应的软硬件部分等各个层面得到充分的验证。

3. 测试方法全面性

测试方法全面性是指覆盖了模型在环测试、软件在环测试、硬件在环测试等产品开发的不同阶段。

（二）真实性

仿真测试的真实性是指场景参数应基于实际场景，逻辑参数设置合理，并且测试输出结果应与实车测试保持基本一致。

（三）可重复性

仿真测试的可重复性是指同一测试用例在同一测试平台多次测试的结果应该具有较高的一致性，且测试结果偏差必须在可接受范围之内，并且在不同测试平台测试的结果偏差应符合设计要求。

二、模型在环测试

模型在环测试是将智能网联汽车的某一部分及测试环境使用仿真模型进行替代，被测部分可以为车辆动力学模型、传感器模型、决策规划模型等，对该仿真模型在其开发环境下（如 SIMULINK、MATLAB 和 ASCET 等）进行仿真，通过输入一系列的测试用例，验证模型是否满足了设计的功能需求。

模型在环测试主要应用于算法开发阶段。算法模型接收到仿真环境传来的目标真值表信号后，进行决策，输出控制信号以及其他状态变量，包括车辆的模式管理、横向控制、纵向控制、安全决策、人机管理等。最后，将该控制算法与车辆模型连接起来，形成闭环，并根据车辆模型状态变换输入，以此来对控制算法实现的功能进行测试。

模型在环测试在智能网联汽车测试中应用广泛。如 L3 级以上的自动驾驶产品开发，视觉、雷达、高精地图、定位、多传感器融合等感知算法开发，规划、决策和执行算法模型的开发等。在模型在环测试过程中，可以根据模型参数或输入信号的变化，查看输出结果或模型响应，动态评估模型是否完整，准确地捕获需求。测试对象的功能和测试环境均由仿真模型实现，没有涉及真实的系统软硬件，因此这种测试的真实性较差。但是，模型在环测试可以对智能网联汽车的架构和工作模式、控制算法的模型和基本逻辑进行测试与验证，适用于开发的初期阶段。

三、软件在环测试

软件在环测试是基于软件进行的模型驱动的数字仿真测试方法，目的是验证生成的代码和模型在功能上是否具有一致性。

（一）软件在环测试对象

软件在环测试对象主要包括感知算法和决策算法。

1. 感知算法

感知系统根据各传感器传回的原始数据和目标级数据，通过算法进行目标数据滤波和感知，并利用多源异构传感器信息融合策略，对目标进行进一步筛选，从而重构车辆周边的环境模型。摄像头、毫米波雷达以目标级数据列表为主。而激光雷达目标识别需要较强的计算能力，因此需要单独的图形处理器（graphics processing unit，GPU）工控机进行目标识别后，再传送至感知系统。超声波雷达的工作原理较为简单，只具备测距能力，不具备方位角测量能力，需要进行数据处理的量少，以模拟信号处理为主，传感器传回的数据就是目标距离，因此不需要类似图像、点云的目标识别的复杂算法。感知系统对车辆周边环境的精准判断是高级驾驶辅助系统决策的主要输入，感知数据不正确，决策的准确性就难以保证。

2. 决策算法

计算平台根据自身定义的高级驾驶辅助系统算法，利用感知环节的输入，进行多传感器感知信息的融合，依据车辆所处的场景信息，做出自身的决策规划，从而实现规避障碍物、完成既定的自动驾驶任务的目的。决策算法是在感知的基础上对下一步（加速还是减速、如何转向等）进行判断，同时，决策系统还会兼顾舒适性和安全性。控制系统通过决策算法对车辆下达指令，如转向、刹车、加速等。

（二）软件在环测试平台要求

软件在环测试平台要求主要包括：对仿真模型的要求、对仿真设施的要求。

1. 对仿真模型的要求

仿真模型包括控制算法、交通模型、环境模型、车辆动力学模型、车辆感知系统模型。要求仿真模型具备一定的精度，能够真实地反映物理系统的真实情况，能够以较快的运算速度运行，能够提供多层接口，同时，能够根据测试场景以及测试车辆进行实时切换。

2. 对仿真设施的要求

仿真设施包括仿真计算和配套仿真支撑软件。要求仿真设施的运算性能不低于运行该仿真测试的最低需求，应具备实时存储功能以确保实验结果的有效存储。仿真步长应具备根据仿真需求实时调整的能力，应具备良好的稳定性，能够满足长时间不间断自动化测试的要求。

（三）软件在环测试方案设计中的注意事项

1. 测试过程应能正确反映模型的执行过程

在测试期间，需要将图形化描述的建模模型实例和监视变量信息正确展示。当某个模型元素实例生成的代码被执行时，该模型元素实例能高亮显示。在状态图模型中，当发生状态迁移时，能自动转换到下一个满足迁移条件的状态。此外，监视变量信息需要与代码执行保持一致。

2. 测试过程应具有直观性

测试过程的中间信息应清晰反映在图形化的建模模型上。测试过程在模型上显示越直观，越方便检查其中的错误。同时，测试过程的展示应使用已有工具的显示方式，以便建模人员使用。

3. 测试过程对被测系统的影响应最小化

对于任何一种在进程内的测试，测试过程都应该尽量减小对被测系统的影响。同样，对测试代码来说，如果在测试的执行过程中插入过多的控制代码，那么测试代码与图形化的模型之间就会存在较大的差异性，因此应该尽量避免在自动生成的测试代码中加入控制代码。

四、硬件在环测试

硬件在环测试是指被测试系统中的传感器、控制器和执行器中部分实物嵌入仿真回路之中进行的仿真测试。

（一）硬件在环测试对象

硬件在环测试对象主要包括感知系统处理器和决策系统控制器。

1. 感知系统处理器

感知系统处理器主要包括：毫米波雷达、摄像头、激光雷达、超声波雷达和 V2X 车路协同的车载终端。

毫米波雷达与摄像头在传感器端已经集成了目标识别、滤波、跟踪算法实现的处理器，可以输出滤波后的目标信息，如车辆目标距离、相对速度、车道线宽度、车道线长度、车道线相对位置、交通标志识别结果等。

激光雷达的线束越多，探测范围越广，单次处理的点云数量随之增加，对处理器的性能需求随之增强，因此是否集成处理器与传感器使用的性能有关。

超声波雷达对模拟信号进行处理，因此低性能的处理板卡就能满足其功能需求。

V2X 车路协同的车载终端接收和输出至环境感知传感器的都是目标级信号，因此对数据处理器性能要求并不高。

2. 决策系统控制器

通常，决策系统控制器包括电子控制单元、传感器、执行器等硬件设备，主要用于测试计算平台在运行过程中的功能与性能。计算平台作为自动驾驶大脑，在系统架构上，域控制器作为整车电子电气中的一员，有功能安全等级的要求。

（二）硬件在环测试设备要求

（1）仿真设施主要包括上位机、下位机、仿真支撑软件及测试的仿真硬件系统。

（2）仿真设施还应具备与仿真硬件系统之间相对应的连接接口，形成闭环。

（3）仿真硬件系统应能够模拟真实情况下的硬件系统工作情况，误差必须控制在一定范围内。

（4）仿真硬件系统应与目标测试车型一致，性能必须满足车载规范。

（5）仿真硬件系统的工作环境、安装位置、获取的模拟数据与实际工况相符。

（6）仿真硬件系统中控制器/控制模型应与仿真模型之间采用标准通信协议（CAN、LIN、MOST、FlexRay、Ethernet 等）。

（7）在环仿真中控制器应支持算法的更新与标定，应经过前期测试验证具备完整功能逻辑，应与目标车辆参数匹配。

第三节 整车测试

整车测试是指对智能网联汽车在实际道路上的行驶情况进行分析，考察智能网联汽车在不同道路场景和障碍物下的感知、决策、控制能力和应对措施，是智能网联汽车测试体系中不可或缺的环节。整车测试包括车辆在环测试、封闭测试场测试、道路测试。

一、车辆在环测试

车辆在环测试基于半实物仿真技术，将整车作为实体，接入到虚拟仿真环境中进行测试。通过对整车进行统一测试可以对硬件组合过程中产生的偏差进行识别，从而提高测试结果的准确性。车辆在环测试在封闭场地内最大限度还原开放道路的场景，大幅度降低了真实道路测试的风险，节约了试验费用和时间。车辆在环测试方法主要包括封闭场地车辆在环测试和转毂平台车辆在环测试。

（一）封闭场地车辆在环测试

封闭场地车辆在环测试是指将处于封闭空旷场地的实车接入虚拟仿真环境的测试方法。通过传感器模型和传感器信号模拟软件生成虚拟环境（包括道路、天气、其他交通参与者等）的不同传感信号，并将这些传感信号输入车辆电子控制单元。车辆电子控制单元依据周围环境的变化做出决策并使车辆进行动态调整，通过仿真软件实时读取车辆位置、航向等信息并用于更新虚拟环境，如此周而复始。

（二）转毂平台车辆在环测试

转毂平台车辆在环测试是指将车辆置于转毂平台中，用道具或虚拟系统生成周围环境的测试方法。传毂平台车辆在环测试如图 7-4 所示。在测试过程中，车辆的绝对位置不变，通过改变其他目标与车辆的相对位置模拟车辆的行驶状态。与封闭场地车辆在环测试不同，转毂平台车辆在环测试克服了场地受限问题，可以对大规模的交通场景进行测试。但由于被测车辆固定于转毂平台，其绝对位置不变，因此难以准确测试控制系统、执行系统等的性能。

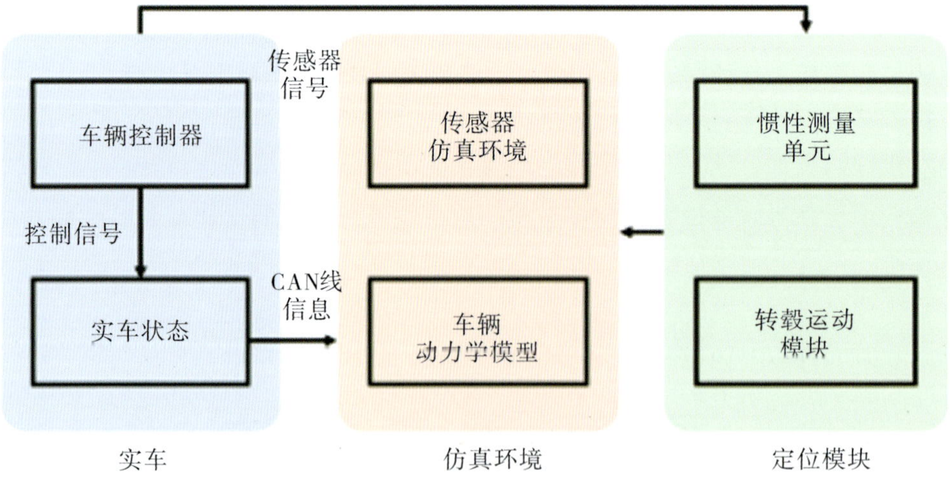

图 7-4　转毂平台车辆在环测试图

综上所述，车辆在环测试具有如下特点：①能够迅速地实现场景测试和驾驶测试；②能够高效对各类控制器的功能性进行验证；③降低真实车辆的测试难度和风险；④能够降低测试过程中发生交通事故的风险。

二、封闭测试场测试

通过建设专用的封闭测试场，搭配真实度较高的道具或实物，在有限场地中模拟或还原真实场景，实现对智能网联车辆基本性能、软硬件系统和综合性能的测试。在封闭测试场测试中，通过对直行、转向、红绿灯识别等基础场景的测试，及时地发现智能网联车辆基本功能等方面的问题，避免进入道路测试时出现事故，从而实现降低风险和费用的目的。

封闭测试场测试中，通过设置场景所需的交通要素道具和运行条件，可以方便快速地实现对特定场景的测试，道具具有较高的真实度，其物理特性与实物类似，测试结果具备较高的可靠性。同时，封闭测试场测试能够针对特定的场景、相同的工况进行重复测试，进一步保证了测试结果的可靠性。但是在测试前，需要花费大量的人力物力设计并布置场景，测试效率较低。同时，场地中的测试道具具有与实物类似的物理特性，在极端情况下进行车辆测试时，有可能会对车辆或驾驶人造成伤害，存在测试风险。

需要注意的是，在封闭场地车辆在环测试中，车辆行驶在空旷场地，车辆周围的环境是虚拟的，是通过传感器模型和传感器信号模拟软件生成的模拟信号。而在封闭测试场测试中，车辆行驶在专业的封闭场地中，车辆周围是实物，非电子信号。

《智能网联汽车 自动驾驶功能场地试验方法及要求》（GB/T 41798—2022）规定了智能网联汽车自动驾驶功能进行场地试验时的一般要求、试验过程、通过条件、试验方法。

（一）试验场地及试验环境

1. 试验场地

（1）试验场地具有良好附着能力的混凝土或沥青路面。

（2）交通标志和标线清晰可见，并符合《道路交通标志和标线》（GB 5768—1999）的要求。

（3）道路及基础设施符合《道路交通信号灯设置与安装规范》（GB 14886—2016）、《道路交通信号灯》（GB 14887—2003）、《收费用电动栏杆》（GB/T 24973—2010）的要求。

（4）试验道路限速大于等于 60km/h 时，车道宽度不小于 3.5m 且不大于 3.75m。

（5）试验道路限速小于 60km/h 时，车道宽度不小于 3.0m 且不大于 3.5m。

（6）具备试验车辆自动驾驶模式正常激活的必要数据和设施条件。

2. 试验车辆应在天气良好且光照正常的环境下进行试验

若试验车辆需要在夜间环境试验，根据其设计运行条件选取表 7-2 对应的光照强度进行试验。

表 7-2　夜间路面光照强度分级表

有路测照明装置		无路测照明装置	
最暗处	最亮处	最暗处	最亮处
≥5lx	≤50lx	≥0lx	≤5lx

（二）试验车辆要求

1. 试验车辆应满足以下人机交互要求

（1）具备便于人工激活和关闭自动驾驶模式的操作方式。

（2）系统状态及人机转换过程提示信息清晰可见。

2. 试验车辆应满足以下载荷要求

（1）M_1类车辆：试验车辆质量处于整车整备质量加上驾驶者和试验设备的总质量与最大允许总质量之间，试验开始后不改变试验车辆载荷状态。

（2）M_2类、M_3类、N类车辆：试验车辆在整车整备质量加上驾驶者及试验设备的总质量和最大允许总质量状态下分别进行试验，试验开始后不改变试验车辆载荷状态。

（三）试验通过条件

根据试验车辆设计运行条件下的行驶区域按照表7-3选取试验项目，且各试验项目应按照相关试验方法进行3次试验，且3次均符合其设计运行条件的通过要求。

表7-3　行驶区域与试验项目对照表

序号	试验项目类型	试验项目	高速公路及城市快速路	城市道路	其他区域	特殊应用场景
1	交通信号识别及响应	限速标志	试验	试验	试验	
2		弯道	试验	试验	试验	
3		停车让行标志标线		试验	试验	
4		机动车信号灯		试验	试验	
5		方向指示信号灯		试验	试验	
6		快速路车道信号灯	试验			
7	道路交通基础设施与障碍物识别及响应	隧道	试验	试验	试验	
8		环形路口		试验	试验	
9		匝道	试验			
10		收费站	试验			
11		无信号灯路口右侧存在直行车辆		试验	试验	
12		无信号灯路口左侧存在直行车辆		试验		
13		无信号灯路口对向存在直行车辆		试验		
14		施工车道	试验	试验	试验	
15		静止车辆占用部分车道	试验	试验	试验	
16	行人与非机动车识别及响应	行人通过人行横道线		试验	试验	
17		行人沿道路行走		试验	试验	
18		自行车同车道骑行		试验	试验	

续表

序号	试验项目类型	试验项目	高速公路及城市快速路	城市道路	其他区域	特殊应用场景
19	周边车辆行驶状态识别及响应	摩托车同车道行驶	试验		试验	
20		前方车辆切入	试验	试验	试验	
21		前方车辆切出	试验	试验	试验	
22		对向车辆借道行驶		试验	试验	
23		目标车辆停一走	试验	试验	试验	
24	自动紧急避险	行人横穿道路	试验	试验	试验	
25		自行车横穿道路		试验	试验	
26		目标车辆切出后存在静止车辆	试验	试验	试验	
27		前方车辆紧急制动	试验	试验	试验	
28	停车	停车点		试验	试验	
29		港湾式站台				试验
30		普通站台				试验
31	最小风险策略		试验	试验	试验	
32	动态驾驶任务干预及接管		试验	试验	试验	

试验过程中试验车辆出现以下任一事件，试验过程应视为不满足通过要求。

（1）骑轧车道实线。

（2）不按路段规定行驶速度行驶。

（3）违反车道导向标线行驶。

（4）未按规定使用灯光。

（5）与道路基础设施发生碰撞。

（四）试验方法

试验车辆的试验项目类型包括交通信号识别及响应、道路交通基础设施与障碍物识别及响应、行人与非机动车识别及响应、周边车辆行驶状态识别及响应、自动紧急避险、停车、最小风险策略和动态驾驶任务干预及接管。不同的试验项目类型中有具体的试验项目，不同的试验项目具有不同的测试方法。本书仅介绍交通信号识别及响应类别中的限速标志、弯道、停车让行标志和标线项目的试验方法，其他项目的试验方法请参考《智能网联汽车 自动驾驶功能场地试验方法及要求》（GB/T 41798—2022）。

1. 限速标志

1）试验场景

试验道路为至少包含一条车道的长直道，根据 v_{max} 在表 7-4 中选取相对应的任一组试验参数，标志牌之间距离至少为 100m，其中，解除限速标志和恢复限速标志在同一平面，如图 7-5 所示。

表 7-4　限速标志选取参照表

单位：km/h

v_{max}	初始道路限速	限速标志数值	解除限速标志	恢复限速标志
$v_{max} \geq 80$	80	60	60	80
	60	40	40	60
	40	30	—	—
$60 \leq v_{max} < 80$	60	40	40	60
	40	30	—	—
$40 \leq v_{max} < 60$	40	30	—	—
$v_{max} < 40$	40	$v_{max}-10$	—	—

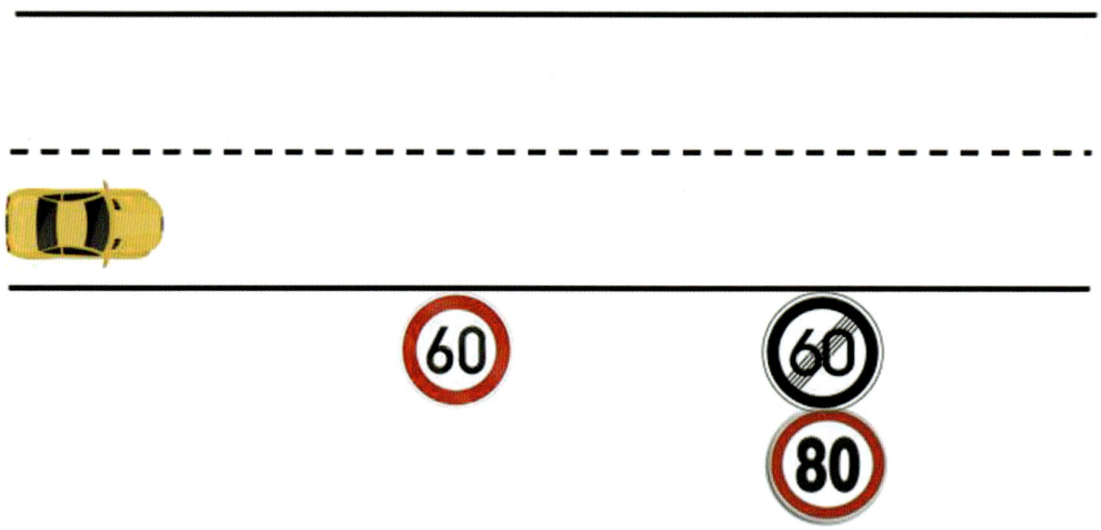

图 7-5　限速标志试验场景示意图

注：图中标志的牌数值仅为示例。

2）试验方法

试验车辆以不低于初始道路限速数值 0.75 倍的速度在长直道内驶向限速标志。

3）通过要求

试验车辆应满足以下要求：

（1）试验车辆最前端越过限速标志所在平面时，速度不高于限速标志数值。

（2）在限速标志牌间行驶时，试验车辆的行驶速度不低于当前限速标志数值的 0.75 倍。

（3）若存在解除限速标志，通过解除限速标志牌后 200m 处，试验车辆行驶速度不低于当前限速标志数值的 0.75 倍。

2. 弯道

1）试验场景

试验道路为长直道和弯道的组合道路，弯道长度应保证试验车辆在弯道内至少行驶 5s。根据 v_{max} 在表

7-5 中选取对应的任一组试验参数，并设置相对应的限速标志牌，如图 7-6 所示。

表 7-5　弯道最小曲率半径对照表

v_{max}/（km·h^{-1}）	最小弯道半径值/m	限速要求/（km·h^{-1}）
$v_{max}\geqslant 100$	650	100
	400	80
	250	60
	125	40
$60\leqslant v_{max}<100$	400	80
	250	60
	125	40
$v_{max}<60$	250	60
	125	40
	60	20

注：最小弯道半径值为弯道中心到弯道上任一点距离的最小值。

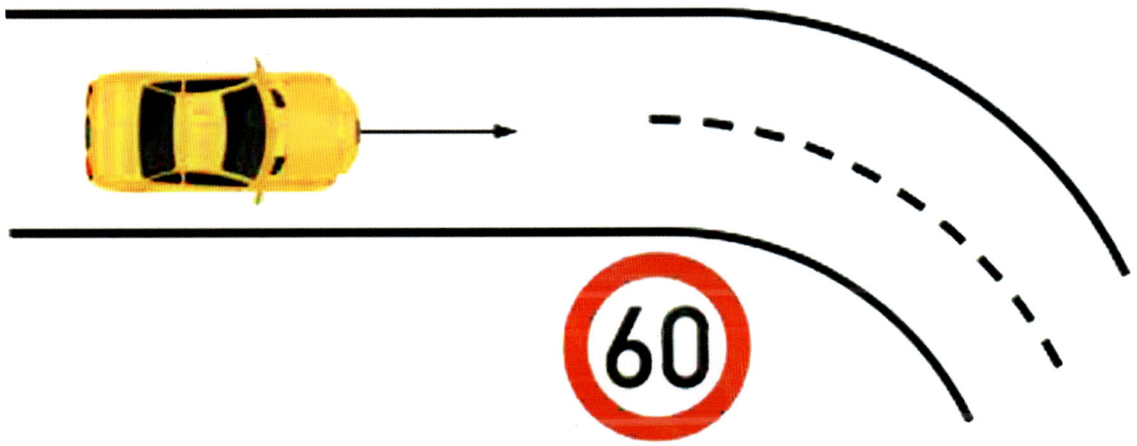

图 7-6　弯道试验场景示意图

注：图中标志牌数值仅为示例

2）试验方法

根据所选定的最小弯道半径进行试验。试验车辆由长直道驶入并驶出弯道。

3）通过要求

试验车辆应满足以下要求：

（1）若试验车辆为乘用车，弯道内全程车速不低于 0.75 倍限速值。

（2）若试验车辆为商用车辆，弯道内全程车速不低于 0.5 倍限速值。

3. 停车让行标志标线

1）试验场景

试验道路为至少包含 2 条双向两车道的丁字路口，并于交叉处设置停车让行标志牌和停车让行标线，如图 7-7 所示。

图 7-7 停车让行标志标线试验场景示意图

2）试验方法

试验车辆在车道内驶向停车让行线。

3）通过要求

试验车辆应满足以下要求：

（1）试验车辆应在停车让行线前停车且车身任何部位不越过停车让行线。

（2）若试验车辆为乘用车，车辆最前端与停车让行线最小距离不大于 2m，车辆起动时间不超过 3s。

（3）若试验车辆为商用车辆，车辆最前端与停车让行线最小距离不大于 4m，车辆起动时间不超过 5s。

（五）国内外封闭测试场

1. 国外封闭测试场

（1）M-City 是由美国密歇根大学和密歇根州交通部共同出资建设的，世界上第一个专为测试无人驾驶汽车、V2V/V2I 车联网技术建造的智能网联车测试场。该试验场占地约 12.9 万平方米，包含了多种道路和路侧设施，用于模拟城市近郊的低速试验和高速公路环境的高速试验。

（2）瑞典 AstaZera 是欧洲最大的智能车测试场，总面积约 200 万平方米，测试内容包括车辆动力学测试、驾驶者行为测试、V2V/V2I 测试、通信技术测试等。该测试场在高级驾驶辅助系统（advanced driving assistance system，ADAS）场景模拟测试方面，具有显著的优势。

（3）City Circuit 是英国著名汽车测试服务商 Mira 公司修建的世界上面积最大、综合性最高的独立试车场之一，占地约 304 万平方米，拥有 24 个环路，全长超过 95km。该试验场分为 9 个区域，提供了一个完全可重复、安全的环境，能够用于对智能交通和网联汽车的测试。

2. 国内封闭测试场

在国内，随着智能网联汽车自主研发体系及生产配套体系的逐步完善，国内多个地区纷纷启动了智能网联汽车封闭测试场的项目。我国具有代表性的封闭试验场主要有以下几个。

（1）北京的国家智能网联汽车与智慧交通（京冀）示范区根据京冀城市交通及道路特点，集中模拟构建典型的实际交通场景，为智能网联汽车的研发测试、试验验证、检测评估提供环境。该示范区推出了国内首条车联网专用车道，对于联网的测试车辆，可以进行盲区提醒、紧急车辆接近、行人闯入、绿灯通过速度提示、优先级车辆让行等 10 多种预警和提醒。

（2）上海的国家智能网联汽车试点示范区包含隧道、林荫道、加油站/充电站、地下停车场、十字路口、丁字路口、圆形环岛等模拟交通场景，具备完善的测试设施和设备，可为智能网联汽车提供多种场景的测试验证，同时支持避撞能力、行为能力及实效应对能力等各方面的综合性测试评价。

（3）重庆的 I-VISTA 示范区包含十字路口、工字路口、直道、弯道、隧道、桥梁、淋雨道、低附路面等 10 多种典型道路交通场景。同时，它涵盖了智能驾驶、智能路网、绿色用车、防盗追踪、便捷停车、资源共享、大范围交通诱导和交通状态智慧管理等八大领域。

三、道路测试

道路测试是指在公路（包括高速公路）、城市道路、区域范围内等用于社会机动车通行的各类道路指定的路段进行的智能网联汽车自动驾驶功能测试活动。道路测试可以更加全面真实地测试智能网联汽车在各种复杂场景状况下的运行状况，能够对车辆的运行、系统工作情况、各模块功能、体感等各维度进行综合测试。

2021 年 7 月，工业和信息化部、公安部和交通运输部三部委联合印发了《智能网联汽车道路测试与示范应用管理规范（试行）》（工信部联通装〔2021〕97 号），明确了智能网联汽车道路测试的定义、测试主体、测试驾驶人以及测试车辆的相关要求。

（一）测试主体

道路测试主体是指提出智能网联汽车道路测试申请、组织道路测试并承担相应责任的单位，应符合如下条件：

（1）在中华人民共和国境内登记注册的独立法人单位。

（2）具备汽车及零部件制造、技术研发、试验检测等智能网联汽车相关业务能力。

（3）对智能网联汽车道路测试可能造成的人身和财产损失，具备足够的民事赔偿能力。

（4）具有智能网联汽车自动驾驶功能测试评价规程。

（5）具备对道路测试车辆进行实时远程监控的能力。

（6）具备对道路测试车辆进行事件记录、分析和重现的能力。

（7）具备对道路测试车辆及远程监控平台的网络安全保障能力。

（8）法律、行政法规、规章规定的其他条件。

（二）道路测试驾驶人

道路测试驾驶人是指经道路测试主体授权负责道路测试安全运行，并在出现紧急情况时从车内采取应急措施的人员。道路测试驾驶人应符合下列条件：

（1）与道路测试主体签订有劳动合同或劳务合同。

（2）取得相应准驾车型驾驶证并具有3年以上驾驶经历。

（3）最近连续3个记分周期内没有被记满12分记录。

（4）最近1年内无超速50%以上、超员、超载、违反交通信号灯通行等严重交通违法行为记录。

（5）无饮酒后驾驶或者醉酒驾驶机动车记录，无服用国家管制的精神药品或者麻醉药品记录。

（6）无致人死亡或者重伤且负有责任的交通事故记录。

（7）经道路测试主体培训合格，熟悉自动驾驶功能测试评价规程、示范应用方案，掌握车辆道路测试、示范应用操作方法，具备紧急状态下应急处置能力。

（8）法律、行政法规、规章规定的其他条件。

（三）道路测试车辆

道路测试车辆是指申请用于道路测试的智能网联汽车，包括乘用车、商用车辆和专用作业车，不包括低速汽车、摩托车。道路测试车辆应符合以下条件：

（1）未办理过机动车注册登记。

（2）满足对应车辆类型除耐久性以外的强制性检验项目要求；对因实现自动驾驶功能而无法满足强制性检验要求的个别项目，需提供其未降低车辆安全性能的证明。

（3）具备人工操作和自动驾驶两种模式，且能够以安全、快速、简单的方式实现模式转换并有相应的提示，保证在任何情况下都能将车辆即时转换为人工操作模式。

（4）具备车辆状态记录、存储及在线监控功能，能实时回传下列第1至4项信息，并自动记录和存储下列各项信息在车辆事故或失效状况发生前至少90s的数据，数据存储时间不少于1年：①车辆标识（车架号或临时行驶车号牌信息等）；②车辆控制模式；③车辆位置；④车辆速度、加速度、行驶方向等运动状态；⑤环境感知与响应状态；⑥车辆灯光、信号实时状态；⑦车辆外部360°视频监控情况；⑧反映驾驶人和人机交互状态的车内视频及语音监控情况；⑨车辆接收的远程控制指令（如有）；⑩车辆故障情况（如有）。

（四）道路测试内容

在综合考虑《智能网联汽车道路测试与示范应用管理规范（试行）》（工信部联通装〔2021〕97号）的基础上，实际道路测试针对下述内容开展：

（1）基本交通管理设施检测与响应能力测试，测试内容应包含《道路交通标志和标线》（GB 5768—1999）、《道路交通信号灯》（GB 14887—2003）、《道路交通信号灯设置与安装规范》（GB 14886—2016）等标准要求的道路交通设施种类和安装规范等。

(2) 前方车道内动静态目标（机动车、非机动车、行人、障碍物等）识别与响应能力测试内容应包含感知识别不同目标（机动车、非机动车、行人、障碍物等）的类型和状态、跟随不同交通参与者（机动车、非机动车、行人）行驶、车速车距控制等内容。

(3) 遵守规则行车能力测试，测试内容应包含超车、并道、通过交叉口等。

(4) 安全接管与应急制动能力测试，测试内容应包含靠边停车与起步、应急车道内停车、人工接管等。

(5) 综合能力测试，综合考察自动驾驶系统对交通语言认知能力、安全文明驾驶能力、复杂环境通行能力、多参与对象协同行驶能力、网联通信能力等内容。

《智能网联汽车道路测试与示范应用管理规范（试行）》(工信部联通装〔2021〕97 号）中的智能网联汽车自动驾驶功能通用检测项目如表 7-6 所示。

表 7-6 智能网联汽车自动驾驶功能通用检测项目

序号	检测项目
1	交通信号识别及响应（包括交通信号灯、交通标志、交通标线等）
2	道路交通基础设施与障碍物识别及响应
3	行人与非机动车识别及响应（包括横穿道路和沿道路行驶）
4	周边车辆行驶状态识别及响应（包括影响本车行驶的周边车辆加减速、切入、切出及静止等状态）
5	动态驾驶任务干预及接管
6	风险减缓策略
7	自动紧急避险（包括自动驾驶系统开启及关闭状态）
8	车辆定位

注：除检测以上通用项目外，还应检测智能网联汽车自动驾驶功能设计运行范围涉及的项目，如联网通信等。

我国积极制定针对智能网联汽车道路测试的评价标准。2018 年 8 月，中国智能网联汽车产业创新联盟、全国汽车标准化技术委员会智能网联汽车分技术委员会联合发布了《智能网联汽车自动驾驶功能测试规程（试行)》，细分了自动驾驶功能检测项目，并提出各检测项目对应测试场景、测试规程及通过条件。2019 年 10 月，全国汽车标准化技术委员会智能网联汽车分技术委员会组建“自动驾驶汽车实际道路测试标准化需求研究项目组”，并启动了标准《智能网联汽车自动驾驶功能道路试验方法及要求》的起草制定工作。推荐性国家标准《智能网联汽车自动驾驶功能道路试验方法及要求》作为 3 级及以上自动驾驶产品的试验标准备受行业关注。该标准适用于具备自动驾驶功能的 M 类、N 类、O 类汽车，规定了智能网联汽车自动驾驶功能的道路试验条件、试验方法和要求。

（五）国内道路测试建设情况

2018 年 7 月 5 日，北京市在顺义区、海淀区和大兴区确定了 33 条共计 105km 的首批开放测试道路，这些测试道路避开了住宅区、办公区、医院、学校等人流量、车流量集中的区域，测试时段为白天，避开了早晚高峰时段。

2018 年 3 月 1 日、9 月 18 日，上海先后发布 2 批智能网联汽车开放测试道路，目前已累计开放测试道路 37.2km。其中嘉定区开放 11.1km，临港地区开放 26.1km，涵盖了城市主干道、城市次干道、产业园区主干道等多种道路交通测试场景，形成了乘用车自动驾驶测试示范基地和商用车自动驾驶测试示范基地联动发展的格局。

国家智能网联汽车（长沙）测试区位于湖南湘江新区，该测试区分为 2 级：第一级测试区为湖南湘江新区智能系统测试区（含封闭式测试环境和半开放式测试环境），第二级测试区为开放式道路。

参考文献

[1] 中国电子信息产业发展研究院. 智能网联汽车测试与评价技术［M］. 北京：人民邮电出版社，2017.

[2] 洪峰. 智能汽车交通车辆的综合认知及其虚拟测试方法研究［D］. 长春：吉林大学，2018.

[3] 陈韬，蔡博，回春. 基于场景元素的智能网联汽车场景构建研究［J］. 公路与汽运，2019，6：9-12.

[4] 孔令旗，陈天姿，冀建波. 智能网联汽车测试场场景设计方法研究［J］. 城市道桥与防洪，2021，4：49-51.

[5] 吴冬升. 智能网联封闭测试场发展现状和挑战［J］. 通信世界，2020，21：31-34.

[6] J DUAN，F GAO，Y HE. Test scenario generation and optimization technology for intelligent driving systems［J］. IEEE Intelligent Transportation Systems Magazine，2022，14（1）：115-127.

[7] H SHU，H LV，K LIU，et al. Test scenarios construction based on combinatorial testing strategy for automated vehicles［J］. IEEE Access，2021，2021（9）：115019-115029.

[8] Y ZHU，J WANG，F MENG. Review on functional testing scenario library generation for connected and automated vehicles［J］. Sensors，2022，22：7735.

[9] S FENG，Y FENG，H SUN，et al. Testing scenario library generation for connected and automated vehicles：an adaptive framework［J］. IEEE Transactions on Intelligent Transportation Systems，2022，23（2）：1213-1222.

[10] 李亚楠. 智能网联汽车数字孪生测试理论和技术研究［D］. 长春：吉林大学，2020.

[11] J C FENG，W X SONG，H T ZHAN，et al. Research on testing system for an intelligent and connected vehicle［J］. Journal of Physics：Conference Series，2020，1576：12047.

[12] 王成壮. 基于场景的智能汽车虚拟测试与评价方法研究［D］. 西安：长安大学，2021.

[13] 康诚，严欣，唐晓峰. 智能网联汽车自动驾驶仿真测试技术研究综述［J］. 时代汽车，2022，22：4-6.

[14] S CHAKRABORTY. Scalable modeling approach and robust hardware-in-the-loop testing of an optimized interleaved bidirectional HV DC/DC converter for electric vehicle drivetrains［J］. IEEE Access，2020，8：115515-115536.

[15] B SANKET，B ARDASHIR，D HUZEFA，et al. Integration of autonomous vehicle frameworks for software-in-the-loop testing［J］. SAE International Journal of Advances and Current Practices in Mobility，2020，2（5）：81-89.

[16] R KUMAR，N J AHUJA，M SAXENA，et al. Automotive power window communication with DTC algorithm and hardware-in-the-loop testing［J］. Wireless Pers Communication，2020，114：3351-3366.

[17] 郑刚，张朝阳，俎兆飞，等. 高级驾驶辅助系统硬件在环测试平台研究［J］. 现代电子技术，2021，44（20）：65-68.

第八章　智能网联汽车推广应用

第一节　智能网联汽车商业模式

商业模式是对企业商业运作方式的描述，是企业商业活动整体性和一致性的综合反映，直接关系到企业的收支和发展前景。

在传统汽车产业链中，零部件厂商向整车企业提供零部件，整车企业向销售网络中的经销商提供汽车产品，经销商从事销售、维修等服务，同时金融服务商提供汽车金融服务。而智能网联汽车的产业链由于新技术的整合，如智能驾驶和网络通信等，衍生出自动驾驶技术方案提供商、平台服务商、内容提供商以及相关的测评服务企业等，使得行业协作模式更加多样，分润方案更加复杂。

一、智能网联汽车商业模式的特征

随着数字经济时代的到来，整车企业商业模式由于智能网联汽车发生颠覆性的改变。整车企业与用户间关系从一次性交易与服务转变为用户运营的可持续价值共创合作关系，整车企业从制造转变为制造＋服务，由销售整车为主延伸到了服务领域。智能网联汽车的核心价值从硬件向软件转移。智能网联汽车的商业模式主要有以下特征。

（一）创造价值

智能网联汽车的参与方主要包括整车企业、零部件厂商、互联网科技公司和政府部门等。其中，整车企业及零部件厂商是发展智能网联汽车的主力和基础；互联网科技公司提供信息、网联、人工智能等技术支撑；政府部门提供智能网联汽车产业化所需要的基础设施建设、城市及交通平台建设以及政策法规标准的制定等，这些参与方共同推动智能网联汽车技术的发展和推广。

（二）传递价值

自动驾驶是智能网联汽车共享的有力支撑。轻拥有、重使用的汽车文化将有利于提高汽车的利用率，并且改变汽车商业模式的价值传递。随着数字技术和大数据技术快速发展、配套支持措施的逐步实施以及基础设施逐步完善，智能网联汽车的应用场景会逐步丰富，自动驾驶出租车、无人公共交通、无人配送、干线物流、港口自动驾驶、无人矿山卡车、无人环卫等场景将逐步推动智能网联汽车的发展。在私人汽车使用方面，车内人员可以实现会议、购物、娱乐等场景应用。

（三）获取价值

智能网联汽车企业必须具备互联网的用户运用思维，专注于车和人来赢利，保持与用户“全天候”在线连接，培养用户成为产品与品牌的粉丝，提供更频繁、强黏性的持续服务，包括社区运营、集客、试驾、下单、交车、保养、维修、二手车交易、报废更新等。新能源汽车还要包括安装充电桩、运营换电站、移动充电、电池租赁、电池回收等环节。

二、智能网联汽车商业模式

目前与智能网联汽车落地应用相关的商业模式包括：软件服务、硬件支持、整体解决方案。

（一）软件服务

在智能网联汽车产业链中，超过 60%是软件供应商，汽车产业已经形成了“软件定义汽车”的共识。软件将成为未来汽车智能化的基础和核心，是汽车产业体验可持续迭代和汽车全生命管理的重要支撑，主要包括车载操作系统（operating system，OS）、空中下载技术（over the air technology，OTA）、网信息安全+OTA。

1. 车载操作系统

车载操作系统作为智能网联汽车的核心软件，已经成为汽车的标配，从功能上可以分为 2 种类型：娱乐车机系统和汽车电子控制装置。

（1）娱乐车机系统，也被称为车载娱乐信息系统，不直接参与车辆控制决策，对车辆行驶性能和安全没有影响。这类操作系统类似阿里 AliOS、百度小度车载 OS 和华为鸿蒙 OS，集成了各类娱乐影音、地图导航以及基于场景化服务的 APP 和小程序。

（2）汽车电子控制装置，也被称为电子控制单元，直接向执行机构发送指令以控制如发动机、变速器、动力电池等车辆关键部件，包括发动机电控系统（EMS）、制动防抱死系统（ABS）、变速器牵引力控制（TCU）、电子稳定控制（EPS）、电子动力转向（EPS）、新能源汽车整车控制（VCU）以及电池管理系统（BMS）等。目前 OSEK/VDX 和 AUTOSAR 这两类汽车电子软件标准都被主流的电控操作系统兼容。

2. 空中下载技术

OTA 主要指通过网络自动下载升级包、自动升级的信息技术，该技术最早应用于消费电子领域，如智能手机端。目前，随着智能网联汽车应用服务日益丰富，OTA 更多运用在娱乐车机系统，如导航、娱乐、舒适性配置等的升级上，也有像特斯拉等车企运用 OTA 对电控系统如驾驶辅助、动力单元控制等进行升级。

在整车升级中，OTA 一般分为 2 类：固件在线升级（firmware over the air，FOTA）和软件在线升级（software over the air，SOTA）。FOTA 是一个完整的系统性更新，是对整个系统的升级乃至替换；SOTA 是一个迭代更新的升级，是对系统的不足进行补足或者对部分功能进行升级、改善。

3. 网络信息安全+OTA

智能汽车通过 OTA 整车升级，可更新管理模块、验签软件开发工具包、算法库和密钥库等组件，实现车辆端升级包完整性验证、升级包解密、差分还原、回滚、升级进度提示、异常日志等以及云端的升级权限管理、数据统计分析、升级版本管理、升级任务管理、升级对象管理、车辆信息管理等。除了导入全新功能和提升用户体验外，OTA还是保障汽车安全并解决潜在问题，如低成本软件故障、软件风险应急响应、安全漏洞修复的最佳手段。

（二）硬件支持

智能网联汽车硬件产品的盈利点主要集中在核心元器件以及通信模组产业，涉及的相关智能硬件包括无线网关（telematics BOX，T-Box）、路侧设备（road side unit，RSU）、智能芯片等。

1. 无线网关

智能网联汽车企业提供基于T-Box的大数据平台服务，这些服务基于T-Box硬件销售收集的海量数据。企业应加强智能网联汽车在复杂应用场景中使用大数据，专注于数据增值、共享出行服务、金融保险等领域，创造新的商业模式。

2. 路测设备

路侧设备是车路云一体化系统路侧端的重要组成部分，其主要功能是采集当前的道路状况、交通状况等信息，通过通信网络，与路侧感知设备、交通信号灯、电子标志牌等终端通信，实现车路互联互通、交通信号实时交互等功能，辅助驾驶者进行驾驶，保障整个交通领域的人员及车辆安全。

3. 智能芯片

随着车联网技术的迅速升级，汽车发展开始逐步由机械式向电子式方向转变，采用的芯片数量将显著增加。目前，智能驾驶芯片已经成为芯片厂商竞争的重要赛道。

（三）整体解决方案

智能网联汽车中智能座舱是核心，同时也是目前娱乐车联网的技术关键。其次，在围绕车联网的整体解决方案中，车联网平台、车联网＋车险都是当前市场的热门话题。

1. 智能座舱

智能座舱是中国车联网产业跨界融合的重要产品，是由传统的系统集成商、新兴互联网公司与传统整车企业、零部件厂商深度合作和共同推出的整体解决方案。智能座舱集成了车载信息娱乐系统、流媒体后视镜、抬头显示系统、全液晶仪表、车联网系统以及车内乘员监控系统等于一体，代表着未来汽车的发展方向。科技化、智能化、人性化将定义未来汽车人机交互的方式，并为智能网联汽车相关技术型企业提供巨大的商业机会。

2. 车联网平台

车联网作为串联垂直行业的通信网络，在未来将占据大规模的市场。车联网平台运营解决方案是相关企业数据沉淀和盈利的重要手段，可以加快车企向数字化方向转型。车联网运营平台能够实现车与车、车与路、车与人、车与云平台之间的互联互通，提升交通管理水平，促进交通智能化发展。同时，随着汽车智能化程度的提升，汽车数据量将在未来呈现爆发式增长，这将为车企积累数据价值，通过使用车身数据等方式对车辆进行管理，为消费者带来增值服务。

3. 车联网＋车险

车联网不仅体现在汽车的使用端，还贯穿智能汽车服务端，包括主动的车损判断、人体伤情判断、上下游的整合、主动服务支持等。这些服务对于维修企业、保险企业以及整车厂都有很大的价值，将成为未来智能网联汽车商业模式落地的具体场景。

第二节　智能网联汽车体系架构

一、我国智能网联汽车发展目标

实现汽车强国是我国智能网联汽车行业最终的发展目标，推动汽车社会走上有益于文明进步的可持续发展道路，满足人民群众对美好生活的无限向往，智能网联汽车将朝着更加安全、更有效率、更加舒适便捷、更具人性化和更节能减排方向发展。

我国智能网联汽车发展总体目标：到 2035 年，全面建成智能网联汽车技术和产业体系，整车智能化水平显著提升，各类网联式高度自动驾驶车辆广泛运用，形成智能网联车“中国方案”。由于各种新兴智能化和信息化技术的应用，智能网联汽车的驾乘安全性和舒适性将得到显著提高，交通事故和人员伤亡数量将大幅降低，交通出行和物流运输效率将得到显著提升，道路交通能源消耗和污染排放将有效降低。智能网联汽车“中国方案”的关键核心技术处于国际领先水平，有效地助推汽车产业转型升级、新兴产业经济重构以及安全、高效、绿色的汽车社会文明形成，为建设全球汽车强国的战略目标作出贡献。我国智能网联汽车发展路线图如表 8-1 所示。

表 8-1　我国智能网联汽车发展路线图

规则	2025 年	2030 年	2035 年
总体目标	确立中国方案智能网联汽车发展战略，形成跨部门协同管理机制	中国方案智能网联汽车成为国际汽车发展体系重要组成部分	中国方案智能网联汽车产业体系进一步完善，深度融合智慧城市和智能交通产业生态，创造一个共享和谐、绿色环保、互联高效、智能安全的社会，支撑我国实现汽车强国、步入汽车社会。届时各类网联式高度自动驾驶车辆将在我国广大地区得到广泛应用
	PA、CA 级智能网联汽车销量占当年汽车总销量的比例超过 50%，HA 级智能网联汽车开始进入市场，C-V2X 终端新车装配率 50%	PA、CA 级智能网联汽车销量占当年汽车总销量的比例超过 70%，HA 级车辆占比达 20%，C-V2X 终端新车装配基本普及	
	网联协同感知技术在高速公路、城市道路节点和封闭区域成熟应用，具有网联协同决策功能的车辆进入市场。HA 级智能网联汽车实现限定区域和特定场景商业化应用	具备车路云一体化协同决策与控制功能的车辆进入市场。HA 级智能网联汽车在高速公路广泛应用，在部分城市道路规模化应用	

续表

规划	2025 年	2030 年	2035 年
顶层设计	确立中国方案智能网联汽车发展战略，构建跨部门协同的管理机制	中国方案智能网联汽车成为国际汽车发展体系重要组成部分	中国方案智能网联汽车产业体系更加完善
	基本建成中国智能网联汽车的政策法规、技术标准、产品安全和运行监管体系框架	全面建成中国智能网联汽车的政策法规、技术标准、产品安全和运行监管体系框架	实现与交通、信息、互联网等领域充分协调，与智能交通、智慧城市产业生态深度融合，打造共享和谐、绿色环保、互联高校、智能安全的智能社会，支撑我国实现汽车强国，步入汽车社会
	智能网联汽车协同创新体系、多产业融合体系和新型生态体系初步形成	汽车与交通、信息通信等产业深度融合，新型产业生态基本建成	
技术与产品创新能力	建立较为完善的智能网联汽车自主研发体系、生产配套体系、创新产业链体系	形成完善的智能网联汽车自主研发体系、生产配套体系、创新产业链体系	智能网联汽车重大关键核心技术全面取得自主掌控突破，技术创新能力领跑全球，中国品牌智能网联汽车以及核心零部件企业保持强劲的国际竞争力，形成一批引领世界的智能网联汽车整车和零部件厂商，扩大产品出口规模
	掌握智能网联汽车关键技术，产品质量与价格均具有较强国际竞争力，拥有在世界排名前十的供应商企业 1～2 家	部分关键技术达到国际领先水平，中国品牌智能网联汽车以及核心零部件企业具备较强的国际竞争力，实现产品大规模出口	
	智能交通系统建设取得积极进展，建设基本覆盖大城市、高速公路的车用无线通信网络和智能化基础设施，北斗高精度时空服务实现全覆盖，“人—车—路—云”系统达到初步协同	建立完善的智能交通系统，形成覆盖城市主要道路的车用无线通信网络和智能化基础设施，“人—车—路—云”系统达到高度协同	
市场应用	PA、CA 级智能网联汽车销量占当年汽车总销量比例超过 50%，HA 级智能网联汽车开始进入市场，C-V2X 终端新车装配率达 50%	PA、CA 级智能网联汽车销量占当年汽车总销量比例超过 70%，HA 级车辆占比达 20%，C-V2X 终端新车装配基本普及	各类网联式高度自动驾驶车辆广泛运行于中国广大地区。HA、FA 级智能网联车辆具备与其他交通参与者间的网联协同决策与控制能力
	网联协同感知在高速公路、城市道路节点（如交叉路口、匝道口）和封闭园区实现成熟应用，具备网联协同决策功能的车辆进入市场	具备车路云一体化协同决策与控制功能的车辆进入市场	
	在高速公路、专用车道、停车场等特定场景及园区、港口、矿区等限定区域实现 HA 级智能网联汽车的商业化应用	HA 级智能网联汽车在高速公路广泛应用，在部分城市道路规模化应用	高速快速公路、城市道路等基础设施智能化水平满足 HA 级智能网联汽车运行要求

二、智能网联汽车体系架构

智能网联汽车是一个高新技术综合体，集中运用汽车工程、人工智能、计算机、微电子、自动控制、通信与平台等技术，将环境感知、规划决策、控制执行、信息交互等进行整合，拥有相互依存的价值链、技术链和产业链体系。智能网联汽车体系架构如图 8-1 所示。

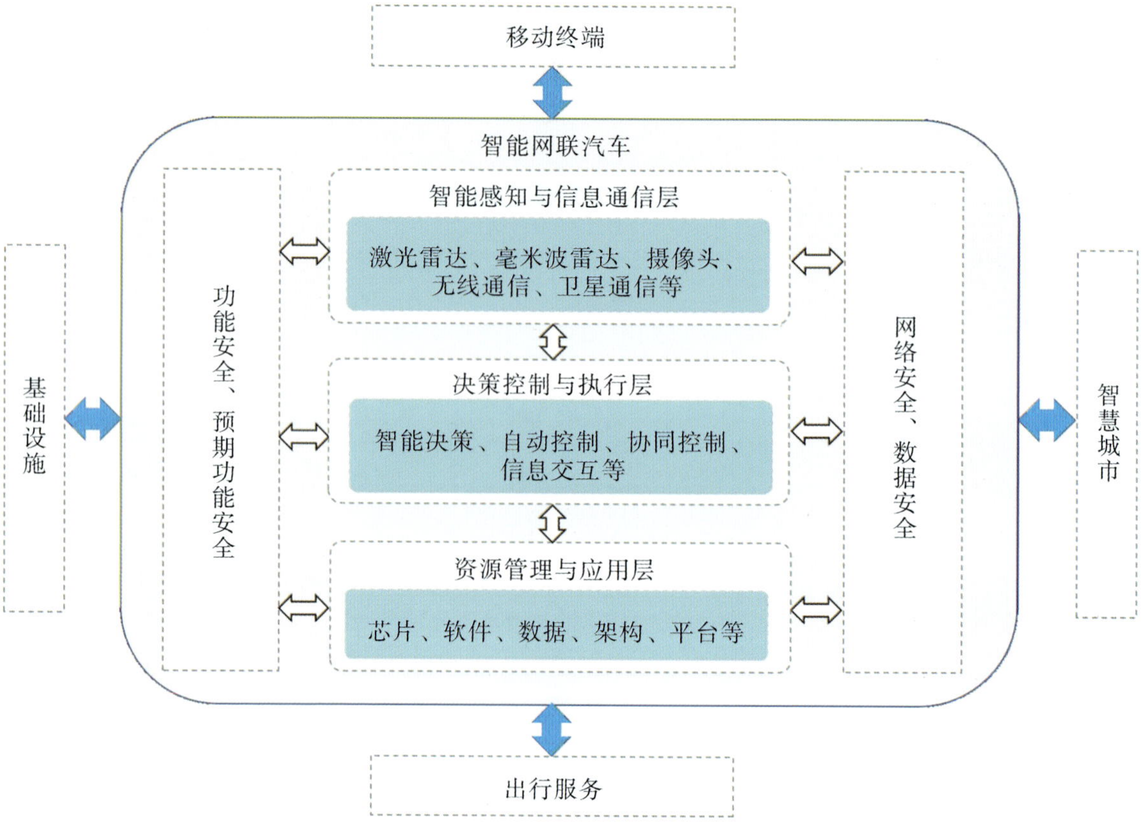

图 8-1　智能网联汽车体系架构

三、智能网联汽车标准体系

综合考虑不同功能、产品和技术类型、各子系统之间的交互关系，按照智能网联汽车标准体系的技术逻辑架构，将智能网联汽车标准体系划分为 3 个层级。第一层级规定了智能网联汽车标准体系的基本分类，包括 3 个部分：基础标准、通用规范标准、产品与技术应用标准；基于标准内容范围和技术等级，第二层级细分形成 14 个二级分类；按照技术逻辑，第三层级进一步细化形成 23 个三级分类，形成了一个逻辑清晰、内容完整、结构合理、界限分明的标准体系框架，如图 8-2 所示。

智能网联汽车标准体系主要由 3 个部分组成：基础标准、通用规范标准、产品与技术应用标准，共 137 个标准项目。

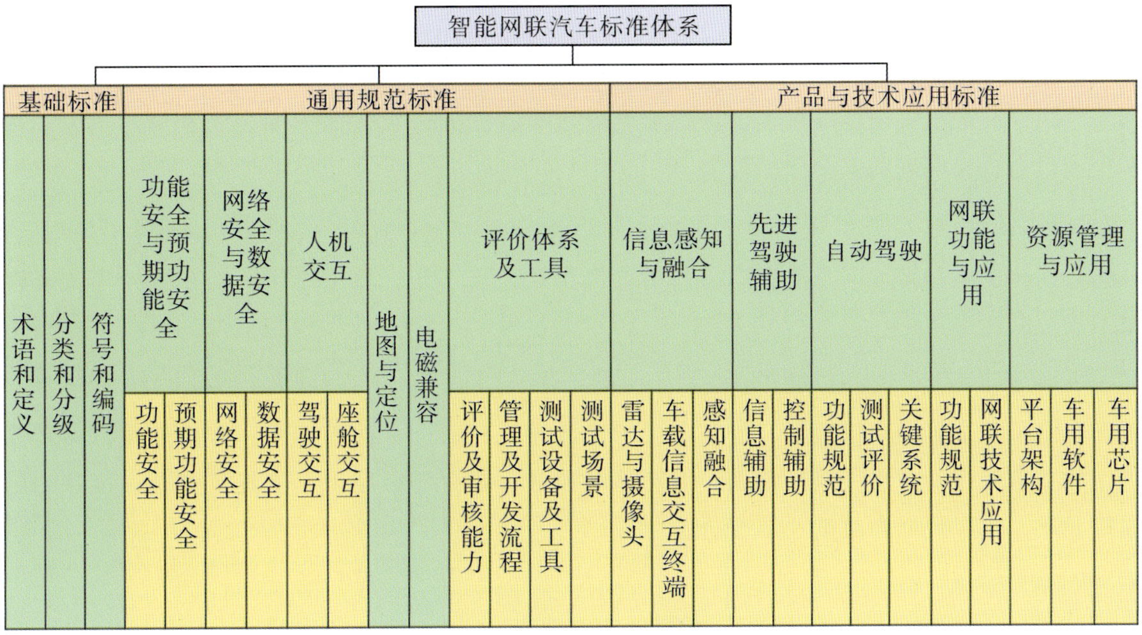

图 8-2　智能网联汽车标准体系框架图

（一）基础标准

智能网联汽车领域内的基础标准主要用于统一相关概念，明确标准化对象及边界，建立标准化对象的统一表达方式，包括术语和定义、分类和分级以及符号和编码。

1. 术语和定义

术语和定义标准主要用于统一智能网联汽车领域的基础通用概念，为各相关行业提供统一的术语基础，并为制订其他标准提供规范化术语支撑。

2. 分类和分级

各方认识和理解智能网联汽车领域标准化的对象和边界，以及各标准化对象之间的层级关系和内在联系，这些主要由分类和分级标准支撑，涵盖汽车驾驶自动化分级、汽车网联化等级划分以及汽车网络安全防护等级划分等标准。

3. 符号和编码

智能网联汽车的各类产品、技术和功能对象的标识和符号主要由符号和编码标准统一，包括智能网联汽车操纵件、指示器及信号装置的标志、汽车软件识别码、车用数据格式及编码等基础性规则。

（二）通用规范标准

智能网联汽车技术框架的通用规范标准主要包括功能安全与预期功能安全、网络安全与数据安全、人机交互、地图与定位、电磁兼容、评价体系及工具等部分。

1. 功能安全与预期功能安全

功能安全标准用于确保车辆在出现电子电气系统故障等功能异常时能够安全运行；预期功能安全标准用于规避车辆因设计不足、性能局限以及人为误用导致危害发生的不合理风险。

2. 网络安全与数据安全

网络安全标准以车端为核心，基于车联网复杂环境，运用纵深防御理念保护其免受网络攻击或降低网络安全风险。数据安全标准用于确保智能网联汽车数据处于有效保护和合法利用的状态，对重要数据和个人信息提出明确的安全保护要求。

3. 人机交互

人机交互标准是指智能网联汽车产品与传统汽车在人机工程、信息传递、交互方式等方面存在差异的技术规范类标准。

4. 地图与定位

地图与定位标准包括车用地图、卫星定位、惯性导航和融合定位等标准。车用地图标准规范车用地图应用的要求及评价方法。卫星定位、惯性导航和融合定位等标准为车辆提供安全、可靠的定位服务，支撑导航、路径规划和决策控制等功能。

5. 电磁兼容

电磁兼容标准包括智能网联汽车电磁兼容典型测试场景以及电磁兼容性能评价的要求、试验方法，保证在复杂的电磁环境下，智能网联汽车相关功能不会发生性能降低或功能失效，进而影响相关安全功能，如车辆操控、提示报警、数据记录、数据传输等。

6. 评价体系及工具

评价体系及工具标准规范了智能网联汽车测试评价技术中的关键要素，创建了全新测试评价系列标准，核心是评价及审核能力、管理及开发流程、测试设备及工具、测试场景等，为建立智能网联汽车“多支柱法”测评认证体系提供基础支撑。

（三）产品与技术应用标准

产品与技术应用标准涵盖了智能网联汽车核心产品与技术应用的功能、性能及相应试验方法，包括信息感知与融合、先进驾驶辅助、自动驾驶、网联功能与应用、资源管理与应用等。其中先进驾驶辅助和自动驾驶相关标准充分体现智能化和网联化技术的融合发展需求。

1. 信息感知与融合

信息感知与融合是指通过车载感知部件包括毫米波雷达、激光雷达、车载摄像头以及车载信息交互终端，探测和接收车辆外部信息，经过感知融合和分析处理，为后续的决策与控制环节提供依据。

2. 先进驾驶辅助

先进驾驶辅助是指 L0～L2 级驾驶自动化功能，利用安装在车辆上的传感装置、通信装置、决策装置及执行装置等，实时监测驾驶者、车辆及行驶环境，并通过信息或运动控制等方式辅助驾驶者执行驾驶任务或主动避免/减轻碰撞危害的各类系统的总称。它包括信息辅助及控制辅助两个部分，规定各类别先进驾驶辅助系统对车辆内外目标事件识别、系统状态转换条件及显示方式、动态驾驶任务执行及响应等核心能力的技术要求和相应试验方法。

3. 自动驾驶

自动驾驶是指 L3～L5 级驾驶自动化，自动驾驶系统在特定的条件下能够替代人类成为驾驶主体。

自动驾驶类标准主要包括功能规范、测试评价和关键系统等。

4. 网联功能与应用

网联功能与应用指车辆在自身传感器探测的基础上，通过车载无线通信装置与其他节点进行信息交互，主要包括功能规范和网联技术应用两个部分。

5. 资源管理与应用

资源管理与应用侧重于规范智能网联汽车核心共性资源的功能、性能及应用要求，涵盖平台架构、数据、车用软件、车用芯片等，推动包括平台架构、数据应用、车用软件和车用芯片等标准软硬件资源协同化、规范化。

第三节 智能网联汽车产业价值链及生态

汽车产业价值链是指汽车从设计到回收所有环节的价值创造活动。随着经济全球化发展，汽车企业将汽车生产的各个环节逐渐分散到全球各地，形成了全球性的汽车产业价值链。

一、智能网联汽车对汽车产业价值链的影响

（一）汽车设计开发环节

设计开发环节的主要影响表现在设计手段、产品形态和设计模式发生变化。

第一，自动驾驶、车联网等技术需要在复杂多变的环境下进行大量的安全性和可靠性验证。相比传统实物样机测试的高成本和长周期，计算机仿真可以对驾驶控制策略、人机交互界面、网络通信等进行模拟测试和完善，将成为主要的设计手段。

第二，由于自动驾驶技术的逐步导入、车辆主动安全性的提升以及平台化、模块化的加速推广应用，车辆的结构布置、产品形态将产生变革，这对传统汽车企业的设计开发能力提出了全新挑战，也为新进入者提供了创新和发展机遇。

第三，智能网联汽车的设计原则将由过去固化单一的封闭体系转向扩展多方的开放体系，设计主体将逐渐从独立开发转向外包、众包等多种模式，产品定义也将由过去的企业主导转向用户主导。

（二）汽车生产制造环节

在汽车生产制造环节，产业组织、制造方式和产品升级发生了变化。

第一，由于智能网联汽车技术和服务涉及范围广泛，产品价值将逐渐从汽车本身向数据和服务转移，这将导致产业生态网中汽车制造商的主导地位逐渐被削弱。产业组织将向多方合作转变，整车企业既是汽车产品的集成者，也是集成技术的“供应商”，参与各方都为产品价值作出贡献。

第二，在工业 4.0 背景下，汽车制造商将自由组合智能网联模块，如驾驶辅助系统、信息娱乐系统、

智能照明系统等，以降低装配复杂度、提高生产效率，同时实现大规模的个性化、小批量定制生产。

第三，智能网联汽车突破了以往车辆必须返回经销商或原厂进行软硬件改装和调试才能升级的局限，可通过空中下载技术（OTA）在线实时更新和升级车辆，并通过标准接口增加需要的硬件配置。

（三）汽车销售环节

智能网联汽车能够采集用户信息及车辆使用数据，结合大数据分析技术实现精准营销。经销服务商可以基于车主信息、消费习惯、驾驶习惯、车辆状况等数据，完成客户画像，有针对性地推送服务和产品信息，从而有效降低营销成本及提高用户忠诚度。

（四）汽车后市场服务环节

汽车后市场服务环节中维修保养、汽车保险、汽车租赁、停车以及二手车销售和回收等都会带来各种附加价值。

（1）维修保养。智能网联汽车能够实现在线远程诊断，维修企业可以为用户提供定期提醒和紧急服务。由于汽车零部件的标准化，不同品牌汽车用户的数据能够集聚并产生大数据效应，有利于维修企业拓展业务范围、提升服务质量。

（2）汽车保险。智能网联汽车可以采集车辆状态、驾驶行为、违规记录、车主档案等数据，由此保险企业可以建立鼓励安全、绿色驾驶的保险定价体系，提供差异化费率和个性化保险产品，同时也将提高企业应对风险挑战的能力，降低了企业运营成本。此外，自动驾驶、车联网技术及其衍生的汽车共享均涉及人身与财产安全问题，还可创新相关保险品种，拓展业务流量。

（3）汽车租赁。目前的短途短时租赁将逐渐转型为汽车共享模式，智能认证、电子支付、智能导航等技术的发展将不断提升驾乘体验。

（4）停车。基于车联网技术，智能网联汽车可以准确定位空余车位，这将节省驾驶者时间，同时缓解道路交通拥堵，在线支付的应用还可提高停车场出入效率。随着局部自动驾驶和自动泊车技术的引入，停车场空间利用率将得到提升，最终实现无人化管理，降低了停车场运营维护成本。同时，对于智能网联汽车，将充分利用停车时间开展充电、加油、洗车等增值服务，为停车场创造多种附加价值。

（5）二手车销售和回收。基于车辆零部件工作状态以及维修保养、违规出险、驾驶行为等数据记录，企业可以提供科学公正的二手车认证结果，保证买卖双方获取信息的公平透明，进而帮助双方准确预估二手车的价值。同时，通过大量二手车数据的采集管理，二手车企业能够建立完善的评估方法和信用体系，并向汽车厂商、经销商等相关企业提供大数据服务。

（五）汽车使用环节

智能网联汽车在提升行车安全、减轻驾驶者负担、提高交通效率、节约能源、保护环境等方面具有重要作用。在智能网联汽车的初级阶段，先进智能驾驶辅助技术有助于减少30%左右的交通事故，提升10%左右的交通效率，降低5%左右的油耗，减少5%左右的排放。当进入终极阶段，即完全自动驾驶阶段，甚至可以完全避免交通事故，提升交通效率至30%以上，最终使人们摆脱枯燥的驾驶任务。

二、智能网联汽车产业价值链

智能网联汽车相较于传统汽车，具有更高的技术和知识密度、更广阔的产品功能应用范围，这也为相关企业创造了新的利益增长点，是移动互联网的新兴终端和数字化媒体平台的一部分。因此，在全面提高产品附加价值的同时，进一步增强汽车产业价值链的“微笑曲线”效应，并扩大其涵盖的价值内涵，如图8-3所示。一方面，高新技术的研发像自动驾驶算法设计、网联汽车数据采集与管理、智能化汽车人机交互等占据价值链的战略环节，信息和软件技术的低边际成本优势将逐渐应用到汽车产品上；另一方面，涵盖维修、保养、保险、贷款、租赁、广告、汽车文化等多种业务的汽车后市场以及新型使用服务市场将形成长尾效应。智能网联汽车服务数据化和标准化将显著提升销售和服务环节的价值体量。

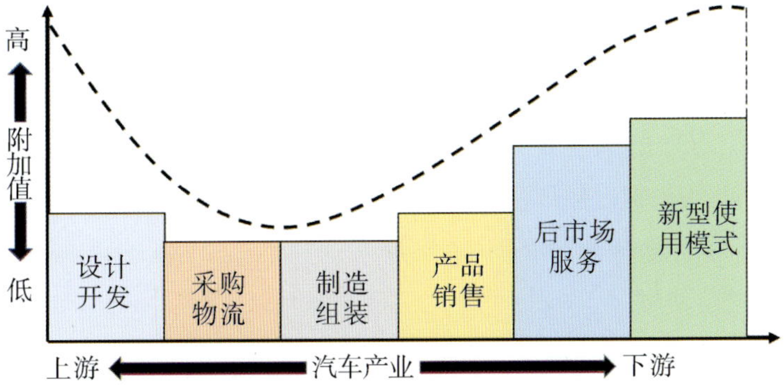

图 8-3　智能网联汽车产业价值链

车联网产业链中主要有车载终端服务平台（telematics service provider，TSP）、整车厂商、终端厂商、互联网企业、网络运营商等各个参与主体。其中TSP目前主要以企业对企业（business-to-business，B2B）模式开展业务，收取内容/服务授权费、技术服务费、数据通信费等；整车厂商前期通过增值模块获得车辆销售差价收益，收取终端、内容、服务及网络等费用，后期通过车主续费、升级提供相关服务；终端厂商主要以终端销售差价及服务续费等方式获取收益，第三方终端设备因为对车辆及车主信息掌控不足，所以对相关服务的应用感知较差；互联网企业主要通过创新大数据分析、线上到线下（online to offline，O2O）引流以及开发契合车主需求的车联网服务，累积车主流量再变现；网络运营商通过网络经验为车厂提供网络解决方案，以流量优势进行车联网相关软硬件的捆绑销售，如图8-4所示。

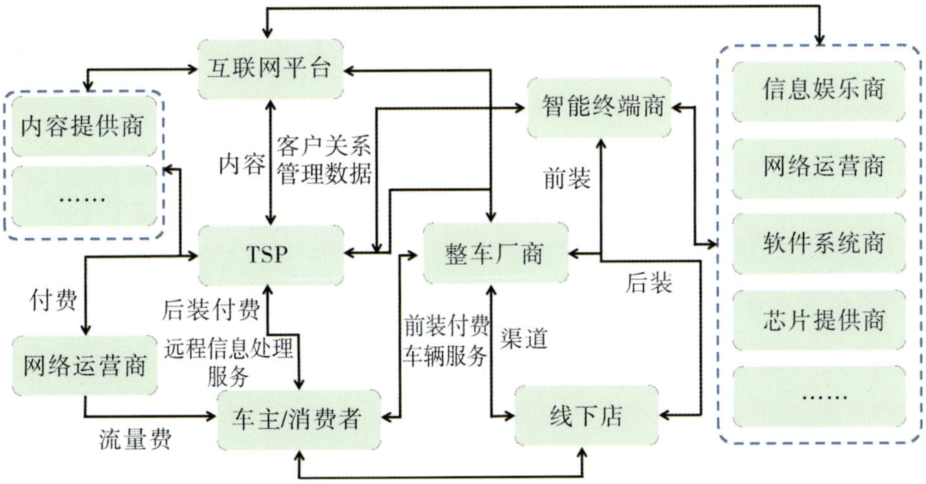

图 8-4　车联网产业链

第四节 智能网联汽车技术链

一、智能网联汽车的技术发展趋势

智能汽车前景广阔，发展方向很多，主要有3个发展方向：网联式智能汽车、自主式智能汽车及二者融合的智能网联汽车。当前，智能网联汽车技术发展有如下趋势。

1. 逐步向智能化与网联化相融合的路径发展

在越来越复杂的道路交通场景中，仅凭单车智能化方案难以实现大规模无人驾驶。智能化与网联化相融合的发展手段，可以有效解决单车智能化存在的能力盲区和感知不足的问题。同时，可以降低对车载传感器、硬件性能等的要求，降低单车成本，有利于快速实现自动驾驶。智能网联汽车已逐步从单车智能化向智能化与网联化相融合的路径发展，这不仅是与基础设施的网联通信，而是V2V、V2I、V2P等更加深入的网联协同。

2. 逐步向软件定义/数据驱动汽车发展

随着汽车电子应用需求日趋复杂，传统汽车电子系统存在明显缺陷，难以满足未来汽车软件化的需求。未来基于域控制器和中央计算平台的电子电气架构可使车辆软硬件分离，在充分利用硬件性能的同时，提高软件复用率，降低整体成本。同时，汽车企业可引领核心算法和自主软件系统的开发与应用，加强整车OTA升级能力，从而实现车辆性能、功能的持续优化与迭代更新。基于域控制器和中央计算平台的电子电气架构将成为发展趋势。

3. 逐步向市郊道路、高速公路等场景拓展

从技术角度来看，限定区域运营场景由于道路条件简单、路线相对固定、车速相对较低以及交通参与者较少等因素，更有利于实现自动驾驶功能。因此，智能网联汽车在特定场景下的实践应用应优先考虑，按照低速封闭场景、低速开放场景/高速封闭场景、高速开放场景的顺序实现商业化落地。

4. 加速路侧基础设施智能化进程，与云控平台、智能网联汽车相连，形成多级化智能网联交通体系

智能道路基础设施可以有效提升道路参与者交互实时性、定位精度和信息交互效率。此外，它以交通数据流整合为核心，借助机器智能算法，支持实现智能交通物联网和信息网的融合，构建起全局动态交通管控系统和基于数据驱动的智能化协同管控系统，保障智能交通体系的全面性与动态性。

5. 推动汽车产业生态重构

汽车供应链将由传统制造业阶段的链式生态逐步发展为涵盖通信、互联网、人工智能等众多领域的多维度网状新型生态体系。同时，智能网联汽车的感知、决策、执行等核心技术对汽车产品的硬件组成、电子电气架构、算力提升等提出了全新要求，“软件定义汽车”将占据重要地位，推动汽车产业

生态重构。

6. 与智慧城市、智能交通实现融合

智能网联汽车的发展不仅能够加速汽车产业的创新、转型和升级，还将带动智能交通、智慧能源、智慧城市等领域深刻变革，加快新一代数字技术产品如汽车电子、人工智能、5G 等的创新发展和应用。

二、智能网联汽车的技术架构

为打造智能网联汽车中国方案发展路径，在充分结合中国优势与产业发展趋势的基础上，制定了《智能网联汽车技术路线图 2.0》。发展智能网联汽车将运用多个领域的技术如整车零部件、信息通信、智能交通、地图定位等。《智能网联汽车技术路线图 2.0》将技术架构总结为“三横两纵”。“三横”是指发展智能网联汽车涉及的 3 类关键技术——车辆关键技术、信息交互关键技术与基础支撑关键技术；“两纵”是指支撑智能网联汽车发展的车载平台与基础设施。详细内容参见第四章第三节“智能网联汽车的关键技术问题”。

三、智能网联汽车的技术发展路线图

1. 车辆关键技术

车辆关键技术包括环境感知技术、智能决策技术、控制执行技术、系统设计技术（电子电气架构、人机交互、智能计算平台）等。

基于当前车辆关键技术发展状态、产业需要和未来发展趋势，制定了车辆关键技术的发展路线图（表 8-2）。

表 8-2　车辆关键技术发展路线

	规划	2025 年	2030 年	2035 年
车辆关键技术	环境感知	突破多源协同感知技术，全面满足 CA、部分场景 HA 系统需求。障碍物检测能力＞200m	突破多源协同决策与控制技术，全面满足 HA 系统需求。障碍物检测能力＞500m	满足 FA 级自动驾驶系统需求。障碍物检测能力＞1000m
	智能决策	提供覆盖全国 80% 道路的 CA、HA 级智能决策技术。实现网联辅助信息交互的多车协同控制	覆盖全国 90% 道路的 HA 级智能决策技术。实现网联协同感知的多车协同控制	适用于 FA 的智能决策技术。智能决策能力超越人类驾驶者的水平
	控制执行	实现车辆纵向、侧向、垂向动力学协同控制及底层执行器控制算法开发	实现线控系统集成化控制。线控制动、转向、驱动和悬架技术满足 HA 级车辆要求	实现线控系统的集成化和模块化设计
	电子电气架构	建立基于域控制器的电子电气架构平台、基于国产域控制器基础平台，实现符合 AUTOSAR 标准的软件体系	建立以计算平台为核心的电子电气架构平台。形成完整高频线束产业链生态环境	搭建基于车路云一体化的车辆平台架构，实现整车高速网络线束和部件产品应用

续表

	规划	2025 年	2030 年	2035 年
车辆关键技术	人机交互	虚拟显示、眼球追踪、视线追踪等新技术开始应用于座舱交互。构建中国驾驶人自然驾驶行为和车辆控制系统数据库	眼球追踪、视线追踪关联应用等技术开始进入前装量产	新型交互技术得到规模化普及，实现自动驾驶和人工接管无缝衔接，实现耦合型人机共驾技术
	智能计算平台	硬件平台功耗算力比大于 2TOPS/W，操作系统实现自主知识产权的突破，初步建立自主开发生态	硬件平台功耗算力比大于 5TOPS/W，系统软件和功能软件部分模块实现自主可控	硬件平台功耗算力比大于 10TOPS/W，建立自主可控的开发与应用生态

2025 年，复杂环境感知、计算决策、控制执行等技术满足 CA 级、特定场景的 HA 级自动驾驶系统设计要求。

2030 年，车辆关键技术满足广泛设计运行域的 HA 级自动驾驶系统设计要求。

2035 年，感知决策、线控执行等技术满足 FA 级系统设计要求，基于车路云一体化的新型电子电气架构实现规模化应用，建立自主可控的计算平台开发与应用生态。

2. 信息交互关键技术

根据信息交互关键技术的现状、产业需要及未来发展趋势，制定了信息交互关键技术的发展路线图（表 8-3）。

表 8-3 信息交互关键技术发展路线

	规划	2025 年	2030 年	2035 年
信息交互关键技术	专用通信与网络	完成 NR-V2X 频谱、LTE-V2X 与 NR-V2X 设备共存、NR Uu 控制 LTE 直通链路等技术研究。多边缘计算能力满足自动驾驶车辆低时延业务要求	NR-V2X 6GHz 以上毫米波技术成熟，建立全球领先的测评体系。多边缘计算能力对智能网联汽车业务的全场景支持	V2X 技术支持 HA 级及以上自动驾驶商用需求，具备广泛分布的边缘云能力，满足车路云协同决策与控制的技术要求
	大数据云控基础平台	建成区域级云控基础平台，在高速公路等测试路段探索运营示范，区域平台采集不少于 50 万辆汽车的行驶数据	建成国家级大数据云控基础平台，在多个城市和高速公路的全域全路段提供数据运营，单个城市级平台采集不少于 500 万辆汽车的行驶与感知数据	云控基础平台覆盖全国一、二线主要城市全区域和高速公路全路段
	车路协同	基于车路数字化信息共享的有条件自动驾驶开始应用，车路融合环境感知技术在重点路口、路段和封闭园区应用	基于车路云协同决策的自动驾驶技术逐步成熟，在重要路口、路段和封闭园区应用	基于车路云一体化协同控制的自动驾驶技术应用

2025 年，完成 NR-V2X 频谱，建成区域级云控基础平台，车路融合感知技术应用于重点路口路段、封闭园区、高速公路。

2030年，NR-V2X 6GHz以上毫米波技术成熟，云控基础平台可在多个城市和高速公路提供数据运营，车路云协同决策技术逐步成熟。

2035年，云控基础平台覆盖全国一、二线城市全区域和高速公路全路段，车路云协同控制与决策技术成熟，大幅提升交通效率。

3. 基础支撑关键技术

根据基础支撑关键技术的现状、产业需要及未来发展趋势，制定了根据基础支撑关键技术的发展路线图（表8-4）。

表8-4 基础支撑关键技术发展路线

	规划	2025年	2030年	2035年
基础支撑关键技术	人工智能	使用多源异构信息融合的方式完善人工智能环境感知算法，突破多语种合成、识别、语义理解关键技术	突破多传感器环境感知算法深度融合技术，数据处理芯片、人工智能芯片自主研制，国内市场占有率达到50%以上	全面实现高级别自动驾驶汽车的人工智能控制
	信息安全	建立信息安全的整车开发、生产流程管理，实现车车、车路、车人、车云安全通信及专有中心云、边缘云的安全防护	实现HA级别以上信息安全防护体系，健全信息安全应急响应机制及保障与监管体系	实现智能网联汽车信息安全防护体系的全面实施，构建交通安全、信息安全、网络安全融为一体的监管体系
	功能安全和预期功能安全	完善智能网联汽车整车、系统和芯片层面的功能安全设计流程；建立预期功能安全设计分析流程	实现功能安全与预期功能安全标准在自动驾驶系统上的示范应用	全面实现功能安全标准和预期功能安全标准在FA级别整车、系统和部件的应用
	高精度地图和定位	地图数据精度达到广域亚米级、局域分米级，静态数据周更新、动态数据小时级更新。基于北斗卫星与多源传感器组合定位系统的精度达厘米级	地图数据精度达到广域分米级、局域厘米级，动态数据分钟级更新。高精度定位动态精度稳定在厘米级，系统达到车规级要求	地图数据精度接近厘米级，覆盖全国路网，动态数据秒级更新。全域室内外一体化的高精度定位满足FA级系统需求
	测试评价	构建反映中国区域交通环境和气候特征的中国典型驾驶场景数据库，形成CA级智能网联汽车完整的测试评价体系	形成较完整的、行业分级共享的中国典型驾驶场景数据库，构建符合我国交通环境特点的主客观测试评价体系，形成HA级测试评价体系	形成FA级智能网联汽车测试评价体系，产品认证规范和流程成熟完备
	标准法规	形成全球领先的中国标准体系，制定100余项国标，开展团标前瞻技术研究和补充	形成持续灵活、不断更新迭代的中国标准体系，适用于HA级车辆量产应用需求	全面建成技术先进、结构合理、内容完善的中国标准体系，满足不同技术路线发展

2025 年，完善人工智能环境感知算法，信息安全、功能安全、预期功能安全设计分析流程形成，高精动态地图数据小时级更新，北斗卫星和多源传感器组合定位精度达厘米级，制定国家标准 100 余项，前瞻技术形成团标。

2030 年，自研人工智能芯片市场率超过 50%，安全体系满足 HA 级别系统要求，地图数据精度达到广域分米级、局部厘米级，形成 HA 级测试评价体系。

2035 年，全面实现高级别自动驾驶车辆的人工智能控制，全面实施信息安全防护体系、功能安全和预期功能安全标准应用，动态地图数据秒级更新，建成先进、完善的中国标准体系。

第五节　智能网联汽车产业链

智能网联汽车的出现将改变人们对于汽车低智能、高能耗、重污染的固有印象，相较于传统汽车，智能网联汽车在保障交通安全、改善交通效率、降低能耗与污染方面有巨大优势，将有效加强“人、车、路”三者之间的联系，是智能交通、智慧城市建设的重要支柱。根据相关专业机构预测，未来 20 年内，智能网联汽车将迎来高速发展的黄金期，到 2035 年将占据全球新车市场 25%左右的份额，产业规模预计可超过 770 亿美元。

智能网联汽车产业链包含上游的各关键系统、中游的各集成系统、下游的各应用服务。具体如下：上游产业涵盖了感知系统（摄像头、激光雷达、毫米波雷达、高精度地图、高精度定位）、决策系统（计算平台、操作系统、芯片、算法）、执行系统（集成控制系统）、通信系统（V2X 通信模块、电子电气架构、安全解决方案、云平台）等关键系统；中游产业涵盖了智能驾驶舱、自动驾驶解决方案以及智能网联汽车等集成系统；下游产业涵盖了出行服务、物流服务、数据增值服务等应用服务。如图 8-5 所示。

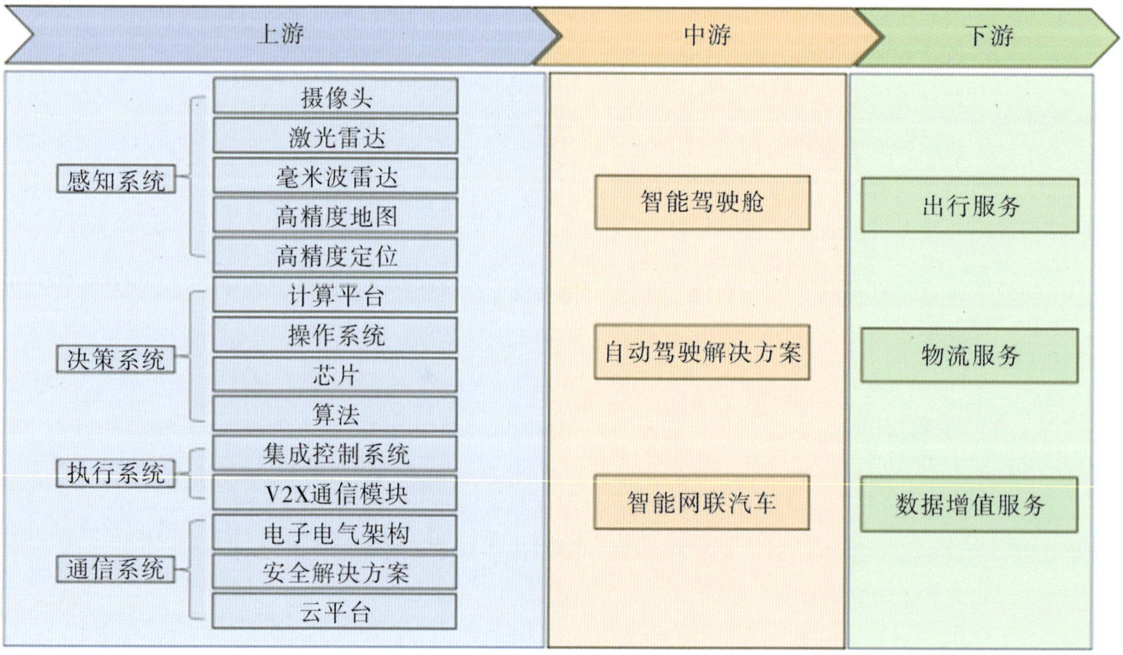

图 8-5　智能网联汽车产业链

一、智能网联汽车产业链上游

（一）感知系统

感知系统是利用传感器或相关技术如摄像头、激光雷达、毫米波雷达、高精度地图、高精度定位等获取车—路—人等信息，对车辆的安全性、通过性和经济舒适性有着直接的影响，是智能网联汽车的核心之一。相较传统汽车，智能网联汽车对感知系统有更高的要求，这直接推动了车用传感器及相关技术的快速发展，目前摄像头、激光雷达和毫米波雷达等正迎来活跃的技术创新。

1. 摄像头

随着汽车产业步入智能化，360°环视、ADAS、智能驾驶舱等在智能网联汽车中应用的高新技术，在市场上引起了对车载摄像头的巨大需求。由以往整车1～2个摄像头的数量大幅增加至5～15个。

2. 激光雷达

激光雷达用于制作高分辨率地形模型和道路模型等，直接影响更高级别自动驾驶的实现，是感知系统核心传感器之一，是目前采用比例最大的设备。它一般被安装在汽车的车顶上，通过发射脉冲激光对周围目标进行距离、方向和速度的检测，并结合软件绘制3D图，从而提供足够多的环境信息给自动驾驶汽车。

3. 毫米波雷达

毫米波雷达实现的功能与激光雷达实现的功能类似，都用于获取汽车与其他物体的相对距离、相对速度和方向等信息。与激光雷达发射成直线的光束易被遮挡不同，毫米波雷达发射出去的电磁波是一个锥状的波束，频率高于无线电，低于可见光和红外线，频域在10～200GHz，波长为1～10mm，具有较强穿透雾、烟、灰尘的能力。因此，毫米波雷达改进了激光雷达抗干扰能力弱的缺点，可以全天候为智能网联汽车提供环境感知。目前主流的毫米波雷达主要使用的是24GHz、77GHz和60GHz这三个频段。

4. 高精度地图和高精度定位

高精度地图和高精度定位帮助车辆进行路径规划和预测，能有效保障车辆的行车安全和行车效率。高精度地图具有更加准确、详细的地理数据，随着汽车智能化的发展，还包括实时道路交通信息及相关设施如充电桩、加油站等的具体信息。

（二）决策系统

决策系统依据感知系统收集的信息，结合车联网平台的相关信息进行分析，做出行为预测、态势分析、任务决策、路径规划和行为决策。

1. 计算平台

在智能网联汽车决策系统中，车载智能计算平台是各方竞争的焦点。不管是传统汽车零部件供应商、整车企业，还是相关芯片制造商、新兴互联网企业都加入竞争。目前，在该领域已经推出了一系列产品，取得了一些实质性突破。

2. 操作系统

车载操作系统也是各方竞争的一个焦点。微软公司率先于 1998 年基于 Windows CE 操作系统推出 Windows CE for Automotive，但随着 2014 年福特公司改用 QNX，Windows CE for Automotive 退出了历史舞台。黑莓公司推出的 QNX 操作系统相比 Windows 等大型操作系统具有运行速度快、安全性能高、开发支持良好的特征，已与大众、奥迪、奔驰等企业达成合作，市场份额占有率最高。此外，Linux 基于开源代码，适于个性化定制；谷歌公司开发的 Android 平台具有庞大的手机用户群体，强势推出了车规版操作系统。

3. 芯片和算法

芯片和算法是支撑自动驾驶技术最关键的要素。

（三）执行系统

执行系统为智能网联汽车的行驶提供全方位的辅助驾驶和安全保障，能自主地控制加速、制动、转向等功能。线控制动是执行系统的核心技术，技术研发涉及动力学、运动学等多个学科，行业壁垒较高，因此，目前全球领先的一级供应商凭借在该领域多年的技术沉淀占据了行业主导地位。

（四）通信系统

通信系统可以极大地提高驾驶安全性和行驶效率，是指通过信息通信技术，将汽车与外部世界连接起来，实现车辆之间、车辆与基础设施之间、车辆与人之间、车辆与云端之间及车辆内部之间的数据交换和信息共享，包括 V2X 通信系统、电子电气架构、安全解决方案以及云平台。

目前，V2X 领域存在两大通信技术，分别是 DSRC 和 LTE-V2X，未来随着 5G 技术的不断发展及成熟，5G-V2X 有望成为新的技术标准。

DSRC 基于 IEEE 802.11p 标准开发的，是一种高效的小范围内无线通信技术，可以实现车辆之间、车辆与智能交通基础设施之间的信息双向传输，将车辆和道路有机连接，具有高速率、低延迟等特点。

LTE-V2X 基于 LTE 蜂窝网络技术发展形成，具有部署成本低、网络覆盖广的特点。该技术可将车载感知系统从数十米视距范围扩展到数百米非视距范围，提高了车载 AI 的效率，在相对简单的交通场景下实现辅助驾驶。

随着汽车智能化和网联化程度的逐渐提升，传统电子电气架构也将重构。为此，全球各大汽车制造商、零部件供应商以及电子、半导体和软件系统公司与相关研究机构基于汽车开放系统架构（automotive open system architecture，AUTOSAR），共同参与汽车电子标准架构的开发。AUTOSAR 旨在为汽车电子控制单元（electronic control units，ECU）创建一个开放和标准的软件架构。

二、智能网联汽车产业链中游

（一）智能驾驶舱

智能驾驶舱直接影响车辆驾乘体验，可以减少人为错误导致的事故风险，通过深度融合视觉和语音能力以及触屏、人脸、手势等方式，打造丰富的交互方式。基于多屏互动技术，打通车内各屏幕间的物理界限，通过增强现实技术将导航信息与实景融合，全面提升车内科技感并为用户带来全新体验。智能驾驶舱以中控显示屏为核心，还包括数字仪表盘、抬头显示器以及后座显示屏。

随着技术的进步和成本的降低，智能驾驶舱正逐渐向中低端车型渗透，目前中控显示屏的市场渗透率最高，前装渗透率达到70%，数字仪表盘、抬头显示器等展现出了加速发展态势。

（二）自动驾驶解决方案

自动驾驶解决方案是融合感知、决策、执行、通信等技术的综合解决方案。目前，自动驾驶解决方案主要有2条技术路线：基于视觉主导技术路线和基于多传感器融合技术路线。基于视觉主导技术路线由宝马、英特尔和Mobileye三家公司组建的“宝马英特尔联盟”提出，是该联盟提出的一个重要技术方向。该路线倾向于采用低成本的摄像头，主要利用Mobileye公司开发的高精度地图和计算机视觉技术，结合英特尔的处理器和通信技术，以及宝马车辆平台，实现自动驾驶功能。基于多传感器融合技术路线由“丰田英伟达联盟”提出，该技术旨在将不同类型的传感器数据融合并用于自动驾驶复杂的应用场景，该技术的核心是英伟达公司开发的DRIVE AGX Xavier平台，可以同时处理来自多种传感器（包括激光雷达、摄像头、毫米波雷达等）的数据。

（三）智能网联汽车

近年来，传统汽车企业凭借在设计生产、品牌影响力以及产业链资源等方面的优势，正在加快推出智能网联汽车产品。丰田、通用、戴姆勒、长安等已经开始在量产车型上规模化装配L1级、L2级自动驾驶系统。而科技企业凭借自身技术创新能力、数据分析能力以及敏捷运营模式也在稳步推进自动驾驶技术的商业化。

三、智能网联汽车产业链下游

（一）出行服务

人们对安全、高效、便捷、舒适的出行需求不断提升以及人工智能、大数据、信息通信等技术的日益革新，推动了以智能化、共享化、多样化、个性化为代表的出行模式创新。根据预测，到2030年，美国、欧盟和中国的共享出行市场价值将达到1.5万亿美元，年增长率高达24%。

目前，通过整合各类交通工具和出行服务资源，提供一站式的出行服务，主要包括互联网约车服务、分时租赁服务以及租车服务。与此同时，全球传统汽车制造企业开始推出自己的移动出行服务品牌。未来，智能网联汽车将作为出行即服务（mobility as a service，MaaS）平台的重要组成部分，为消费者提供更好的出行体验。

（二）物流服务

根据机构预测，到2030年，全球物流市场规模将达20万亿美元以上，年复合增长率约为6%。随着人工智能、大数据、云计算、物联网等技术的不断成熟，面对持续快速增长的物流市场，为实现降本增效，智能化、网联化已成为物流行业未来发展的必然趋势。目前，传统货物运输企业、物流企业以及各类电商正合作推动物流平台化运作，各类物流相关的在线匹配平台在不断涌现，如车货匹配平台、整车运输匹配平台、货运市场对接匹配平台等。随着自动驾驶物流运输车在园区、港口等场景的应用，将进一步推动物流平台化运作的发展，分时租赁、车队运营、车货智能化匹配调度等服务模式将相继推出。如图森未来 L4 级无人驾驶卡车可以通过高精度地图、激光雷达、摄像头等传感器，配合自主研发的算法，实现自主导航和智能决策等自动驾驶核心功能，可应用于高速公路长距离货运和港内集装箱码头运输等场景。

（三）数据增值服务

与传统汽车不同，智能网联汽车在行驶过程中甚至全生命周期中能够产生大量数据。智能网联汽车数据包括传感器数据、地图数据、车辆状态数据、用户行为数据等多类型数据，企业在搜集与处理这些数据基础上，结合大数据、云计算、人工智能等新一代信息通信技术，可以向用户提供多种数据增值服务，提升智能网联汽车的商业价值。智能网联汽车的数据增值不仅来自汽车产业链数据的创新整合，也来自汽车与其他行业间的跨界融合，这不仅意味着出行方式和商业模式的全面革新，汽车产业价值链体系也将重塑，将对人们的生活方式、生活习惯、生活偏好产生巨大影响。

参考文献

[1] 龚丽敏．新兴经济背景下商业模式对企业成长的影响：中国制造企业的证据［D］．杭州：浙江大学，2012.

[2] 范京蓉．发展智能网联亟待全产业链创新［N］．深圳特区报，2019-07-10（A11）.

[3] 赵福全，匡旭，刘宗巍．面向智能网联汽车的汽车产业升级研究：基于价值链视角［J］．科技进步与对策，2016，33（17）：56-61.

[4] 宫延伟．“新势力造车”商业模式研究［J］．生产力研究，2019，11：130-133.

[5] 王娜．数字经济下的企业商业模式创新：以新能源汽车企业蔚来为例［J］．现代交际，2020，21（12）：254-256.

[6] H CHAI，S LENG，F WU，et al. Secure and efficient blockchain-based knowledge sharing for intelligent connected vehicles［J］. IEEE Transactions on Intelligent Transportation Systems，2022，23（9）：14620-14631.

[7] 王卉捷，叶璐．智能网联汽车商业模式探索与实践［J］．中国工业和信息化，2021，32（3）：80-84.

[8] TAN Z Y，DAI N Y，SUY T，et al. Human machine interaction in intelligent and connected vehicles：a review of status quo，issues，and opportunities［J］. IEEE Transactions on Intelligent Transportation Systems，2022，23（9）：13954-13975.

[9] 王建强，李世威，曾俊伟．车联网发展模式探析［J］．计算机技术与发展，2011，21（12）：235-238.

[10] 赵静炜．中国智能网联汽车标准体系建设［J］．智能网联汽车，2019，1：38.

[11] 李洧．智能网联汽车标准体系建设与发展［J］．智能网联汽车，2020，6：40-42.

[12] 赵福全，刘宗巍，郝瀚，等．汽车产业变革的特征、趋势与机遇［J］．汽车安全与节能学报，2018，3：233-249.

[13] 埃里克·谢弗尔，吴琪，黄伟强．工业 X.0：实现工业领域的数字价值［M］．上海：上海交通大学出版社，2017.

第三篇　新能源汽车电子电气架构技术

第九章　电子电气架构概述

“架构”这个词对应的英文单词是“architecture”，来源于建筑学。电气与电子工程师协会（LEEE）对架构的定义：架构是一个系统在组件层面的基本组织结构表现，它表征系统内部组件之间的关系以及与外部环境的关系，指导设计和进化的原则。

第一节　汽车电子电气架构概念

汽车电子电气架构（electrical/electronic architecture，EEA）是电子电气系统平台化开发的系统解决方案，定义了整车上电子电气部件之间的相互关系，把汽车中的电子控制单元（ECU）等子系统整合在一起，完成运算和能量的分配，进而实现整车的各项功能，包括不限于网络通信拓扑及协议、诊断规范、网络通信数据库、电气功能分配、电气原理、车辆电源系统方案、车辆状态管理系统、零件电气接口等。

将汽车比作人体，汽车的机械结构相当于人的骨骼；动力系统、转向系统相当于人的四肢；电子电气架构相当于人的神经系统和大脑，是汽车实现信息交互和复杂操作的关键。电子电气架构涵盖了车上计算和控制系统的软硬件、传感器、通信网络、电气分配系统等，通过特定的逻辑和规范将各个子系统有序整合，构成实现复杂功能的有机整体。因此，电子电气架构是整车系统中最核心的组成部分之一。

第二节　新能源汽车电子电气架构面临的挑战

在传统的整车电子电气架构体系中，每个 ECU 通常只负责控制一个单一的功能单元，彼此独立，如车门控制器 DCM、尾门控制器 PLG 等。各个 ECU 之间通过控制器域网络（controller area network，CAN）总线或者局部互联网络（local interconnect network，LIN）总线连接在一起，通过预先定义的通信协议交换信息。这样的架构方案最大的特点是功能划分明确，模块与模块之间有明确界限，各模块间的独立性较强。

但是，随着新能源汽车电子电气架构的发展，出现了越来越多的挑战和瓶颈。

1. 通信带宽

新能源汽车功能越来越复杂，对数据传输及处理的实时性要求随之提高，汽车内部网络通信数据量呈指数级增长，传统的 LIN 和 CAN 低速总线已无法提供高带宽通信能力，也无法满足数据传输及处理的实时性要求。同时，不仅要考虑车内系统通信，还要考虑车和通信导航之间的交互、车跟车之间的交互、车和外部的交互等一系列问题。

2. 软硬件紧耦合

功能控制器的独立开发模式存在着非常大的局限性，分布式计算导致了车内信息孤岛、算力浪费、软硬件耦合深，有无法支撑软件定义汽车的趋势。

3. 整车线束长度与质量

随着整车电子电气架构的发展，ECU 的数量从几十个快速增加到 100 多个，ECU 数量越多，对应总线的线束将越长，线束质量也相应增加。

4. 缺乏兼容性和可扩展性

传统汽车供应链中，不同的 ECU 来自不同供应商，不同的硬件有不同的嵌入式软件和底层代码，整车软件实际上是很多独立的、不兼容的软件混合体，软件框架难以复用，导致整个系统缺乏兼容性和可扩展性。主机厂要进行任何功能变更都需要和众多不同的供应商协调软硬件开发问题，从而导致新增功能时耗时长、流程烦琐。且由于功能分布在不同的 ECU，因此无法实现横跨多个 ECU/传感器的复杂功能，更无法通过 OTA 保持汽车软件的持续更新。

第十章　汽车电子电气架构演进趋势

近年来，随着汽车电动化、网联化、智能化、共享化的发展，汽车呈现显著的功能集成化趋势。相比结构较为复杂的燃油车，新能源汽车在车辆结构、动力系统、操控难度上都向智能化发展，新能源汽车电子电气架构的发展非常迅猛。

第一节　国内外新能源汽车电子电气架构现状

各主机厂纷纷发布下一代电子电气架构，如大众的三域架构、小鹏的 X-EEA3.0 中央计算平台＋区域控制架构、理想的 LEEA4.0 区域架构、广汽埃安的中央计算平台架构——星灵架构、长城的计算平台架构 GEEP3.0 等。

一、特斯拉汽车电子电气架构

由于传统域架构无法满足自动驾驶技术的发展和软件定义汽车的需求，为实现软硬件解耦，搭载算力更强大的主控芯片，必须先进行电子电气架构的变革。特斯拉是汽车电子电气架构的全面变革者，2012 年 Model S 有较为明显的功能域划分，包括动力域、底盘域、车身域，ADAS 模块横跨了动力和底盘域。2017 年特斯拉推出的 Model 3 突破了功能域的框架，实现了中央计算＋区域控制器框架。

Model 3 整车包括中央计算模块、左车身控制模块、右车身控制模块三大域控制器。中央计算模块将智能驾驶域和信息娱乐域集成在一起。左车身控制模块负责左车身便利性控制以及转向、制动、助力等。右车身控制模块负责右车身便利性控制、底盘安全系统、动力系统、热管理等。通过搭建异域融合架构＋自主软件平台，不仅实现软件定义汽车，还有效降低整车成本，提高效率。Model 3 整车三大域控制器优势：①有效降低物料成本；②硬件集成为软件，为汽车深度控制和维护提供基础；③自主软件平台通过模块化支持扩展复用。特斯拉 Model 3 电子电气架构如图 10-1 所示。

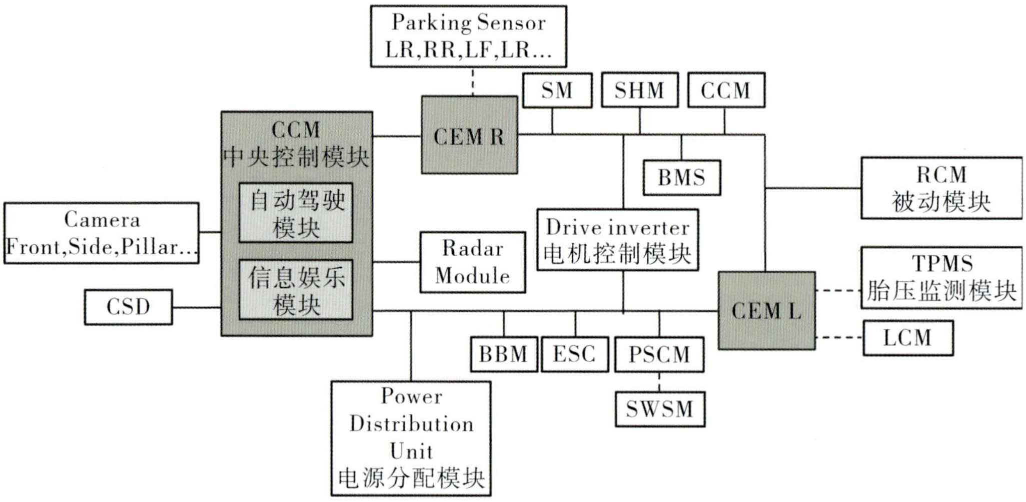

图 10-1　特斯拉 Model 3 电子电气架构

二、大众汽车电子电气架构

大众汽车已经从 MQB 平台的分布式电子电气架构升级为 MEB 平台，ID 系列车型上采用了 3 个功能域的电子电气架构。按规划，基于大众 MEB 平台的 ID 系列车型电子电气架构为 $E^3$1.1 版，2023 年在 PPE 平台搭载 $E^3$1.2 版，到 2025 年后才进化到 $E^3$2.0 版。大众的 E^3 电子电气架构主要由车辆控制域（ICAS1）、智能驾驶域（ICAS2）和智能座舱域（ICAS3）组成。大众 ID 系列车型的电子电气架构虽然有 3 个功能域，但同时保留了较多分布式模块。大众汽车电子电气架构演进如图 10-2 所示。

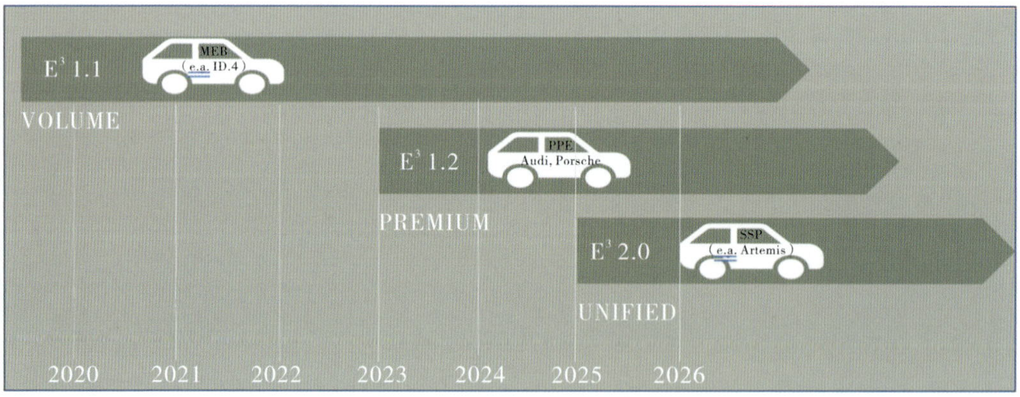

图 10-2　大众汽车电子电气架构演进

三、蔚来汽车电子电气架构

下一代的电子电气架构中，蔚来的选择是区域控制器架构，整个系统由中央计算单元、区域控制器和高速以太网构建基本骨架，通过三者的协同，构建自适应、自学习系统，并且提供广泛的智能互联功能。蔚来下一代电子电气架构如图 10 3 所示。

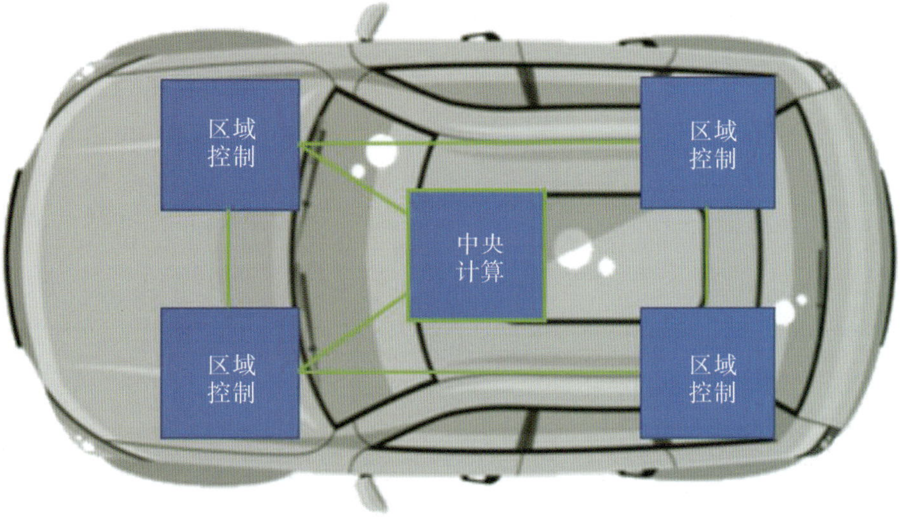

图 10-3 蔚来汽车下一代电子电气架构

四、小鹏汽车电子电气架构

小鹏汽车在电子电气架构方面比较领先，随着车型从 G3、P7、P5 到 G9 的开发，已经采用中央集中式电子电气架构。小鹏 P7 搭载小鹏第二代电子电气架构，实现硬件资源高度集成，大部分的车身功能迁移至域控制器，传统 ECU 数量减少约 60%，中央处理器可实现支持仪表、信息娱乐系统以及智能车身相关控制的大部分功能，同时集成中央网关，兼容 V2X 的协议，支持车与车的局域网通信，支持车与云端的互联、车与远程数字终端的连接功能。具备混合式的特点：①分层域控——功能域控制器（智驾域控制器、车身域控制器、动力域控制器等模块）与中央域控制器并存；②跨域整合——域控制器覆盖多重功能，保留局部的传统 ECU；③混合设计——传统的信号交互和服务交互成为并存设计。因此 CAN 总线和以太网总线并存，大数据、实时性交互均得以保证。小鹏电子电气架构演进如图 10-4 所示。

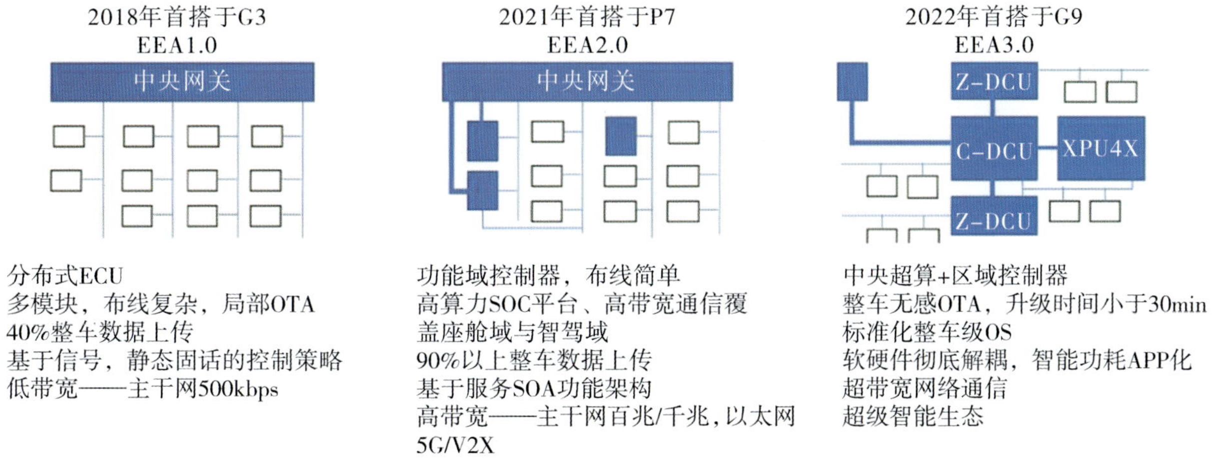

图 10-4 小鹏汽车电子电气架构演进

小鹏汽车将 X-EEA3.0 电子电气架构称为“让智能汽车在未来永不落伍的秘密”。X-EEA 3.0 硬件架构方面，采用中央超算（C-DCU）＋区域控制（Z-DCU）的硬件架构，中央超算包含车控、智驾、座舱等 3 个域控制器，区域控制器为左右域控制器，将更多控制件分区，根据就近配置的原则，分区接管相应功能，大幅缩减线束。新架构的硬件和软件深度集成，不仅实现软硬件解耦，也实现软件分层解耦，系统软件平台、基础软件平台、智能应用平台分层迭代，把车辆的底层软件和基础软件与智能、科技、性能相关的应用软件脱离开，在开发新功能时，只需要对最上层的应用软件进行迭代，缩短了研发周期和技术壁垒。通信架构方面，X-EEA3.0 在国内首次实现了以千兆以太网为主干的通信架构，同时支持多通信协议，让车辆在数据传输方面更快速。

五、理想汽车电子电气架构

理想的 EEA 发展分三步走，为分布式架构、域控架构、中央计算平台架构，如图 10-5 所示。分布式架构主要应用于理想 ONE 车型，主要围绕 ADAS L2＋自动驾驶控制器和智能座舱控制器展开。

域控制器架构主要应用于 L9 级车型，整车分为 3 个控制域：中央控制域控制器、自动驾驶域控制器、智能座舱域控制器。中央控制域控制器具有动力、车身、部分底盘的功能，主要融合了车身控制器和中央网关。

下一代架构是中央计算平台＋4 个区域控制器架构，并且会加入 800V 快充技术。中央计算平台与特斯拉 FSD（L4 级自动驾驶控制器）的思路一致，将车辆控制、智能座舱控制、自动驾驶控制融合到一个控制器中。区域控制器分为前、后、左、右四个，主要实现数据交换。

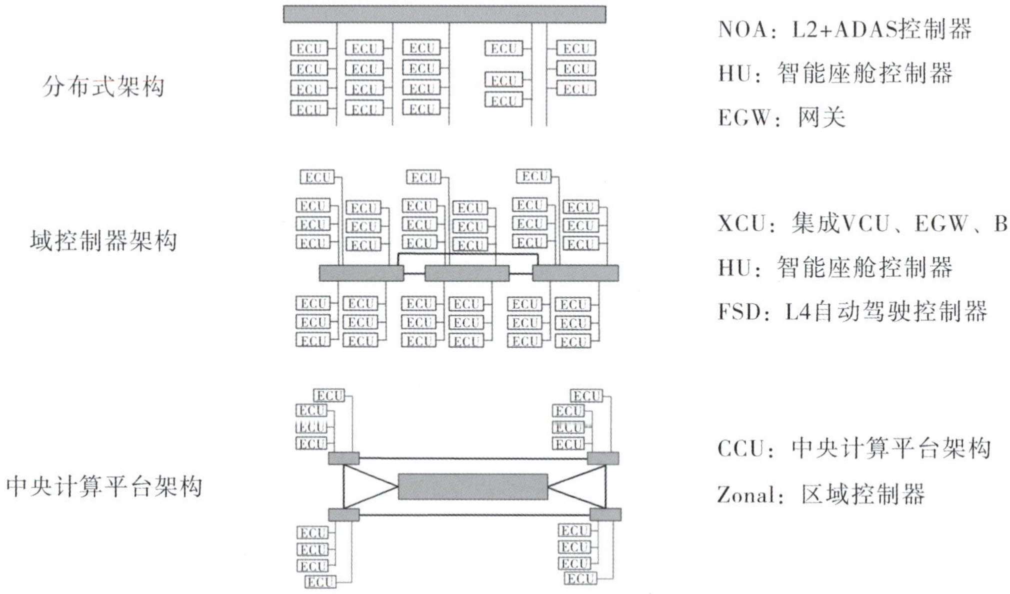

图 10-5　理想汽车电子电气架构演进

六、长城汽车电子电气架构

长城汽车 2020 年开发的第三代电子电气架构包含 4 个功能域控制器——车身控制、动力底盘、智能座舱、智能驾驶，应用软件自主研发，已实现量产并应用于长城汽车全系车型，车型成本获得了大幅的优化，如新哈弗 H6 优化了 300m 线束，总长度为 1.6km，减重超 2kg。从 GEEP3.0 开始，长城汽车实现全部应用层软件自主开发，4 个域控制器的上层应用软件、部分底层软件及底层的集成软件亦由长城汽车自主开发。长城汽车电子电气架构演进如图 10-6 所示。

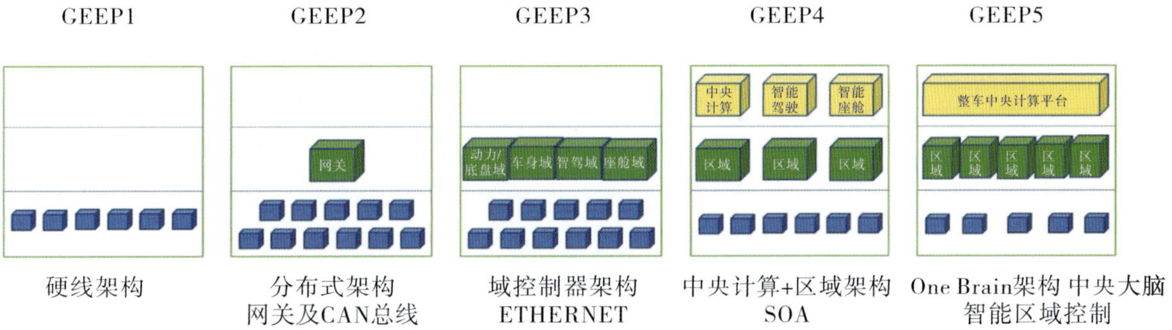

图 10-6　长城汽车电子电气架构演进

长城汽车第四代电子电气架构将进一步集中整车控制软件，实现高效集成管理、高度安全可靠和更快需求响应。第四代电子电气架构拥有中央计算、智能座舱及高阶自动驾驶，共 3 个计算平台，外加 3 个区域控制器（左、右、前）。第四代电子电气架构的中央计算单元跨域整合了车身、网关、空调、动力/底盘控制及 ADAS 功能，主控芯片算力高达 30KDMIPS，可高效保障系统的控制和响应。长城汽车第五代电子电气架构将整车软件高度集中在一个中央大脑，实现 SOA 化，完成整车标准化软件平台的搭建。SOA 的设计方式及理念是打造软件分层的基础架构平台，提供模块化标准服务接口，解耦软硬件平台，提高软件复用性，让汽车实现全生命周期的功能迭代升级，用户可以根据需求喜好，动态订阅升级车辆服务功能。同时 SOA 化还能灵活部署智能化场景，标准化接口可实现开放服务，构建长城汽车众创生态，联合开发者为用户提供全场景智慧出行服务。

七、上海汽车零束电子电气架构

上海汽车在旗下高端纯电智能车品牌智己、飞凡搭载全栈 1.0 电子电气架构。全栈 1.0 电子电气架构有 3 个域控制器，即中央计算（车控及数据融合）、智能驾驶、智能座舱，同时还保留了较多分布式模块，于 2022 年初量产。2021 年 7 月启动“零束银河全栈 3.0 技术解决方案”的自主研发，进一步中央集中化，支持 L4 级以上自动驾驶，在上海汽车旗下智己、飞凡搭载。零束银河全栈 3.0 电子电气架构使用主从 2 个高性能计算单元，即 HPC1 和 HPC2 来实现智能驾驶、智能座舱、智能计算、智能驾驶备份功能，再加 4 个区域控制器，实现不同区域的相关功能，以全面支撑 L4 级以上智能驾驶技术。底层操作系统由异构升级为同构；骨干通信带宽扩容至千兆甚至万兆；智能车数据工厂全面实现数字孪生镜像，持续夯实云、管、端智能车网络安全防护体系，加速智能车自学习、自成长和自进化，使车真正成为直连用户的载体和入口、移动的 AIoT 平台和数字化体验空间。上海汽车零束电子电气架构如图 10-7 所示。

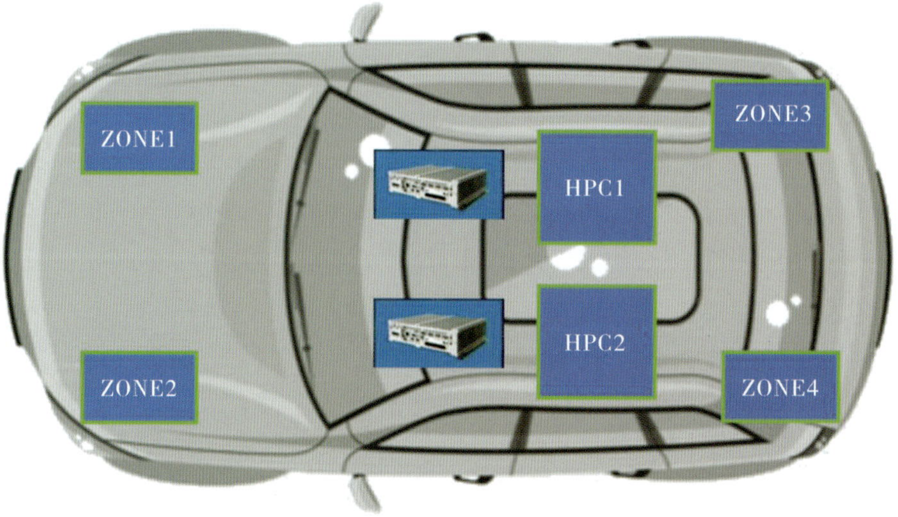

图 10-7　上海汽车零束电子电气架构

八、广州汽车星灵电子电气架构

广州汽车星灵电子电气架构由 3 个核心计算单元和 4 个区域控制器构成，以高速车载以太网为主干，结合 5G 通信技术和信息安全、功能安全等技术形成车内外高速互联的架构。相比上一代电子电气架构，新架构的算力提升 50 倍，数据传输速率提升 10 倍，线束回路减少约 40%，控制器减少约 20 个。中央运算单元负责控制车辆行驶、制动和车辆设备；自动驾驶控制单元负责整合车辆各种传感器信号，让车辆实现自动驾驶；信息娱乐控制单元负责控制车辆的娱乐功能、显示功能等。分布于车身前后左右的 4 个区域控制器主要负责供电以及执行中央控制单元的指令，中央计算单元与 4 个区域控制器之间采用以太网连接。软件结构方面，星灵电子电气架构采用了 SOA 软件架构来取代传统软件架构，实现组件服务化、原子化和标准化，新增应用模块即可实现新场景。广州汽车星灵电子电气架构如图 10-8 所示。

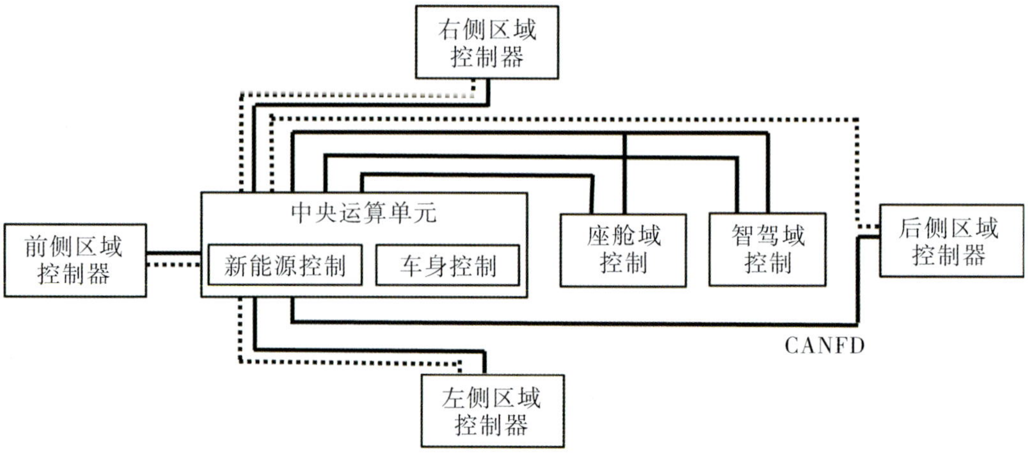

图 10-8　广州汽车星灵电子电气架构

第二节　电子电气架构演进特点

电子电气架构的演进可分为三大步骤六大阶段。三大步骤分别为分布式电子电气架构、（跨）域集中电子电气架构和车辆集中电子电气架构。六个阶段分别为：模块化、集成化、集中化、域融合、车载电脑、车—云计算。逐步完成功能整合，通过独立网络内功能集成，发展到按域集中，再到跨域功能整合，最后通过车载中央电脑甚至云计算，完成复杂功能的整合。

国家智能网联汽车创新中心与中国智能网联汽车产业创新联盟对汽车技术趋势的研究结果显示，当前汽车行业的整车电子电气架构正处于从分布式电子电气架构向（跨）域集中电子电气架构过渡的阶段，中央域控制器＋车云协同计算为整车电子电气架构的长期发展方向。

一、第一阶段：模块化

该阶段整车功能划分明确，一个功能定义一个控制模块，模块与模块之间界限明确。模块的设计通常基于特定的功能，如车灯控制模块等，模块与模块之间通过 CAN 总线进行通信。由于模块间的独立性较强，模块开发者不用过于考虑其他模块的干扰问题。它的局限性为功能控制模块的独立开发模式虽然能够确保模块自身的功能要求，但是传输信号带宽的局限性导致资源无法共享，大量运算资源浪费。

二、第二阶段：集成化

集成化阶段是模块化阶段的一个小升级，在架构上减少了功能单一的模块，将车辆功能小范围地与其他控制器融合。如车灯控制功能、无钥匙进入功能等通常由独立模块控制，经过融合之后，可以将车灯控制功能、无钥匙进入功能全部集成到车身控制模块，减少了 LCM 模块和 PEPS 模块。这样可以降低成本，但无法弥补跨模块之间通信速率低的不足，模块与模块之间的壁垒仍然没有打破。

三、第三阶段：集中化

集中化阶段引入了“域”的概念，采用了域控制器（Domain ECUs）。域控制器是按照整车系统功能进行域划分的，一般可分为动力总成域、底盘安全域、车身电子域、智能座舱域和智能驾驶域，共 5 个功能域。“域”概念的核心思想是灵活，在系统与软件层面进行集成，脱离了模块软件与硬件捆绑的限制。在架构中引入车载以太网高速通信，各域控制器之间采用以太网进行信息共享，突破了带宽的局限。该架构中的核心复杂算法可以集成在域控制器中，而小型的控制器可以不再关注复杂算法，而是更多地关注自身控制器的硬件和驱动，如防夹算法、电压补偿算法等都可以集成在域控制器中。这样，不但大幅度减少了冗余软件的开发量，而且大大精简和优化了其他控制器。

四、第四阶段：域融合

域融合就是采用跨域中心控制器将 2 个及以上的域控制器融合，核心复杂算法都集成在跨域中心控制器中，原来域下面的小型控制器都融合到跨域中心控制器下面。如果将智能座舱域和车身电子域进行融合，就可以形成一个具有车身控制及娱乐信息功能的跨域中心控制模块。这样的好处是将车辆域控制器进一步融合，减少控制器数量，从而降低成本。

五、第五阶段：车载电脑

上述域控制器仍然是以功能为导向的，即将车辆的功能向域控制器里集中，但由于车辆上各执行器的位置不变，势必会导致线束长度的增加，从而增加线束成本。以车身后方的制动灯功能为例，该功能是由车身前方的车身电子域模块控制的，线束需要跨过 80%的车身。为了节约线束成本，同时考虑软件集中的“域”核心概念，取消了传统的功能域控制器，取而代之的是车辆物理空间上的区域控制器（Zone ECUs），这种电子电气架构主要由车载中央电脑和多个区域控制器组成。这是按照物理布置方案划分的，采用就近原则，通过各区域控制器之间的交互来实现整车功能。区域控制器（Zone ECUs ）完全从软件的角度去实现车辆的功能，很好地诠释了“软件定义汽车”。

六、第六阶段：车－云计算

车－云计算架构指的是在车载中央电脑和区域控制器（Zone ECUs）的基础上引入云计算的概念，将区域控制器中的部分复杂算法集成在云端，由云端算法来控制车辆的功能，从而实现车－云计算。第六阶段是电子电气架构演进的最高阶段。未来，随着汽车智能化技术的不断发展，为了满足算力增加、降本增效等需求，电子电气架构将最终走向车－云计算这一最高阶段。

综上，发展是分步演进的。第一步，在分布式架构下，主机厂相当于一个硬件集成者，Tier1 把上游的 Tier2（嵌入式软件供应商、芯片供应商）打包后提供给主机厂，为提高产品主控权，主机厂一般选择自研高价值模块，也是消费者能感受到的差异化部分，即动力总成部分。第二步，跨域集中式电子电气架构，类似功能合并为域，软件逐步从过去的黑盒中分离，主机厂出于原有供应链和自身软件能力的考虑，选择直接与原来的 Tier1/2 合作，在应用软件层，可能选择合作模式，也可能选择自研模式，此时主机厂根据能力不同，对域控制器的软硬件部分参与程度不一，由此域控制器供应商的服务也不同，对于自研程度深的主机厂，域控制器供应商相当于代工角色，对于自研程度较低的主机厂来说，域控制器供应商提供了交钥匙的解决方案。第三步，进入中央计算＋区域控制阶段以后，各 ECU、传感器/执行器被中央计算单元支配，原属于 Tier1 的大部分策略层的软件由主机厂主导，主机厂对软件中的高价值模块的介入程度渐深，大部分主机厂也建立了专业的软件团队。汽车电子架构迈向中央计算，ECU 数量减少，意味着原先软硬一体的模块拆解出来，再进行域控制器的集中，这并不是简单的物理集成，越来越多的主机厂正在掌控更多的主导权，从应用层软件到中间件，到底层软件，甚至到核心硬件，都希望实现全栈覆盖，这个过程是主机厂将原先软硬一体的供应商的软件部分抽取出来聚集于自身的过程。受制于现存供应链和自身软件实力，这是一个循序渐进的过程。一旦电子电气架构进入中央计算＋区域控制阶段以后，汽车软件所有权将主要属于主机厂。由此可见，随着电子电气架构的发展，主机厂将逐步从被动集成的开发方式转化为自主可控的设计方式。

第十一章　电子电气架构开发

电子电气架构（EEA）开发流程包括：需求开发、功能架构开发、电气架构开发、网络系统开发、架构评估及系统开发五大阶段，见图 11-1。

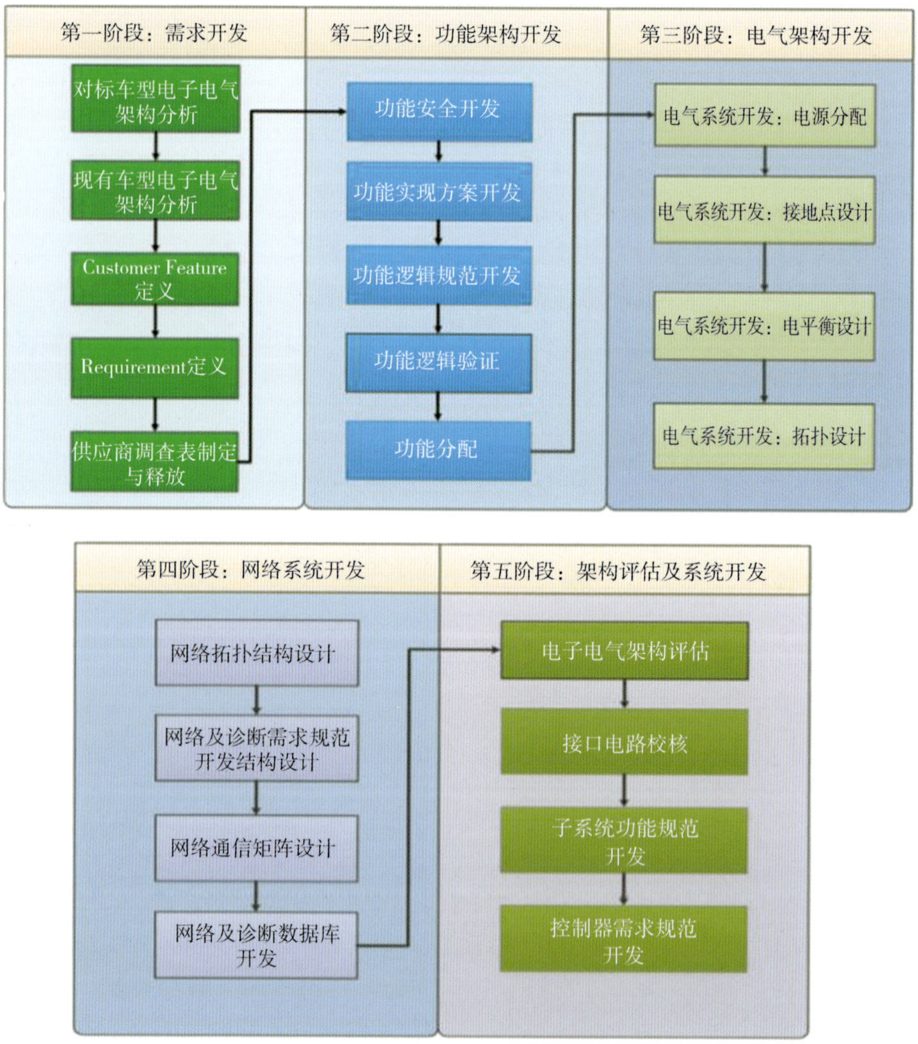

图 11-1　电子电气架构开发流程

电子电气架构（EEA）开发采用行业内的 PREEvision 开发工具对架构进行设计，架构开发整体层次划分如图 11-2 所示。平台目标是对所有产品线即所有车型的平台管理，建立各个车型的特性和需求库，用来指导各个车型的架构开发；每个产品线对应一个车型的架构开发，如 DX10 车型产品线、DX20 车型产品线、DX30 车型产品线等，每个产品线都有完整的架构开发内容，包括产品目标、逻辑架构层、软件架构层、实现层、硬件架构层、拓扑层、通信层、映射、算法开发管理、产品线管理等内容；制定零部件库产品线是为了满足零部件接口开发的需要，在零部件库里面，存放所有相关的控制器，并制作相关的控制器接口设计流程图，展示各个控制器的接口开发情况，同时可以对比控制器在不同车型里面的接口差异情况。

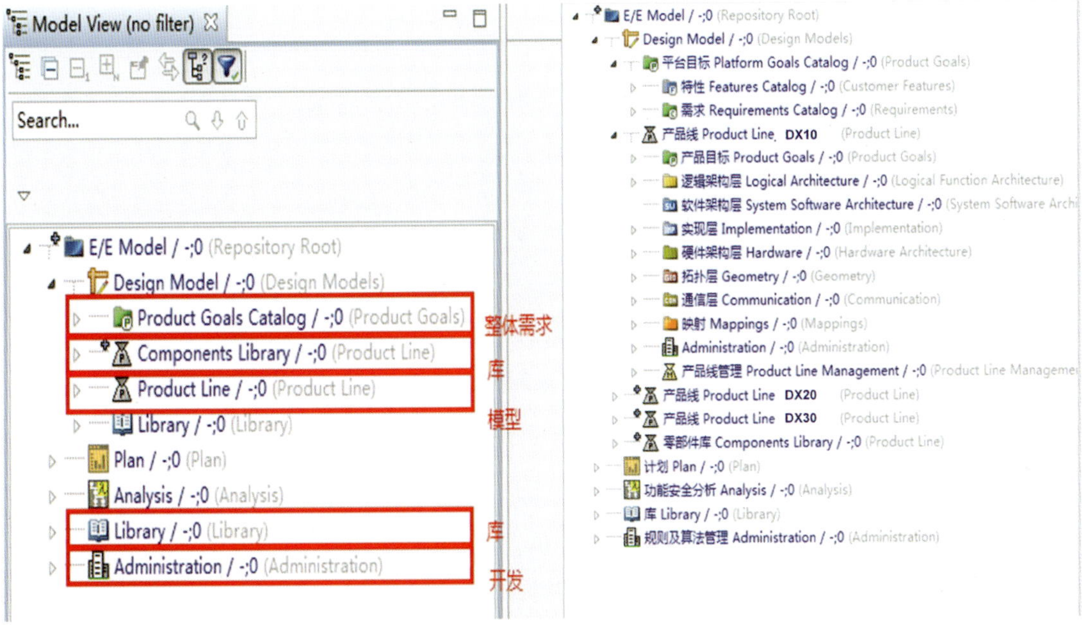

图 11-2 架构开发整体层次

第一节 需求开发

在需求捕获阶段，需要根据市场用户、法律法规、制造及售后、车型规划信息、整车 EEA 对标流程、沿用电气单元、测试数据等需求信息，定义相关的模板并进行需求收集，并对收集到的信息进行需求分析，将用户需求转化为设计需求，形成相应的需求分析报告，并从中提取电子电气功能，进行技术需求分解。

需求层层次划分如图 11-3 所示，DX10、DX20、DX30 车型需求建立在平台需求上。

在电子电气架构开发的概念阶段，我们需要明确开发的目标及范围，需要收集客户对车辆的功能需求、法规需求以及其他非功能需求，在这个阶段涉及用户特征（customer feature）和需求（requirement）两个重要的概念。

用户特征：在高层级描述车辆的特征，通常是客户可以感知的功能，如自动空调、自动启停、自动泊车、自适应巡航等，是从用户的角度来阐述整车需求内容，没有具体的策略和技术要求。

需求：是对客户特征的进一步细化，包括功能需求、技术需求（工作温度范围等）、法规需求（排放法规等）；需求的技术要求内容是在用户特征的基础上，对每个功能添加功能需求内容和非功能需求内容，如功能需求内容包括触发、反馈、取消、电压模式等，非功能需求内容包括诊断、显示、法规验证、故障模式、功能安全等级、电源分配等。需求层框架如图 11-4 所示。

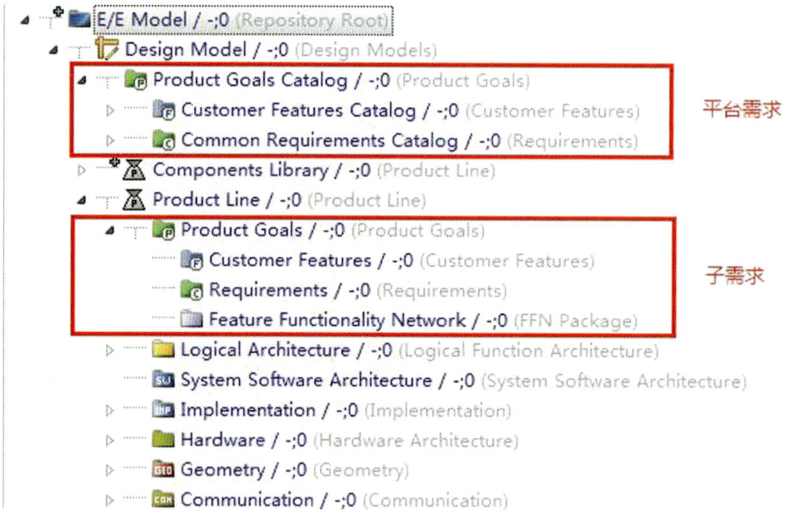

图 11-3　需求层层次划分

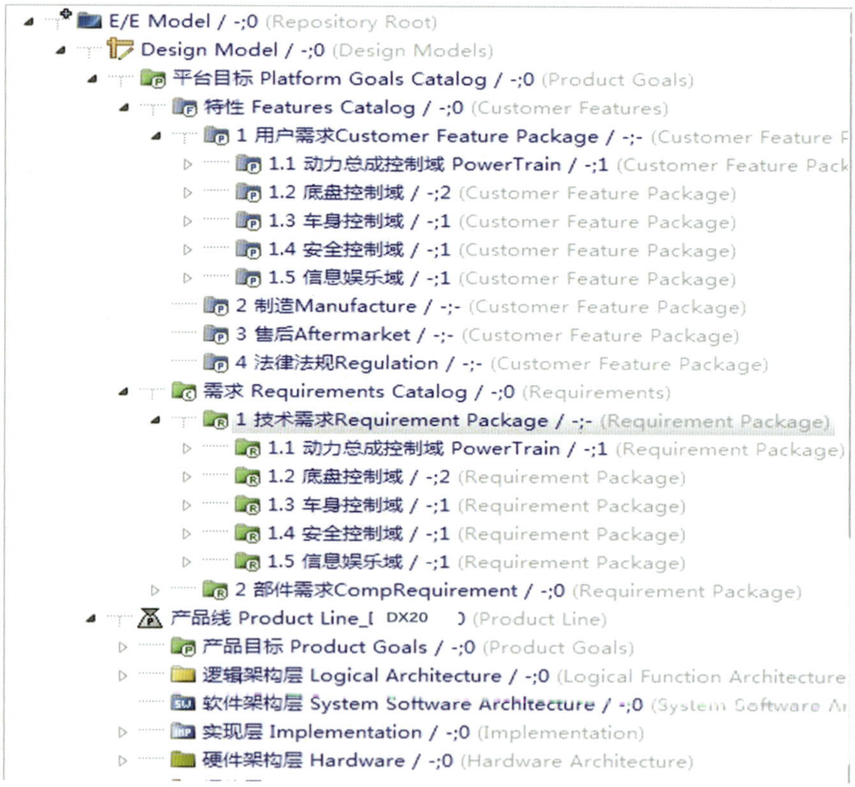

图 11-4　需求层框架

用户特征需要加入一些整车级别需求［制造需求、售后（物流）需求、法规需求］，包含两部分：与用户特征功能对应的技术需求部分和部件需求部分。用户特征中的用户需求是从用户的角度来阐述整车需求内容，没有具体的策略和技术要求。制造需求是对车型在制造过程中所要求的内容，并有制造相关的流程和问题清单内容，便于后期指导生产。售后（物流）需求是为了满足售后相关的技术方案内容，在架构开发过程中，把售后问题搜集起来，从技术角度去编写相关的售后文档等内容，所以售后（物流）需求里面存放了售后相关的问题及解决方案文档。法规需求是整车开发的一项重要内容。

在车型设计时，必须满足相关的法规需求，同时考虑出口相关的法规内容。在法规需求里面存放了大量的法规要求及技术指标，便于架构设计开发中查阅、核对相关法规。需求的技术要求内容是在用户特征的用户需求的基础上，对每个功能添加功能需求内容和非功能需求内容，例如功能需求内容包括触发、反馈、取消、电压模式等，非功能需求内容包括诊断、显示、法规验证、故障模式、功能安全等级、电源分配等。用户特征和需求层次结构如图 11-5 所示。

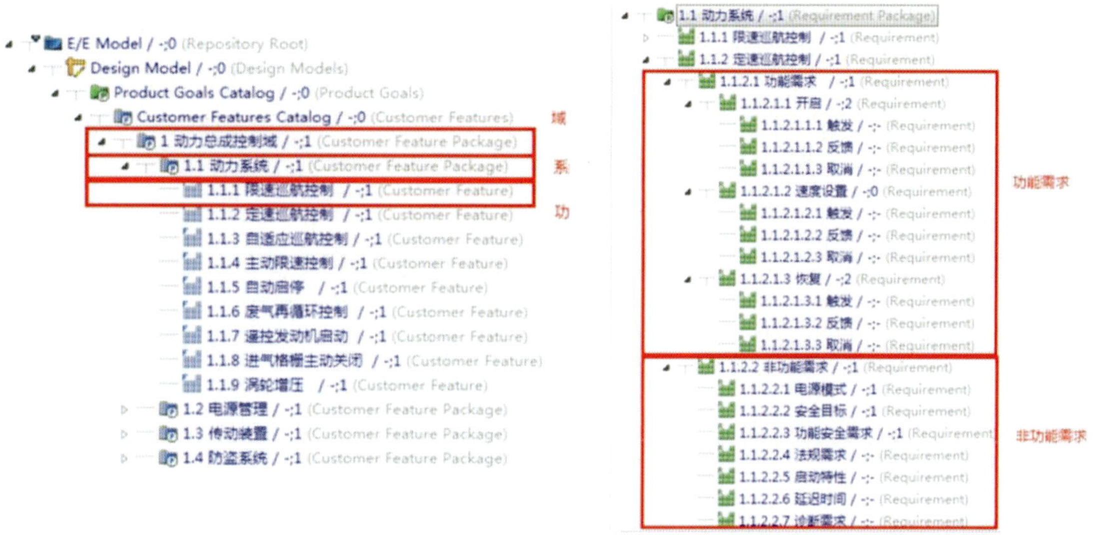

图 11-5　用户特征和需求层次结构

可以将需求和用户特征进行映射关联，从而实现追溯。用户特征通常和逻辑架构层的元素进行映射，而需求通常和软件架构层的元素以及硬件架构层的元素进行映射。

以巡航控制为例，巡航控制功能技术需求分解如表 11-1 所示。

表 11-1　巡航控制功能技术需求分解

	需求		技术
巡航控制系统	功能需求	功能概述	定速巡航用于控制汽车的定速行驶，汽车被设定为巡航状态后，发动机的供油量便由电脑控制，电脑会根据道路状况和汽车的行驶阻力不断调整供油量，使汽车始终按设定的车速行驶，无须操纵油门，减轻了疲劳，同时少了不必要的车速变化，可以节省燃料。当满足一定条件时定速巡航会被自动解除
		进入条件	巡航控制开关打开
			车速大于等于进入车速（30km/h，可标定）
			辅助制动功能关闭
			制动踏板松开
			变速器不为空挡
			离合器接合
			没有驻车制动
		反馈	巡航指示灯点亮
		退出条件	巡航控制开关关闭
			车速大于最小巡航设定速度或制动踏板踩下
			或 EBS/ABS 系统自动制动功能或巡航系统故障发生或缓速器自动……

续表

	需求		技术
巡航控制系统	非功能需求	功能相关性	操纵巡航调整控制开关 B+使车速达到车速限制最大值时，车速不用继续增加
		电源模式	电源总开关打开
			ON 挡
		响应时间	当驾驶者按下巡航功能开启按键时，如其他无限制条件存在则车辆应在 0.5s 的时间内切换到巡航待命状态，且仪表面板上相应的巡航待命指示灯被点亮
		失效模式	当定速巡航控制系统失效时，不应影响驾驶者通过加速踏板对发动机的控制
			当系统检测到巡航调整控制开关 R+信号和 S-信号同时存在时，应向驾驶者报告巡航开关控制异常的故障状态
			当系统无法接收到车速信号或接收到的车速信号存在异常时，应向驾驶者报告车速信号异常或车速信号丢失

第二节　功能架构

逻辑功能架构设计阶段就是根据需求阶段定义的用户特征，为每一个特征设计功能的实现逻辑，设计的元素提供了一个功能的抽象视图，只从功能实现的角度划分传感器（输入）、控制器（过程）、执行器（输出），并不关心具体的软件实现以及硬件实现，在该阶段设计完成的逻辑组件会分配到硬件架构中（如 ECU、传感器、执行器等）以及软件架构中。

对收集到的各方面需求进行分析，整车系统划分如图 11-6 所示。将整车功能以整车商品特性为基础划分，前 3 级指标参照整车平台的指标体系进行分级，如图 11-7 所示。在此基础上对整车电子电气功能逐项分析，依次展开，分解出每一个商品特性需要的电气功能（图中仅以灯光控制为例展开）。对每一个功能应明确功能描述，包括功能概述、进入条件、操作方式、退出条件，同时明确与该功能相关的传感器、开关、执行器、控制器、输入信号、输出信号等关键要素的定义，为后续的功能开发及功能测试提供相应的设计输入。功能逻辑框图见图 11-8。

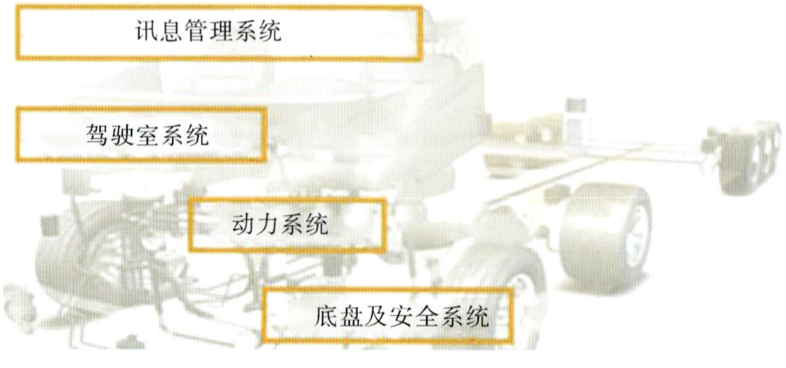

图 11-6　整车系统划分

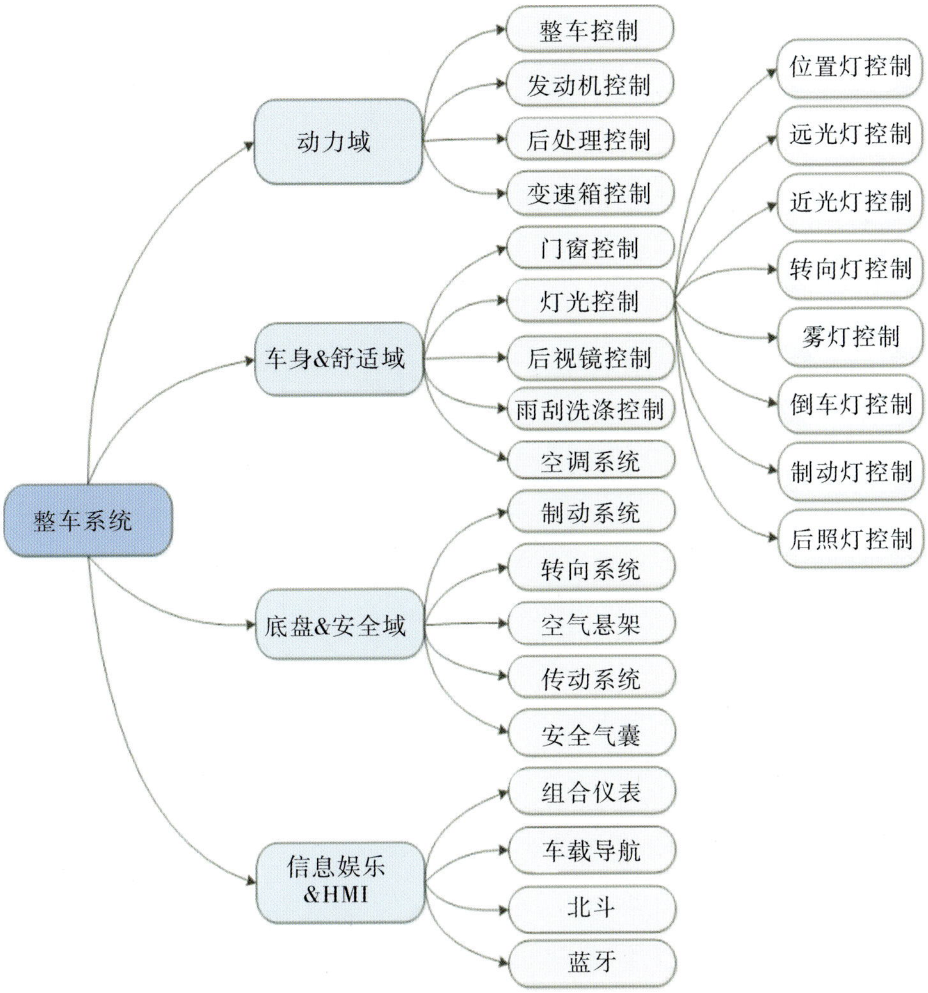

图 11-7　整车功能域划分

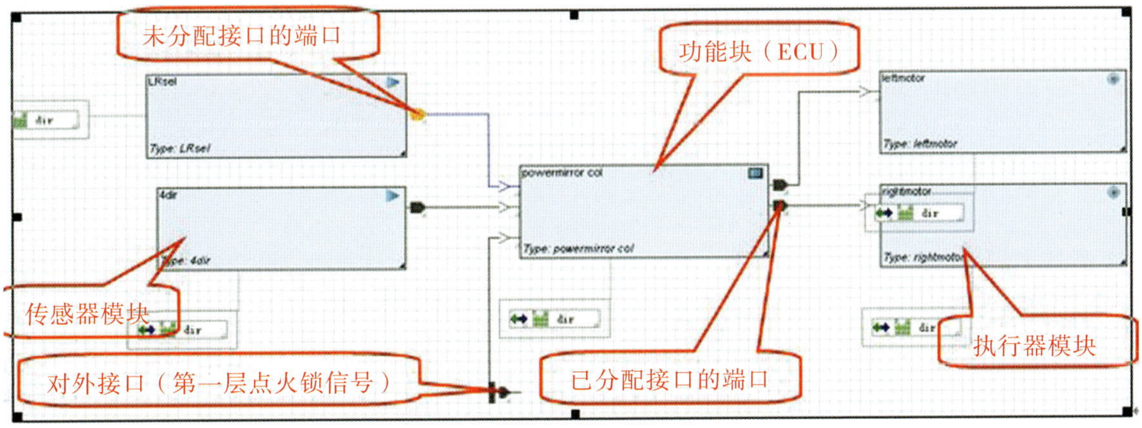

图 11-8　功能逻辑框图

以巡航控制为例，巡航控制功能子系统功能见图 11-9，明确该功能在整车的输入及输出信号，进行功能逻辑设计。

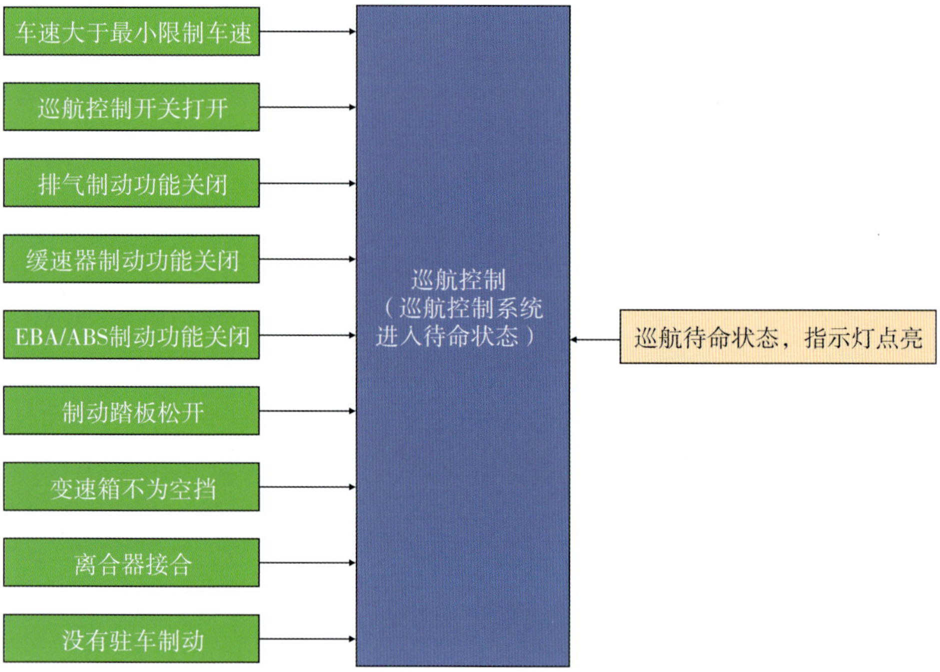

图 11-9　巡航控制功能框图

子系统构成上，明确与该功能相关的传感器、执行器、控制器，如图 11-10 所示。

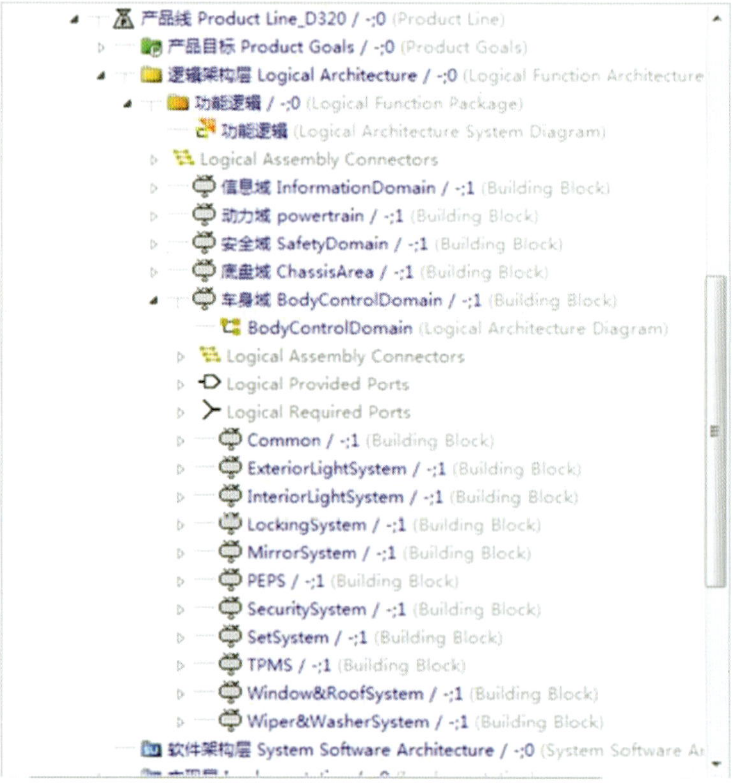

图 11-10　功能逻辑层次

第三节　硬 件 架 构

硬件架构包括整车各 ECU 的供电、接地、电源分配、网络拓扑、整车线束等。硬件架构的设计包括：硬件组件、网络拓扑通信设计、电气原理、线束原理、几何拓扑、线束设计。

一、硬件组件

设计硬件组件（如 ECU、传感器、执行器）之间的硬线连接，包括硬线信号（PWM、高低电平等），总线连接（CANFD/CAN/LIN 等），以及电源连接和接地连接，另外也设计 ECU 内部的细节，如 MCU、SBC、RAM 等，如图 11-11 所示。

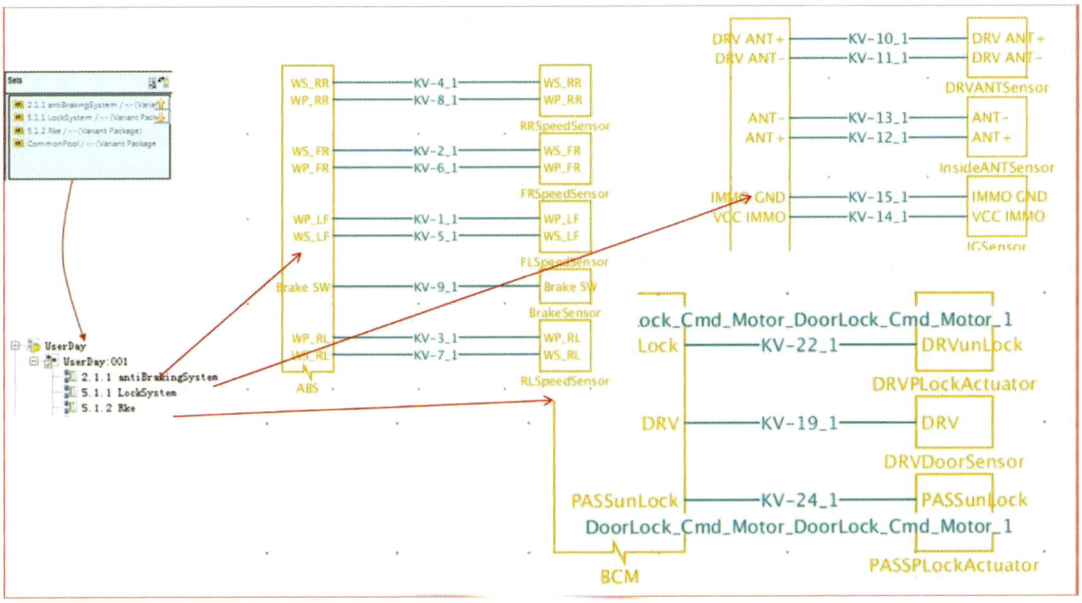

图 11-11　硬件架构框图

硬件层按照定义线类型的方式进行建模，在 Library 前期只定义 ECU 本身，不包含管脚。建立完模型后，自动映射出 Library 中 ECU 细节。

硬件层内容包含了部件层、电气原理层、线束层以及零部件库内容，框架要求系统内搭建功能为基础的示意图，同时零部件库搭建以控制器为基础的控制器外围接口示意图和控制器外部信号交互示意图。硬件层建立线束类型库、保险丝和继电器类型库、连接器类型库等内容，用于定义相关元素属性，同时用于后期其他车型应用及平台的建立，见图 11-12。

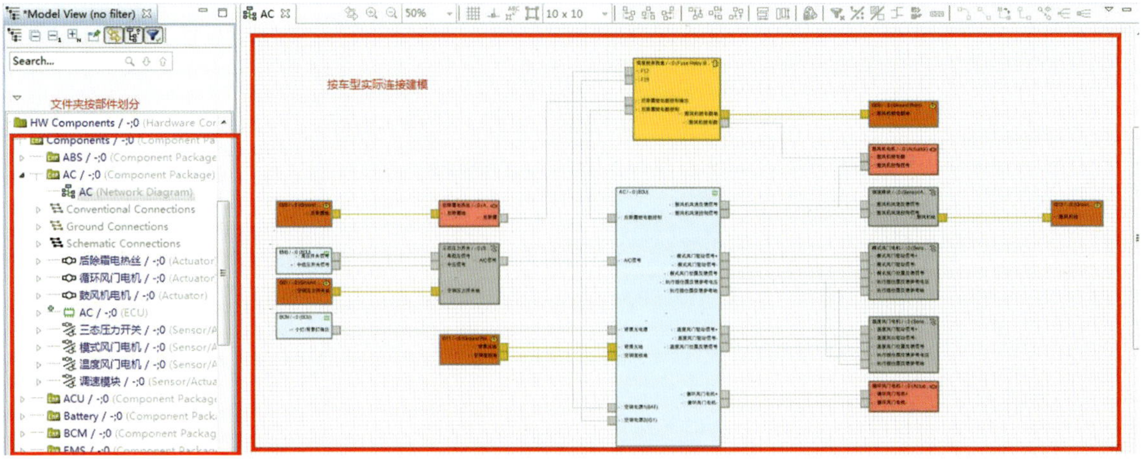

图 11-12 部件层框图

二、网络拓扑

整车所有 ECU 之间的通信组成了整车的网络拓扑，这种通信可以通过不同的总线形式实现，见图 11-13。

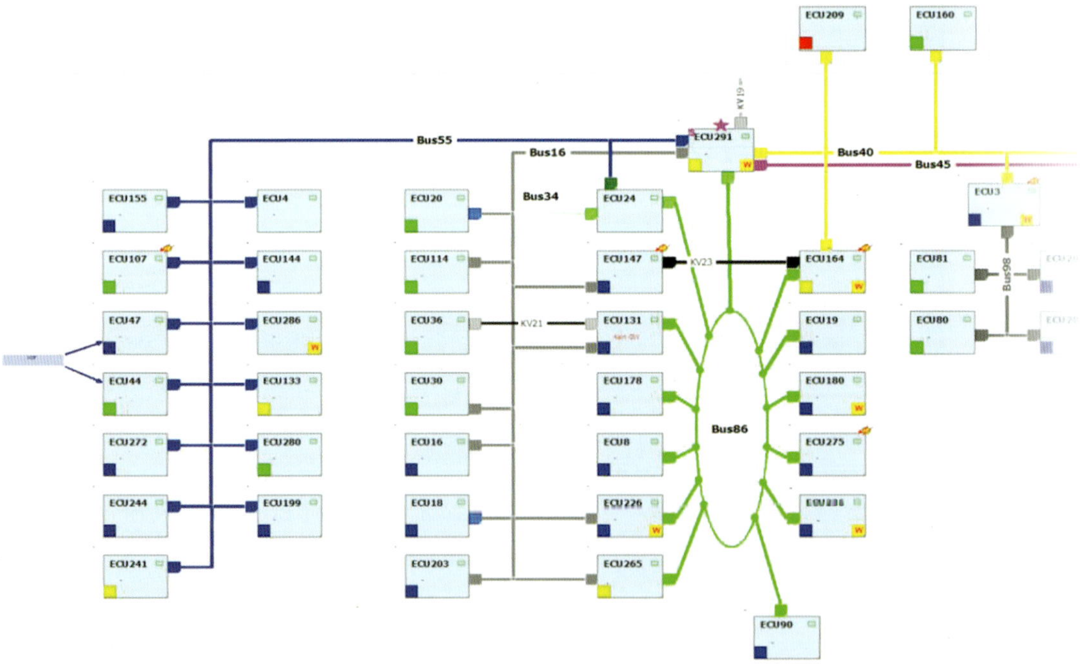

图 11-13 网络拓扑图

三、通信设计

在完成软件组件到硬件的 Mapping 后，可进行信号的路由，并进行网络通信设计，PREEvision 提供了多种通信设计编辑器来应对同步的通信类型，比如 CAN Bus Editor，LIN Scheduling Editor，FlexRay Schedulling 和 Ethernet Explorer，见图 11-14。

Msg Name	Msg Type	Msg ID	PGN	Msg Send Type	Msg Cycle Time(ms)	Msg Length (Byte)	Signal Name	Start Byte	Start Bit	SPN	Signal Send Type	Bit Length(Bit)	Date Type	Resolution	Offset	Signal Min. Value(phys)	Unit	Signal Value Description
A1SCREGT1	Normal	0x14FD3E00	64830	Cycle	500	8												
							SCR进口温度	0	0	4360	Cycle	16	Unsigned	0.03125	-273	-273	C	
							SCR出口温度	3	24	4363	Cycle	16	Unsigned	0.03125	-273	-273	C	
AMB_E	Normal	0x18FEF500	65269	Cycle	1000	8												
							大气压力	0	0	108	Cycle	8	Unsigned	0.5	0	0	kPa	0xFE: Error 0xFF: Not available
AMB_S	Normal	0x18FEF517	65269	Cycle	1000	8												
							环境温度	3	24	171	Cycle	16	Unsigned	0.03125	-273	-273	C	0xFE00: Error 0xFFFF: Not available
AT1IG1	Normal	0x18F00E00	61454	Cycle	50	8												
							进口NOx浓度	0	0	3216	Cycle	16	Unsigned	0.05	-200	-200	ppm	0xFE00: Error 0xFFFF: Not available
AT1IMG	Normal	0x18FDB200	64946	Cycle	500	8												
							DPF压差	4	32	3251	Cycle	16	Unsigned	0.1	0	0	kPa	
AT1OG1	Normal	0x18F00F00	61455	Cycle	50	8												
							出口NOx浓度	0	0	3226	Cycle	16	Unsigned	0.05	-200	-200	ppm	0xFE00: Error 0xFFFF: Not available
AT1T1I	Normal	0x18FE563D	65110	Cycle	1000	8												
							尿素液位	0	0	1761	Cycle	8	Unsigned	0.004	0	0	%	
CCVS_E	Normal	0x18FEF100	65265	Cycle	100	8												
							驻车制动	0	2	70	Cycle	2	Unsigned	1	0	0		0x0: ParkingBrakeNotSet 0x1: ParkingBrakeSet 0x2: Error 0x3: NotAvailable

图 11-14　通信矩阵

上述基于模型的系统工程方法（MBSE）同时可导出文档，作为供应商开发的输入，比如可导出 ECU 的软件需求规范（software requirement specification，SWRS）用于指导供应商进行软件设计，导出 ARXML 文件用于供应商生成应用层软件框架代码，生成 DBC/LDF 文件用于总线仿真及测试等。

四、电气原理

电气原理层将硬件架构层的数据进行重构，重新定义硬件组件之间的连接，并关注与线束设计相关的电气属性，例如电源供应、接地连接等，其可设计电源分配的保险、继电器以及接地分配电路，见图 11-15。

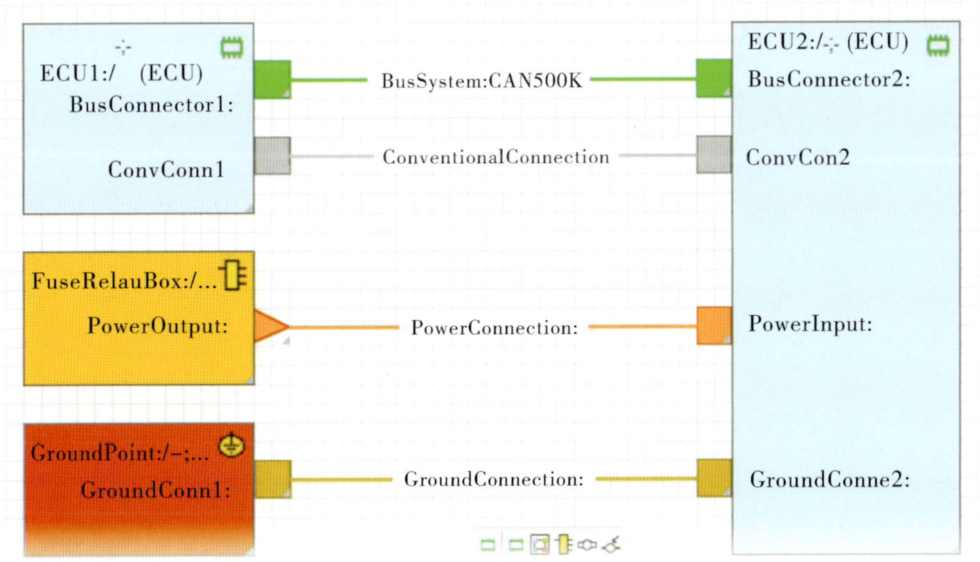

图 11-15　电气原理图

五、线束原理

将电气原理数据进行细化，将逻辑连接转换为导线，同时添加导线之间的焊接点（splice）、内部连接器（inline）、端子（terminal）、线束端连接器（female connector）。

六、几何拓扑

几何拓扑（geometric topology）层是整车电器的 2.5D 布局视图，其可以通过将 3D CAD 工具（Dassault、Catia 等）设计完成的 3D 线束通过 KBL 格式导入，展平为 2D 视图，表达各电器的安装位置，线束分段，然后将线束原理层中各组件映射到几何拓扑层，从而进行导线的路由规划，从而为最终的架构评估提供线束的长度、质量等数据支撑，见图 11-16。

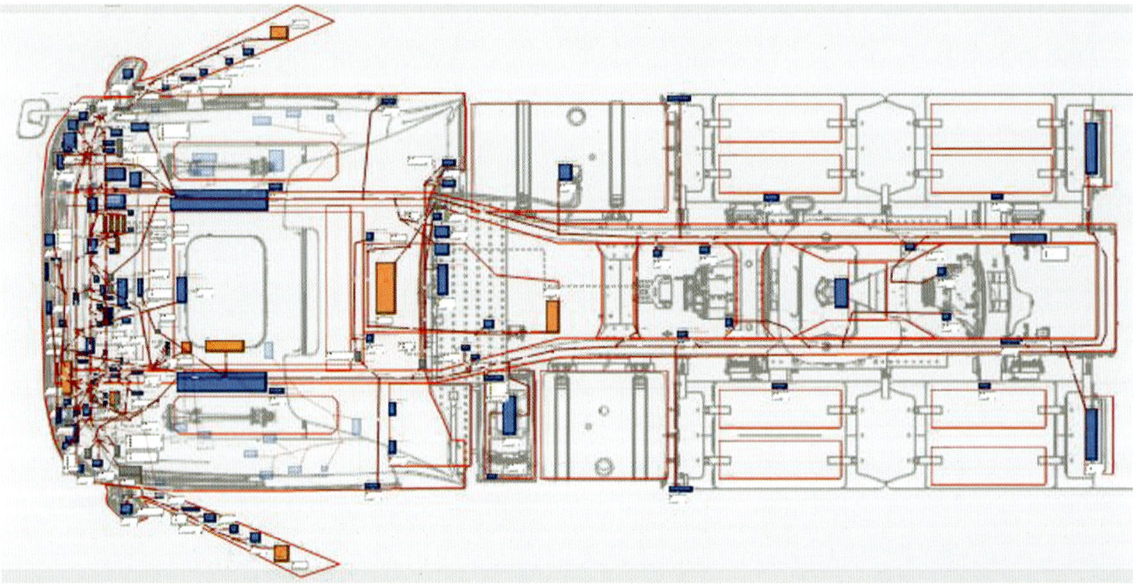

图 11-16　几何拓扑层

七、线束设计

将几何拓扑中完成导线路由的线束总成，进行数据重构，同时添加卡扣、胶带以及其他固定件、防护件，可生成线束 2D 图纸，指导线束供应商进行线束的工艺转化，然后进行线束的生产和制造，见图 11-17。

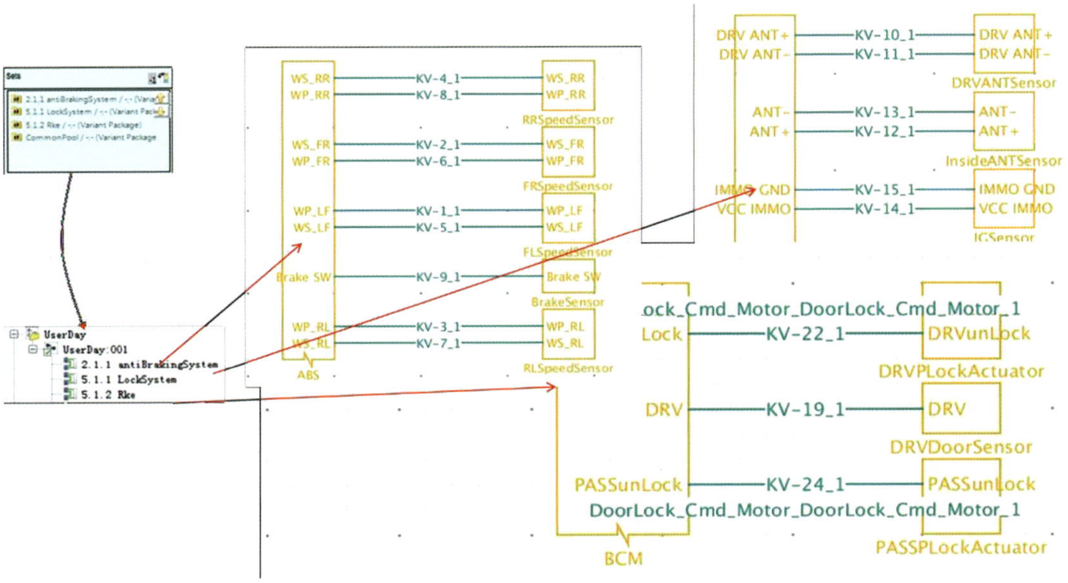

图 11-17　线束设计层

第四节　架 构 变 型

架构的变型管理是电子电气架构开发的后期内容，通过模型元素的组合满足不同车型的开发。其框架规定了变型管理下，进行信号路由后期讨论以及是否需要针对不同变型管理如何复用一些 Transmission。变型管理不采用需求开端模式，而是应用打包元素，将 system 分配到概念模板和配置模板中。图 11-18 为了变型管理框架示例。

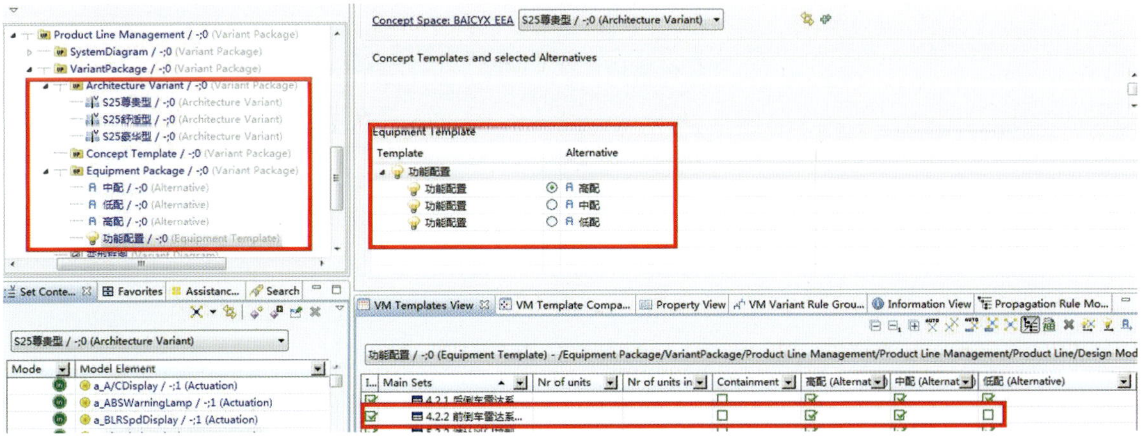

图 11-18　变型管理框架示例

第五节 架构评估

架构评价是指根据整车设计目标对电子电气系统评估指标进行设计分解的方法，将原有整车定性的指标转化为定量的指标。电子电气系统评价指标按照整车设计目标共分解为 7 个父项指标：可靠性、价格、复杂度、可扩展性、整合特征、物理尺寸和维修与诊断。在评价指标模型中对父项指标进行了二次分解，共计 51 个评价子项。在评价指标模型中，每一个评价父项和子项都设置有唯一的识别代码。实现了通过填写识别代码自动计算父项与子项权重的功能，便于后续对每个层级的权重值进行灵活调整，如图 11-19 所示。

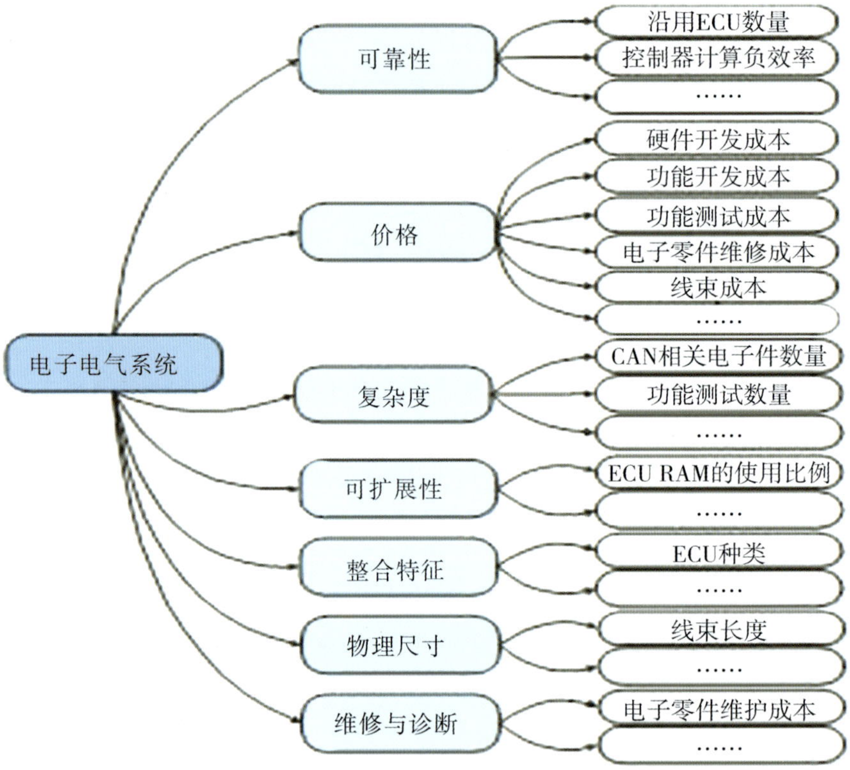

图 11-19 架构评估示例

第十二章　新型电子电气架构下域控制器开发

为满足新能源汽车的电子电气架构从分布式向集中式进行集成的需求，域控制器应运而生。域控制器是汽车电子电气架构集成化过程中的产物。各大车企正进行整车电子电气架构的快速迭代，整车电子电气架构演进与多核异构大算力芯片催生了域控制器这一黄金赛道。

域控制器通过利用处理能力更强的多核 CPU 芯片，引入以太网，并将分散的 ECU 集成为运算能力更强的域控制器来相对集中地控制每个域，从而解决分布式架构存在的成本、算力等局限性。域控制器在电动智能时代实现功能快速升级。

域集中式架构的优势如下。①降低成本：域集中式架构可以节约成本、降低装配难度。在分布式架构中，随着 ECU 数量增加产生了大量内部通信需求，导致线束成本增加并加大装配难度；而域集中式架构将传感与处理分开，传感器和 ECU 不再一对一，有效减少了 ECU 和线束的数量，从而降低硬件成本和人工安装成本，同时有利于部件布局。②提高通信效率：域集中式架构可以提高通信效率，实现软硬件解耦，便于整车 OTA 升级。分布式架构中，来自不同供应商的 ECU 软件开发框架和底层代码不同，导致冗余，并提高了 OTA 维护和统一升级的难度；而域集中式架构做到对各 ECU 进行统一管理与信息交互，统一软件底层开发框架，从而便于未来的 OTA 升级和功能拓展。③集中算力：域集中式架构能进一步集中算力，减少冗余。分布式架构中的各 ECU 之间算力很难协同，存在冗余，产生极大浪费。而域控制架构对原本分散的 ECU 进行算力集中，统一处理数据，减少算力冗余，更能满足高阶自动驾驶对算力的高要求。

第一节　域控制器的分类

基于功能集中分区，传统 Tier1 按照功能将车辆划分为五域：动力域、底盘域、车身域、座舱域、自动驾驶（ADAS）域。在这种划分方式下 Tier1 可直接整合自身所专注的业务单元，OEM 依然可以借助原有供应商的力量实现“软件定义汽车”的目标，如图 12-1 所示。

动力域控制器负责三电系统的控制，包括三合一系统、BMS 和整车控制器（VCU）。

底盘域控制器具有刹车、转向、安全气囊、减震等功能，由于涉及安全要求，且要求响应速度快、低延迟，目前依然以 ECU 控制为主。动力域与底盘域由于涉及供应商较多，且安全性要求高，车企较难实现动力域与底盘域的集成。

车身域控制器主要为车身电子部分（包括雨刮、车窗、车门、车钥匙等）。传统的车身控制器（BCM）功能主要包括内/外部车灯、雨刮、车窗、车门、电子转向锁等的控制，通过 CAN/LIN 与各小节点进行通信，节点较多，线束设计、软件控制逻辑均较复杂。车身域集成传统 BCM 功能和胎压监测、PEPS、空调控制等功能，对车身节点实现了功能和零部件的集成，对车身各电子进行集中控制，对采集到的信息进行统一的分析和处理，效率更高；技术上，车身域控制器要求传统 BCM 开发经验、硬件集成能力、软件架构能力、芯片保供能力，未来将集成网关以及一些低等级 ADAS 功能，并率先与智能座舱域实现融合。

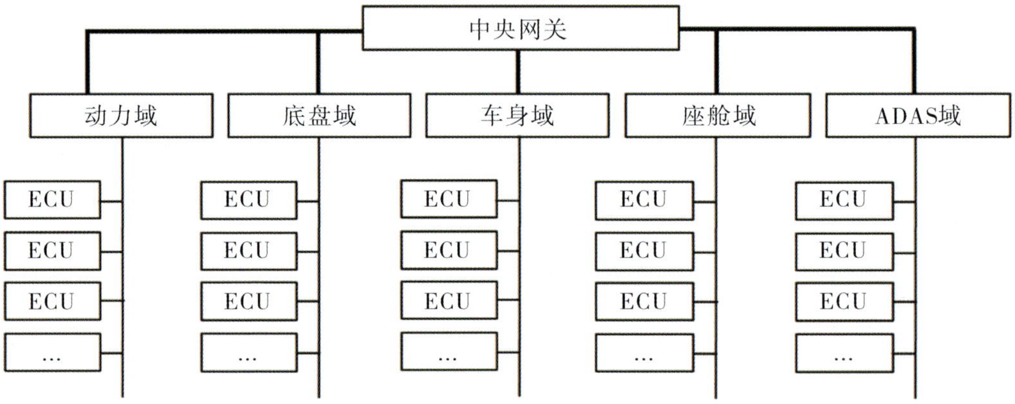

图 12-1　五大功能域架构示意图

自动驾驶域能够使车辆具备多传感器融合、定位、路径规划、决策控制、图像识别、高速通信、数据处理的能力。自动驾驶域通常需要外接多个摄像头、毫米波雷达、激光雷达等车载传感器来感知周围环境，通过传感器数据处理、多传感器信息融合以及适当的工作模型制订相应的策略，进行决策与规划。域控制器的输入为各传感器的数据，所进行的算法处理涵盖了感知、决策、控制三个层面，最终将输出传送至执行机构，进行车辆的横纵向控制。自动驾驶域所集成的功能基本不涉及机械部件，且与座舱域交互密切，并和智能座舱域一样需要处理大量数据，对算力要求较高，因此需要匹配核心运算力强的芯片来满足自动驾驶的算力需求，简化了设备，大大提高了系统的集成度。

智能座舱域与智能驾驶域是现阶段承载整车个性化智能体验的关键所在，最能体现品牌差异化，对传统供应链依赖度小，是现阶段迭代最快的域，座舱域和自动驾驶域需要处理大量数据，对算力要求较高，而动力总成域、底盘域、车身域，这类域控制器主要涉及控制指令计算以及通信资源，算力要求相对更低。

智能驾驶域控制器整合的功能多，对安全、时延等要求高，复杂度较高，价值量较大，是目前大部分车企最为关注的功能域。无论是新势力还是传统 OEM，一般是优先在智能驾驶与智能座舱域打造域控制器，力求打造更容易被消费者感知到的差异化。

第二节　域控制器的演进路径

功能域控制器大体可分为 2 类：一类是对算力要求高的，这类域控制器需要处理大量数据，如座舱域和自动驾驶域；第二类是对算力要求较低的，主要涉及控制指令计算以及通信资源，如动力总成域、底盘域、车身域。

头部主机厂公布的下一代电子电气架构将实现车辆功能域的进一步集成：五域（自动驾驶域、动力域、底盘域、座舱域、车身域）逐步向集成度更高的“三域”（自动驾驶域、智能座舱域、车控域、若干网关）迈进，即除智能驾驶域、智能座舱域外将底盘、动力传动以及车身三大功能域直接整合成一个整车控制域，如图 12-2 所示。

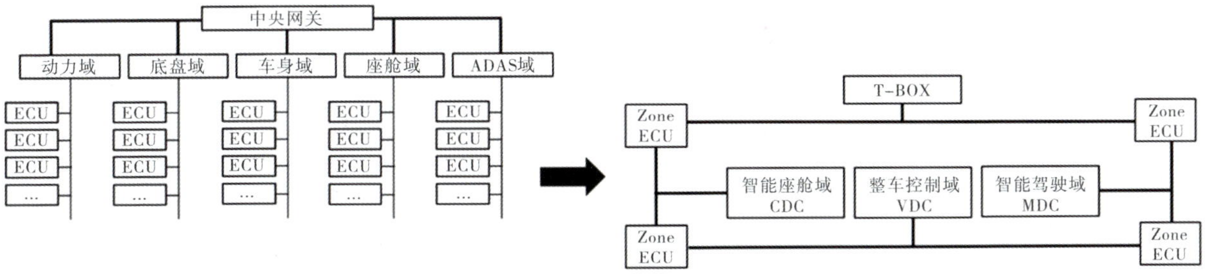

图 12-2 域控制器演进路径

第三节 域控制器的商业模式

相较于传统 ECU，域控制器的硬件、软件复杂度大幅上升。由于域控制器尚处于发展初期，有些主机厂对大算力域控制器有较强烈的参与诉求，自研模块较多，也有一些主机厂更需要快速部署并量产上市，对时效性关注度高，对自研模块诉求相对较弱，因此主机厂与域控制器 Tier1 之间出现各式各样的合作模式，域控制器 Tier1 可以提供交钥匙方案，也可以作为纯粹的代工厂存在。

（1）主机厂自研域控制器，硬件委托 Tier1 代工：主机厂掌握上层应用软件算法、中间层软件、底层操作系统的开发，并深度参与且主导域控制器的硬件架构设计，甚至实现主控芯片的自研；Tier1 主要负责硬件代工，也开始介入域控制器底层基础软件、嵌入式驱动等软件工程环节。这一模式首先由特斯拉引入，而后被蔚来、小鹏等造车新势力采用。在这种合作模式中，主机厂技术实力强、体量大，有进行自研的技术基础和资金投入，在域控制器制造过程中话语权更强。2019 年，特斯拉在 Model 3 上实现了中央计算＋区域控制器的电子电气架构方案和各域控制器、上层软件和芯片的全栈自研。国内主机厂中，蔚来已经发布全栈自研的底盘域控制器，并已组建团队自主研发其他域控制器；小鹏已经组建团队进行各域深度研发；长城汽车依托旗下子公司，自主研发智能驾驶解决方案及智慧线控底盘、智能座舱等相关技术。

（2）主机厂和 Tier1 联合开发域控制器：这一模式是目前最普遍的合作模式，主机厂掌握上层应用软件、中间层软件开发权限与域控制器硬件架构设计等核心技术，Tier1 负责域控制器硬件生产、底层软件适配以及芯片方案整合。也有芯片厂商参与合作，提供芯片、开发软件栈和原型设计包。在与主机厂合作开发域控制器的过程中，主机厂掌握域控制器核心技术和合作主导权，外资 Tier1 供应商很难同意让渡部分主导权，而内资 Tier1 在开发配合度、响应速度上都优于外资 Tier1，预计将成为主机厂的优先选择。如德赛西威和英伟达分别与小鹏汽车、理想汽车签订战略合作协议，共同研发域控制器；

均胜电子与华为深入合作，研发智能座舱域控制器等。

（3）主机厂全栈外包给 Tier1：Tier1 为主机厂提供包括硬件、底层软件、中间件、部分应用算法的整套解决方案，主机厂只进行简单的上层功能开发。在这种合作模式中，主机厂技术实力较弱，域控制器设计和开发的核心技术仍掌握在 Tier1 手中，虽然能快速实现域控制器上车搭载，但无法进行后续的自定义功能升级和调整，主机厂自主性较差。

从短期来看，域控制器的主流合作模式还是主机厂和 Tier1 供应商联合开发的模式，实力较强的国内 Tier1 供应商有可能抓住域控制器市场空间全面增长的机遇；从长期来看，主机厂自研域控制器是趋势，有实力的主机厂出于“软件定义汽车”和后续 OTA 升级等需求，倾向于实现域控制器自研。

此外，由于域控制器集成了多个功能，且主机厂对时效性要求更高，开发周期压缩，供应商需要在主机厂驻厂开发。目前，域控制器供应商的核心竞争力包括：①提供全栈解决方案；②快速应对主机厂的差异化需求，提供多样灵活的合作模式；③具有量产经验、工程能力，可以保障产品顺利交付；④跨域能力，跨域融合渐成主流趋势。

第十三章　发 展 建 议

汽车是高度定制化的产品，各主机厂电子电气架构的软硬件接口不同，且都在开发定义自己的汽车操作系统、服务接口、开发工具链等，因此，同一个应用要落地到不同品牌的汽车上需要经过大量的开发适配工作，下面从五个方面对新能源汽车电子电气架构的开发进行总结。

一、技术架构

在“软件定义汽车”和整车架构升级的背景下，既有的技术能力和产品供应链方式面临挑战。主机厂传统采购模式主要围绕硬件制订组织、流程和工具，而“软件定义汽车”所要求的电子电气架构由信号导向向服务导向转变，并带来软硬件解耦与供应链协同模式的转变。主机厂开始思考软件的Maker-or-Buyer（自研或采购）策略以及组织优化等关键问题，如价值链的哪些环节应由主机厂自研？哪些环节可以交由外部供应商来提供？主机厂如何与供应商协作以有效保障软件系统的开发成熟度与完成度？针对软件开发，主机厂如何与供应商建立长期战略合作关系？

未来主机厂、Tier1（一级供应商）和Tier2（二级供应商）各司其职的价值链将被进一步打破，Tier1甚至Tier2将深度参与主机厂主导的复杂系统设计和软件设计。“软件定义汽车”总体规划、SOA顶层设计，主机厂应该负责哪一部分？Tier1应该负责哪一部分？这些都是摆在主机厂面前的难题，如果全部自己做会耗费大量精力和财力，全部交给Tier1厂家又很难形成产品差异化，如何进行业务分工及主机厂与Tier1供应商的边界是目前面临的挑战。

主机厂根据自身研发实力、业务体量等定义适合自己的路径。通常有如下几种模式：①核心技术领域全自研，硬件外包的模式，如特斯拉实现芯片、操作系统、中间件、域控制器系统集成等核心领域自主开发。②选择重点突破部分核心技术，如吉利汽车旗下的亿咖通自研座舱芯片。③自研与生态合作结合的方式，主机厂一方面组建自己的软件团队，另一方面积极同科技企业、互联网公司建立合作联盟，在自身拥有成熟的软件开发能力之前，基础软件、软硬件架构方案仍依赖Tire 1。如上汽集团的零束，目前跟外部各类企业合作较多，涵盖SOC芯片企业、算法公司、域控制器供应商等。④车企只做品牌运营，软件开发及零部件作为一个系统整体打包给设计公司统一完成。

随着电子电气架构的发展，传统“以整车硬件产品为主销点”的技术能力逐渐转变为“软硬件融合，且以软件产品为主销点”的技术能力，主机厂需要在完成整车电子电气架构升级的基础上，从研发主导程度和软件能力两个维度进行技术能力规划。同时需要整个产业链，包括零部件供应商、硬件开发商、软件开发商、芯片厂商、工具厂商等企业共同努力。

二、开发模式变革

传统汽车的软件开发采用V字形瀑布式开发模式。由于各开发部分之间相互独立，因此更多的是在部分内部进行局部性优化，缺乏系统级、平台级的开发全局观，很难做到整体优化。在“软件定义汽车”背景下，汽车软件开发将由传统的瀑布式开发向敏捷式开发模式转变。敏捷式开发模式既有利于进行密切的协调合作，最大限度地减少管理成本，同时因其灵活的工作模式，开发团队可与用户实现高度互动，采用最低可行性产品的形式快速满足用户需求，并在使用中不断创新迭代，实现持续开发、持续集成、持续交付，体现“软件定义汽车”的优势。“软硬分离，软软分离”逐渐成为主流，嵌入式软件从依附于硬件的一堆代码真正成为独立可售卖的产品，且这项产品可以在整个车辆的生命周期内持续产生价值。

同时，主机厂纷纷成立软件中心或数字化中心来应对“软件定义汽车”的快速迭代。电子电气架构演进改变了主机厂研发人才结构：未来车企在软件方面的研发人才占比将迅速上升。对比造车新势力和传统车企的研发支出情况，明显看出新成立的车企对软件研发的倾斜度更高，它们急需以全栈自研来形成差异化的特点，从而取得在全新赛道上的领先。

三、组织流程

随着“软件定义汽车”时代到来，汽车电子电气架构向域集中、中央集中方向发展，电控单元之间的界线逐步模糊，硬件被合并，软件运行在同一控制单元中。原来主机厂中很多部门的边界被打破，在向中央集中式组织架构迈进过程中，部门的边界已经变得非常模糊。组织架构决定了产品架构，整车研发团队主体是研发总部，研发总部的机构划分为2个维度，一个维度是车型，根据车型划分为乘用车、商用车、客车、新能源车等车型开发部门；另一个维度是车辆功能模块，根据车辆功能划分为电子电气、变速器、车身、底盘等总成开发部门，其中软件开发只是隶属于电子电气部门的一个专业模块。在软件开发模块下，发动机电控系统、变速器电控系统、车身电控系统等控制单元是由不同专业团队独立开发的。

为此，产业链中各利益相关方都需要从战略出发调整公司组织架构，建立一个自上而下驱动、基于共同战略目标、能协调跨部门合作、平台型的软件组织，打破原来以功能模块划分的组织模式。

四、法规监管要求

近几年，我国越来越重视新能源汽车网络安全、数据安全、OTA升级安全问题，在以政府引导、产业推动、标准委员会执行的模式下积极开展相关汽车安全标准制定工作。2021年10月11日发布《电动汽车远程服务与管理系统信息安全技术要求及试验方法》（GB/T 40855—2021）、《车载信息交互系统信息安全技术要求及试验方法》（GB/T 40856—2021）、《汽车网关信息安全技术要求及试验方法》（GB/T 40857—2021）和《汽车信息安全通用技术要求》（GB/T 40861—2021）四项国标，并于2022年5月1日开始实施，同时启动国际汽车网络安全、升级管理的标准法规R155、R156［联合国世界车辆法规协调论坛发布的智能网联汽车信息安全（cybersecurity）、软件升级（software updates）法规。该法规适用于 UNECE 1958 年协议成员国］的国标转化工作。《汽车整车信息安全技术要求》（GB 44495—2024）、《汽车软件升级通用技术要求》（GB 44496—2024）的国家强制性标准也于 2024 年 9 月正式发布。

在数据安全方面，一方面，关于数据安全的法规相继出台，如《中华人民共和国网络安全法》《中华人民共和国数据安全法》《中华人民共和国个人信息保护法》，进一步规范汽车数据安全管理和网络安全自查制度。另一方面，数据安全能力进一步聚焦。为支撑 2021 年发布的《汽车数据安全管理若干规定（试行）》落地实施，全国信息安全标准化技术委员会发布技术文件《汽车采集数据处理安全指南》（TC 260—001），该文件细化了《汽车数据安全管理若干规定（试行）》部分条款中关于汽车数据传输、存储和出境等方面的要求，同时为遵循《汽车数据安全管理若干规定（试行）》中的部分原则给出了指引。

汽车作为安全属性很高的产品，需要开发者具备较强的专业知识背景，所开发的应用要确保不能影响功能安全及信息安全要求，需要经过长时间的测试验证才能部署到汽车上并使用。构建整车级的安全能力和机制，确保新能源汽车真正让消费者放心、安心成为发展的关键。汽车时代亟须构筑功能安全、网络安全、隐私保护的全方位防御护城河。

五、商业模式

传统模式下汽车行业都是通过汽车销售盈利的，用户花钱买到的是车辆本身，主机厂赚的是材料成本和汽车售价的差价。现在汽车硬件越来越同质化，配件行业越来越透明，主机厂利润越来越薄。在“软件定义汽车”时代，主机厂将车辆提供的所有服务在服务注册中心进行注册，所有用户包括企业用户、个人用户和生态用户都可以通过服务注册中心订阅服务。如通过订阅服务可以让用户的车辆具有语音控制功能，包括控制车速、灯光开启和亮度、车窗升降、空调温度和风量等，语音控制服务可以一次性付费购买，也可以每月付费租用。这些功能不需要额外安装硬件，只需要软件工程师编写代码即可，而软件开发可以在不增加任何成本的情况下不断复制。

从长期来看，在 SOA 架构及广义的整车操作系统建设初步成熟后，丰富的上层应用生态是未来价值增长的关键点，拥有巨大的想象空间。而创造出丰富应用的核心是打造繁荣的开发者生态。主机厂通过硬件预埋和服务订阅将后市场打造成新的利润增长引擎。越来越多的主机厂将以接近成本价的价格销售汽车，并主要通过软件为用户提供附加价值，这不仅会降低消费者的购车成本，还会让用户享受到万物互联的实质便利。整车商业模式由一次性前装收费转变为后市场订阅持续收费，构建有竞争力的盈利模式并真正带来商业价值，这是很大的挑战。

汽车“新四化”的不断发展促使了汽车电子电气架构不断革新。传统主机厂基于自身现状，利用现有资源并按照电子电气架构演进趋势的 6 个阶段逐步升级完善公司的电子电气架构。而有互联网背景的新兴主机厂利用自身的软件开发优势，直接从较先进的第 3 阶段或第 5 阶段架构开始开发。随着智能驾驶时代的到来，所有主机厂都将朝着车辆功能在云计算的电子电气架构发展。

汽车产品最核心的技术是电子电气架构，且一定要由整车企业自主掌握。电子电气架构作为汽车的中枢，将定义很多与此前完全不同的相关标准。过去，汽车是一个封闭的系统；未来，汽车将是一个开放的生态系统。车企需要把电子电气架构和核心控制策略掌握在自己手里，包括电子电气架构之上的车载操作系统、基础应用和服务软件架构等。过去，汽车产品上的控制器是相互独立的，把原本高度分散的控制功能逐步整合统一起来，使来汽车产品上的控制系统走向统一，这是整车企业的必由之路。

随着电子电气架构变化下新企业不断进入，挑战和机遇并存，行业在变革，主机厂与供应商（包括芯片供应商、基础软件供应商、零部件供应商等）需要协同工作，共同构建生态合作，促进行业的共同发展。

参考文献

[1] 侯旭光. 智能汽车：电子电气架构详解 [M]. 北京：机械工业出版社，2003.

第四篇　新能源汽车材料

新能源汽车的主体结构通常由动力系统、车身、底盘及内外饰等关键部分构成，这些构件各自承担着独特的功能，对材料性能亦有各种不同的需求，因此，在选择材料组合和具体型号时，也会出现明显的差别。随着科技的持续发展，整车所采用的材料组合越发多样化，涵盖了钢铁、铝合金、镁合金、铜合金、工程塑料以及复合材料等众多品类。在参考传统燃油汽车材料组合的基础之上，新能源汽车对轻量化材料的运用更为关注。与传统燃油汽车相比，新能源汽车的轻量化比率普遍更高，在1.5～4倍。这一比率的高低直接反映了车辆的轻量化程度。相关研究显示，若能使新能源汽车的总体质量降低10%，则其能耗效率将有望提升6%～8%，续驶里程亦可相应地增长5.5%。为了实现更远的行驶距离，并进一步提升汽车的耐久性与安全性，有针对性地减轻汽车自重便成为必然的选择。因此，在新能源汽车的材料选择过程中，轻量化综合效益往往被视为至关重要的考量因素。接下来，将针对新能源汽车的动力系统、底盘系统、车身、内外饰等各个环节的材料组合及其轻量化进展进行详尽阐述。

第十四章 新能源汽车动力系统材料

新能源汽车的动力系统的主要功能是将电力转换为驱动车辆行驶所需的动能，从而实现汽车的驱动。具体来说，根据主动力源的不同，动力系统大致可以分为纯电动力、混合动力和燃料电池动力等几类。其中，混合动力系统又可以根据混合方式的不同，进一步细分为串联式混合动力（也称为增程式混合动力）、并联式混合动力和混联式混合动力三种类型。如图14-1所示，纯电动汽车的动力系统通常由动力电池、电驱单元和传动系统组成。电驱单元负责产生机械动力，代表性车型包括特斯拉全系产品和比亚迪EV系列。而串联式混合动力系统在原有基础上增加了内燃机+发电机或燃料电池作为发电单元，这些发电单元产生的电能主要储存在动力电池中，当然也可以直接供应给电驱单元以发挥辅助作用，代表性车型包括日产Note、理想ONE、宝马i3增程式和传奇GA5增程式等。至于并联式混合动力系统，它仅在内燃机的基础上进行了添加，使电驱单元和内燃机能够单独或共同产生动力，代表性车型包括比亚迪秦2014款和奔驰S500插电版等。最后，混联式混合动力系统相较于纯电动汽车而言，额外增加了内燃机和发电机，使内燃机不仅可以直接为整车提供动力，还可以为发电机提供动力，而发电机产生的电能既可以储存在动力电池中，也可以直接供应给驱动单元，电驱单元和内燃机同样可以单独或共同产生动力，代表性车型包括丰田普锐斯双擎和比亚迪DMI系列等。至于燃料电池汽车的动力系统，其在结构上与串联式混合动力有相似之处，但两者之间的主要区别在于燃料电池汽车的电驱单元主要由燃料电池直接提供动力，而串联式混合动力汽车的电驱单元则主要由动力电池提供动力。

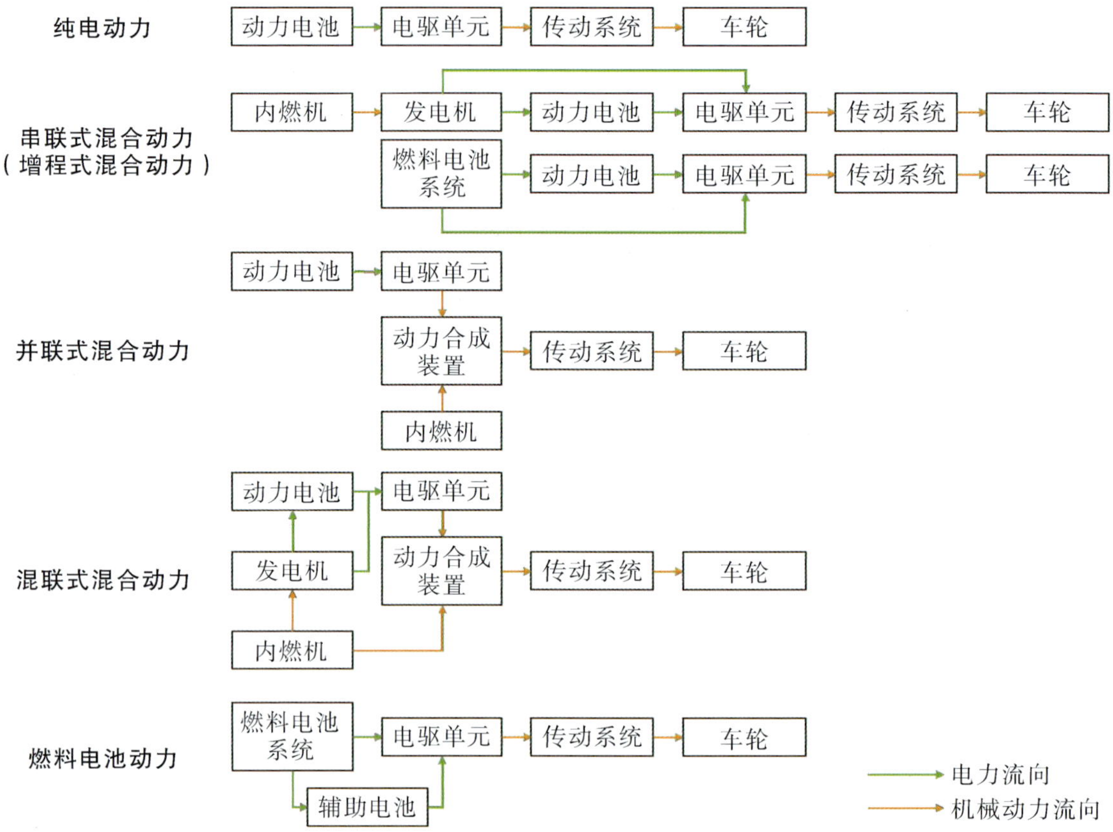

图 14-1 新能源汽车动力系统组成示意图

众所周知，电驱动单元、动力电池以及电控系统通常被视为电动汽车动力系统的三大核心组件，合称为“三电系统”。这些组件对车辆的操控性、安全性、轻量化程度以及续驶里程等关键性能指标具有直接影响。与传统燃油汽车相比，纯电动车型去除了内燃机、传动轴、驱动桥等复杂的机械部件，从而在一定程度上减轻了车身质量。然而，为了保障具有足够的续驶里程，大规格的高能量密度电池被安装在纯电动车上，显著增加了整体质量。以腾势 300 为例，该车型的综合续驶里程约为 300km，整备质量为 2090kg，其中动力电池的质量就达到了 550kg。因此，对于新能源汽车而言，如何在确保三电系统性能的同时降低其质量，已成为轻量化设计的关键挑战。本章将重点讨论电驱动系统和电池系统的材料体系。至于新能源汽车动力系统的其他部分，由于其材料体系与传统燃油汽车相似，不再赘述。

第一节　电驱系统材料

电力驱动装置是新能源汽车动力系统的关键部分，它主要包括电动机、逆变器、减速器以及电动机控制系统等组件。这些部件的协同工作使得车辆能够高效地将电能转换为机械能，从而驱动汽车行驶。在电力驱动装置中，电动机作为核心执行元件，负责将电能转换为机械能。电动机的种类多样，每种电动机都有其特定的应用场景和性能特点。常见的电动机类型包括：①直流电动机（DC motor），以直流电为动力，具有良好的起动和调速性能，但维护相对复杂。②交流异步电动机（AC asynchronous motor），以交流电为动力，结构简单，维护方便，成本较低，但在高速运行时效率较低。③永久磁性同步电动机（permanent magnet synchronous motor），具有高效率、高功率密度和较好的调速性能，广泛应用于要求较高的新能源汽车中。④开关磁阻电动机（switched reluctance motor），结构简单，可靠性高，适合于高速运行，但噪声和振动较大。为了更深入地理解各类电动机的性能特点，表 14-1 详细列出了它们的主要特性参数，包括但不限于功率、效率、转速范围、体积质量比等关键指标。这些参数对于选择合适的电动机以及优化整车性能具有重要意义。在选择电动机时，需要综合考虑车辆的设计目标、性能要求以及成本等因素，以确保电动机能够满足车辆的动力需求，同时保持系统的高效率和可靠性。此外，电动机的轻量化设计也是提高新能源汽车整体性能的重要方面，因此在材料选择和结构设计上也需要给予充分考虑。

表 14-1　新能源汽车常见电机类型对比

指标	直流电机	交流异步电机	永磁同步电机	开关磁阻电机
功率密度	低	中	高	较高
转矩性能	一般	好	好	好
转速范围/（$r \cdot min^{-1}$）	$4 \sim 6 \times 10^3$	$9 \sim 15 \times 10^3$	$4 \sim 10 \times 10^3$	$>15 \times 10^3$
功率因素/%	—	82～85	90～93	60～65
峰值效率/%	85～89	94～95	95～97	85～90
负荷效率/%	80～87	90～92	85～97	878～86
过载能力/%	200	300～500	300	300～500
电机尺寸/质量	大/重	中/中	小/轻	小/轻
可靠性	差	好	优良	好
结构坚固度	差	好	一般	优良
控制操作性能	最好	好	好	好
控制器成本	低	高	高	一般
调速控制性能	很好	中	好	好
电机成本	低	中	高	中
控制器成本	低	高	高	中
部分使用车型	—	特斯拉 Model S 江陵 E160	比亚迪宋 EV300 腾势 400 帝豪 EV300 北汽 EU400	—
转子材料	铁心+铜绕组	铁心+铜/铝绕组	铁心+永磁体	铁心
定子材料	铁心+铜绕组	铁心+铜绕组	铁心+铜绕组	铁心+铜绕组
壳体材料	铝合金	铝合金	铝合金	铝合金

交流异步电动机的转子普遍采用的是笼型结构。在笼式绕组方面，通常选用铜合金或是铝合金作为原材料。相较于铜合金，铝合金具有更为低廉的价格以及更为接近的密度，然而它的导热性能却稍显逊色，大多数情况下被选用在功率较小的电机之上。至于其他种类的电机，无论是转子还是定子绕组，都更倾向于采用具备优良导热性能的铜合金。在交流异步电动机的设计和应用中，选择适当的材料对于电机的性能和成本控制至关重要。在选择电动机的材料时，设计师需要根据电机的应用要求、性能指标以及成本预算来做出决策。例如，在新能源汽车中，电机的效率、质量和成本都是影响整车性能的关键因素。因此，电动机的设计不仅要考虑到材料的导电性和导热性，还要考虑到整体的系统效率和车辆的续驶里程。

永磁同步电动机（PMSM）确实倾向于使用钕铁硼这种高性能的永磁材料。钕铁硼（NdFeB）是一种稀土永磁材料，具有高的磁能积和高剩磁，使其在体积相同的情况下能提供更强的磁场。这些特性使得钕铁硼成为高效能电机的理想选择，但它们也带来了一些挑战。钕铁硼材料比较脆，容易在强烈的振动或冲击下损坏。这要求在电机设计时必须考虑到如何保护永磁材料免受机械应力的影响。在高温下，这类材料可能会出现磁性衰减，影响电机的性能。因此，电机的冷却系统设计对于维持其运行效率至关重要。由于含有稀土元素，钕铁硼的成本相对较高，这增加了整个电动机及其控制系统的制造成本。尽管存在上述挑战，但许多国家和地区仍然偏好使用这种材料，尤其是中国，因为拥有丰富的稀土资源，这使得在电动汽车驱动方案中更偏向于使用永磁同步电动机。而日本和欧洲等地，可能更倾向于使用轻稀土制成的永磁材料或完全避免使用稀土材料，转而采用其他类型的电动机设计，如开关磁阻电机。虽然钕铁硼作为永磁同步电动机中的永磁材料提供了优异的性能，但其易碎性、热敏感性以及较高的成本也是设计和制造过程中需要克服的重要挑战。

在电机制造中，转子铁芯的材料选择对电机的整体性能有着显著影响。通常，冷轧硅钢是制造转子铁芯的常用材料。以下是该材料的特点和优势。①电磁性能好：通过在钢中加入一定量的硅元素，可以显著提高材料的磁导率，降低磁滞损耗，从而提升电机的电磁性能。硅钢合金的这些特性对于提高电机的效率至关重要。②合金转变区间缩小：硅的加入还可以减小合金的转变区间，这有助于在各种工作温度下保持材料的稳定性，减少性能波动。③提高效率：使用冷轧硅钢作为转子铁芯的材料，可以有效提高电机的电磁转换效率，这是因为它能够在较低的能量损耗下提供更高的磁通量。冷轧硅钢在电机设计中被广泛采用，特别是在对电机效率要求较高的应用场合，如新能源汽车的电驱动系统。它的使用不仅能够提高电机的性能，还能在一定程度上降低能耗和运行成本。

第二节　电池系统材料

电动汽车的电池系统确实非常复杂，并且是成本最高的子系统之一。它主要由以下几个关键组件构成。①电芯：电芯是电池系统的“心脏”，负责储存电能，为电动汽车提供动力。在特斯拉 Model 3 中，电芯占据的质量比重高达 63%，这主要是因为增加电芯的数量能够有效提升车辆的续航能力（图 14-2）。②电池管理系统（BMS）：电池管理系统负责监控和管理电池的状态，包括电池的充放电状态、温度、电压等，确保电池在安全和最佳性能状态下工作。③冷却系统：电池在工作时会产生热量，冷却系统的作用是维持电池温度在适宜的范围内，防止过热导致性能下降或安全问题。④高低压线束：高低压线束负责电池系统内部及与车辆其他系统之间的电力传输。⑤防护外壳：防护外壳为电池系统提供物理保护，防止外部环境对电池造成损害。除了上述组件，电池技术的不同类型，如无钴电池、固态电池、刀片电池和叠片工艺等，都对电池系统的性能、成本和安全性有着重要影响。例如，无钴电池试图减少对昂贵且资源集中的钴的依赖，而固态电池则被期待能提供更高的能量密度和安全性。在设计电池系统时，需要在提高续航能力和控制成本之间找到平衡点。虽然增加电芯数量可以提高续航能力，但同时也会导致车辆整体质量加重，可能增加单位里程的能量消耗。因此，电池系统的设计需要综合考虑多种因素，以实现最佳的性能和成本效益。

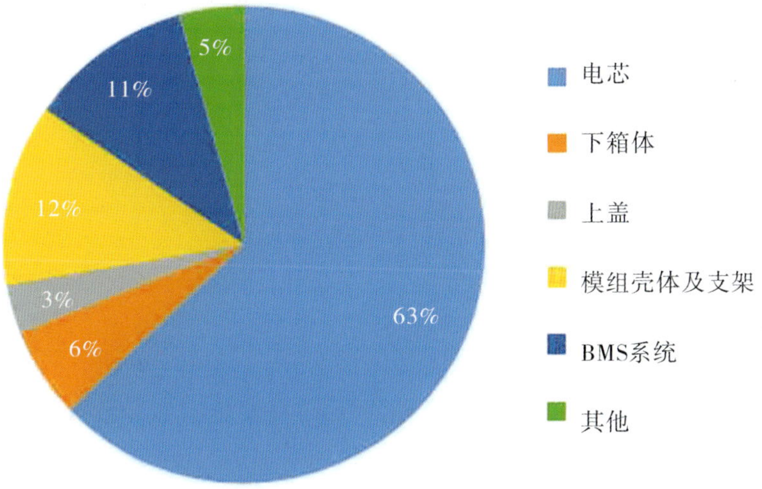

图 14-2 特斯拉 Model 3 电池包中各部件的质量占比

先进电池材料的使用确实可以显著提高动力电池的能量密度，这对于减轻电动汽车的整体质量和提升其续航能力至关重要。以下是一些关键电池材料及其对电池性能的影响。①磷酸铁锂（LFP）：这种材料通常用于制造安全性高、循环寿命长的电池。虽然它的能量密度相对较低，但它提供了更稳定的充放电平台和更长的寿命。腾势 500 车型使用的磷酸铁锂电池组的质量能量密度为105.72W·h/kg。②三元锂电池（NMC/NCA）：这类电池通过结合镍、锰和钴（或铝）来提高能量密度。它们通常提供比磷酸铁锂电池更高的能量密度，使得电池数量可以减少，从而减轻了整个电池系统的质量。北汽新能源 EU400 和比亚迪 e5 等车型普遍选用的三元锂动力电池组的能量密度在 180～240W·h/kg。特斯拉 Model S 使用的松下 18650 电池系统采用了优化的三元材料，将能量密度提升至约 250W·h/kg 的水平。这种高能量密度的电池使得特斯拉能够在较小的体积和质量下存储更多的电能，从而提供了更远的续驶里程。随着电池技术的不断进步，未来的电池系统可能会采用更高能量密度的材料，如固态电池技术，这将进一步推动电动汽车的性能和效率。同时，电池设计也在不断创新，例如特斯拉的 Model 3 和 Model Y 采用的更大型的 4680 电芯，旨在提高能量密度和减少制造成本。这些技术进步不仅有助于提升电动汽车的市场竞争力，还有助于实现汽车行业的可持续发展目标。新能源汽车电池正极材料对比见表 14-2。

表 14-2　新能源汽车电池正极材料对比

指标	磷酸铁锂	锰酸锂	钴酸锂	三元镍钴锰
化学式	$LiFePO_4$	$LiMn_2O_4$	$LiCoO_2$	$Li(Ni_xCo_yMn_z)O_2$
理论密度/（g·cm^{-3}）	3.6	4.2	5.1	—
振实密度/（g·cm^{-3}）	0.8～1.1	2.2～2.4	2.8～3.0	2.6～2.8
压实密度/（g·cm^{-3}）	2.2～2.3	>3.0	3.6～4.2	>3.4
理论容量/（mA·h·g^{-1}）	170	148	274	273～285
实际容量/（mA·h·g^{-1}）	130～140	100～120	135～150	155～220
相应电池电芯的质量比/（W·h·kg^{-1}）	130～160	130～180	180～240	180～240
平均电压/V	3.4	3.8	3.7	3.6
电压范围/V	3.2～3.7	3.0～4.3	3.0～4.5	2.5～4.6
循环性/千次	2～6	0.5～2	0.5～1	0.8～2
环保性	无毒	无毒	钴有放射性	镍、钴有毒
安全性能	好	良好	差	尚好
适用温度/℃	−20～75	<50	−20～55	−20～55
价格/（万元·吨$^{-1}$）	15～20	9～15	26～30	15.5～16.5

锂电池负极材料在整个电池系统中起到关键作用，它主要负责储存和释放电能，对电池的初态库伦效率、循环寿命和倍率性能等指标产生显著影响。

在众多负极材料中，石墨类负极因其价格低廉、较高的比容量（理论值达 372mA·h/g）、良好的循环性能和安全性，成为目前广泛使用的锂电池负极材料。目前，人造石墨在锂电池负极材料市场中占有绝对的份额，其市场占比达到 84%。这得益于人造石墨出色的循环性能、安全性能以及成熟的技术发展水平。人造石墨因为其致密性和较少的表面缺陷，相较于天然石墨，具有更高的首次效率和更好的倍率性能，因而在动力电池领域得到更广泛的应用。然而，尽管石墨负极有着明显的优势，其理论比容量已接近上限，面对日益增长的高比能需求，现有商用负极材料的提升空间有限，迫切需要寻找更高比容的新材料。在这样的背景下，硅基负极材料因其极高的理论比容量（高达 4200mA·h/g），被认为是最有潜力替代石墨的负极材料之一。硅基负极的主要优点如下。①高理论比容量：硅在室温下与锂合金化，理论比容量远高于石墨，达到 4200mA·h/g，这意味着硅基负极能够储存更多的能量。②安全性好：硅基负极不存在析锂问题，与石墨相比具有更好的安全性。③成本低廉且资源丰富：硅是地壳中丰度极高的元素之一，来源广泛，价格较低。尽管硅基负极具有上述优势，但在实际应用中也面临一些挑战，如体积膨胀、循环寿命和首充效率等问题。金属负极材料，比如金属锂、金属钒和碳纳米管等，由于具有较高的锂容量和良好的循环性能，被视为具有发展潜力的材料。这些材料尤其在高容量要求的应用场景中表现突出。

为了解决现有材料的限制并提升电池性能，研究人员正通过各种方式不断创新。例如，针对硅负极体积变化大的问题，研究者通过合成纳米硅材料、设计复合材料等方法提高其循环稳定性。硅基碳复合材料结合了硅的高储锂能力和碳材料的导电性及膨胀缓冲效应，以提高整体性能。特斯拉在其最新款车型 Model 3 上成功应用了硅碳负极材料，这一创新显著提升了电池的容量和能量密度。通过在人造石墨中添加 10%的硅，特斯拉提高了负极材料的容量至 550mA·h/g，单体能量密度达到了 300W·h/kg。这种采用硅碳负极的电池技术不仅提升了续航能力，标准续航版的 Model 3 可以提供 460km 的续驶里程，长续航版更是达到 590km 以上，同时也为整个锂电行业的进步提供了新的方向。此外，使用硅碳负极的电池技术预计将成为未来高能量密度锂电池发展的重要趋势。除了特斯拉外，其他厂商如广汽集团和宁德时代也在积极研发和应用硅负极材料，以提升其电池产品的能量密度。例如，广汽集团宣布其采用了新型硅负极材料的方壳电芯能量密度已达到 275W·h/kg，而宁德时代的高镍三元+硅碳负极电芯比能量突破了 300W·h/kg 的大关。这些进展预示着硅碳负极材料将在电动汽车的电池技术中扮演越来越重要的角色。

在动力箱体的轻量化研究中，车企正集中力量探索高强度钢、铝合金等轻质材料以及先进技术工艺。由于动力电池箱体质量占新能源汽车整体较大比例，因此成为轻量化研究的重点。日产 Leaf 系列电池箱体从第一代到第三代，容量分别增加的同时，总质量仅轻微上升，体现了轻量化的进步。电池箱体上盖不承担侧面和底部压力，可以采用轻量化材料如 PP 基材增强塑料，以减重约 50%。奇瑞 EQ1 使用全铝车身和 PP+LGF 材料的上盖，也减轻了整体质量。碳纤维材料在轻量化方面具有显著优势，可减轻超过 50%的质量，但成本较高。SMC 复合材料模压制成的上盖可实现约 25%的减重效果。现代汽车公司采用 PA6 基础，加入碳纤维和玻璃纤维，既减轻了质量，又保证了刚度与强度。铝型材箱体相比钢制箱体可减重超过 30%，成型简单，适合大型车辆，但成本较高。选用高强度铝型材如 HSA6 可进一步提高性能并减重 20%～30%。不同车型采用了不同的材料组合，例如雪佛兰 Volt、本田 Fit EV、日产 Leaf 采用钢板，而特斯拉 Roadster、宝马 i3、蔚来 ES8 等采用铝板。特斯拉 Model 3 采用钢板+铝板组合，吉利 Emgrand EV450 采用铝板+SMC 搭配。为缩短生产周期和降低成本，企业尝试采用真空压铸或半固态压铸一体化成型铝合金电池箱体，替代传统的“塑性加工+焊接”工艺。这种转变对材料成型性提出了新挑战，同时也推动了制造技术的进步。

第十五章　新能源汽车底盘系统材料

底盘系统作为新能源汽车的关键组成部分，它不仅塑造了车辆的基本构造和外形，而且承受着动力装置传递的动力，确保车辆在道路上的稳定行驶。底盘系统的轻量化是未来汽车科技发展的重大趋势之一。尽管黑色金属材料仍然占据主导地位，然而轻质且耐用的材料的应用正在迅速扩大。这包括铝合金、高强度钢、复合材料等，这些材料能够减轻底盘质量，提升能效和动态性能，同时满足强度和安全性的需求。特斯拉 Model S 采用了全铝制底盘，大幅度减轻了车身质量，提高了能效和动态性能。宝马 i3 运用了碳纤维增强塑料（CFRP）的乘客舱结构，以及铝合金底盘，显著降低了车辆的重心和质量。蔚来 ES8 在其电动 SUV ES8 上采用了高强度铝材，实现了底盘轻量化，提升了行车稳定性和节能性能。随着环保法规的日益严格和消费者对于电动汽车续航能力的更高期待，底盘轻量化技术将持续受到重视和发展。汽车制造商也在不断探索和采用新材料、新设计和新工艺，以实现减重增效的目标，推动新能源汽车技术的进步与创新。

第一节　高　强　钢

高强度钢作为汽车轻量化进程中不可或缺的重要原材料之一，其不可忽视的价值不需赘述。在如“新一代汽车伙伴计划”与“超轻钢车身”等项目中，汽车专用的高端高强度钢得到了广泛运用并得到大力推进，这些钢材在减轻车身质量、节约能源消耗、提高车辆安全性能以及降低尾气排放等多方面展现出了巨大的潜力，同时相比于铝合金及镁合金，高强度钢亦具备强大的竞争优势。值得关注的是，高强度钢在汽车车身制造中的广泛应用，也为底盘系统的设计提供了宝贵的经验。如今，高端高强度钢已在底盘悬架系统中得到了广泛应用，例如前后副车架、扭力梁、悬挂固定座、控制臂等。这些零部件的结构相对较为简洁，焊接部位众多，板厚较大，需要承受交变载荷，因此对材料的成型性能、力学性能、焊接性能、疲劳性能等方面提出了极高的要求。

常见的高强钢品牌包括 SAPH 系列、QSTE 系列、DP 钢、高扩孔钢、MS 钢、CP 钢以及热成型钢等。伴随材料技术的持续进步，高强钢的制造技术日益完善，强度等级亦在稳步提升。近年来，采用更高强度等级的高强钢以替代传统高强钢，并配合适当的制造工艺调整，已成为汽车底盘轻量化策略的重要组成部分。例如，底盘悬架系统的摆臂位置，常见的选用材料包括 SAPH400、QSTE 420TM 等。而在传统高强钢的基础上，采用更高强度的 FB780、CP800 等高级高强钢，将双片金属板冲焊设计转变为单片冲压设计，材料厚度维持不变或略有增加以符合零件性能要求，这不仅可大幅减轻零件质量，还能简化零件生产流程，降低生产成本。例如，日产轩逸、逍客、奇骏，韩系朗动，美系唯欧、嘉年华，欧系帕萨特、速腾等众多车型均已成功地通过此种方式实现了下摆臂的轻量化。近年来，我国亦出现了高强钢在底盘零部件轻量化应用的实例，例如荣威 16 采用 CP780 钢板替换传统的 QSTE420TM，应用于悬架下摆臂上，使单车质量得以减轻约 0.7kg。此外，悬架系统的扭力梁目前普遍采用 DP600、FB590、S460MC 等高强钢材料。为了进一步提高轻量化水平，部分车型甚至开始采用更高强度的 CP800、DP800 等高级高强钢。至于转向系统、驱动轴、减震弹簧、稳定杆、轮毂轴承等功能件所使用的合金钢、齿轮钢、弹簧钢、非调质钢等，新型材料的涌现相对较少。在特殊钢领域，优质的产品（如高纯净度、高均匀性、精细组织、高表面质量、高尺寸精度）、卓越的性能（如生产及加工过程的安全性和适应性，服役环境下的高可靠性）、丰富的品种选择以及适应各种服役环境的选材需求，无疑将成为终端用户对高端特殊钢的整体期望。

在考虑高强钢的应用时，需要关注以下几个方面。①成本效益：虽然高强钢具有诸多优势，但其成本相对于传统钢材可能会更高。因此，在决策过程中需要综合考虑成本与性能的平衡。②成形与加工：高强钢的成形和加工难度可能高于传统钢材，这要求生产线具备相应的技术和设备能力。③焊接与连接：高强钢的焊接性能可能与传统钢材有所不同，需要特别注意焊接工艺的选择和优化。

总体而言，汽车底盘零部件所用钢材正着力于实现高性能、低成本、可回收性及低碳排放四大方向的突破。因此，整车制造商、原材料供应商以及零部件供应商需紧密协作，以达成材料轻量化、高强度化以及多元化的目标，同时运用新型材料与创新工艺，推动整车轻量化进程的加速以及性能的提升。

第二节　铝　合　金

铝合金以其独特的低密度、强大的强度与质量比以及卓越的抗腐蚀性能等优点，在汽车底盘轻量化、提高耐疲劳性和增强防腐能力方面发挥着至关重要的作用。因此，铝合金在汽车底盘领域的应用得到了广泛应用和推广。目前，底盘子系统中的许多零部件已经广泛使用铝合金材料，例如制动系统的铝制车轮、转向系统的转向器壳体和制动系统的卡钳等。铝合金在底盘悬挂零部件上的应用也越来越广泛，随着车型级别的升高，铝合金零件在悬挂系统中的使用也逐渐增加。知名汽车品牌如奥迪 A4、A6、Q5，宝马 5 系、7 系和路虎揽胜等都已经推出了全铝底盘。据美国埃克斯科公司的预测，到 2025 年，北美汽车行业的用铝量将比 2012 年增长 40％。除了车身零部件外，底盘的压铸铝合金零部件将成为主要的增长点。

近年来，中国汽车产业在铝合金应用领域取得了显著进展。铸造铝合金、挤压铝合金、锻造铝合金以及车身内部使用的铝合金板材等技术日臻完善，并已进入产业化应用或工程试验阶段。然而，在 7 系铝合金领域，中国仍严重依赖进口。鉴于此供求失衡，外国投资企业纷纷涉足中国市场，并开始在国内布局生产。我们已成功地将铸造、锻造、挤压和冲压等多种成形工艺融入实际应用，但仍面临一些待解决的难题。例如，复杂截面和长尺寸零件挤压成形过程中的扭曲和翘曲现象、铸造成型过程中的缺陷控制问题，以及温热冲压成形技术尚处于研究阶段。此外，我们在铝合金板材热处理设备、高耐久性挤压与铸锻成型模具、大型吨位大尺寸零部件铸锻设备以及智能化短流程铸造装备等方面亦需进一步提升。值得一提的是，奇瑞 eQ1、蔚来 ES6、蔚来 ES8 以及北汽 LITE 等全铝车身相继问世，这四款车型的车身铝合金用量分别达到了 64％、87.95％、91.5％和 52.7％。同时，在底盘系统和新能源汽车动力系统的零部件中，铝合金的应用也日益普及，如转向节、摆臂（悬架控制臂）、动力蓄电池包壳体等等。广汽、众泰、吉利、比亚迪、蔚来等多家汽车制造商已经成功研发出了铝合金副车架控制臂等关键底盘零部件。

在国际领域，美国诺贝丽斯以及日本神户制钢等知名企业已然成功研发并实现了多种铝合金材料的产业化应用。这一系列材料在汽车工业中的车身、底盘及动力系统等诸多层面均得到了广泛采纳。特别值得一提的是具备薄壁化特性的高性能铝合金、7 系以及低 Fe 的 Al-Si-Mg-Mn 系列高强度且富有弹性的铸造铝合金等产品，它们在业内处于显著的领先地位。以美国、日本等国家为主导的铝合金成型工艺与设备制造技术，以及相关的生产能力，尤其是在高性能、大型吨位、超大尺寸等铝合金成型设备与生产方面，表现得尤为卓越。如今，全铝车身或以铝材为主体的车身设计已相当普及，众多高端车型的车身采用铝材的比例甚至超过了 60%，如路虎揽胜、福特 F150、凯迪拉克 CT6 等。此外，7 系铝板车身安全组件、高性能锻造铝合金转向节和摆臂、高真空压铸减震器支座等一系列典型零部件也已经被广泛地应用于市场上销售的各类车型之中。

伴随着节能减排政策的日益严苛，以及汽车行业对能源效率及环保标准的不断提升，人们对汽车电气化及轻量化技术的渴求日益加深。展望未来，汽车底盘铝合金材料的使用趋势正逐渐从仅作为功能性零部件向更为关键的结构部件发展，尤其是悬架系统以及制动系统的相关零件成为重点。在这一背景下，我们有理由相信，铝合金材料在这些领域的应用潜力将得到极大的释放与拓展。

第三节　复合材料

在传统内燃机汽车范畴，底盘部件的制造常选择采用高强度钢作为主要原料，同时逐渐将关键部件转向具备更大优势的铝合金材质。然而，在新能源汽车领域，对于轻量化的需求显得尤为迫切，且由于底盘部件的质量下降往往能带来更为明显的节能功效，因此新型材料在这个领域的探索和应用也受到广泛关注。先进的复合材料，例如热塑性与热固性复合材料、高性能复合材料等，因其具备轻便灵活、坚固耐用、抗疲劳性强及设计灵活性高等多项优良特性，正在逐步取代传统的金属材料，成为汽车轻量化技术的主导趋势之一。国内外众多知名汽车制造商以及先进复合材料制造商都积极投身于复合材料汽车底盘部件的研发工作，现阶段已取得了一定的成果，其中包括传动轴、板簧、弹簧、轮毂、刹车片等多个关键部件的研发，并且部分复合材料部件已经成功实现了商业化应用。例如，宝马 M3 车型所配备的复合材料传动轴相较于纯钢结构的同类产品，质量减轻了 40%；丰田 86 则选用了同样由复合材料制成的传动轴，使整体质量降低了 50%；沃尔沃 XC90 则采用了玻璃纤维增强复合材料板簧；奥迪公司研发出一款玻璃纤维增强复合材料悬挂弹簧；福特新一代野马 Shelby GT350R 装配了碳纤维复合材料轮毂；保时捷 AG 则采用了碳纤维刹车片等。

相比于传统的金属结构材料，复合材料在减轻汽车底盘零配件质量方面表现出显著的优势，然而，受制于其相对较高的制造成本，复合材料零件目前主要应用于赛车和高端汽车品牌的产品研发中。因此，在当前电气化转型的大背景下，复合材料在新能源汽车底盘领域的应用仍处于初步探索阶段。然而，随着原材料成本逐步降低以及制造工艺的不断进步，复合材料在汽车底盘零配件中的应用范围必将日益扩大。

第十六章　新能源汽车车身系统材料

车辆的车身构造通常直接与车辆底盘相衔接，主要承担承托驾乘人员或货物运输的职责。在公共交通领域，车身多采用一体化结构设计。而对于货运车辆来说，车身主要由驾驶室和货舱两个关键部分组成。

车身质量占据整个车辆总重的比重在 1/4～1/3，从而证明车身轻量化在整体车辆轻量化进程中拥有决定性的推动能力，更是新能源汽车研发过程中的核心技术环节。然而，车身轻量化并非简单地降低车身质量，更为关键的是在保证车身具备充足的强度与安全性的前提下，最大限度地减少汽车车身的负重，同时还需要将汽车车身的制造成本严格管控在合理的范围之内。现阶段，车身轻量化所采用的材料种类繁多，包括了高强度钢材、铝合金、镁合金、碳纤维复合材料以及塑料等多种。这些不同类型的轻量化材料在实际应用中可能存在一定程度的竞争关系，但同时亦表现出了相互促进、混合使用的发展趋势。

中国在汽车轻量化材料的采用上，很大程度上借鉴了欧美及日本的成功案例，尤其是在高强度钢材及铝镁合金的应用方面，始终保持着强劲的增长势头。然而，碳纤维复合材料的大规模商业化应用尚处于起步阶段，与发达国家相比仍有一定差距。

鉴于中国汽车工程学会公布的《节能与新能源汽车技术路线图》揭示的信息，我们得以深入了解中国汽车行业内轻量化材料的应用现状及未来发展趋势。预计在 2020—2025 年，我国汽车车身材料的主要选择依然是钢铁材料，但与此同时，铝合金及复合材料的使用比例将逐步提升。在 2025—2030 年，我们将观察到多种材料的协同应用得到进一步加强，特别是铝合金及复合材料的使用量将有所增加。至 2030—2035 年，我们预期各类材料的应用将达到平衡状态，铝合金、复合材料等的使用量仍将持续增长。总体而言，各类材料的应用趋势主要体现在以下几个方面：首先，低价车型仍将以钢铁材料为主导，然而，随着车型档次和价格的逐步提升，铝、镁合金的使用量将逐渐增加。其次，随着各大汽车制造商对碳纤维复合材料认识程度的深化，他们对这类材料的使用将更加理性化，那些以碳纤维复合材料为主材的车型已不再热销，“适量”使用碳纤维复合材料成为汽车制造商们的核心观念。最后，不同国家的汽车制造商在各类材料的应用方面存在一定的差异，而导致这些差异的因素可能包括各国的工业体系支持力度、整车制造商的零部件供应体系，甚至是对产品市场定位的深度思考。据相关报道指出，小米 SU7 在车身结构上大量采用了高强度钢和铝合金的结合。这种设计不仅增强了车身的强度和韧性，使其能够承受外部的冲击和碰撞，同时也实现了车身的轻量化。高强度钢的使用使得车身结构更为稳固，在发生碰撞时能够有效保障乘客的安全。而铝合金的轻量化特性则有助于减轻整车的质量，降低能耗，从而提高能效。

第一节　高　强　钢

采用高强度钢材替代传统低碳钢，能够令钢板厚度减少20%～30%，从而显著提升汽车的安全性能，并且充分满足当今环境保护及能源节约的需求。作为轻量化材料，其显著优点是可采用与传统低碳钢相同的焊接工艺，使其在实际应用中的适用范围更为广阔。如纯电动汽车制造商特斯拉的Model 3便采用了钢铝合金混合车身结构，其中包括车身纵梁、A柱、B柱、车顶纵梁以及底板梁等关键部位均采用了超高强度钢材。目前，汽车轻量化材料的应用主要以高强度钢材为主导。相较于铝、镁合金，高强度钢材在碰撞性能和制造成本方面具有明显优势，既能实现轻量化目标，又不会大幅度提高造车成本。此外，高强度钢材及其连接和处理工艺可以直接沿用原有工艺，对现有生产线的改动较小，相较于其他轻量化材料而言，无须过多的额外投资。在工艺层面，通过激光焊接技术，不等厚钢板可以实现减重效果。为了顺应汽车轻量化的发展趋势，全球知名钢铁企业纷纷投入巨额资金，启动了诸如超轻质钢铁车身（ULSAB）、超轻质钢铁覆盖件（ULSAC）和超轻质钢铁车身—先进汽车概念（ULSAB—AVC）等多个科研项目，致力于研发并应用新型高强度钢材和超高强度钢材材料的汽车。据《节能与新能源汽车技术路线图》披露的资料显示，我国乘用车车身的高强度钢材应用水平已经达到全球领先地位。在欧洲车身会议展示的产品中，高强度钢材的平均使用比例为56.7%，最高甚至达到73%；在中国轻量化车身会议展示的产品中，高强度钢材的平均使用比例为62%，最高甚至达到70.4%。这充分彰显了近年来我国汽车制造商在高强度钢材应用领域取得的显著进步，涵盖了从材料生产到零部件加工生产体系的日益完善。鉴于钢材料在性价比方面的卓越表现，在2018年我国上市的140余款全新开发车型中，超过80%的车型车身选用了以钢为主材料，无论中国自主品牌还是合资品牌皆是如此。然而，由于受到消费群体、成本控制需求以及企业技术积累、研发能力、供应体系等多种因素的影响，不同整车制造商在选用汽车用钢种类和强度等级等方面可能存在差异。因此，从降低成本、规模化生产、便于管理等角度出发，我们有必要在统一规格、统一牌号、统一性能等方面进行更多的研究和实践。此外，通过简化制造流程，从源头进一步降低高强度钢材的制造成本，无疑将成为未来重要的发展趋势。从国际视角来看，尽管已有众多铝合金和碳纤维等材料应用的成功案例，但高强度钢材在企业用材策略中仍然占据着至关重要的地位。从这些案例中不难看出，各大整车制造商在车身用材选择和成形工艺选择方面存在较大差异，而决定其高强度钢材用材策略的关键因素主要包括钢厂的产品系列、产品规格、性能与价格以及供应链的支撑能力。综上所述，随着我国高强度钢材生产技术的持续进步，我国在汽车钢品种和强度级别等方面已与发达国家基本相当，尤其在具备高强度、高塑性特性的第三代钢开发和生产方面更具国际领先优势，这无疑为我国进一步推广高强度钢材的应用奠定了坚实基础。同时，与高强度钢材相关的一系列团体标准的出台，也为整车制造商扩大高强度钢材应用提供了技术支持和材料保障。随着人们对“高强度钢材回弹”和“延迟断裂”等技术难题的认识逐步深化，以及采用近终形制造流程进一步降低高强度钢材的制造成本，服务出现问题，请稍后再试。

据了解，中国目前已具备超过6.5×10^7 t的汽车钢板生产实力，在汽车所需的各类钢材品种及强度级别等方面已经相当完备，然而，在汽车高端钢材的质量稳定性方面仍有必要进行进一步的提升。国内主要的制造手段包括冷轧、热轧、辊轧以及高压内成型等四种类型，这些工艺技术层次丰富且相对稳定，特别值得关注的是，近年来发展势头迅猛的热成型技术。我国已累计建成约 160 条独立生产线，年产量可达 1 亿件以上，成功解决了一体式变强度热成型钢的关键技术难题，2GPa 级别的热成型钢现已逐渐在我国自主品牌电动汽车产品中得到广泛应用。相关数据显示，自 2016 年以来，我国新上市的乘用车车身所采用的高强度钢的应用比例基本保持在 50％以上，部分领先企业甚至将这一比例提高至 70％以上，与国际同行业水平相当。而在商用车驾驶室和客车车身领域，软钢的应用占据主导地位，高强度钢的使用则相对较少，底盘大梁钢则主要选用 500～700MPa 级别的高强度钢。

在发达国家，汽车用钢的产品系列及强度等级得到了系统且全面的拓展和提升，实现了相对完备的标准化体系，特别是在热成型钢以及铝硅镀层技术领域，这些国家具有显著的领先地位。此外，这些国家对汽车用钢的品质稳定性及其一致性的控制水平相当高。在众多汽车生产国中，日本的汽车用钢制造技术尤为卓越，其主要采用 800～1200MPa 的冷冲压工艺进行加工，并且在工艺设计、模具设计等关键环节上展现出独特的创新特色。相比之下，欧洲和美国则更偏向于运用热成型和辊压成型的方法来制造汽车用钢，其中商用车大梁钢的制造也常采用冷冲压的方式，这也是欧洲汽车制造业的一个显著特点。值得一提的是，欧美地区在相变诱导塑性钢、孪晶诱导塑性钢的冷成型技术研发方面投入了大量的科研资源，取得了丰硕的成果。据欧洲车身会议公布的数据显示，超过 60％的乘用车车身采用高强钢作为主要材料，车身高强钢的应用比例高达 50％以上，部分高端车型的应用比例甚至高达 73％。在商用车领域，驾驶室普遍采用高强钢，例如 2017 年上市的斯堪尼亚驾驶室高强钢的应用比例已经达到了惊人的 94％。

当前，高强度、高韧性和低密度已然成为全球汽车用钢材技术研发的主导趋势。并且，以这些特性实现汽车轻量化和提升材料成型品质，是至关重要的步骤。中国已经成功开发出 1200MPa、1500MPa、1700MPa 以及 2GPa 等多个级别的高强度钢材，这些材料的延伸性也取得了显著提升。例如，1500MPa 热成形钢的延伸率可达到约 10％，而 590MPa 双相钢的延伸率更是高达 40％。随着强度的不断提升，零部件在壁厚选择和结构设计方面有了更大的优化空间，从而实现轻量化的目标。近年来，中国自主品牌汽车的车身用高强度钢材发展迅速，部分车型的高强度钢材使用量已达到相当高的水平。其中，国产新能源混合动力车型的高强度钢材使用比例甚至高达 70％，这不仅大大减轻了整车质量，还提高了车辆的安全性能。展望未来，我们将继续坚定不移地走高强度、高韧性和低密度的发展道路，以期有效改善材料的成型性能、降低废品率并提升零部件的使用寿命和轻量化水平。此外，借助于近终形制造流程，采用优质的薄规格热轧产品替代传统的冷轧产品，通过简化制造流程，实现绿色环保且低成本的制造方式，同样是汽车用钢技术发展的重要方向之一，有助于巩固并进一步扩大钢铁在汽车用材领域的竞争优势。在汽车用钢成型工艺技术的发展历程中，围绕着破解技术难题、控制生产成本以及提升材料性能等方面，业界也涌现出了诸多创新思路：首先，积极探索发展 1000MPa 热成形钢，通过运用热成形技术，有效解决了冷冲压工艺中高强度钢回弹严重以及模具成本过高的技术难题。其次，将辊压成形工艺与热轧钢相结合，充分利用热轧钢的余热生产商用车用高强度钢零部件，从而解决了商用车中厚板加工难度大以及生产效率低下的问题。最后，大力推进短流程薄板坯连铸连轧、无头轧制技术等高强度热轧钢的研究成果，以此来有效控制材料的生产成本并改善材料的性能表现。

值得我们深思的是，为了实现减轻车身质量的目标，大多数情况下，车身所采用的钢材材料仅仅局限于关键性的框架承重结构，如车身纵梁、A 柱、B 柱、车顶纵梁以及底板梁等。与此同时，面板的材质主要为铝合金。然而，特斯拉在 2023 年推出的全新皮卡车型 Cybertruck 中却独树一帜地选择了其自主研发的厚度仅为 3mm 的 ULTRA－HARD 30X 冷轧不锈钢作为车身面板，从而显著提升了面板的强度，大幅度降低了生产成本，且并未对整车质量产生显著的影响。这种创新性的设计无疑将引领其他新能源汽车制造商的效仿，因此，我们有理由期待高强度不锈钢在新能源汽车领域中的应用将会日益广泛。

第二节　铝　合　金

近年来，我国铝合金运用领域展现出蓬勃旺盛的发展态势，除了持续在传统车轮制造和发动机生产领域扮演重要角色之外，众多企业纷纷涉足新兴应用领域，如乘用车动力系统壳体、车身防撞梁（前端和尾端的保险杠）、行李架、转向节、摆臂（控制臂）、副车架以及新能源汽车动力蓄电池包等关键零部件的生产过程中。据统计，当前，每辆汽车平均采用的铝合金质量约为 120kg。自 2015 年起，陆续有一些新款车型在车身用材中大量采纳铝合金，例如奇瑞小蚂蚁 eQ1、蔚来 ES8、东风全铝车身客车以及中通全铝车身客车等。值得关注的是，蔚来 ES8 的车身铝合金使用比例高达 96.4%。欧洲铝业协会（Aluminum Association）下属的铝运输集团（ATG）以及达科市场咨询公司（Decker Worldwide）的数据揭示，铝仍然是汽车轻量化材料中使用量增长速度最快的材料，并且正处于前所未有的高速增长期。根据 Decker Worldwide 的研究预测，未来十年内，汽车中的铝含量将增加 30%。这一增长主要源于轧制和挤压产品，特别是汽车车身板材的铝含量增长最为显著，预计同比增长 110%。然而，由于铝合金零件设计与分析能力有待提升、缺乏完善的铝合金车身及铝合金底盘的验证能力和评价流程、成型工艺技术相对匮乏、材料性能稳定性较差等多重因素，我国在铝合金副车架、前后悬架等底盘部件的研发成果尚未能大规模推广应用，企业对于铝合金在车身覆盖件和底盘件中的更广泛应用仍持审慎态度，同时在提高铝合金零件质量和有效控制生产成本方面也面临着诸多挑战。从国际视野来看，铝合金的应用已经相当广泛，尤其在中高端车型中表现卓越，主要表现在以下几个方面：首先，5 系和 6 系铝合金在车身覆盖件的应用技术已经日趋成熟，部分车型甚至开始尝试使用 7 系铝合金作为车身覆盖件材料。其次，性能更为优越的铝板材、铝锻坯、铝挤压型材和铸铝材料不断涌现，为实现车身结构件、安全件和底盘零部件的铝合金化提供了更多选择。再次，新型成型工艺技术层出不穷且得到广泛应用，如低成本高效连铸连轧技术、固溶处理热冲压冷模具淬火技术、均屈挤压技术等，这些技术旨在有效控制材料性能波动对零件加工质量的影响，精确控制零件制作精度，尤其是针对薄壁零件的制作。最后，基于先进的材料 X 射线分拣和分选、除铁技术，已经可以实现材料的分类回收，从而进一步提升了铝合金的应用价值。然而，为了推动铝合金在汽车行业的进一步普及应用，我们还需在有效控制铝合金应用成本方面寻求解决之道，这无疑是全球汽车界共同面临的严峻挑战。

专用于汽车车身的铝合金板材主要有五系和六系两大类。通常情况下，外部覆盖件的内层部分会选用具备优异塑性且无须热处理强化的五系铝合金板材。这类合金中的镁元素能够紧密溶于铝中，进而形成固溶强化效果，赋予其卓越的成型性能和抗腐蚀特质。在一般情况下，此类合金会在退火状态下使用，其强度相对较低，然而塑性变形能力却极为出色。然而，由于吕德斯线和橘皮效应（在成型过程中易出现拉伸应变痕）的存在，因此主要适用于形状较为复杂、对强度要求不高、对外观质量要求不严苛的外部覆盖件内板及结构件领域，其中典型的牌号有 5052、5182、5754 等。至于外部覆盖件的外层部分，则通常会选用六系铝合金板材。值得注意的是，六系铝合金属于可热处理强化铝合金。为了保证其具备卓越的冲压成型性能，我们需要板材制造商提供的六系铝合金板材为 T4（固溶处理＋时效强化）状态，即在固溶淬火之后具有较低的屈服强度。在经过冲压成型并进行喷漆烘烤之后，便可以通过人工时效强化来进一步提升其强度（时效作用能将其屈服强度提高近 100%）。此外，六系铝合金板材在冲压成型过程中不会产生滑移线，这使其非常适宜用于对强度和刚度要求较高的部位，如外板等。当前市场上使用最为广泛的六系铝合金板材主要包括 6111、6022（北美车企常用），6014、6016、6451（欧洲车企常用），以及 6016、6022、6111（日本车企常用）等。相较而言，我国在铝合金板材的应用方面起步较晚，在外板应用方面以 6016 为主，内板则更多地选择使用 5182。如同汽车用钢的发展趋势一样，铝合金也正在朝着高强度、高韧性的方向不断进步。例如，铸造铝合金材料的屈服强度已超过 350MPa，伸长率更是达到了 20%以上。同时，国内外都在积极推进高性能铝合金材料的研发工作，以期提升铝合金材料的稳定性。例如，六系铝合金的屈服强度已超过 400MPa，铸造铝合金的拉伸强度甚至提高到了 600MPa，其屈服强度的波动范围控制在±15MPa 以内，疲劳强度更是高达 150MPa。在成形工艺方面，未来的发展重点主要集中在薄壁铝合金成形工艺和产业化技术开发、成形过程中铝合金流动特性及其仿真分析，以及拓展粉末冶金、半固态成形、液态模锻、温热成形、辊压技术等多种铝合金成形工艺等多个方面。

特斯拉公司凭借其顶尖的超高真空压铸技术、庞大的压铸设备以及非热处理铝合金材料，成功实现了铝合金超级大型车身结构件（例如后底板及前底板等）的一体化成型，从而不仅大幅度缩短了生产周期，更为有效地降低了制造成本。这一创新成果已被广泛应用于 Model Y、Model 3 等多款车型之中。此外，众多知名汽车制造商，如蔚来、小鹏、高合、小米、沃尔沃、大众等，也纷纷投身于超大型铝合金车身结构件的研发工作之中。其中，小米公司在其首款车型 SU7 上已经成功运用了这一技术，所采用的材料则是由该公司自主研发的泰坦合金（即非热处理铝合金）。

第三节　镁　合　金

汽车行业对零部件的需求多样化，其中超过六十款零部件皆可采用镁合金作为原材料进行生产。普遍应用了 AZ（Mg-Al-Zn）系列、AM（Mg-Al-Mn）系列、AS（Mg-Al-Si）系列以及 AE（Mg-Al-RE）系列这四类主流镁合金系列。实践应用环节中，铸造镁合金占有举足轻重的地位。在众多国家级科技项目的大力支持下，我国汽车镁合金的应用已取得显著进展。当前，每辆汽车所采用的镁合金质量在 1～3kg，主要用于制造镁合金转向盘骨架。此外，部分新能源汽车也开始尝试采用镁合金制作仪表板骨架、动力蓄电池箱体、座椅骨架及车轮等关键部件。甚至有个别车型已成功将单车用镁量提升至 10kg 以上。然而，我们必须认识到，我国现有镁合金在汽车生产中的应用仍面临诸多亟待解决的问题。首先，产业链尚不完善，从产品设计、评估到材料生产、零件成型、连接等各个环节的技术成熟度均需进一步提高。其次，镁合金件表面破损后的防腐问题亦是影响其应用的关键因素之一，这直接关系到技术成果的转化效果。同时，我们也要看到，在欧美等发达国家，镁合金在汽车上的应用范围相对更为广泛，这些国家的镁合金零部件设计经验亦相当丰富。总体而言，无论国内还是国外，汽车镁合金的产业化进程皆受到技术、成本、耐腐蚀性等多种因素的制约，故发展速度相对较慢。

现阶段，我国汽车行业所采用的镁合金材料牌号及性能较为单一。然而，新一代具备优异的耐高温腐蚀性能、高品质且低成本的镁合金产品却面临供应短缺的问题，使得镁合金在汽车领域的综合成本过高，且其实际应用效果的评估与验证工作也相对滞后。我国目前的镁合金零部件制造工艺主要以压铸成型为主，部分则采用挤压或锻造方式。在这方面，我国已基本具备独立自主研发和生产此类设备的能力。目前，我国正在积极推动镁合金应用技术的深度研究和产业化发展，主要将其应用于方向盘骨架、气门室罩盖、仪表板骨架以及安装支架等关键部位。其中，方向盘骨架的使用最为广泛，平均每辆汽车所需的镁合金用量为 1～3kg。

在发达国家，尤其是美国及日本这两个国家，他们从我们中国大量引进原材料铸锭，并在此基础上进行了二次熔炼操作，从而成功研制出了优质的镁合金铸锭。虽然这些铸锭的各类牌号与我国生产的有所不同，但它们的性能表现却更为优越，同时亦有更高的稳定性和一致性。值得关注的是，除了传统的压铸工艺之外，国外对某些性能要求极高的零部件，更会采用高压铸造技术。这种工艺方法能够显著降低产品的缩孔率，进而提升其整体性能水平。目前，已有相当数量的镁合金零件成功应用了这项技术，如前端框架、车门以及后背门内板、仪表板骨架、副仪表板支架、座椅骨架、减速器壳体以及导油模块等。统计数据显示，北美的每辆汽车平均使用的镁合金质量约为 3.5kg。

现阶段，镁合金材料的应用主要聚焦于铸造工艺以及小型零部件领域。然而，未来的发展趋势将涵盖以下几个重要方面：首先，我们需要拓展更多的生产工艺手段，包括积极推动锻造工艺、冲压工艺以及挤压成型工艺等的发展。其次，我们将致力于大尺寸、薄壁化以及复杂结构零部件的应用方向进行深入的探索。最后，我们还需致力于研发出更高强度的镁合金材料，用于制造如轮毂等承受较大负荷的零部件，同时，也需要开发出能够耐受高温环境的镁合金材料，以满足变速器壳体、发动机支架、减震器支架等部件的使用需求。为了应对上述挑战，我们亟待解决强度较低、耐腐蚀性不佳以及制造成本过高这三个制约镁合金材料大规模商业化应用的关键技术难题。国内外的科研人员和工程师们都在为解决这些问题而不懈地努力着。例如，日本在 2014 年就提出了分两个阶段提升镁合金力学性能的计划，第一阶段的目标是在 2015 年实现抗拉强度达到 350MPa 以上（伸长率超过 13%），第二阶段的目标则是在 2017 年实现抗拉强度达到 360MPa 以上（伸长率超过 15%）。再比如，美国能源部在 2013—2018 年，组织了多家知名企业共同开展研究工作，旨在开发出低成本且具有良好耐腐蚀性的镁合金材料。经过多年的努力，我们已经在解决耐腐蚀性问题上找到了 2 条可行的技术路径：一是通过加强镁合金涂层技术的研发与应用来解决这个问题，二是从镁合金的基体层面出发，寻找解决其腐蚀问题的有效途径。除此之外，如何降低材料的制造成本以及开发出高效的成型工艺也成了当前研究的重点。

第四节　非金属材料

先进的工程塑料以及纤维增强树脂基复合材料等多种非金属材料，无疑是实现汽车轻量化这一关键性技术目标的有效途径之一。在过去的五年间，我国乘用车领域内所使用的非金属材料占比有了显著性的提高，已从2014年的8.5%跃升至2018年的10.6%，然而，若将其与美国和德国品牌汽车所普遍采用的非金属材料用量——美系车达到36.6%、德系车达到30.7%进行比较，我们不难发现，我国在这一领域仍存在着明显的差距。在商用车领域，我国对非金属材料的运用表现出更为积极的态度，其中重型载货汽车的应用比例大约为13.6%，而轻型载货汽车则达到了20.1%。在众多的汽车用工程塑料之中，根据其使用量的高低排列顺序，位列前茅的包括聚丙烯（PP）、聚酰胺（PA）、丙烯腈－丁二烯－苯乙烯共聚物（ABS）、聚碳酸酯（PC）、聚乙烯（PE）、聚氯乙烯（PVC）以及聚甲醛（POM）等。这些材料广泛地应用于汽车的内外装饰部件、车身覆盖件、发动机进气歧管、电子电气的接插件等各个零部件之中。从用量上来看，塑料及复合材料在汽车行业中的应用正呈现出逐步增加的趋势。以奇瑞eQ1车型为例，该款车型采用了挤压铝车身框架＋工程塑料蒙皮的独特设计，同时，越来越多的车型如车身三角窗、后背门等部位也开始采用先进的工程塑料，从而开创了我国在此类材料应用方面的崭新局面。除此之外，我国在工程塑料低密度、微发泡、薄壁化等多个方面的研究工作已经取得了重大突破，技术水平与国际先进水平基本持平。然而，相较于国外，如何提升材料性能的稳定性以及相关零件设计评估能力，依然是我们面临的一项紧迫任务。从国外的发展现状来看，其最大的特色在于先进工程塑料的应用体系相对成熟，材料品种丰富且性能稳定可靠，工艺技术持续创新，为各种零件的加工提供了多样化的解决方案，为汽车制造商选择优质材料并合理利用提供了强有力的支持。

近期，国内在精密薄壁设计、轻量化、超强耐刮擦性以及高抗老化性等方面取得了显著进展，成功研发出领先的高性能工程塑料，具备了大规模工业化生产的实力，例如，用于制造保险杠的高流动性聚丙烯（PP），以及用于制作翼子板和覆盖部件的高强度耐刮擦及抗老化PP树脂等等。然而，目前部分具有卓越性能的工程塑料产品，如尼龙66、尼龙11、尼龙12等仍主要依赖进口，亟待实现国产化。在成型工艺方面，我国已经熟练掌握了注塑工艺技术，并且有能力自主研发和提供简易的生产设备。近几年来，高性能工程塑料的应用领域正在逐步扩大，从传统的结构件逐渐向对性能要求更为严格的覆盖件拓展，如翼子板、后备箱外板等，同时也在一些新能源汽车车型中得到了广泛的应用和推广。

在日本、美国以及荷兰等国家，先进工程塑料产业发展迅速，拥有一批针对诸如动力系统、底盘系统等高端、高附加值领域的工程塑料产品线。这些国家的工程塑料产业在国际范围内具有显著的领先优势。同时，值得关注的是，国外在汽车领域工程塑料微发泡设备及相关装备的自动化与智能化水平上也达到了相当高的水准。此外，国外先进工程塑料已逐步实现大规模的实际应用，例如后备箱门、翼子板等塑料覆盖件的生产中，以及在电子电气接插件和大型零部件的应用等方面，均展现出了其领先的市场地位。

纤维增强树脂基复合材料作为一种先进的工程材料，在现代工业中的应用日益广泛且愈发受到关注。特别是在交通运输行业，纤维增强树脂基复合材料已然成为提高汽车轻量化水平的关键技术之一。尤其值得一提的是，这类材料在各类结构件上的应用尤为突出，如玻璃纤维增强复合材料、碳纤维增强复合材料、玄武岩纤维增强复合材料以及生物基可降解纤维增强复合材料等等。这些材料的优越性能使得它们在减轻车辆质量方面发挥出了显著的作用，这对于提升车辆的燃油经济性和环保性能都有着积极的推动作用。

就国内而言，纤维增强树脂基复合材料在汽车领域的应用已经取得了相当不错的成果。其中，碳纤维增强复合材料的应用更是取得了显著的进步，而其他类型的材料则仍处在研发和探索之中。具体来说，车用纤维增强树脂基复合材料主要采用以聚丙烯（PP）和尼龙 6、尼龙 66 为主要原料的短玻璃纤维和长玻璃纤维增强复合材料。这些材料已经成功地应用于诸如前端模块、后背门、动力蓄电池壳体等多个零部件之上，并实现了产业化的应用。此外，我国已经涌现出了一批具备一定规模的材料生产基地，大丝束碳纤维和热塑性单向带也已经实现了批量生产。例如，蔚来 ES6 和前途 K50 便成了我国碳纤维增强复合材料在汽车上商业化应用的典型案例。然而，我们必须认识到，尽管我国在纤维增强树脂基复合材料的应用方面已经取得了一些成绩，但是在某些关键技术环节，如碳纤维增强复合材料零件的设计与建模、低成本碳纤维材料的生产以及高效零件加工设备等方面，我们仍然面临着诸多挑战。同时，由于成本较高和生产效率低下等因素的影响，这些问题也给企业的生产和产品的商业化应用带来了一定程度的困扰。

至于玄武岩纤维增强复合材料和生物基可降解纤维增强复合材料，虽然它们在应用研究方面已经取得了一定的进展，但是至今尚未出现成熟的产品。相比之下，在国际市场上，纤维增强树脂基复合材料的应用体系已经基本成型，产品设计和制造工艺技术也日趋成熟。如今，这类材料的应用领域已经开始从传统零件逐渐扩展至汽车板簧、传动轴等底盘零件，这无疑为汽车行业的未来发展提供了更多的可能性。例如，宝马公司在推出 i3 车型后，全球汽车业界都对碳纤维的应用前景充满期待。然而，从宝马随后推出的几款产品来看，碳纤维的应用方式已经发生了明显的转变，“合理运用碳纤维”已经成为后续产品的主要特点。

在我国，已经构建了一个全方位、多元的玻璃纤维增强复合材料产品体系，其中包括了如短纤维增强复合材料、长纤维增强复合材料以及纤维毡等多种不同类型的材料选择。然而，对于诸如碳纤维增强复合材料、玄武岩纤维增强复合材料以及生物基可降解纤维增强复合材料等新兴领域的产品体系，我们仍处在积极探索与开发的阶段。值得注意的是，部分碳纤维增强复合材料已经成功通过了试验验证，并且已经开始进行小规模的产业化应用。在成型工艺方面，我们主要采用热固性的方式，其中高压一树脂传递模塑（HP－RTM）和缠绕工艺是最为常见的两种方法。这些工艺的实施使得我们的生产效率得到了显著提高，每件产品的生产时间可以控制在 5～10min。此外，我们的 HP-RTM 等高端设备主要是从德国引进的。而对于热塑性成型工艺，虽然我们还处在研究阶段，但注塑工艺、模压工艺以及拉挤工艺等已经相对成熟。当前，我们正在对碳纤维复合材料毡等新型工艺进行深入研究。总的来说，玻璃纤维增强复合材料的产业化应用已经相当成熟，并且已经在我国的汽车市场上实现了大规模的生产。然而，玄武岩纤维增强复合材料和生物基可降解纤维增强复合材料仍然处于研发阶段。尤其是碳纤维增强复合材料的应用，受到了广泛关注，各大汽车企业都在积极开展相关的产业化应用技术开发工作。例如，前途汽车、蔚来汽车等知名企业已经有超过 30 种零部件实现了产业化应用。

在全球范围内，诸如宝马与丰田之类的知名企业已然占据了纤维增强复合材料产业化应用领域的领先席位。由德国以及日本等国家主导的众多科研项目，均致力于纤维增强复合材料产业化方面的深入研究。这些国家所构建的玻璃纤维及碳纤维增强复合材料产品体系堪称完备，涉及诸如大丝束碳纤维、混合纤维（GF/CF）布、定向短切纤维、碳纤维一片状模塑料（CF－SMC）、热塑性单向带等多种产品。以德国为例，该国的乘用车复合材料零件成型工艺主要依赖于 HP－RTM、湿法模压、缠绕工艺、真空罐法等技术手段，且均已研发出相应的专用设备。现阶段，这些国家的研究重点在于如何提升生产效率。而日本、美国等国家也纷纷设立国家级科研项目，正全力推进碳纤维复合材料高效、低成本的热塑性成型工艺及其相关设备的开发工作。值得一提的是，玻璃纤维和生物基可降解纤维增强复合材料已经在宝马、丰田等品牌的部分车型中实现了规模化生产，其中，玻璃纤维增强复合材料的应用相对更为成熟。至于玄武岩增强复合材料，目前仍处在开发阶段。然而，碳纤维增强复合材料却早已在宝马旗下的 i3、i8、7 系等多款车型中得到了广泛应用。

第十七章　新能源汽车内外饰系统材料

汽车的内外饰零部件所占据的整体质量大约在 20%，而在这之中，非金属材料则占据了内外饰零部件总体质量的超过 50%（图 17-1）。由于内外饰零部件种类繁多且大多采用密度较低的非金属材料制成，因此在实现轻量化方面的潜力较为有限。

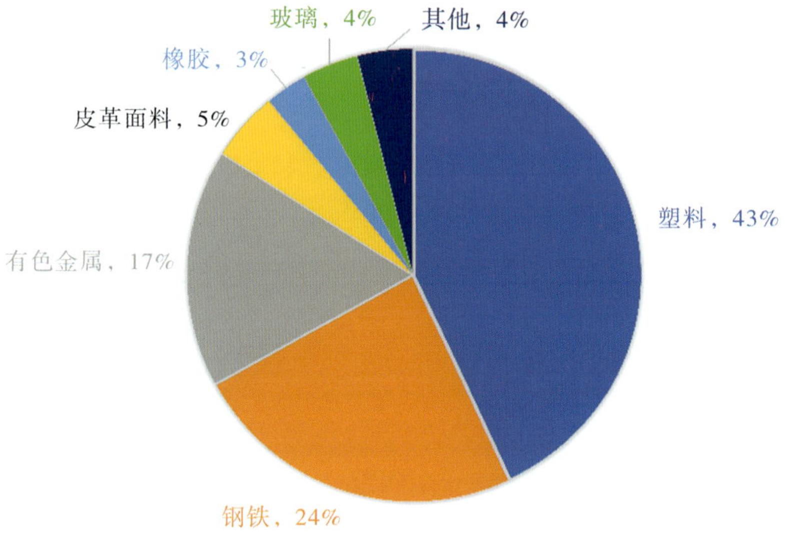

图 17-1　某款纯电动车内外饰零部件用材比例

第一节　塑　　料

塑料因其密度低、易于加工成型等优良特性，成为汽车内饰和外饰领域中应用最为广泛的材料之一。其中包括诸如聚丙烯（PP）、聚乙烯（PE）、聚碳酸酯（PC）、聚氯乙烯（PVC）、丙烯腈－丁二烯－苯乙烯（ABS）、聚酰胺（PA）、聚甲基丙烯酸甲酯（PMMA）、聚甲醛树脂（POM）、酚醛（PF）以及聚氨酯（PU）等多种类型的塑料。这些不同种类的塑料各自具备独特的性能特点，具体内容详见表 17-1。

表 17-1　塑料分类及其特性

分类依据	类别	特性	示例
材料状态对热的依赖性	热塑性塑料	线性高分子化合物，加工时仅发生物理变化，可重复加工	PP、PE、PS、ABS、PA6、POM
	热固性塑料	体型高分子化合物，加工时发生化学变化，不可重复加工	PF、MF、EP
材料用途	通用塑料	产量大、用途广、成型性好、价格便宜	PP、PE、PVX
	工程塑料	具有良好的机械性能，可用作工程结构	PA、POM、PC
	特种塑料	具有特种功能，可用于某些特殊领域	FRP

聚合物制品的制作过程即为所谓的“塑料成型加工”，具体来说，这一过程涉及由各大合成树脂制造商所生产的各类高分子化合物，经过复杂精细的操作流程之后，将其转化为独具特色和重要需求的最终塑料产品。就塑料成型的不同方式来看，我们可以将其大致划分为以下几种类型：压塑法、注塑法、挤塑法、吹塑法、吸塑法、层压工艺、搪塑工艺以及发泡工艺等。如表 17-2 所示，每种工艺都有其独特的特点和应用领域。

表 17-2　塑料成型方法

成型方法	特点	设备	应用示例
注塑	适用性尤其广泛	注塑机	保险杠罩
压塑	适合于流动性较差的材料	模压机	烟灰缸
层压	适用于片状板材	层压机	顶棚内衬
挤塑	适用于相同界面的产品	模压机	门框胶条
吹塑	适合中空的产品	吹瓶机	空调通风管
发泡	适合于不饱和聚酯类	发泡机	座椅海绵
吸塑	适合于较薄的片状产品	吸塑机	门内护板
搪塑	适合于对外观要求较高的产品	搪塑生产线	表皮

近年来，受益于材料科学、制造工艺以及装备技术等领域的显著进步与创新，汽车内外饰系统中逐渐出现并应用了许多采用轻质化材质的零部件，其中包括低密度材料组件、长纤维增强聚丙烯（PP）零部件、塑料/玻璃复合材料零部件、热塑性弹性体（TPE）零部件等。这些新型轻质零部件的研发和生产，主要集中在对聚丙烯（PP）及其长纤维增强材料的深入研究和应用方面。例如，对于汽车内部装饰件、防护板、保险杠、仪表盘等部位的轻量化处理，主要是通过采用矿粉改性的聚丙烯材料来实现。而对于底护板、蓄电池支架、塑料座椅骨架等部位的轻量化设计，则主要依赖于玻纤增强的聚丙烯材料。聚丙烯材料因其价格适中、流动性优良等特点，成为汽车内外饰零部件中最为广泛使用的材料之一。近些年，随着聚丙烯材料自身性能的不断提高以及改性技术的日益成熟，越来越多的零部件

开始选择用它来取代尼龙（PA）等传统高强度材料。由于聚丙烯材料的密度相对较低，因此，其在汽车内外饰零部件中的大规模应用，无疑为整个汽车行业的轻量化进程提供了有力支持。

第二节　其他材料

尽管内外饰所涉及的金属零部件数量有限，但它们在整车内外饰零部件质量中占据的比例高达约40%。因此，如何实现金属零部件的轻量化设计对整个内外饰零部件的整体减重起着至关重要的影响和主导作用。据调查，传统意义上的钢质零部件质量相对较重，若能够采用密度更小的镁铝合金或者强度更高的增强塑料，便能够显著地降低零部件的总体质量。例如，传统的仪表板横梁以及座椅骨架等关键部位，通常都是以钢质材料为主，然而近十年来，镁铝合金逐渐成了仪表板横梁以及座椅骨架轻量化设计的首选材料。众多汽车制造商纷纷投入研发力量，进行相关的技术探索与实践，并且已经有部分车型成功实现量产，其轻量化效果达到约40%。此外，还有一些汽车制造商正在积极开展塑料仪表板横梁以及塑料座椅骨架的研发工作，并已在少数高端车型中得到实际应用。相较于钢质原件而言，这些新型材料的使用能够带来超过40%的减重效果。除此之外，采用TPE材料替代软质PVC塑料以及传统橡胶，以及用透明塑料取代钢化玻璃等方式，同样是当前内外饰轻量化设计的重要发展趋势。由于TPE材料的密度较小，因此它在替代软质PVC塑料以及传统橡胶等方面能够实现大约20%的减重效果，同时还能够有效地改善车辆内部的空气质量，减少挥发性有机化合物（VOC）的排放。尽管透明塑料在替代钢化玻璃时具有显著的轻量化效果，但是目前的生产成本仍然较高，而且在法规要求方面也存在一定的限制。

在智能化及信息化技术的飞速发展下，与智能互联功能紧密相关的零部件数量日益增加。这不仅对内外饰件的质量提出了更高要求，也为内外饰轻量化带来了新挑战。展望未来汽车制造趋势，轻量化设计理念已从传统的内外饰件拓展至电子电气件。首先，随着智能互联功能的普及，汽车中电子电气件数量激增，涵盖仪表盘、音响系统乃至自动驾驶辅助、车联网等高科技产品。这些新增部件使汽车质量增加，影响燃油经济性和行驶性能。其次，智能化技术的进步促使传统机械部件电子化，如液压助力转向系统逐渐被电动助力转向系统取代，既提升操控性能，又有助减轻车身质量。然而，要实现电子电气件的轻量化并非易事，需要制造商在材料选择、设计优化等方面创新。可采用轻质材料制造电子电气件，优化设计减少零部件数量和体积，并运用先进制造工艺提升部件强度和耐久性，从而减轻整体质量。制造商需不断探索创新，以应对未来市场的需求和挑战。

参考文献

[1] 中国汽车工程学会. 节能与新能源汽车技术路线图2.0［M］. 北京：机械工业出版社，2020.

[2] 张友国. 新能源汽车铝合金材料工艺及应用［M］. 北京：机械工业出版社，2021.

[3] 牛丽媛，李志虎，熊建民. 新能源汽车轻量化材料与工艺［M］. 北京：化学工业出版社，2020.

第五篇　全球卫星导航系统在自动驾驶中的应用

第十八章　全球卫星导航系统基本知识

第一节　全球卫星导航系统概述

全球卫星导航系统（GNSS）由多个卫星导航系统（卫星星座）组成，每个系统包括空间段、地面段以及用户段，为全球用户提供定位、导航和时间同步服务。目前，世界上主要的 GNSS 系统有美国的全球卫星定位系统（GPS）、俄罗斯的格洛纳斯卫星导航系统（GLONASS）、欧洲的伽利略卫星导航系统（GALILEO）和中国的北斗卫星导航系统（BDS）。全球卫星导航系统已经成为现代社会的基础设施之一，被广泛应用于交通、航空、航海、军事等领域。

人类将所处的世界用三维空间加上时间来描述。个体所处的位置和时间是人类需要随时了解的重要信息，是生存和发展的基础。关于时间信息，人类早期通过观测太阳和其他星座获知，后来发明了钟表以及原子钟等，掌握了各种获得时间信息的方法，并且做到了低成本、易获取。关于位置信息，在 GNSS 出现之前，人类掌握的方法在数千年间并没有太大进步，更多的是依靠地理环境和地标来确定自身位置。中华民族的伟大发明指南针为人类获取位置信息做出了巨大贡献。随着社会发展水平不断提高，出现了更先进的交通工具，人类活动范围快速扩大，遍及地球各个角落，甚至到达外层空间并实现了月球登陆，人类的探测器正在尝试飞出太阳系。这个过程中如何获得目标物的位置信息成为基础和关键性的问题。

早期人类会利用太阳位置的变化来确定自己所处位置和时间。人类发现电磁波并找到其规律后，熟练掌握了一系列无线电技术，在 20 世纪初发明了无线电测向技术，最初基于接收无线电波的相对强度或到达角度来确定信号源的方向。早期的设备如无线电罗盘和船用定向器通过比较不同天线元件接收到的信号幅度差异或相位差异，为航空器和船只提供相对于导航信标的方位信息。进而发展出双曲线导航系统，如英国的 Gee 系统和美国的 LORAN，在二战前后得到了快速发展。这些系统利用地面发射站发送同步脉冲信号，接收机通过测量两个或多个信号到达的时间差，计算出位于双曲线交叉点上的位置，从而实现远距离定位。随着微波技术的进步，出现了利用微波信号进行精确测距的系统，如伏尔导航系统（Very High Frequency Omnidirectional Range，VOR）。VOR 通过发射包含相位信息的全向基准信号和一个可旋转的定向边带信号，使得接收机能够同时确定相对于信标的磁北方位和径向距离。还有一些无线电定位技术也发展起来，如地美依导航系统（Distance Measuring Equipment，DME）是一种应答式测距系统，它与 VOR 或其他导航系统联合使用，提供精确的距离信息。DME 询问机发送请求脉冲，地面站响应并发射回波信号，接收机根据两者之间的时间延迟计算距离。塔康导航系统（Tactical Air Navigation，TACAN）是一种军用导航系统，结合了 VOR 的测向功能和 DME 的测距功能，为军事飞行器提供更为精确且安全的导航服务。这类系统通常具有更强的抗干扰能力和保密性。卫星技术发展带领人类进入太空时代，无线电定位技术也发生了革命性的变化。子午仪卫星导航系统（Transit Navigation Satellite System）于 1964 年投入使用，是首个实用化的卫星导航系统。它利用卫星经过用户上空时测量的多普勒频移来计算位置，主要用于海上舰船和潜艇的定位。GPS 是世界上第一个卫星导航系统，GPS 利用多颗卫星发射精确的时间信号，接收机通过比较这些信号到达的时间差异，可以计算出三维位置、速度和精确的时间信息。GPS 的建成运行使位置信息的获取变得简单且成本较低。随着半导体集成电路技术的发展，GPS 接收机像手表一样可随身携带且廉价，为人类活动提供了前所未有的方便和快捷。

随着 GNSS 提供的服务不断完善和提升，它成为现代信息技术发展的基础设施，在大数据时代发挥不可或缺的作用，并成为自动驾驶的基础能力提供者。

第二节　全球卫星导航系统定位原理

全球卫星导航系统（GNSS）采用了到达时间差的概念：每颗 GNSS 卫星将自己的精确位置和原子钟生成的时间标记，组成导航信息并连续发射，接收机收到导航信息，根据其内容，获得其从卫星发出至到达接收机的时间差，称为时延，将时延乘上光速，便能得到距离。

GNSS 卫星上的原子钟一般是铯钟或铷钟，这些原子钟的精度在10^{-15}量级。

在三维空间中，可以用直角坐标系描述接收机位置（x，y，z），可以列出某颗定位卫星 n 到接收机的距离：

$$\sqrt{(x-x_n)^2+(y-y_n)^2+(z-z_n)^2}=PR_n \tag{18-1}$$

式中：x_n，y_n，z_n——定位卫星 n 的坐标；PR_n——定位卫星 n 到接收机的测量伪距。

初次定位时，由于接收机的时钟和定位卫星的时钟没有同步，它们之间存在钟差，公式（18-1）需要修正为（18-2）：

$$\sqrt{(x-x_n)^2+(y-y_n)^2+(z-z_n)^2}+c*\Delta t=PR_n \tag{18-2}$$

式中：x_n，y_n，z_n——定位卫星 n 的坐标；c——真空中的光速；Δt——接收机钟差；PR_n——定位卫星 n 到接收机的测量伪距。

这个方程中有 4 个未知数，包括 3 个坐标参数（x，y，z）以及 Δt，需要将 4 个方程组成方程组，才能计算出接收机的位置坐标：

$$\sqrt{(x-x_1)^2+(y-y_1)^2+(z-z_1)^2}+c*\Delta t=PR_1 \tag{18-3}$$

$$\sqrt{(x-x_2)^2+(y-y_2)^2+(z-z_2)^2}+c*\Delta t=PR_2 \tag{18-4}$$

$$\sqrt{(x-x_3)^2+(y-y_3)^2+(z-z_3)^2}+c*\Delta t=PR_3 \tag{18-5}$$

$$\sqrt{(x-x_4)^2+(y-y_4)^2+(z-z_4)^2}+c*\Delta t=PR_4 \tag{18-6}$$

式中：x_1，y_1，z_1——定位卫星 1 的坐标；x_2，y_2，z_2——定位卫星 2 的坐标；x_3，y_3，z_3——定位

卫星 3 的坐标；x_4，y_4，z_4——定位卫星 4 的坐标；c——真空中的光速；Δt——接收机钟差；$PR_{1\cdots4}$——定位卫星 1…4 到接收机的测量伪距。

可以看到，初次定位时需要收到 4 颗卫星的导航信息，一旦计算出接收机位置和钟差，钟差在一定范围内可以认为是不变的，这样接收机处于跟踪状态时，只需要 3 颗定位卫星的信息即可定位。

这是原理性的解释，实际上，还要考虑电离层误差、平流层误差、相对论误差、多径效应、多普勒效应等影响。

第三节　全球卫星导航系统的性能参数

全球卫星导航系统（GNSS）的性能参数主要指接收机的性能参数，是评估系统性能和可用性的关键指标，以下是常见的性能参数。

1. 位置精度

位置精度是衡量定位结果与真实位置之间差异的度量。它可以分为水平精度和垂直精度两个方面。水平精度表示定位结果在水平方向上的误差，垂直精度表示定位结果在垂直方向上的误差。通常以 m 为单位表示精度。

2. 可靠性

可靠性指 GNSS 在给定条件下提供稳定、可靠的定位和导航服务的能力。它可以用指标如定位精度因子（dilution of precision，DOP）来评估，DOP 表示卫星分布对定位精度的影响。较低的 DOP 值表示可靠性较好。

3. 时间精度

GNSS 提供高精度的时间信息，用于实现各个设备的时间同步。时间同步对于协调多个设备的行为和数据处理至关重要，特别是在自动驾驶等需要精确时间参考的应用中。

4. 连续性

连续性指 GNSS 在给定时间段内提供持续的定位和导航服务的能力。连续性是自动驾驶等关键应用必需的要求，以确保能够在整个行程中稳定地提供准确的位置和导航信息。

5. 更新速率

更新速率指 GNSS 接收机提供定位和导航数据的更新频率。较高的更新速率可以提供更精确的定位和导航信息。

第四节　全球卫星导航系统的误差源

全球卫星导航系统（GNSS）的定位误差源是指影响定位结果与真实位置之间差异的因素。以下是常见的 GNSS 定位误差源。

1. 接收机误差

接收机本身的误差会影响定位精度。这些误差可能来自接收机的硬件设计、信号处理算法等方面。接收机误差包括时钟偏移、接收机噪声、接收机非线性等。

2. 多路径效应

多路径效应是指卫星信号在传播过程中发生反射或绕射，导致接收机接收到来自多个路径的信号。这些反射或绕射的信号与直达信号叠加在一起，使得接收机无法准确区分信号来源，从而引起定位误差。

3. 大气延迟

卫星信号在穿越大气层时会受到大气延迟的影响。大气延迟是由电离层中的离子和对流层中的水气引起的，会导致卫星导航信号传播速度的变化。这种变化会引起定位误差，特别是在信号传播路径较长或大气条件不稳定的情况下。

4. 星历误差

星历误差是指卫星轨道参数的不确定性或更新频率不足导致的误差。由于卫星轨道参数的变化，卫星的位置信息可能与接收机计算的位置信息存在差异，从而引起定位误差。

5. 多普勒效应

多普勒效应是指卫星和接收机之间的相对运动导致接收到的信号频率发生变化。这种频率变化需要进行补偿，否则会导致定位误差。

6. 相对论效应

卫星导航中的相对论效应是指卫星钟和接收机钟在惯性空间中的运动状态以及地球引力场的作用引起两台钟之间产生相对钟误差及信号延迟的现象。狭义相对论认为高速移动物体的时间流逝比静止物体的慢。每颗 GNSS 卫星时速约为 1.4×10^4 km，根据狭义相对论，它的星载原子钟每天要比地球上的钟慢 7μs。另一方面，广义相对论认为引力对时间施加的影响更大，GNSS 卫星位于距离地面大约 2×10^4 km的太空中，由于 GNSS 卫星的原子钟比在地球表面的原子钟重力位高，因此星载时钟每天要快 45μs。两者综合的结果是星载时钟每天大约比地面钟快 38μs。

7. 人为干扰和恶意攻击

GNSS 信号容易受到人为干扰和恶意攻击，如恶意干扰信号、伪造卫星信号、假基站等。这些干扰和攻击可能会导致定位错误或提供虚假定位信息。

针对不同误差源可以采取多种方法来减小定位误差，如增加卫星数量、采用双频或多频测量技术、改进接收机定位导航算法、改进星历的轨道预报精度、使用差分 GNSS 技术和 RTK 实时动态定位技术、采用多路径抑制和反作弊技术等。此外，通过融合其他传感器数据（如惯性测量单元 IMU、视觉传感器）可以进一步提高定位精度和系统鲁棒性。

第十九章　全球卫星导航系统在自动驾驶中的应用

第一节　概　　述

一、自动驾驶系统的需求

自动驾驶系统的发展对车辆的定位和导航提出了更高的需求。

1. 高精度定位

自动驾驶系统需要高精度的定位信息，这个精度要求是厘米级的，以准确判断车辆的位置和行驶状态。

2. 实时性

车辆需要持续接收最新的定位和导航数据，以适应道路状况的变化，做出及时的驾驶决策。

3. 鲁棒性

自动驾驶系统需要在复杂的城市环境和恶劣的天气条件下保持稳定工作，克服信号遮挡和多路径效应等问题。

二、GNSS 在自动驾驶中的角色与作用

GNSS 在自动驾驶中扮演着重要的角色，并具有以下作用。

1. 定位和导航

GNSS 通过卫星定位和导航功能为自动驾驶车辆提供精确到厘米级的位置和导航信息，确保车辆在道路上的准确定位和导航。

2. 地图匹配

GNSS 定位结果可以与高精度地图进行匹配，从而提供更精确的车辆位置信息，并用于路径规划和决策。

3. 时间同步

GNSS 提供高精度的时间信号，用于车辆和其他传感器之间的时间同步，确保各个系统协同工作。

4. 环境感知增强

GNSS 与其他传感器（如摄像头、雷达等）结合，可以增强自动驾驶车辆对环境的感知能力，提供更全面的信息。

综上所述，GNSS 在自动驾驶中起着至关重要的作用，提供定位和导航、地图匹配、时间同步等功能，帮助实现车辆的准确定位和精确导航，从而推动自动驾驶技术的发展与应用。然而，GNSS 面临着信号遮挡、多路径效应和恶劣天气等挑战，需要通过多传感器融合和增强技术来提高定位的准确性和鲁棒性。

第二节　全球卫星导航系统在自动驾驶系统应用中面临的挑战和相应的解决方案

一、全球卫星导航系统在自动驾驶系统应用中面临的挑战

虽然全球卫星导航系统（GNSS）在自动驾驶中起到了重要作用，但它也面临一些挑战。例如，由于 GNSS 信号在穿过大气层时会受到干扰和衰减，导致定位误差增加。主要的挑战来自以下几个方面。

1. 多路径效应

多路径效应是指卫星信号在到达接收机之前反射、折射或绕射于周围的障碍物上，导致接收机接收到多个路径的信号。这会引起信号延迟和测量结果不准确，影响定位精度。

2. 天线遮挡

高楼、山脉、隧道等遮挡物会阻碍卫星信号的直接接收，导致信号强度下降或丧失，进而影响定位的可靠性和精度。

3. 定位误差

GNSS 定位存在各种误差，包括卫星钟差、大气延迟和接收机噪声等。这些误差会对自动驾驶系统的定位结果产生影响，特别是对于需要高精度定位的场景。

4. 定位不连续性

在某些环境下，如城市峡谷、密集建筑区域或森林覆盖区域，卫星信号的可见性可能不稳定或间断，导致定位不连续或无法进行定位。

GNSS 在自动驾驶系统中的精度和可靠性是一个重要的问题，影响着自动驾驶系统的性能和安全性。

(一) GNSS 在自动驾驶系统中的精度和可靠性问题

(1) 精度问题：GNSS 定位的精度通常在几米到十几米，对于需要高精度定位的自动驾驶系统而言，这个精度可能不足以满足要求。车辆在道路上的准确定位对于安全性至关重要，特别是在复杂的城市环境或车道级别的操作中。GNSS 定位误差可能导致车辆位置偏移、误判车道或与其他车辆发生冲突等问题。

(2) 可靠性问题：GNSS 信号容易受到多种干扰因素的影响，包括建筑物、树木、电磁干扰等。在高楼大厦密集的城市环境中，多路径效应和信号遮挡会导致定位误差增加甚至定位失败。此外，恶劣的天气条件（如大雨、雪、浓雾）也可能降低 GNSS 信号的可靠性。

(二) GNSS 在自动驾驶系统中的多路径效应问题

在自动驾驶系统中，GNSS 定位面临的一个重要问题是多路径效应。多路径效应指的是卫星信号在到达接收器时发生反射或折射，导致接收器接收到多个路径上的信号。这种信号干扰可能导致定位误差，影响自动驾驶系统的精度和可靠性。

1. 引起多路径效应主要因素

(1) 建筑物和物体反射。城市和城市峡谷环境中的高楼大厦、桥梁、隧道等物体可能反射卫星信号，形成多个路径到达接收器。这些反射信号与直接路径的信号混合，导致接收器接收到多个时间延迟不同的信号，从而产生定位误差。

(2) 地面反射。在开阔地区，地面可能反射卫星信号，形成多路径效应。尤其是在水面、湖泊、大片平坦区域等具有反射性质的地表上，多路径效应更加显著。

2. 多路径效应会对自动驾驶系统造成影响

(1) 定位误差。当卫星信号经过反射或折射后到达接收机时，会与直接路径上的信号相叠加，导致接收器无法准确判断信号的真实路径。这会引起位置计算误差，使得定位结果与实际位置不符。

(2) 信号干扰。反射或折射的信号可能与直接路径上的信号产生相位偏移，干扰接收器对信号的解算。这会导致信号质量下降，增加了定位误差的可能性。

(3) 解算的不稳定性。多路径效应会引入额外的时延和相位变化，使得信号解算过程变得复杂和不稳定。这可能导致定位结果的抖动和不一致性，影响自动驾驶系统的稳定性和可靠性。

二、GNSS 在自动驾驶系统中的解决方案

为了应对上述挑战，提高 GNSS 在自动驾驶系统中的精度和可靠性，目前提出了多种解决方案。

1. 多传感器融合与滤波算法

通过将 GNSS 与其他传感器（如惯性测量单元、摄像头、激光雷达等）融合，可以提高定位的精度和可靠性。多传感器融合可以利用各个传感器的优势互补，减少 GNSS 单独定位的不确定性。常用的滤波算法包括扩展卡尔曼滤波（extended Kalman filtering，EKF）和粒子滤波等。

2. 高精度地图辅助

结合高精度地图可以提供更准确的车辆位置信息，帮助纠正 GNSS 定位误差。高精度地图可以提供车道级别的位置信息，与 GNSS 定位进行对比，进一步提高定位精度。

3. 增强型 GNSS 技术

GNSS 在不断发展和改进，引入增强型技术可以改进定位的精度和可靠性。例如，采用 RTK 技术和 PPP 技术可以提供更高精度的定位解决方案。

4. 多路径效应和信号干扰抑制技术

针对多路径效应和信号干扰，可以采用多路径抑制技术、自适应滤波算法等方法来减少其对 GNSS 定位的影响。这些技术可以识别和抑制多路径信号，提高定位的准确性。

5. 机器学习和人工智能

利用机器学习和人工智能的方法，可以对不同应用场景下 GNSS 信号进行更准确的预测和校正。通过建立模型和算法，可以识别和纠正 GNSS 信号中的误差，并提供更精确的定位结果。

综上所述，通过多传感器融合、高精度地图、增强型 GNSS 技术和机器学习等方法，可以提高 GNSS 在自动驾驶系统中的精度和可靠性，从而更好地支持自动驾驶技术的发展和应用。

根据前面 GNSS 误差来源分析，采用双频 GNSS 的定位精度极限是米级的水准。但对于自动驾驶、无人机导航而言，需要分米级甚至厘米级的定位精度才能满足车道级导航的需求。有没有方法能进一步提升 GNSS 的精度呢？常用以下几种方法：以 PPP、PPP-AR 为代表的非差分定位方法、以 RTK 为代表的差分定位方法以及结合上述两种方法的 PPP-RTK 技术。

（一）GNSS 的 RTK 技术

采用差分方式去除误差，提高定位精度。用户接收机在进行 GNSS 观测的同时，接收到基准站发出的改正数，并对其定位结果进行差分校正，从而提高定位精度。差分方式可分为 3 类：位置差分、伪距差分和载波相位差分。

RTK 专指载波相位差分，精度可达 1cm 左右。对于 2 台相距不远的 GNSS 接收机，它们接收的导航卫星信号的卫星轨道误差、卫星钟差、电离层延迟、对流层延迟等是接近的，那么将这 2 个信号量相减，这些误差因素就全部被消除了。这是“站间单差”。而用一台接收机在同一时刻接收 2 颗卫星的信号，2 个信号里 GNSS 接收到的卫星钟差是一样的，同样做减法就可以消除，这种方法称为“星间单差”。经过 2 次减法消除了大部分影响定位精度的误差，可以达到毫米级的相对定位精度，这叫作“站间星间双差”。RTK 的工作原理见图 19-1。

1. RTK 优点

RTK 的优点是快速定位，载波相位层面的差分可以消除绝大部分误差，在基准站半径 30km 范围内可达到瞬时厘米级定位。

RTK 系统通常由至少 2 个接收机组成，一个作为基准站，另一个作为移动站。基准站的位置已知且稳定，它接收卫星信号并记录观测数据。移动站则位于需要进行定位的移动设备上，它接收来自卫星的信号并与基准站的观测数据进行比较。

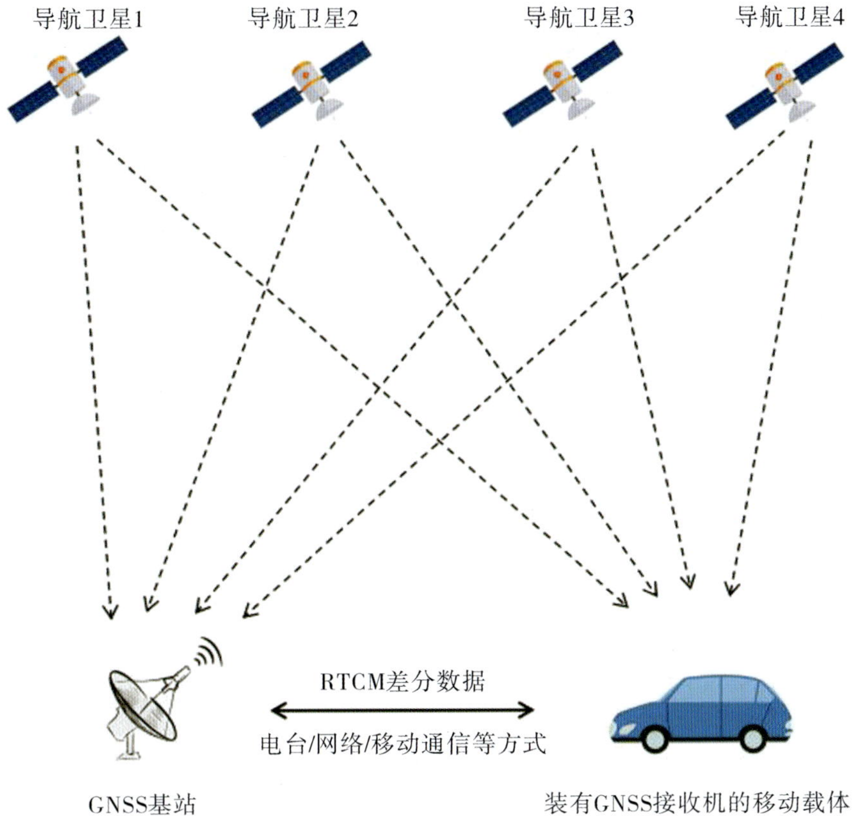

图 19-1 RTK 工作原理

基准站和移动站之间需要进行实时的数据传输，以实现快速的校正。常见的传输方式包括无线电链路、互联网或移动通信网络。传输的数据包括基准站的观测数据和校正参数，用于移动站的定位计算。

移动站使用基准站的观测数据和校正参数，通过定位算法计算自身的位置。RTK 定位算法是基于移动站与基准站之间的相位观测差异，利用实时校正参数计算出更精确的位置。

2. RTK 的不足之处

（1）需要架设地面基准站，作业方式不灵活，成本相对高。

（2）严重依赖密集的地面基准站资源。随着用户与基准站距离的增加，其定位效果逐渐下降。无基准站网络时服务不可用，且用户跨基准站时会有跳变、定位不平滑问题。

（3）常用的网络 RTK 技术（net real-time kinematic，NRTK）是通过移动网络进行差分数据播发，在移动网络未覆盖的区域（如无人区、沙漠等），用户也无法使用高精度定位服务。

（4）RTK 需要双向通信，需要将用户坐标发送给服务端，既增加了数据传输带宽，也不利于用户隐私保护。

（二）GNSS 的 PPP 技术

1. PPP 技术概述

PPP 是一种常用的 GNSS 增强技术，它通过利用单一接收机接收的卫星信号进行高精度的位置解算，是非差分型的增强技术。相比传统的差分定位技术，PPP 不需要依赖基准站，而是仅使用单一接收机的数据进行定位。在自动驾驶系统中，PPP 可以实现精确的车辆定位。相较传统的差分定位技术，PPP 可以提供更高的精度和更广泛的适用性，尤其在无法建设差分参考站的地区，PPP 可以提供高精度定位信息。PPP 可以通过使用多个卫星系统以及使用多频率接收机、天线等技术手段，进一步提高定位精度和鲁棒性。

PPP 为非差分定位技术，是服务端利用全球或区域基准站点，对卫星轨道误差、卫星钟差、电离层误差等进行建模并实时估计，通过卫星或者移动网络播发给终端用户，用户端可实现静态毫米至厘米级、动态厘米至分米级的高精度定位技术。

2. PPP 技术的主要特点

（1）单一接收机。PPP 只需要单一接收机，它接收多颗卫星的信号并记录相关数据，包括伪距观测值、载波相位观测值和导航电文等。

（2）星历和钟差。PPP 使用精确的星历和钟差数据，这些数据通常由国际 GNSS 服务提供组织（international GNSS service，IGS）通过全球分布的参考站网络收集和处理得到。

（3）高精度定位。PPP 可以实现亚米级或更高精度的定位结果。它在需要高精度定位的应用场景中具有重要的作用，如大地测量、地质勘探和航空航天等领域。

（4）成本低。对地面基准站的密度要求远低于 RTK（全球仅需约 100 个基准站，RTK 仅在中国就需要数千个基准站），在定位精度上能保持全球连续性和一致性，且成本更低。

（5）全球覆盖。信号可通过卫星进行播发，在移动网络未覆盖的区域（如无人区、沙漠等），用户也可使用高精度定位服务。

（6）收敛时间。与差分定位技术相比，PPP 需要更长的收敛时间，通常需要几分钟到十几分钟才能实现精准定位初始化，信号失锁后重新初始化时间几乎一样长。

PPP 在无须基准站和长基线的情况下实现高精度的定位解算，具有一定的灵活性和应用范围。它为需要高精度定位的应用提供了一种有效的解决方案。

（三）GNSS 在自动驾驶中的 PPP-RTK 技术

如何扩大 RTK 服务范围、如何缩短 PPP 初始化时间成为困扰高精度 GNSS 导航定位在自动驾驶中应用的主要问题。PPP-RTK 是 PPP 和 RTK 的结合，PPP 体现在状态域参数，卫星轨道钟差、相位偏差等，可由状态向量表达，实现星基厘米级高精度增强；RTK 则体现在观测域参数，电离层延迟、对流层延迟等，通常采用离散化的采样点描述，同时可通过采样频率的调整满足不同参考站密度、不同播发带宽、不同用户性能需求。如图 19-2 所示。

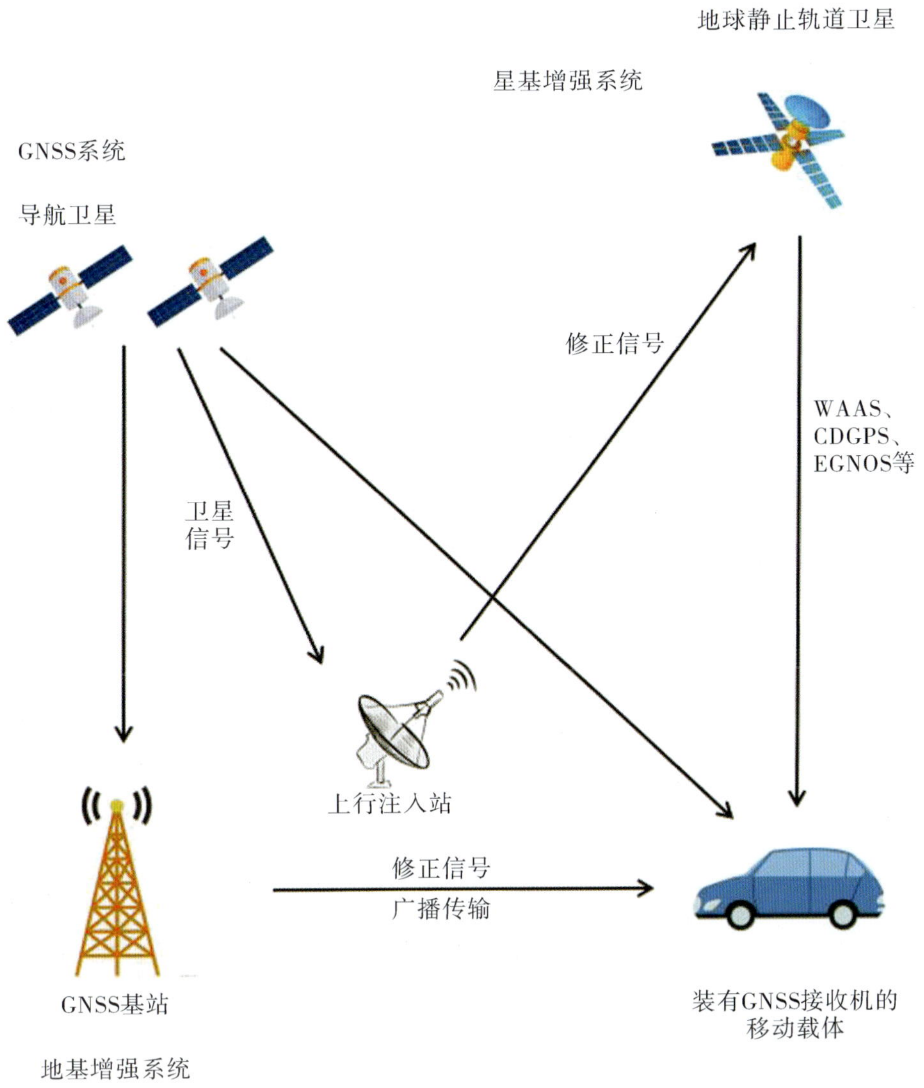

图 19-2 地基增强系统和星基增强系统

PPP-RTK 技术是 2 种高精度定位技术的结合体，二者相辅相成，因此有如下的特点。

(1) 快速收敛。利用地基网络，PPP-RTK 可大大降低模糊度固定时间（可在 15s 内收敛），实现快速、实时高精度定位。

(2) 隐私保护。用户位置数据无须上报到平台，有利于用户数据隐私保护。

(3) 全球覆盖。PPP-RTK 支持移动通信和卫星播发两种方式，采用卫星播发时，不受地域限制，可实现全球范围无缝覆盖。

(4) 成本较低。通信带宽要求低，可采用卫星播发，节省移动网络流量成本。另外，全国覆盖仅需几百个基准站即可，大幅减少系统建设投入。

有学者进行 PPP-RTK 实验，结果表明平面收敛至 5cm 和 2cm 分别需要 0.5min 和 2.5min，高程收敛至 10cm 和 5cm 分别需要 2min 和 3.5min。而城市复杂环境下车载协同精密定位实验表明，在 GNSS 观测环境较为开阔时，PPP-RTK 相比 PPP 定位性能提升明显。而当 GNSS 信号遮挡严重时，无论 PPP 还是 PPP-RTK 都只能提供 1～2m 的定位服务，此时只有采用 PPP-RTK/惯性导航（Inertial

Navigation System，INS）/视觉（VISION）协同精密定位，才可实现平面分米级定位。

（四）GNSS 在自动驾驶系统中的多源传感器数据融合

GNSS 在自动驾驶中完成使命，除了提高 GNSS 定位精度外，还要参与多源传感器数据融合。多传感器信息融合（multi-sensor Information Fusion，MSIF），就是利用计算机技术将来自多传感器或多源的信息和数据，在一定的准则下加以自动分析和综合，以完成所需要的决策和估计而进行的信息处理过程。数据融合能够利用多个传感器的优点，从而提高自动驾驶车辆的感知和决策能力。不同的传感器提供了不同的信息，例如摄像头可以提供图像信息，激光雷达可以提供距离和形状信息，雷达可以提供速度和方向信息，而 GNSS 可以提供高精度位置信息。通过将这些信息融合在一起，自动驾驶车辆可以更全面、准确地了解周围的环境，从而更好地完成驾驶任务，对于自动驾驶有重要意义。

（1）提高感知能力。不同类型的传感器提供了对环境的多样化观测和感知能力。通过将多个传感器的数据进行融合，可以获得更全面、准确和可靠的环境感知信息。例如，激光雷达可以提供高精度的距离和形状信息，而摄像头可以提供丰富的视觉特征。通过融合这些数据，自动驾驶系统可以更好地理解道路、检测障碍物、识别交通标志等。

（2）提高鲁棒性和可靠性。单一传感器可能受到噪声、遮挡、环境变化等因素的影响，导致数据的不确定性增加。通过将多个传感器的数据融合，可以减少单一传感器的局限性，并提高系统的鲁棒性和可靠性。当一个传感器无法正常工作或出现故障时，其他传感器仍然可以提供有效的信息，保证系统的正常运行。

（3）实现冗余和互补性。多源传感器数据融合可以实现数据的冗余和互补性。冗余性意味着通过多个传感器对同一现象进行观测，从而提供冗余的信息，增强对目标的检测和跟踪能力。互补性指的是不同传感器在感知能力上的补充，可以相互弥补单一传感器的局限性。通过充分利用数据的冗余和互补性，自动驾驶系统可以更准确地对环境进行建模和预测。

（4）改善环境感知的一致性。不同传感器的观测具有不同的特性和误差，导致感知结果之间存在不一致性。数据融合可以通过校准、同步和整合来减少感知结果的不一致性，从而提供更一致和准确的环境感知。一致的环境感知对于自动驾驶系统的决策和规划过程至关重要。

1. 多源融合算法

多传感器信息融合技术应用至今，有着非常多的应用方法，在所有方法当中较为成熟的方法包括了聚类分析法、证据理论（Dempster-Shafer，DS）算法、最优理论法等。当涉及数据融合算法时，自动驾驶系统通常采用以下步骤。

（1）数据预处理。在数据融合之前，传感器数据需要进行预处理。这包括数据的校准、滤波、同步以及对数据进行时间戳标记，以确保数据的一致性和准确性。传感器数据可能会受到噪声、不确定性和错误等因素的影响，预处理阶段的目标是消除或减小这些影响。

（2）特征提取。在数据融合中，对不同传感器的原始数据进行特征提取是一个重要的步骤。特征提取的目标是从传感器数据中提取有用的信息，以便进行融合和决策制订。例如，从图像传感器中提取的特征可能包括边缘、角点或物体检测结果，而从激光雷达传感器中提取的特征可能包括点云形状、距离和反射强度等。

（3）数据融合。数据融合阶段将来自不同传感器的特征或信息进行整合，以获得更准确和鲁棒性更高的系统状态估计。常见的数据融合方法包括权重融合、模型融合和信息融合。

A. 权重融合。将不同传感器的数据按照其可靠性和准确性分配权重，然后将它们线性或非线性地组合起来。权重可以根据传感器的性能、环境条件和历史数据进行动态调整。

B. 模型融合。通过建立数学模型来描述传感器之间的关系，并将传感器数据与模型进行匹配。常见的模型融合方法包括卡尔曼滤波、粒子滤波和贝叶斯滤波等。

C. 信息融合。将不同传感器提供的信息进行逻辑推理、决策规则和概率推断，以获得更全面和一致的结果。信息融合可以使用规则引擎、决策树、贝叶斯网络等方法来实现。

(4) 决策制订。数据融合后，系统需要根据融合结果进行决策制订。决策制订可能包括路径规划、障碍物避免、车辆控制等任务，以实现自动驾驶功能。

目前多源融合算法情况，见表 19-1。

表 19-1 多源融合算法汇总

算法分类	算法名称	优势	局限	适用场景
集中式	扩展卡尔曼滤波	结构简单，易于实现	运算量大，融合效率低	导航源数目少，导航源可靠性强
	无迹卡尔曼滤波			
	粒子滤波			
	自适应卡尔曼滤波			
	人工神经网络			
并行式	联邦滤波	并行处理，实时性强	容错性较差	要求进行实时定位
	自适应抗差融合滤波			
序贯式	动、静态滤波	可实现异步异构导航源的融合	误差累积，难以进行故障检测	要求实现即插即用功能
	基于因子图的融合算法			

在多源融合导航中，由于导航系统的独特性，定位精度成为性能评估的首要指标，也是导航服务评价体系中最直观的体现；同时多源融合导航还要兼具完好性、连续性、可靠性以及鲁棒性等性能。

2. 多源融合的架构

数据融合架构是指在自动驾驶系统中用于整合和处理来自多个传感器的数据的框架或结构。它提供了一个系统性的方法来管理传感器数据的流动、整合和分析，以实现对环境的准确感知和决策制定。

一种常见的数据融合架构是基于分层的方法，它将数据处理过程分为多个层级，每个层级负责特定的功能。下面是一个常见的分层数据融合架构的示例。

(1) 低层数据融合。在这一层级，原始的传感器数据经过预处理、校准和滤波等操作，以提高数据的质量和准确性。这些操作包括传感器数据的时间同步、坐标转换、去除噪声和补偿误差等。低层数据融合的目标是将原始数据转换为一致的形式，以便于后续的处理。

(2) 特征提取和选择。在这一层级，从经过预处理的传感器数据中提取特征，并选择最相关和有意义的特征进行进一步处理。特征可以包括目标的位置、速度、方向、大小等。特征提取可以基于图像处理、信号处理、机器学习等技术，以获得更具描述能力和判别性的特征。

(3) 中层数据融合。在这一层级，从不同传感器提取的特征数据被整合在一起，形成一个更全面和一致的环境模型。常见的方法包括基于卡尔曼滤波、粒子滤波、贝叶斯网络等的融合算法，以及传感器数据的权重分配和数据关联。

（4）高层数据融合和决策制订。在这一层级，整合后的环境模型被用于高级决策制订和规划。这包括目标跟踪、路径规划、障碍物避免和行驶决策等。高层数据融合依赖于全局感知和全局规划，以生成最优的行驶策略。

需要注意的是，数据融合架构可以根据具体的应用和系统需求进行调整和扩展。不同的自动驾驶系统可能采用不同的架构，结合特定的传感器和算法来实现数据的融合和决策制订。

第三节　展　　望

展望未来，随着自动驾驶技术的不断发展，GNSS 在自动驾驶系统中的应用将进一步发展和完善。

随着 GNSS 技术的不断发展，高精度定位技术将进一步提升，满足自动驾驶系统对更高精度定位的需求。增强型 GNSS 技术如 RTK 和 PPP 将得到广泛应用，提供厘米级甚至亚厘米级的定位精度。

多传感器融合技术将进一步发展，将 GNSS 与其他传感器更加紧密地融合，如与惯性测量单元（IMU）、摄像头、激光雷达等，实现多传感器融合定位的优势互补，提高定位的准确性和可靠性。

针对多路径效应，将进一步发展多路径抑制技术，提高抗干扰能力和稳定性，减少多路径效应对定位的影响。

高精度地图作为 GNSS 定位的辅助手段，将得到广泛应用。高精度地图的精确性和实时性将不断提升，为自动驾驶车辆提供更准确的位置信息，提高定位的可靠性。

在 AI 技术快速发展的今天，基于大数据和神经网络发展了各种大模型技术，推动了视觉导航技术的提升，一些 AI 视觉导航技术已经商用，有助于自动驾驶提升到 L2 和 L3 级别。

此外，随着 5G、V2X、AI 等新技术的应用，GNSS 卫星导航系统在应用上将更加广泛，在自动驾驶中的应用前景十分广阔，将为未来的智能交通和智慧城市建设做出重要贡献。

参考文献

[1] AHN S，KANG J M，HA S. GNSS/IMU data fusion using multisensor Kalman filtering for land vehicle navigation applications [J]. Journal of Electrical Engineering and Technology，2016，11 (2)：569-575.

[2] GUO F，JIN B，ZHOU L，et al. Integration of GPS，GLONASS，BeiDou，and Galileo for global navigation satellite systems [J]. Journal of Navigation，2013，66 (4)：591-605.

[3] HUANG Y，ZHAO L，BAI S，et al. A review of multi-GNSS in high-precision positioning for intelligent transportation [J]. Sensors，2018，18 (12)：4431.

[4] LI S，ZHANG P，WANG K，et al. A robust sensor fusion method for vehicle localization using multi-sensor data [J]. Sensors，2018，18 (11)：3776.

[5] LI W，ZHANG J. Integration of vision and low-cost GNSS/IMU for robust vehicle localization in urban areas [J]. IEEE Transactions on Intelligent Transportation Systems，2017，18 (9)：2521-2533.

[6] LIU Y, LIU J, SHI C, et al. The application of GPS/DR navigation system in urban intelligent transportation systems [J]. Journal of Applied Sciences, 2015, 15 (2): 254-258.

[7] MONTENEGRO S, TOLEDO M, SECO-GRANADOS G. GNSS positioning for automotive applications in urban environments [J]. Sensors, 2019, 19 (18): 4013.

[8] NIU X, GAO Y, ZHANG R. High-precision vehicle localization using GNSS/IMU fusion with an efficient data-driven approach [J]. Remote Sensing, 2019, 11 (19): 2236.

[9] PARK J, ENGE P. A survey of GNSS-based vehicle positioning techniques: From traditional algorithms to deep learning approaches [J]. IEEE Transactions on Intelligent Transportation Systems, 2019, 20 (8): 2837-2857.

[10] SUN Y, DAI C, CHEN X, et al. GNSS receiver design for high-precision navigation in autonomous driving [J]. IEEE Transactions on Intelligent Transportation Systems, 2020, 22 (2): 930-944.

[11] 高星伟，陈锐志，赵春梅. 网络 RTK 算法研究与实验 [J]. 武汉大学学报：信息科学版，2009，34 (11)：4.

[12] 唐璐杨，唐小妹，李柏渝，等. 多源融合导航系统的融合算法综述 [J]. 全球定位系统，2018，43 (3)：39-44.